AL-HARĪRĪ
DIE VERWANDLUNGEN
DES ABU SEID VON SERUG

D1937301

Universal Bibliothek

BELLETRISTIK

al-Harīrī

DIE VERWANDLUNGEN DES ABU SEID VON SERUG

Aus dem Arabischen
von Friedrich Rückert

1989

Verlag Philipp Reclam jun. Leipzig

Herausgegeben und mit einem Nachwort
von Wiebke Walther

ISBN 3-379-00495-2

© Verlag Philipp Reclam jun. Leipzig 1988 (für diese Ausgabe)
Text nach: Friedrich Rückerts Werke in sechs Bänden.
Hrsg. von Ludwig Laistner. Vierter Band. Cotta Stuttgart o. J. und
Friedrich Rückert, Die Verwandlungen des Abu Seid von Serug.
Cotta Stuttgart 1837 (2. Auflage)
Der Schulmeister von Hims nach: Jürgen Erdmann (Hrsg.):
200 Jahre Friedrich Rückert 1788–1866, Dichter und Gelehrter.
Katalog der Ausstellung. Coburg 1988

Reclams Universal-Bibliothek Band 1318
1. Auflage
Umschlaggestaltung: Friederike Pondelik unter Verwendung einer
Makamenillustration von al-Wāsiṭī (Ms. Arabe 5847, fol 94 verso
der Bibliothèque Nationale, Paris)
Lizenz Nr. 363 · 340/119/89 · LSV 7379 · Vbg. 22,8
Printed in the German Democratic Republic
Grafischer Großbetrieb Völkerfreundschaft Dresden
Gesetzt aus Garamond-Antiqua
Bestellnummer: 661 4796
00300

[Rückerts Vorwort]

An die Leser

Aus dem Vorwort zur ersten Ausgabe 1826

Der Gesetzgeber der arabischen Sprachlehre, *Baron Silvestre de Sacy,* hat im Jahr 1822 ein in der orientalischen Literatur Europas Epoche machendes Buch herausgegeben, das, außer einer französischen Zugabe von 19 Seiten, auf 660 Folioseiten keinen andern als arabischen Buchstaben enthält. Es sind die *Makamen des Hariri.* Makame bedeutet einen Ort, wo man sich aufhält und sich unterhält, dann eine Unterhaltung selbst, einen unterhaltenden Vortrag oder Aufsatz, nach unsrer Art eine Erzählung oder Novelle. Mehrere dergleichen, über einen gemeinsamen Gegenstand und lokker zu einem Ganzen zusammengereiht, bilden alsdann, was wir einen Roman nennen könnten, wie eben das genannte Werk einer ist. Dessen Verfasser, Hariri, ein Gelehrter aus Basra, ist geboren 446 und gestorben 515 oder 516 der mohammedanischen Zeitrechnung. Seine Lebensumstände sind unbedeutend, sein Werk aber im ganzen Orient höchst berühmt, seiner Schwierigkeit wegen von vielen glossiert und kommentiert; auch unter unsern Gelehrten bisher vielfach genannt und besprochen, teilweise philologisch bearbeitet und übersetzt, doch nur wenig in seinem Zusammenhang aufgefaßt und nach seiner künstlerischen Bedeutung gewürdigt. In der reichen Ausstattung nun, die ihm durch den französischen Herausgeber zuteil geworden, begleitet von einem arabisch geschriebenen Kommentar, der, über zwei Dritteile vom Umfang des Ganzen einnehmend, die gesichtete Ausbeute enthält von allen wichtigsten Originalkommentaren, sowie von der Benutzung so viel andrer, nur einem Pariser Gelehrten zu Gebote stehenden Hilfsmittel, wird dieses Werk, als ein unvergleichliches Denkmal des Fleißes und der Aufopferung für einen begeisternden Zweck, auch in Deutschland nicht verfehlen, zu rühmlicher Nacheiferung aufzufordern, damit wir, zwar äußerlich gegen die orientalischen Literaturen weit ungünstiger gestellt, uns innerlich desto mehr zusammennehmen, um auch in diesem Felde nicht so weit, als es bis jetzt der Fall sein mußte, hinter unsern Nachbarn zurückzubleiben.

Ich selbst, in meiner bisherigen Vereinzelung, der Entfernung von allen Märkten orientalischer Gelehrsamkeit, habe die Arbeit, die ich hier der Lesewelt vorlege, nur einzig auf jenes de Sacysche Werk, das freilich viele andre entbehrlich macht, gründen können. Als ich dieses nicht ohne Anstrengung durcharbeitete und oft in den Irrgängen der sprach- und fachgelehrten Scholien den poetischen Faden des Textes aus den Augen verlor, versuchte ich, zur Sammlung und Erholung, zwischendurch einzelne Makamen, die mir dazu am tauglichsten schienen, deutsch nachzubilden, mit Hauptrücksicht auf die eigentümliche, uns völlig neue Form und mit Unterdrückung aller in der Übertragung störenden Einzelheiten; und ich kann sagen, daß erst durch diese Ausscheidung das Kunstgebilde des arabischen Dichters sich vor meinen Blicken abklärte, indem ich es frei von der Umhüllung des gelehrten Dunstkreises betrachtete. Der wunderliche Held der Makamen, Abu Seid von Serug, fing an mir immer lebendiger zu werden, und ich dachte bald, wenn ich ihn nur in einer hinlänglichen Anzahl von einzelnen Lagen, in ebensoviel nachzubildenden Makamen auf seine charakteristische Art sich zeigen lassen könnte, daß er gar wohl auch die flüchtige Aufmerksamkeit deutscher Unterhaltungsleser auf sich zu ziehen verdiente, so gut als irgend einer der vielen andern wildfremden Helden, die bei uns von einer Messe zur andern laufen. Doch unmerklich veränderte sich mir die Art der Auffassung. Nachdem ich bei den zuerst bearbeiteten Stücken alles Fremdartige, alle unverständlichen Anspielungen, wovon der Text wimmelt, wegzuschneiden suchte, damit nichts bliebe, als was ohne gelehrte Auslegung lesbar wäre, fand ich bald bei andern Stücken, denen ich nun auch eine Seite der Darstellbarkeit abgewonnen zu haben glaubte, daß diese der Erklärungen doch nicht ganz entbehren könnten; so kamen denn kleine Anmerkungen, ja kleine Exkurse hinzu, die dann bald zu einer gewissen Unabhängigkeit vom Texte erwuchsen, auch dieses nach dem Vorbilde des de Sacyschen Werkes, das aus seinen reichen Füllen meist allein allen Stoff dazu hergegeben hat. Es sollte hier allerlei gelegentlich beigebracht werden, was den deutschen Leser über den Orient belehren und unterhalten könnte. Ja hin und wieder, besonders in den die Anmerkungen begleitenden Noten, ist flüchtig selbst ins Feld der Gelehrsamkeit gestreift worden. Dergleichen wird dann freilich weder für den Gelehrten, noch für den Unterhaltungslustigen ganz gerecht sein. Das Schicksal jedes Buches, das, wie dieses, ein vermittelndes sein will; die Mißwollenden werden es leicht für ein zwitterhaftes erklären können.

Meine Arbeit gibt sich für keine Übersetzung, sondern für eine Nachbildung. Die Grundsätze, nach denen man Homer und Shakespeare verdeutscht, sind, wie jetzt noch die Sachen stehen, auf einen arabischen Dichter kaum anwendbar. Dazu gehört eine nähere Verwandtschaft oder eine innigere Aneignung eines fremden Bildungskreises, als deren wir bis jetzt uns in Bezug auf den Orient rühmen können. Hoffentlich wird auch für die größeren orientalischen Kunstwerke einmal die Zeit kommen, wo sie in treuer Übertragung in unsre, jeder Erweiterung empfängliche Sprache aufgenommen werden können, ob aber sobald oder überhaupt jemals für Hariri, zweifle ich. Ich denke, er wird immer, wie jetzt, unübersetzbar bleiben, nicht wegen der Schwierigkeiten der Form, zu deren Überwindung eben hier ein Anfang gemacht ist, noch auch wegen mancher Einzelheit des Inhalts, die vom jetzigen Bearbeiter unterdrückt oder verändert, gar wohl einmal einem zugewöhnteren Publikum ohne Anstoß würde geboten werden können, sondern weil der Kern selbst, der Mittelpunkt vieler seiner Makamen etwas ist, das an der Originalsprache haftet und mit dieser wegfällt. In solchen Fällen habe ich mir mit allerlei Stellvertretungen zu helfen gesucht, worüber man die Nachweisung in den Anmerkungen zu den einzelnen Makamen finden wird. Dasjenige aber, dem von keiner Seite beizukommen war, habe ich weggelassen. Doch ist des Weggebliebenen verhältnismäßig nur wenig, wie man aus der vergleichenden Tafel am Ende dieser Vorerinnerung ersehen kann.

Über den Geist des Buches sage ich nichts; wenn es einen

hat, wird er sich dem Leser am Ende von selbst darstellen. Vielleicht aber sollte ich noch ein Wort sagen zur Entschuldigung der unendlichen Wort- und Klangspiele, der gereimten Prosa, der übertriebenen Bilder, des spitzfindigen überkünstlichen Ausdrucks, kurz alles dessen, was man den falschen orientalischen Geschmack nennen kann. Doch deutsche Leser sind schon an so viele Geschmäcke gewöhnt, daß ich ihnen auch diesen bieten zu dürfen glaubte, und zwar in seiner ganzen Schärfe, ohne Milderung und Abstumpfung. Die Aufgabe war, zu zeigen, daß auch in dieser ausschweifenden Form ein Geist wohne, und zwar ein solcher, der eben nur in dieser Form sichtbar werden konnte. Am wenigsten ist zu befürchten, daß das hier gegebene Beispiel dem herrschenden guten Geschmack verderblich werde. Unsre Roman- und Novellenschreiber werden sich nicht einfallen lassen, ihre für sie und ihre Leser so bequeme Weise gegen die Harirische, die ihre Schwierigkeiten hat, vertauschen zu wollen.

Zum neu erscheinenden Hariri 1837

Indem ich endlich nach zehn Jahren und darüber zur so lange vergebens gewünschten Vervollständigung dieses Buches durch einen großmütigen Entschluß der Verlagshandlung gelange, habe ich dazu nur weniges zu bemerken. Ich habe nunmehr weder Lust noch Muße, mich von neuem in jenes Meer arabischer Sprachkünste zu stürzen, sondern begnüge mich dankbar mit der damaligen hinlänglich gründlichen Ausschöpfung desselben, indem ich den vorgefundenen Vorrat zu einem zweiten Teile, der damals dem ersten auf dem Fuße nachfolgen sollte, nur im deutschen Ausdruck, ganz abgesehen vom Arabischen, durchgehe und verbessere. Auch waren aus diesem zweiten Teile in der Zwischenzeit acht einzelne Makamen, zu einem kleinen Ganzen zusammengestellt, in einer Frankfurter Zeitschrift erschienen, die ich hier nur an ihren Stellen einzureihen brauchte. Von den Erläuterungen aber zum ersten Teile, die dort eine gewisse Selbständigkeit erlangt hätten und, den einzelnen Makamen anhangsweise beigegeben, oft diese selbst an Umfang übertrafen, habe ich für diese Ausgabe das allermeiste weggelassen, nämlich einmal alles mehr bloß den Sprachgelehrten Angehende, sodann manches andre, gelegentlich Mitteilende und Erörternde über den Orient, und indem ich nur das für den deutschen Leser unentbehrlich Scheinende beibehielt, habe ich dieses als bescheidene Note unter den Text gestellt. Hin und wieder ist wohl selbst eine Stelle des Textes, bloß weil die darin enthaltenen Anspielungen zu viel Erklärungen gefordert hätten, weggestrichen worden; manches andre glaubte ich unerklärt mitlaufen lassen zu dürfen. Auch eine ganze Makame ist, als zu unanständig, weggeblieben, obgleich in andern einzelnen Stellen nicht alles Zweideutige vermieden werden konnte, was man, wie alles andre, unsrer Bildung Fremdartige dem Sohne der Wüste zugut halten muß. Durch alles dieses, der Geduld des Lesers zuliebe, hier nun Fehlende mag der ersten Ausgabe ein eigener Wert für sich geblieben sein, weshalb sie denn, da sie noch keineswegs ganz vergriffen ist, dem Sprachliebhaber besonders empfohlen sei.

Aus der Einleitung zu den acht besonders erschienenen Makamen

Über die Form der Dichtung

Die Ökonomie der Makamen ist die allereinfachste: jede ist ein für sich bestehender und in sich abgerundeter poetischer Haushalt, ohne Wechselbeziehung mit den übrigen, ohne Einwirkung auf sie und von ihnen. In jeder geht ein Abenteuer an und zu Ende, und das nächstfolgende entspringt nicht aus dem vorhergehenden, sondern mit diesem zugleich aus dem gemeinschaftlichen Mittelpunkt, dem Charakter des Helden, der dann im vollen Kreis der Makamen seine volle Entwicklung gefunden hat. Man sieht die Handlung nicht fortschreiten, und doch ist zuletzt das Ziel erreicht; die Darstellung geht nicht vorwärts, sondern dreht sich im Kreise. Die Anordnung ist also planetarisch, oder auch ausstrahlend wie die Blätter einer Palme. Und wie nicht jedes Palmblatt einen vollen Fruchtbüschel unter sich hat, so ist auch nicht jede einzelne Makame gleich wichtig für die Entwicklung des Ganzen; einige sind wesentliche Momente, andre Zugaben und Füllungen. Alle Makamen aber haben die gleiche Einkleidung, jede wird vorgetragen von einem Erzähler, *Hareth Ben Hammam,* der zum Eingang berichtet, wie er von Reiselust, von Verlangen nach Bildung, oder auch von Geschäften da oder dorthin geführt, diesen oder jenen Vorgang gesehen, wobei dann immer Abu Seid so oder so handelnd eingreift und auf eine oder die andre Art tätig erscheint, meist anfangs vom Erzähler selbst unbemerkt oder unerkannt und erst zum Schlusse seiner Vorstellung hinter der Maske hervortretend, doch manchmal auch schon in der Mitte der Handlung oder gleich am Anfang. In Abwechslung dieses gleichförmigen Zuschnittes ist der Dichter unerschöpflich, immer neu, überraschend und unterhaltend. Es ist aber leicht zu erkennen, daß der Erzähler Hareth Ben Hammam niemand anders als der Dichter ist, der in dieser Gestalt sich selbst außer sich und in sein Kunstwerk hineinstellt, gleichsam als Chorus, in welcher Bedeutung er sich besonders dadurch zeigt, daß er keinen eigenen Charakter entwickelt, sondern nur durch seine Zwischenreden dem Helden Gelegenheit zur Entwicklung des seinigen gibt, übrigens in die Handlung nicht eingreift und nur eine stete unwandelbare Teilnahme an den Schicksalen und an der Person des Helden zu Tage legt, eine schrankenlose Zuneigung wie durch Bezauberung, wodurch er, von jenem so oft geneckt, getäuscht, betrogen und in Verlegenheit gebracht, sich immer wieder zu ihm hingezogen fühlt, ihm überall hin folgt und dem Verschwundenen nachspürt, dabei sich vieles von ihm gefallen läßt und alles, was er tut, gern entschuldigt und nur, wo er es zu arg macht, eine sittliche Mißbilligung ausspricht.

Aus den Makamen der letzten Hälfte bezeichnen wir hier nun drei vorzugsweise als solche wesentliche Momente, wie wir im Obigen meinten:

1. Die vierundzwanzigste: Abu Seid auf dem Gipfel seines

Wanderlebens, als sichtbares Oberhaupt eines Weltbürgervolkes von Bettlern und Landstreichern. Er blickt aus seiner lumpigen Majestät mit Wehmut auf einen früheren besseren Zustand zurück, auf ein stilles behagliches Leben, dem er gewaltsam entrissen worden.

2. Die zweiundvierzigste: Abu Seids Testament. Des Landstreicherlebens für seine eigene Person überdrüssig, überliefert er dessen Grundsätze, ihre Befolgung einschärfend, seinem Sohne, den er zu seinem Nachfolger auf dem Throne der Bettler weihet.

3. Die Schlußmakame: Abu Seids Bekehrung. Eben im Begriff, die Religion, mit der er so oft sein Spiel getrieben, zu einem letzten Hauptstreich zu mißbrauchen, kommt das Heilige, mitten indem er es verspottet, über ihn, ergreift ihn und führt ihn zurück in das Land seiner Jugend, nach dessen verlorenen Genüssen er sein ganzes Wanderleben hindurch geseufzt hat und das er jetzt als ein allen Genüssen entsagender frommer Büßer betritt. Seine Bekehrung und die Abbüßung seines vorigen Lebens ist so gewaltsam, als dieses selbst war, und zu vergleichen mit der des Reinhold von Montalban im Volksbuch von den Haimonskindern, nur mit Erwägung des Unterschiedes zwischen Christentum und Islam.

Die Form der Rede in allen Makamen ist gereimte Prosa, bei welcher im Deutschen zur Abteilung der Reimglieder die sonst ziemlich unnützen Gedankenstriche sind verwendet worden; eingeflochten sind zahlreiche Gedichte, wenigstens eins in jeder Makame, alle in der einförmigen orientalischen Reimweise, die unsre Leser vielleicht schon unter dem Namen Ghaselen kennen: jedes Gedicht, wie kurz oder wie lang es sei, ist auf einen einzigen Reim gebaut, der am Ende jeder aus zwei Zeilen bestehenden Strophe zum Vorschein kommt. Diesen Grundcharakter trägt auch das Schlußgedicht der letzten Makame, ob es gleich auf den ersten Blick in Strophen nach unsrer Art zu zerfallen scheint; auch es hat den einen durch das Ganze gehenden Grundreim, dazwischen aber in jeder Strophe hat sich ein eigener dreimaliger Zwischenreim angesetzt, wodurch die zwei Zeilen der Strophe als vier erscheinen. Ebenso verhält es sich mit den Gedichten in Makame 9 und 10. Nur einigemal,

wie im langen Gedichte der ehevorletzten Makame, habe ich mir erlauben müssen, den *einen* Reim, der so vielfach nicht aufzubringen war, mit einer Reihe von Reimen, die *eine* Assonanz bilden, zu vertauschen.
Der Ausdruck Hariris ist überkünstlich, voller Wortspiele und Anspielungen, übertrieben, abenteuerlich, ausschweifend, kurz alles, was man da, wo es unbewußt ist und sich selber für die reine Schönheit hält, falschen oder verderbten Geschmack nennen kann. Hariri aber ist humoristisch und steht frei über dem, was er darstellt; und so wird man ihm die Schnörkel seiner Makamen für nichts andres, als wie die des Don Quichote dem Cervantes, anrechnen dürfen, nämlich für beabsichtigte und zweckgemäße Charakteristik. Von diesem Humor oder, wenn man will, Ironie in Hariri hat man vor der deutschen Bearbeitung in Europa nichts gewußt; und man könnte fragen, ob beides wirklich im arabischen Dichter liege, oder nicht erst durch seinen deutschen Umdichter in ihn hineingetragen sei? Doch das wäre dann die erste Parodie, die man zuwege gebracht hätte durch eine bloße Umfärbung des Ausdrucks, ohne Umsetzung der Motive; denn diese sind im Deutschen ziemlich unverändert geblieben. Und so wird doch wohl der Humor ursprünglich vorhanden sein, wenngleich vielleicht nur mehr unbewußt und erst durch die Übertragung zum Bewußtsein gebracht; mögen sich nun die Leser von ihm erfreuen lassen!

Hariris Vorwort

So spricht der Scheich, der Preiswürdige, Einzige, Abu Mohammed Elkasem, Ben Ali Ben Mohammed Ben Othman, Hariri von Basra: (Gott kühle seine Ruhestätte!)

Gott! Dir danken wir, wie für jede Habe, – also auch für die Redegabe; – wie für des Hauses Ausgang und Eingang, – so für des Geistes Ausklang und Einklang, – und wie für des Kleides An- und Ablegung, – so für des Sinnes Ein- und Auslegung. – Wir danken dir, wie für Tränkung und Speisung, – so für Lenkung und Unterweisung, – zu Zweck-Bedenkung und Kunst-Befleißung. – Wir flüchten zu dir vor des Sprechens Überfluß, – wie vor des Hörens Überdruß; – vor der Worte schädlichem Wucher – und dem Witz, dem Versucher, – wie vor dem Mangel an Sammlung – und der Zunge schmählicher Stammlung – in erleuchteter Versammlung. – Behüt' uns vor unbeholfener Unmündigkeit – und unbesonnener Unbündigkeit, – Zeit und Orts Unkündigkeit; – laß uns vermeiden die Schlappheit und die Steifigkeit, – die Knappheit und die Weitschweifigkeit, – die Leere und die Seichte, – das Überschwere und das Allzuleichte. – Lenke, wie unsern Schritt, – auch unseres Schreibekieles Tritt, – daß er nicht walle die Irrbahn – und nicht falle in Wirrwahn; – laß uns übers Ziel nicht ausschreiten – und im Spiel nicht ausgleiten, – unsere Knoten nicht verschürzen, – unsere Schüsseln nicht verwürzen – und durch Länge unsern Zweck nicht verkürzen, – Lob zu erlangen und Stunden zu kürzen. – Bewahr uns vor denen, die loben, – eh sie unsern Wert erproben, – wie vor denen, die schelten, – eh sie wissen, was wir gelten. – Schütz uns vor der Gönner Überschätzung, – wie vor der Mißgönner Heruntersetzung; – vor der stolpernden Stelze der Stolzen, – wie vor der Witzbolde stumpfen Bolzen. – Und laß uns, ohn' Anstoß und Anstand, – hinwandeln mit Anmut und Anstand – die Bahn, die zu wandeln uns anstand, – mit ruhiger Gelassenheit, – ohne Ausgelassenheit, – mit gewandter Fertigkeit, – ohne Eilfertigkeit. – Gib uns Einsicht und Umsicht, – daß wir erreichen die Absicht, – und laß uns auftreten mit Vorsicht, – daß uns zuteil werde

Nachsicht. – Gib, daß wir nicht durch Reden vergiften, – noch Unheil stiften durch Schriften, – durch Worte deinem Wort nicht schaden, – noch Verantwortung uns aufladen. – Doch laß uns trotzen den Vorurteilen – und dem Verurteilen vor dem Urteilen. – Laß uns treiben mit Verstand – Prosaspiel und Verstand, – und handhaben sauber – den erlaubten Redezauber. – Unsrer Dichtung Schmuck sei die Wahrheit, unser Ausdruck die Klarheit, – und die Begeisterung die Treibefeder – unsrer Schreibefeder.

Um das bitten wir dich bei deinen hundert Namen – und bei allen Boten, die von dir kamen, – bei ihrem letzten und größten, – dessen Vertretung wir uns getrösten, – der mit deinem Wort zum Welt-Heile – ist gesandt an die Weltteile; – der im Himmel genannt wird *Ahmed*, – aber auf Erden *Mohammed* – und unter der Erde *Mahmud*. – Segne ihn und seiner Flucht Gefährten – und seine Helfer, die bewährten, – seinen Stamm, den werten, verehrten, – die ganze Gemeinde der Muselmanen – und alle, die gehn auf rechten Bahnen. – Denn du bist der Allwaltende, – Uralte, niemals Altende, – Allschaffende, Allerhaltende, – der alles mit Lieb' Umfaltende, – und alles, dir zum Preis, Gestaltende.

Nun denn! In vormaligen geselligen Zünften – und gebildeten Zusammenkünften, – deren Leuchte jetzt verglommen ist, – und deren Welle den Strom hinabgeschwommen ist, – hörte man sonst den Namen – und den Ruhm der *Makamen*, – die aufgezeichnet hatte der *Badi elsaman*[1], – der Ausgezeichnete von *Hamadan*[2], – (ihm gnade Gott!) worin er die Geschichte des Abulfath Iskandari[3] zum Grund gelegt – und die Erzählung davon dem Isa Ben Herscham[4] in den Mund gelegt; – zwei Personen, die nunmehr sind unbekannt – und ungenannt. – Mir aber winkte einer, dessen Wink Befehl ist[5], – und dem zu gehorchen die Wohltat der Seel' ist, – Makamen zu verfassen nach dem Vorbild des *Bedi*, – wenn auch ein Flinker von einem Hinker erreicht wird nie. – Da wandt' ich ein, was man sagt von der Gefahr des Schreibens – und dem Vorteil des Zuhausebleibens; – daß, wer einen Vers will dichten, – sich von Tausenden muß lassen richten, – und daß, wer viel bringt, nicht alles kann sichten; – daß er nicht immer den Honig von Wachs kann läutern, – noch die Nessel sondern aus den Würzekräutern; – gleich dem Viehhirten, der melkt aus kleinen und großen Eutern, – gleich dem Heerführer, der kommt mit Fußgängern und Reitern. – Wer sich auf den Markt stellt, der sei gefaßt, daß man prüfe – seines Wuchses Gradheit und Schiefe, – seines Wassers Seichtheit und Tiefe. – Solange man schweigt, kann man für weise gelten, – aber wenn man spricht, ist's lauter Weisheit selten. – Unter vielen Worten ist manch vergebliches, – unter vielen Gestirnen manch nebliges. – Doch jener wollte der Einwendung nicht nachgeben, – noch des Unternehmens mich überheben. – Da stand ich, zu seiner Huldigung, – ab von meiner Entschuldigung, – und zum starken Geschäfte – bot ich auf meine schwachen Kräfte, – entwerfend, nach meiner Quelladern Sprödigkeit – und meiner Einsichten Blödigkeit, – nach meines geistigen Vermögens Beschränktheit – und meiner von Sorgen Gekränktheit, – einige und vierzig Makamen[6], gewebt aus Ernst und Scherz, – gegossen aus Gold und anderem Erz, – gedichtet aus dünnen Fäden und dichten, – geschichtet aus bunten und lockern Geschichten, – voll mannigfaltiger Ereignisse – und unvergleichlicher Gleichnisse; versehn mit Anspielungen und Beispielen, – die überall herbeispielen, – und geschmückt mit Spielwörtern und Wortspielen, – die in einem fort spielen; – besetzt mit den Edelsteinen des Ausdrucks, – gestickt mit den Perlen des Gedankenausschmucks, – bereichert mit Rätseln und Sprichwörtern, – Redespitzen und Stichwörtern, – Schriftstellen und Gemeinplätzen – und besondern Sprachschätzen, – abwechselnd mit muntern Ausbrüchen – und feierlichen Aussprüchen, – mit Possen der Vertraulichkeit – und Glossen der Erbaulichkeit, – mit Witzreden, welche lachen, – und Strafreden, die weinen machen. – All das hab' ich auf die Person des *Abu Seid von Serug* gedichtet – und es durch den Mund des *Hareth Ben Hammam von Basra* berichtet; – und habe mich unterzogen all dieser Mühe, – nur daß daraus dem Leser Lust und Belehrung erblühe, – und daß es dem Hörer diene zur Erheiterung – und zu seiner Kenntnis Erweiterung. – Ich habe mich in den Versen, den beigegebnen, – nicht halten wollen auf dem Weg, dem gar zu ebnen; – habe nicht wollen von fremdem Schatze borgen, – sondern meinen ganzen Haushalt selbst versorgen. – So sind denn alle Lieder, Mageres und Feistes, – die eingefleischten Kinder meines Geistes; – und ich tische hier nichts auf, als – mein eigenes Salz – und mein eigenes Schmalz, – mein Süßes und mein Saures ebenfalls. – Bei dem allen bekenn' ich, daß der von Hamadan – bleibt mein Vortreter auf der Bahn, – der den Vorsprung gewonnen habende Reiter, – dem nicht nach und nicht nah kommt sein Nachschreiter; – und daß, wer nach ihm noch was tun will im Feld der *Makame*, – und hätt' er auch die Beredsamkeit des *Kodame*[7], – immer nur wird schöpfen von seiner Neige – und sich halten müssen auf seinem Steige. – Göttlich hat der Dichter gesagt:

Und was mich betrübt, ist, daß ich tief Schlummer atmend lag,
Als hold ihr Geseufz anhob die Turtel im Laube.
Denn hätt' ich geseufzt vor ihr um *Soda*[8], so hätt' ich wohl
Geheilt diesen Gram, dem jetzt mein Herz bleibt zum Raube.
Doch erst seufzte *sie*, dann ich, und *ihr* Seufzen weckte meins;
Ich sprech': O der Nachahmung! Der Preis bleibt der Taube.

Nun hoffe ich, daß ich mit den Scherzen, die ich ersonnen, – und mit den Fäden der Unterhaltung, die ich gesponnen, – nicht sein möge wie der Hörnerträger auf der Aue, – der seinen Tod aufscharrte mit seiner Klaue[9]; – noch den Verlorenen beigezählt, – denen die Gnade Gottes fehlt, – deren Mühe vergebens ist und eitel ihr Fleiß – und umsonst ihr Schweiß; – sie glauben es wohl gemacht zu haben, – doch ihre Arbeit wird mit ihnen begraben. – Aber wenn auch die Verständigen nicht erbarmlos – richten werden, was ich gedichtet harmlos, – und die Günstigen werden lieben und loben, – was ich geschrieben und gewoben; – so werden doch die Mißwollenden, Grollenden, – die nicht Sehenden, und die nicht sehen Wollenden – geringschätzig blicken auf diese Sachen – und sich zwingen, an keiner

Stelle zu lachen. – Ihr sei der Schaden, den sie sich selbst zufügen, – daß sie sich um ihren Part betrügen – an dem von uns aller Welt zugedachten Vergnügen.

Erste Makame[10]

Die Bibliothek von Basra

Hareth Ben Hammam erzählt:

Es trieb mich, seit ich die Kinder-Amulette abgebunden – und den männlichen Turban umgewunden, – ein Verlangen nach Bildung und Sitte, – die ich mit scharfem Ritte – ging suchen durch aller Länder Mitte, – daß sie mir würde zu einem Schmuck vor dem Volke, – vor Mittagsbrand zu einer Schattenwolke; – und so begierig war ich, auf ihrer Trift zu weiden – und mich in ihr Gewand zu kleiden, – daß ich fragte bei Hohen und Niedrigen, – Befreundeten und Widrigen, – wo ihre Spur mir möchte begegnen, – wo ihre Milde mich möchte segnen – mit Tröpfeln oder mit Regnen. – Und als ich nun kam nach *Hulwan*[11] – und hatte mich schon unter Menschen umgetan, – hatte gelernt, ihren Wert zu wägen – und sie zu erkennen nach ihren Geprägen; – fand ich daselbst den *Abu Seid von Serug*, der sich allerlei Stammbäume machte – und sich vielerlei Gewerbzweige erdachte, – bald sich gab für einen Sprößling von *Sassan*[12], – bald für einen Schößling der Königswurzel von *Ghassan*[13], – heut im Gewand eines Poeten auftrat, – morgen den Mund eines Propheten auftat, – hier erschien mit der Würde des Emirs – und dort mit der Bürde des Fakirs; – nur daß immer – in seinem wechselnden Farbenschimmer, – in seiner Verwandlungen Truggeflimmer – er sich zeigte sagenmundig, – redekundig, – witzig und bündig, – spitzig und fündig; – den nimmer ein Unfall brachte in Not, – dem immer ein Einfall stand zu Gebot; – der mit Reden jeden beschämte – und sich nach Gefallen allen bequemte. – Wegen seiner artigen Sitten – war er mit seinen Unarten wohl gelitten, – mit Eifer und mit Eifersucht, –

von allen gesucht, – die seine Frucht einmal versucht; – und es scheute – jeder Gescheite – seines Blitzes Schläge – und kreuzte ihm nicht die Wege. – Ich hing an seines Mantels Saum, – berauscht von seiner Lippen süßem Schaum; – durch seine zauberhaften Eigenschaften – mußt' ich an ihm wie leibeigen haften.

Daß er lachte, war mein Licht, mir Aussicht war sein Angesicht;
Weggehaucht mein Unmut, wo ich taucht' in seiner Anmut Tau.
Lautenspiel sein Laut, Geselligkeit mit ihm Glückseligkeit,
Seine Stirne mein Gestirn, sein fröhlich's Auge Frühlingsau.

So blieben wir zusammen eine Frist – und er schuf jeden Tag eine neue Lust und eine neue List; – seine Bekanntschaft – war mir mehr als eine ganze Verwandtschaft; – so ward ich durch seinen Umgang belehrt, – meiner Kenntnisse Umfang vermehrt – und der Zweifel dunkler Umhang aufgeklärt. – Da fing er an, hier des Erwerbs zu mangeln, – er mußte gehn, an andern Wassern zu angeln, – es trieb ihn der Ausgang der Nahrung – zu Auszug und Straßenbefahrung, – zu streichen in andern Strichen, – weil hier die Jagdzeit verstrichen – und sein Glücksstern erblichen; – er förderte die Abfahrt und entwich, – ließ mich und nahm mein Herz mit sich.

Mir gefiel, seit er mir fehlte, nichts, worauf mein Auge fiel;
Seit es litt, daß er entglitten, floß von Leid mein Augenlid.
Wer zur Lust mich laden wollte, lud nur eine Last mir auf;
O! von denen, die ich fand, wie unterschied sich *er*, der schied!

So war er mir eine Zeitlang verschwunden, – ich hatte von ihm keine Kunden – und keine Bekannten gefunden. – Doch nach Jahren, als ich nun wandersatt – heimkehrte zu meiner Vaterstadt[14], – besuchte ich ihre Bibliothek, den Weisheitsschatz, – den Sammel- und Tummelplatz – gebildeter Männer, auserkorner, – fremder und eingeborner. – Da trat ein Mann ein, dessen Bart gesträubt war – und dessen Kleid bestäubt war; – der grüßte mit blitzenden – Augen die Sitzenden – und setzte munterst – sich ganz zu unterst. – Dann fing er an, herauszurücken – und die Versammelten zu entzücken – durch Redeschmuck – und Gewandtheit im Ausdruck. – Er begann seinen Nachbar zu fragen: – Welches Buch hast du da aufgeschlagen? – Dieser sprach: *Den Diwan*[15] des *Abu Obade*[16], – der jetzt berühmt ist in hohem Grade. – Jener sprach: Und stießest du, so weit du lasest, auf etwas Rühmliches, – Neues, Blümliches? – Er sprach Ja! – der Vers da:

Gereihte Perlen decket auf dein Lächeln;
Aus Würzeblumen kommt des Odems Fächeln.

Denn das ist neu gedacht – und schön gemacht. – Da rief jener: O Wunder! – so liegt die Kunst unter! – Siehest du Geschwulst an für Fettigkeit? – oder Abzehrung für Nettigkeit? – Hast du deinen Atem gestohlen, – daß du bläsest in tote Kohlen? – Wo ist deine Belesenheit, – daß du nicht kennst das berühmte *Beit*[17], – das alle Gleichnisse von Mund und Zahn zusammenreiht? – Worauf er hersagte:

Ich bin das Opfer eines Zahns, der duftig glänzt,
Der Klippe gleich, in Morgentau getauchet.
Die Perlenreihe lächelt, vom Rubin umgrenzt,
Der frischen Ruch von Würzeblumen hauchet.

Da lobten sie bis zur Übertreibung, – baten um Wiederholung und Niederschreibung, – fragten: Lebt oder ist erblaßt, – der das hat verfaßt? – Bescheiden sprach darauf der Gast: – „Die Wahrheit soll man bezeugen – und vom Rechte nicht beugen; – es ist der Mann, der mit euch spricht.“ – Doch, als glaubten sie ihm die Vaterschaft nicht, – und als müss’ er sich wahren vor Gefährde – und abwälzen des Argwohns Beschwerde, – ließ er den Koranspruch los: – *„Mancher Verdacht ist ruchlos.“*[18] – Dann sprach er: O ihr edlen Lichter! – Dichterverdienstes Richter, – des Echten und Falschen Sichter! – Der Schmelztiegel bringt dem Gold nur Gewinst, – die Hand der Wahrheit zerreißt des Irrtums Gespinst. – Uns ist von den Alten – der Spruch aufbehalten: – Des Mannes Wert – wird durch Prüfung bewährt. – Ich geb' euch mein Reisebündel zur Schätzung, – mein Verborgnes zur Auseinandersetzung. – Da trat hervor – einer aus dem Chor – und sprach: Ich weiß ein Beit, so feines ward nicht gesponnen, – so reines geschöpft aus keinem Bronnen, – so ungemeines nie ersonnen. – Vermagst du von Vergleichungen gleiche Fäden zu spinnen – und sinnreiche Sinnbilder zu ersinnen, – so magst du hier den Preis gewinnen. – Und er sagte her:

> Aus der Narzisse[19] Perlen regnend, nässet sie
> Die Ros'[20], und Traubenbeer[21] am Demant[22] presset sie.[23]

Da währte es keinen Augenwink, – und vortrug jener flink, – und sein Vortrag war nicht link:

> Sie stand verhüllt vom Schleier feuerfarbnen Flors;
> Ich sprach: Du sperrst den Zugang meines Lebenstors.
> Sie nahm die Abendröt' hinweg vom Mond, und leis
> Als Perle kam ihr Wort zur Muschel meines Ohrs.

Da staunten die Versammelten – und zu seinem Lobe sie stammelten. – Doch als er sah, daß er ihr Herz getroffen – und von ihnen könnte Ehre hoffen, – blickte er zu Boden und rief im Nu: – Da habt ihr noch zwei Verse dazu:

> Der Abschied kam; sie stand im Schleier schwarzen Flors,
> Mit Perlenspitzen[24] nagend Spitzen Zuckerrohrs[25].
> Die Nacht[26] lag glänzend überm Tag[27], und beide trug
> Ein schlankes Schilf[28], und nicht das Gleichgewicht verlor's.

Da erkannten sie an ohne Hadern – die Fülle seiner Quelladern; – ihre Zweifel waren entkräftigt, – und nur ihn zu ehren, waren sie jetzt beschäftigt. – Sie wußten nicht seinen Ruhm genug zu verbrämen; – er mußte sich schon bequemen, – ein Ehrenkleid von ihnen anzunehmen.

Der Berichter dieser Geschichte spricht: Wie ich sah seines Feuers Funken, – seiner Glanzlichter Prunken; sucht' ich seine Mienen zu unterscheiden – und ließ meinen Blick auf seinem Antlitz weiden. – Und siehe, es war *von Serug* unser *Scheich*, – den ich nicht hatte erkannt sogleich, – weil in der dunkeln Nacht von seinem Haar – inzwischen Mondlicht geworden war. – Da wünscht' ich mir Glück, daß ich ihn fand, – und reicht' ihm die Hand; – sprechend: Beim Herrn der Unendlichkeit! – Was hat dich so verwandelt bis zur Unkenntlichkeit? – Was hat deines Hauptes Wälder gelichtet – und deine Wangen in Felder geschichtet? – Hätt' ich dich nicht erkannt an der schlauen Art, – nimmer hätt' ich dich erkannt am grauen Bart. – Da hub er an:

Grau macht die Zeit, die greuliche;
Trau nicht auf die untreuliche!
Sie lacht dir einen Augenblick
Und grinst dann, die abscheuliche.
Die Jahre führen übers Haupt
Dir manches Unerfreuliche.
Die Stürme rütteln dir am Haus,
Baufällig wird das Bäuliche.
Dein Auge trübt sich, ungetrübt
Blickt droben nur das Bläuliche.

Da hemmt' er sein Wort – und räumte den Ort – und nahm die Herzen mit sich fort.

Zweite Makame[29]

Die beiden Gulden

Hareth Ben Hammam erzählt:

Mich hielt mit frohen Genossen – ein trauter Kreis umschlossen, – von welchem eingeschlossen war Geselligkeit – und Gefälligkeit – und ausgeschlossen Mißhelligkeit. – Und während wir nun die Fäden der Reden hin und wider spielten – und im Schwanken der Gedanken uns unterhielten – mit Geschichten – und Berichten – und Gedichten; – trat herein ein Mann mit gebrechlichem Mantel – und schwächlichem Wandel, – der den einen Fuß schleifte – und auf einen Stab sich steifte; – der sprach: O ihr köstlichen Steine der Schreine! – o ihr tröstlichen Scheine der Reine! – Froh gehen euch auf die Tage – und unter ohne Klage! – Freundlich weck' euch der Frühschein, – und lieblich schmeck' euch der Frühwein! – Seht einen Mann, der einst besessen – Haus und Hof, Esser und Essen, – Weiden und Weidende, – Kleider und zu Kleidende; – Gabe, zu schenken, – Labe, zu tränken, – Äcker und Äste, – Feste und Gäste. – Doch es schnob der Sturm des Leides, – und es grub der Wurm des Neides, – und der Einfall der Unfälle – brach über des Glückes Schwelle; – bis mein Hof leer ward – und dünne mein Heer ward, – mein Brunnen erschöpft, – mein Wipfel geköpft, – mein Lager staubig, – mein Barthaar straubig, – mein Gesinde murrend, – meine Hunde knurrend; – im Stalle kein Rossegestampf, – in der Halle kein Feuerdampf; – daß mir der Neider – ward zum Mitleider, – und der Schadenfroh – vor meinem Schaden floh. – In des Unglücks Klammer, – in der Armut Jammer – ward unser Schuh die Schwiel' am Fuß – und unsre Speise der Verdruß. – Wir schnürten knapp den Leib zusammen, – um zu ersticken des Hungers Flammen. – Ausging uns des Stolzes Befiederung, – und wir wohnten in der Niederung. – Statt Rosse blutig zu spornen, – gingen wir uns wund auf Dornen. – Der Tod bleibt unsre Zuflucht vor Bedrängnis; – wir klagen an das säumende Verhängnis. – Oder ist hier ein Beirätiger, – Menschenfreundlicher, Guttätiger, – der einen Kraftlosen, Haftlosen stütze, – ein Tröpflein der Milde auf einen Saftlosen sprütze? – Bei dem, der mich hat entsprossen lassen von *Kaile*[30]! – der den Mangel mir gab zuteile! – ich habe nicht, wo ich die Nacht verweile.

Hareth Ben Hammam spricht: Um seine Notdurft zu letzen – und zugleich seinen Witz auf eine Probe zu setzen, – nahm ich ein Goldstück und wies es – und sagte: Dein ist dieses, – wenn du uns in Versen sein Lob lässest hören. – Und auf der Stelle ließ er sprudeln seine Brunnenröhren:

Gesegnet sei der Gelbe mit dem lichten Rand,
Der wie die Sonne wandelt über Meer und Land,
In jeder Stadt daheim, zu Haus an jedem Strand,
Gegrüßt mit Ehrfurcht, wo sein Name wird genannt.
Er geht als wie ein edler Gast von Hand zu Hand,
Empfangen überall mit Lust, mit Leid entsandt.
Er schlichtet jedes menschliche Geschäft gewandt,
In jeder Schwierigkeit ist ihm ein Rat bekannt.
Er pocht umsonst nicht an die taube Felsenwand,
Und etwas fühlt für ihn ein Herz, das nichts empfand.
Er ist der Zaubrer, dem sich keine Schlang' entwand,
Der Schöne, welchem keine Schönheit widerstand,
Der Held, der ohne Schwertstreich Helden überwand;
Der Schwachen Kräfte gibt und Törichten Verstand,
Und Selbstvertrau'n einflößet, das mit Stolz ermannt.
Wer ihn zum Freund hat, ist den Fürsten anverwandt,
Wenngleich sein Stammbaum auf meinem Boden stand.
Der trifft des Wunsches Ziel, dem er den Bogen spannt.
Er ist des Königs Kron' und seiner Herrschaft Pfand,
Er ist der Erde Kern, und alles sonst ist Tand.

Und wie er war am Ende, – streckte er seine Hand nach der Spende – und rief: Wer verspricht, muß segnen; – die Wolke, die donnert, muß regnen. – Da gab ich ihm das Goldstück hin – und sprach: Sei es dir zum Gewinn! – Er schob es in seinen Mund – und sprach: Gott erhalte mir's gesund! – Dann macht' er sich auf, von dannen zu wanken, – mit Grüßen und Danken. – Doch der Duft des Geistes, den er verstreute, – berauschte mich so, daß ich nicht Aufwand scheute. – Ein zweites Goldstück nahm ich aus der Tasche – und sprach: Da hasche! – Dieses ist dein, wenn du nach seinem Adel – uns nun auch hören lässest seinen Tadel. – Da ließ er auf der Stelle – noch einmal rauschen die Welle:

Verflucht der Heuchler mit dem doppelten Gesicht,
Dem kalten Herzen und dem Lächeln, das besticht.
Er ziert sich wie ein Liebchen, und wer liebt es nicht?
Und wie Verliebte schmachtet er, der Bösewicht.
Er stammt vom Abgrund, aus den Finsternissen dicht,
Doch überstrahlt sein falscher Schein der Sonne Licht;
Die Wahrheit dringt nicht durch das Trugnetz, das er flicht.
Er gibt der Welt in allem Bösen Unterricht,
Lehrt, wie man falsche Eide schwört und Treue bricht.
Er ist's, um den man streitet, tobt und kämpft und ficht,
Er ist's, der aus des Richters Mund dein Urteil spricht,
Um den der Dieb die Hand verliert am Hochgericht.
Für ihn verkauft man seinen Glauben, seine Pflicht,
Für ihn erkauft der Schlechte sich ein Lobgedicht.
Er ist's, um den das Herz aus Furcht dem Geiz'gen bricht;
Er ist's, um den des Neides Blick den Reichen sticht.
Das schlimmste ist: Wer ihn bewahrt, dem nutzt er nicht;
Und wer ihn nutzt, der tut dadurch auf ihn Verzicht.
Darum verachtet ihn ein edler Mann und spricht:
Du Taugenichts, hinweg von meinem Angesicht!

Ich rief: Gott müsse deinen edlen Mund vergulden! – Doch er rief: Versprechen macht Schulden; – und ich gab ihm den zweiten Gulden – und sprach: Verwend ihn zum Erwerb von Gottes Hulden! – Er schob ihn mit Dankgeflister – in den Mund zu seinem Geschwister – und hinkte ab am Stabe, – preisend Geber und Gabe.

Hareth Ben Hammam spricht: Mir sagte das Herz, es sei *Abu Seid,* – und seine Lahmheit ein angelegtes Kleid. – Ich hielt ihn an und rief: Bei Gottes Gnade! – dein Witz verriet dich; warum gehst du nicht grade? – Er sprach: Und bist du der *Hareth*? – So bleibe mir ewig schwarz gehaaret, – der Lust gepaaret, – den Frohen und Edlen gescharet! – Ich sprach: Ich bin der *Hareth Ben Hammam*; – wie geht es mit dir und deinem Kram? – Er sprach: Bald frisch, bald lahm; – ich segle mit zweierlei Winden, – gelinden und ungelinden. – Ich sprach: Du solltest dich schämen, – Zuflucht zu einem Gebrechen zu nehmen. – Da verfinsterten sich seine Mienen – und er sprach: Laß dir dienen!

Ich hinke, doch nicht aus Vergnügen am Hinken,
Ich hink', um zu essen, ich hink', um zu trinken.
Ich hinke, wo Sterne der Hoffnung mir winken,
Ich hinke, wo Gulden entgegen mir blinken.
Was man nicht erfliegen kann, muß man erhinken.
Viel besser ist hinken, als völlig zu sinken.
Die Schrift sagt: Es ist keine Sünde, zu hinken[31].

Dritte Makame[32]

Die Morgenrast

Hareth Ben Hammam erzählt:

Ich machte nach *Dumjat*[33] eine Reise, – wohl versehen mit Trank und Speise, – wohl aufgeräumt – und aufgezäumt, mit Genossen geschart – von gleicher Art, – von denen die Eintracht nicht beeinträchtigt ward; – die das Band der Freundschaft nicht abbrachen – und aller Feindschaft den Stab brachen; – gleich als ob sie getrunken die Milch von *einer* Amme, – oder wären die Funken *einer* Flamme, – oder die Zinken an *einem* Kamme. – Wir ritten nur den scharfen Ritt – und litten nur Tiere vom starken Tritt; – und wenn wir zur Herberge lenkten, – oder zur Tränk' uns senkten, – ruhten wir nur im Flug – ohne langen Verzug. – Einst hielten wir unsere Tier' im Trabe, – in einer Nacht, die von Alter ein mädchenhafter Knabe – und von Locken war ein Rabe; – wir spornten, bis die Dämmerung graute – und die dunkle Schminke der Luft zertaute; – da ward uns der

Nachtritt beschwerlich – und der Schlummer unentbehrlich.[34] – Wir hielten den Zügel – an einem Hügel, – wo weich und grasreich war der Ranft – und die Luft gelind und sanft. – Da stiegen ab die Reiter – von dem Rücken der Schreiter; – und als diese waren gestellt, – und jene ruhten ihren Waren gesellt, – als das Gebrülle verstummt war, – das Geschrille versummt war – und alles Stille von des Schlummers Hülle vermummt war; – hörte ich einen Sprechenden, – die Frühruh' Unterbrechenden, – der an einen, der mit ihm wachte, – mit heller Stimme die Frage machte: – Wie ist dein Verfahren – gegen die, die mit dir fahren? – Jener sprach: Den Ungütigen – such' ich durch Güte zu begütigen; – ich bin gefällig dem Ungefälligen, – gesellig dem Ungeselligen; – ich vertrage mich mit dem, der mich betrügt, – und sage Wahrheit dem, der lügt. – Mein Herz bleibt zugewandt den Verwandten, – wenn gleich sie mir den Rücken wandten; – und ich bin erkenntlich meinen Bekannten, – wenn schon sie mich verkannten. – Ich fliehe nicht vor dem Flehenden, – ich entziehe mich nicht dem Zehenten; – feil ist mir meine Fülle – zu des Kranken Heil und zu des Nackten Hülle. – Ich schenke meinen Trank – und denke nicht an Dank; – ich berate den, der mich verriet, – ich schade nicht dem, der mich übel beschied. – Ich füge mich bescheiden – auch ungefügen Bescheiden; – ich habe nicht Wohlgefallen, – daß meine Feinde fallen; – ich reiche heilendes Wundkraut – dem, dessen Nagel mich wund kraut, – und entziehe nicht meine Haut – dem, der sie haut. – Mich tröstet ein Koran-Abschnitt, – wenn man mir die Ehre abschnitt; – und ich lasse den guten Namen – denen, die mir ihn nahmen. – Ich heuchle mit keinem Hauch, – und ich täusche in keinem Tausch; – übervorteilen mag ich nicht, – und über Nachteile klag' ich nicht; – ich suche nicht Händel im Handel – und bin in meinem Wandel ohne Wandel. – Lieber ungerächt, – als ungerecht; – lieber dem Feind erlegen, – als den Feind erlegen! – Ich klage nicht, wenn man mich verklagt; – ich entsage, wo man mir versagt. – Was versucht, – lass' ich unversucht; – wo man flucht, – nehm' ich die Flucht. – Wo man spricht, will ich nicht widersprechen; – wo man sticht, will ich nicht wieder stechen; – und sollte mich die Hydra stechen, – so wollt' ich mich an ihr nicht rächen. – Darauf sprach der andre: O weh mein Sohn! – wer wird Fron tun ohne Lohn? – Man muß kargen gegen den Kargen, – arg tun gegen den Argen, – gegen den Schnarcher muß man schnarchen. – Den will ich nicht letzen, – der mich will verletzen; – ich will nur letzen den, der mir nützt, – und nur schätzen den, der mich schützt. – Dem sei Meines nicht gewährt, – der Seines mir wehrt; – wer mir sich nicht paart, – den lass' ich apart; – der mich verschmäht, nach dem schmacht' ich nicht; – der mich ächtet, den acht' ich nicht. – Ich wünsche die Plage meinem Plakker – und pflanze nicht Friedensbäume auf Feindesacker. – Ich gebe nicht mein Korn für deine Spreue – und nehme nicht deinen Zorn für meine Treue. – Lieber ungerecht, – als ungerächt; – lieber schinden, als geschunden, – und lieber den Schmerz verwinden, als klagen über Wunden. – Ich will nicht streicheln, wo man mit Ruten streicht; – ich will nicht weich sein, wo man mir nicht weicht, – nicht liebreich sein, wo man mir nicht reicht. – Dem ist mein Herz zugetan, – dessen Hand mir ist aufgetan. – Wer mich schiert, ist nicht mein Hirt; – wer mich nicht wert hält, ist nicht mein Wirt. – Den will ich nicht leiten und nicht geleiten, – der mich selber gerne sähe gleiten; – dem will ich im Himmel keinen Stuhl bereiten, – der ein Pfühl zu der Hölle Pfuhl mir möchte breiten. – Oder wer hat geboten, daß ich soll dienen und du dich dehnen, – ich mit Demutsmienen und du mit Löwenmähnen? – daß ich säe und du speicherst, – daß ich flehe und du weigerst? – daß ich schmelze und du gefrierst? – daß ich in Staub mich wälze und du dich vornehm zierst? – Nein, sondern bei Gott, Gericht für Gericht – und Gewicht für Gewicht, – ein Schuh nach dem Maß des Fußes, – ein Dank nach der Art des Grußes; – daß niemand uns einen Vorwurf mache, – noch jemand über uns lache. – Und o wie herrlich hat dein Vater gesagt:

> Ich schätze jeden, wie er mich wird schätzen,
> Und schütze mich vor dem, der mich will schatzen.
> Zumess' ich jedem, was ihm angemessen,
> Und zeige Krallen dem, der mich will kratzen.
> Ich kränke nicht und mag auch nicht erkranken;

Ich hetze nicht und diene nicht zu Hatzen.
Ich bin nicht dessen Narr, der aus den Kohlen
Den Braten holen will mit meinen Tatzen.
Mein Freund ist, wer mir zeigt ein freundlich Antlitz;
Wer stolz sich bläht, dem sag' ich: Magst du platzen!
Den lieb' ich, der sich läßt von meinen Scherzen
Berücken und nicht zürnet meinen Fratzen.
Der Jugend steht es an, gefoppt zu werden,
Doch traurig ist ein Tölpel mit der Glatzen.
Mein Sohn! geh hungrig auf die Jagd mit Füchsen,
Wenn du nicht satt vom Schlafen wirst wie Ratzen.
Und wenn du deine Beute hast, so gehe
Geschwind als wie vom Taubenschlag die Katzen.
Und glaube nicht, daß der sein Herz dir schenke,
Der dich verlangen sieht nach seinen Batzen.

Hareth Ben Hammam spricht: Als ich so ihr Gespräch belauscht, – hätt' ich gern Worte mit ihnen getauscht. – Als nun der Morgen anglomm, – das Frührot im Glanz heranschwomm, – ging ich aus in des Frühlichts Glimmen – auf die Spur meiner Nachtstimmen; – da sah ich Abu Seid mit seinem Sohn im Gespräche, – und ihre Mäntel trugen der Armut Gepräge. – Ich erkannte, daß meine Nachtkunde – gekommen war aus ihrem Munde, – und wandte mich zu ihnen, voll Lust über ihre Geistesfülle – und voll Mitleid über ihre zerrissene Hülle. – Ich lud sie ein, zu teilen mein Zelt – und zu gebieten über Gut und Geld. – Dann streute ich ihren Ruhm aus unter der reisenden Gilde – und schüttelte für sie die Bäume der Milde, – bis sie waren zu Gut und Ehren gekommen, – von allen zu Brüdern aufgenommen. – Unser Lager aber war an einer Stätte, – von wo sich zeigte die Hügelkette, – an der sich ließen die Dörfer erkennen – und ihrer wirtlichen Feuer Brennen. – Als Abu Seid nun seinen Sack gefüllt – und seine Blöße gehüllt; – sprach er zu mir: Ich bin mit Schmutz beladen; – laß mich gehn, im nächsten Dorf ihn abzubaden. – Ich sprach: Wenn du gehn willst, so eile – und kehre zurück ohne Weile. – Er sprach: Du siehst mich wieder, – eh' du einmal senkest die Augenlider. – Dann schlug er aus, wie ein Hengst auf der Weide, rief seinem Sohne: Scheide! scheide! – und weg waren sie beide. – Wir dachten nicht, daß er Reißaus genommen, – und harrten auf sein Wiederkommen, – wie auf das neue Licht, – das die Fasten bricht.[35] – Wir sandten aus nach ihm Führer, – Späher und Spürer, bis der junge Tag ward alt – und unser Eifer kalt. – Da, als wir waren des Wartens satt – und die Sonne schon strahlte matt, – sprach ich zur Gesellschaft: Wir sind betrogen, – und der Mann hat gelogen; – ein Sumpf war diese Grüne; – laßt uns räumen die Bühne! – Ich ging und zog mein Kamel beim Nakken – und fing an zu satteln und aufzupacken; – da fand ich von Abu Seids Stift – auf meinem Sattelknopfe die Schrift:

Der du heute dich mir hold erwiesest,
Mein dich nahmest an vor allen Mannen;
Glaube nicht, daß Laun' und Übereilung,
Oder Überdruß von dir mich bannen;
Sondern weil im Koran steht geschrieben;
Wann ihr habt gegessen, geht von dannen.[36]

Da las ich ihnen die Sattelschrift, – um niederzuschlagen ihres Zornes Gift; – – sie bewunderten seine Schwänke – und baten Gott um Schutz gegen seine Ränke; – worauf wir weiterfuhren – und von ihm nichts weiter erfuhren.

Vierte Makame[37]

Der gefundene Sohn

Hareth Ben Hammam erzählt:

Ich brachte in *Kufa*[38] ohne Nachtruh' eine schöne Nacht zu, – deren Farbe ein Dunkelklar – und deren Mond wie eine Silberspange war; – in Gesellschaft anmutig rührender, – Geistesflammen schürender, – mit Redezauber umschnürender, – Nachtgespräche führender – Männer, aus deren Mund – kam, was in keinem Buche stund, – deren Wort man bewahrte wie das Herz inwendig – und es lernte wie den Koran auswendig. – Sprech- und Hörlust hielt uns munter, – bis der Mond ging unter, – ohne daß der Mund versiegte, – oder Schlaf das Auge besiegte. – Als nun die große Lampe war ausgegangen – im Zelt der Nacht, und nur die kleineren blieben hangen, – die auch zu verlöschen zitterten, – weil sie das Nahen des Frühhauchs witterten; – als die eilende Nacht zuwinkte den müden Blicken, – sich nun zu schicken, – wenn sie wollten vor Tags noch ein Stündlein nicken; – hörten wir draußen im Finstern einen andern, der wachte, – der erst von weitem ein Hundegebell nachmachte,[39] – dann, genaht, an unsere Pforten krachte. – Wir riefen: Wer ist der Lärmer – in der dunklen Nacht, der Schwärmer? – Da rief es:

Volk dieses Hauses! sei vorm Leid verstecket,
Vorm Schaden stets beschattet und bedecket!
Es trieb die Finsternis, die schauernd schrecket,
Zu euerm Hof, das Haar vom Tau belecket,
'nen Mann der Reise, die sich weit erstrecket,
Davon er ward gekrümmt und fahl geflecket,
Dem Halbmond gleich, wenn er im Osten blecket.[40]
Er hat sich nun zu eurer Hall' erkecket,
Insonderheit nach euch die Hand gerecket,
Ruh' suchend vor der Unruh', die ihn necket.
Da habt ihr einen Gast, dem alles klecket,
Der nimmt, was süß und auch was bitter schmecket,
Und, scheidend, seinem Wirte Wohlduft wecket,
Weil er den Dank nicht in die Tasche stecket.

Hareth Ben Hammam erzählt: Als seine tönenden Glocken – uns so begannen zu locken, – und wir merkten, – welch erquicklicher Regen – sei hinter seinen Donnerschlägen; – eilten wir, die Pforten aufzureißen – und ihn bei uns willkommen zu heißen, – dem Sklaven zurufend: Schnelle! schnelle! – bestelle! – und schaffe, was im Haus ist, zur Stelle! – Doch der Gast sprach: Bei dem, der mich geführt zu eurem Hause! – ich rühre nichts an von eurem Schmause, – ihr versprechet mir denn, euch für mich nicht in Ungemach zu setzen, – noch um meinetwillen eure Ruh' zu verletzen. Eßgier schadet dem Esser; – zu scharf wird schartig das Messer. – Der Gast ist lieb, – der nimmt vorlieb – und nicht Ungelegenheit – im Hause macht zur ungelegenen Zeit. – Ein schlimmer Gast wird – genannt, wer zur Last wird seinem Gastwirt; – zumal zu solcher Stund' und Nachtzeit, – wo nicht Eßzeit, kaum noch Wachzeit. – Wenn Schlaf will betauen – die Augenbrauen, – ist für die Zähne keine Zeit zu kauen. – Das Sprichwort sagt: Das beste Abendmahl – ist das vor dem letzten Abendstrahl; – und Nachtessen schadet den Augen, – wenn es auch dem Magen mag taugen. – Ach Gott! nur daß das Feuer des Hungers brennt, – das nicht den Tau des Schlummers kennt! – Sprach's und mit seinen Entschuldigungen – war ihm der Sieg über uns gelungen; – wir bezeugten seinem holden Mund unsre Huldigungen – und wünschten alles Süßes und Feistes – dem trocknen Gaumen eines so schönen Geistes. – Als nun der Diener herbeigeschafft, – was in der Eile war zusammengerafft, – und vor uns angezündet das Licht, – schaute ich, und schaute *Abu Seids* Gesicht. – Da sprach ich zu den Freunden: Glück zur guten Stunde – und zum guten Funde, – zum seltenen Gast in eurer Runde! – Der Wind des Glücks hat zum Platz – euch hergewehet einen mühlosen Schatz, – der für alles andere beut Ersatz. – Wenn der Mond des Gesichtkreises ist untergegangen, – so ist der Mond des Gedichtkreises nun aufgegangen; – und wenn der himmlische Leitstern im Dunst ist geschwunden, – so ist der irdische Zeitstern der Kunst uns gefunden. – Da durchdrang sie der Most der Freude, – und Schläfrigkeit verließ das gewölbte Augengebäude; – sie verabschiedeten wieder die Stille, – zu der sich hatte geneigt ihr Wille, – und entfalteten neu den Scherz und die Lust, – die sie hatten zusammengefaltet in der Brust. – Doch *Abu Seid* war mit Seel' und Leib – bei dem Werke, das er nicht trieb zum Zeitvertreib; – der Wetteifer seiner Händ' und Zähne – war tätig auf der dampfenden Szene, – bis der Inhalt der Schüsseln war geschwunden – und seinen Platz hatte in ihm gefunden. – Da sprach ich: Nun tisch uns zum Nachtisch und Nachttisch auf – einen Abschnitt und Aufschnitt aus deinem Lebenslauf, eine Neuigkeit aus deinem alten Sack, – eine Wahrheit und Dichtung nach deinem Geschmack. – Er sprach: Von Seltsamkeiten hab' ich erlebt und getan – mehr als Augen sahn, – oder als Lippen kundgetan. – Doch das Seltsamste begegnete mir diese Nacht, – kurz vor dem, als das Glück mich hier zu euch gebracht. – Da forderten wir von ihm die Wunderkunde – von dem Begegnis seiner nächtlichen Runde. – Er sprach: Ein Pfeil, geschleudert von des Wanderlebens Bogen, – kam ich verirrt hier in die Stadt geflogen – und ging, als die Dunkelheit einbrach, – ob mir gleich vor Ermattung das Bein brach, – eine gastfreie Küche zu suchen, – einen Koch und einen Kuchen. – Und der Hunger, als ein guter Treiber bekannt, – und das Geschick, ein Vater der Wunder genannt, – führten mich vor eines Hauses Tor, – da trug ich mein Anliegen aus dem Stegreif vor:

Gegrüßt, Bewohner des Gehöfts, groß oder klein!
Und lebet lang in Wohlstand und in Wohlgedeihn!
Was gibt's bei euch für einen Mann der Wüstenei'n,
Für einen Sohn des Weges mit erlahmtem Bein,
Des Eingeweide brennend nach Erquickung schrein,
Der nichts gegessen seit zwei Tagen oder drei'n
Und keinen Freund hier hat, ihm Gastrecht zu verleihn;
Indes die finstre Nacht schon bricht mit Schauern ein?
Vom Leben blieb Verdruß am Leben ihm allein.
Wohnt etwa nun in diesem Haus ein Freudenschein,
Ein Herz, das spreche: Wirf den Stab hin, tritt herein,
Und was im Haus sich findet, soll gegönnt dir sein?

Sprach's: Da sprang hervor ein junges Füllen, – ein Knab' in flatternden Hüllen, – und sang:

Beim Preis des Alten[41], der das Gastrecht eingesetzt
Und Mekkas Sand mit Opfertierblut hat genetzt!
Nichts gibt's bei uns für einen Gast, der Zähne wetzt,
Als „Gott zum Gruß!" und eine Streu, die nicht verletzt.

Wie soll gastieren, wer, wie ich, noch wacht und schwätzt,
Nur weil der Hunger seinem Schlaf sich widersetzt?
Du hörst; bedenk nun, was du tust, bedenk es jetzt.

Ich sprach: Was soll ich mit einer leeren Herberge tun – und mit einem Wirte, den der Hunger selber nicht läßt ruhn? – Aber, wenn mir auch mißfällt dein Quartier, – Knabe, so gefällst du mir. – Sage mir deinen Namen, – da deine Worte das Herz mir nahmen. – Er sprach: Mein Name ist *Seid*, – und mein Geburtsort ist *Feid*[42], – ich kam in diese Stadt erst gestern – zu meinen Mutterbrüdern und Schwestern. – Ich sprach: Sage mir alles ohne Heuchelei, – so erhalte dich Gott von Straucheln frei! – Er sprach: Mir hat erzählt meine Mutter *Liebhold*[43], – die, wie ihr Name, ist lieb und hold, – daß im Jahre der großen Plünderung – sie geheiratet, zu ihres Jammers Minderung, – einen Edlen, der ihrer schien würdig, – von *Ghassan* stammend und von *Serug* gebürtig. – Doch wie sie ward gesegneten Leibes, – hat er von der Seite seines Weibes – im stillen seinen Weg genommen – und soll noch wiederkommen. – Er war nach allem, was ich gehört, ein Durchtriebener, – und ich bin sein Nachgebliebener. – Wir wissen nicht, ob er noch lebt, und wir auf ihn sollen warten, – oder ob er bestattet ist auf dem Pfühl, dem harten. – Da erkannte ich, sprach *Abu Seid*, an jedem Zug – und jedem Zeichen ohne Trug, – daß dieses mein Sohn sei, mein Samen, – von dem ich nichts an mich genommen als den Namen[44]. – Und ich konnte der Natur kaum widerstreben, – die mich drang, ihm seinen Vater zurückzugeben. – Doch die Scham der leeren Hand – und des schlechten Kleides, in dem ich vor ihm stand, – hielt den väterlichen Trieb in Band; – und ich riß mich von ihm mit einem Herzen, das gepreßt war, – und einem Auge, das genäßt war. – Habt ihr nun, o ihr Männer von Herz und Geist, – ein Wunder, wie dieses, gehört von allem, was Wunder heißt? – Wir sprachen: Nein, bei dem, den Mond und Sonne preist! – Er sprach: Ja, verzeichnet es nur unter des Zufalls Wundergeschichten – und verewigt es auf Blättern mit wahrhaften Berichten; – denn dergleichen läßt sich nicht erdichten. – Und wir brachten die weiße Fläche und die schwarze Flut – und schrieben aus seinem Mund die Geschichte wohlgemut. – Dann erforschten wir ihn, was er nun habe beschlossen, – um an sich zu nehmen seinen Sprossen. – Er sprach: Wenn mein Beutel schwerer wöge, – wär' es mir leicht, daß ich meines Jungen pflöge. – Wir sprachen: Wenn mit einigen Pfunden dir ist zu dienen, – so stehen wir dir zu Diensten mit ihnen. – Er sprach mit verklärten Mienen: – Wie dienten mir Pfunde in der Not nicht? – Ein Weiser verschmäht ein Lot nicht. – Der Berichter dieser Geschichte spricht: Da trugen wir auf der Stelle unsre kleinen Späne zusammen, um zu schüren seiner Vaterliebe Flammen; – dann bestimmten wir noch eine Summ', eine runde, – und teilten sie auf uns aus in die Runde, – und jeder schrieb auf seinen Anteil eine Verschreibung[45], – die er jenem übergab zur Betreibung. – Er zeigte sich über die Wohltat gerührt und erkenntlich, – ergoß sich in Dank und erschöpfte sich in Preis unendlich; – bis das Lob uns zu hoch zu steigen schien – und wir uns mühten, unser Verdienst herabzuziehen. – Dann entfaltete er Nachtgespräche, witzverbrämt, – von denen Damast und Brokat ward beschämt, – und durchwürzte die letzten Hauche der Nachtluft – mit der Poesie Nachtblumenduft; – bis das Licht im Osten emporbrach, – das Goldgeweih des Sonnenhirsches hervorstach, – da sprang er wie ein Hirsch auf und sprach zu mir: – Komm, laß uns an Ort und Stelle passieren, – die Verschreibungen einzukassieren, – die Körnlein zusammenzulesen – und die Tröpflein zu schlürfen zum Genesen. – Denn mir schlägt das Herz in hörbarem Tone – vor Verlangen nach meinem Sohne. – Da ging ich mit ihm Hand in Hand, – bis das Geldgeschäft war zu Rand; – und als er eingetan im Sack das Blanke, – blinkte er und blühte wie eine Ranke, – dann sprach er: Vergüte dir Gott die Bemühung der Sohlen! – du bleibst von mir dem Schutze des Höchsten befohlen. – Ich sprach: Ich wünsche dich zu begleiten, – um deinen edlen Sohn zu sehn an deiner Seiten. – Da blickte er mich an, wie ein Preller den Geprellten, – und lachte, bis seinen Augapfel Tränen schwellten, – indem er sang:

O, der du ansiehst den Dunst[46] für Wasser
Und Worten glaubest, die von mir kamen!
Ich hoffte nicht, daß so wahre Früchte
Mir tragen sollte der Lügensamen.
Vielleicht, ich habe wohl einen Sohn, und
Vielleicht, ich hab' auch von ihm den Namen;
Doch heut die Nacht sah ich keinen, außer
Nur in Erinn'rungen, die mir kamen.
Kein Weib auch hab' ich, das Liebhold heißet;
Nur Kunst und List hab' ich zu meinen Damen;
Die so viel Streiche mich täglich lehren,
Als Raum nicht haben in Buches Rahmen,
Als Asma'i[47] selbst, der Sagenkrämer,
Vermöcht' in Worten nicht auszukramen.
Sie sind die Bürgschaft des Unterhalts mir,
Der ohne sie bald mir würd' erlahmen.
Wie sollt' ich leben? und leben soll ich;
Wenn ich nicht täglich zög' einen Hamen?
So nimm's nicht übel, daß ich dich heut fing;
Es ist mein Handwerk; Gott segn' es, Amen!

Fünfte Makame[48]

Die Bittschrift

Hareth Ben Hammam berichtet:

Ich besuchte in *Meraghet*[49] die Staatskanzlei; – zwar war ich in Staatsgeschäften ganz Lai', – doch fand sich dort immer eine Konsession – von Leuten von allerlei Konfession – und Profession, – die sich besprachen über allerhand, – was ich verstand und nicht verstand. – Heute nun ergoß sich der Rede Brunst – über die Redekunst; – und einmütig, einmündig stammelten – alle die hier versammelten – Ritter des Schreibekieles – und Meister des Zungenspieles, – zum Lobe der Zeit, der vergangenen, – und zur Schmach der neuangefangenen: – daß der alten Meister scharfem Witze – kein neuer dürfe bieten die Spitze, – und keiner jetzt im Ost und West – sei so zügel- und bügelfest, – dem sein Roß nie bäume – und der den Sattel nie räume. – Wer breche noch neue Bahnen – und steche nach neuen Fahnen? – Wer könne sich mit eigenen Federn schmücken, – und brauche nicht fremde auszupflücken? – Jeder, und ob er ein Goldkleid hab' an, – stelle sich nur wie ein Bettelknab' an – gegen den Redner *Sahban*[50], – der, mit der Wortkraft Rüstigkeit – einst scheidend zweier Stämme Zwistigkeit, – stand und sprach, seit der Morgen hauchte, – bis die Sonne gen Abend tauchte, – und dabei ein Wort nicht zweimal brauchte. – – Es hatte sich aber unserm Kreis – angeschlossen ein Greis, – der an der Reihen äußerstem Anfang – dasaß als wie ein Anhang; – und wie nun die Reden sprudelten, – die Kugeln trafen und pudelten, – wie jeder seine Münzen gelten machte – und seine Waren zu Markte brachte, – Trauben und Herlinge, – Tauben und Sperlinge; – zeigte jener mit einem Blinzen – oder einem Grinsen, – einem Nasenrümpfen – oder Lippenstümpfen, – daß er einer sei, der da hält hinterm Busch, – bis er versieht seinen Husch; – der den Bogen schnitzt – und Pfeile spitzt, – bis das Glück ihm zuruft: Itzt! – und als nun jene verschossen ihre Bolzen – und ihr Vermögen eingeschmolzen, – als die Wogen sich geglättet – und die Stürme sich gebettet, – wendete er mit Sammlung – sich zur Versammlung – und sprach: Ihr spinnet wirren Faden – und rennet auf irren Pfaden, – die ihr Totengebeine – stellet in Heiligenschreine – und sie umgebt mit Heiligenscheine, – verachtend eure Lebendigen, – näher euch Zuständigen, – mit denen ihr doch allein euch könnt verständigen! – O ihr Präger und Wäger echter Gewichte, – o ihr Heger und Pfleger gerechter Gerichte! – vergesset ihr über das Hadern – um alt vernutzte Hadern – die frische Lebensfülle junger Adern? – daraus jetzt zu Tage wird gefördert, – was nie vor diesem ward erörtert: – Gedanken stark – und Worte voll Mark, – hochfarbige Schilderei, – tiefe Sinnbilderei, – Reime wie Blütenkeime – und Prosa wie Honigseime! – Was findet ihr bei den Alten, – wenn ihr es ans Licht wollt halten, – als erloschene Farben – und ausgedroschene Garben? – Sie haben der Zeit nach den Vorgang, – nicht der Trefflichkeit nach den Vorrang. Und ich weiß noch jetzt den Mann; was er macht, das lacht; – was er schmückt, das glückt; – was er beginnt, das gewinnt; – wo er haucht, das raucht; – wo er spricht, das bricht; – was er schafft, das rafft; – was er dichtet, das vernichtet: – der, wo er rühmet, blümet, – und wo er tadelt, entadelt; – der, wo er lang ist, – wie eines Stromes Gang ist, – und wo kurz, – wie ein Wassersturz. – Da sprach der Kanzleivorstand, – der als Wortführer im Chor stand: – Und wer ist der so schwer Gerüstete, – hehr Gebrüstete? – Jener sprach: Hier dein Gespann, – dein Gegenmann. – Frag, ich stehe zur Rede; – fordere nur, ich stehe zur Fehde. – Da sprach jener: Höre du! Bei uns zu Lande verkauft der Habicht sich nicht für einen Falken, – noch der Rohrstab für einen Balken; – wir unterscheiden Spelt von Spelzen, – hohe Beine von Stelzen. – Wer sich unnütz macht, macht sich Verdruß; – wer zur Scheibe sich aufstellt, den trifft der Schuß. – Rege den Staub nicht im Feld, – oder klage nicht, wenn er dir ins Auge fällt. – Wo man früh nicht nimmt Freundesrat an, – da kommt Feindesspott spat an. – Doch jener sprach: Ein Mann kennt sein Hemde – besser als jeder Fremde. – Da beratschlagten sie sich untereinander, – in welches Feuer der Prüfung man solle bringen den Salamander. – Einer von ihnen sprach: Gebt *mir* ihn her! – ich roll' einen Stein in den Weg ihm quer; – ich habe für seine Backen – eine derbe Nuß zu knacken. – Da übertrug die gesamte Mannschaft – für diesen Krieg ihm die Oberkommandantschaft; – und, sich wendend zum muntern Alten, – sprach er: Laß meine Geschichte dir entfalten! – Ich lebte von hier in ferner Gegend, – frisch und wacker mich regend, – und fand, weil klein war meine Schar, – daß groß genug mein Einkommen war. – Doch als sich mir mehrten die Zehrer, – und des Haushalts Bürde ward schwerer, – blieb ich kein träger Lastträger, – sondern wandte als ein rascher Hoffnungsjäger – meinen Blick hierher auf den Landpfleger; – und durch meiner Redegaben Nützung – fand ich bei ihm Beschützung und Unterstützung. – Auch konnte meinen Mut nicht beugen, – noch mir meines Gönners Ungunst erzeugen – ein Fehler in meinen Sprachwerkzeugen, – den mir deine Ohren bezeugen, – daß das R ist eine Klippe, – an der sich brechen die Ströme meiner Lippe. – Nun, sattgetränkt von seinem Gnadenregen – und bekümmert der Meinigen wegen, – bin ich bittend ihm angelegen, – mich zu den heimatlichen Gehegen – zu entlassen mit seinem Segen; – doch er sprach dagegen: – Versagt ist deine Bitte; – dir wird kein Roß zum Ritte, – zum Abschied keine Verehrung – und zur Reise keine Zehrung, – bis du schriftlich mir vorlegst – und mündlich selbst mir vorträgst – ein Bittgesuch, wohlgestellt, – das an Sinn und Spruch sich wohlverhält – und an Wohlgeruch mir wohlgefällt, – und in welchem ganz der Buchstab ist vermieden, – den auszusprechen dir nicht ist beschieden. – Nun hab' ich mich gemüht ein Jahr lang, – und das Werk ist gerückt kein Haar lang; – ich rüttle meine Gedanken aus dem Schlummer, – und sie werden nur immer dummer. – Und auch die Gelehrten, – die hochverehrten, – die ich anruf' um Hilfe, ducken – sich alle mit Achselzucken. – Nun, wenn du der Mann bist, der du dich rühmest, – und dein Garten, wie du ihn blümest, – wenn dein Schimmer ist keine Blendung, – so bekräftige durch ein Zeichen deine Sendung! – Jener sprach: Zum Brunnen ist gekommen dein Schlauch – und zur frischen Kohle dein Hauch, – dein Pferd zu seinem Beschläger – und dein Schwert zu seinem Feger. – Drauf sann er ein Weilchen verschlossen, – bis die Wasser zusammengeflossen, – die Milch ins Euter eingeschossen; – dann rief er: Rüttle am Tintenfasse – und die Feder fasse, – daß sie bringe das schwarze Nasse – auf das trockne Blasse, – und schreib also[51]:

Milde ist eine Tugend, – ewig jung sei deine Jugend! – Geiz ist ein Schandflecken; – deines Neidenden Auge müsse Nacht decken! – Edle Hand gibt Spenden, – unedle läßt abziehen mit hohlen Händen. – Den Gebenden schmückt, was den Empfangenden beglückt; – und das Gold, das Dank aufwägt, – ist wohl an- und ausgelegt. – Zufließt's von innen dem Quelle, – wenn außen abfließt die Welle; – und Ausfluß des Sonnenlichts – gibt uns und benimmt dem Himmel nichts. – Wessen Gemüt ist aus edlen Stoffen, – hält sein Haus dem Gaste offen, – seinen Schutz dem flehenden, – und seinen Schatz dem gehenden. – Solange dein Gast weilt, heiß' ihn nicht eilen, – noch weilen, wenn du ihn siehest eilen; – und laß ihn ziehn mit

Tasch' und Stabe – nicht ohne Lab' und nicht ohne Gabe. – So sei von Lust dein Palast bewohnt, – mit des Glückes Besuch belohnt, – von des Unglücks Fuß gemieden, – vom anklopfenden Leid geschieden! – Dein Dach sei luftig, – dein Gemach sei duftig, – deine Matten weich, – deine Schatten denen von Eden gleich! – Dein Wipfel sei vom entlaubenden Hauch geschont, – und ewig sei im Wachsen dein Mond! – Dein Lampendocht sei gesättigt vom Öle – und von Wunschfülle deine Augenhöhle! – Was du beschauest, das lenz' und maie; – was du betauest, das glänz' und gedeihe! – Was du stützest, schwanke nie, – und wen du beschützest, wanke nie! – Sei geliebt von den Gemeinden – und gelobt von den Feinden; – schaltend mit Macht, – waltend mit Bedacht, – Unmilde zähmend, – Unbilde lähmend! – Dein Stab sei weidend, – deine Klinge schneidend – und dein Wille entscheidend! – Dich flehet an dessen Mund, – dessen Odem schloß mit deinem Befehl einen Bund; – dessen Fuß steht, wo du ihn stellest, – dessen Stolz fällt, wo du ihn fällest. – Deine Huld hat ihn satt gemacht, – deine Sonne hat bezwungen seine Nacht. – Du nahmest an seines Lobes Huldigung, – mit seines Fehls Entschuldigung. – Deine Begleitung blieb sein Gnadenkleid – und die Geschmeidigkeit sein Halsgeschmeid; – deine Befehle – seine Seele, – und dein Gebot – sein Leben und Tod. – In deinem Dienst ist beschneit sein Haupt, – seines Kinnes Wald ist dünn gelaubt; – und ihn ziehet ein Gelüste – aus deinem Lustgeheg in seine Wüste, – aus dem Gnadenlicht, das ihn umflammt, – in das Dunkel, das ihm ist angestammt; – von wo eine Heimatluft ihn anweht, – von wo ein Sehnsuchtsduft ihn angeht; – wo jetzt sein Haus steht ungebaut – und sein Feld liegt unbetaut, – wo sein Hauswesen öd' ist, – das Los seines Häufleins schnöd' ist, – ohne Halt und Haupt sein Gesind – und ohne Heil und Hilfe sein Weib und Kind. – So entlasse du den Dankenden, – seinem Glück Entwankenden! – Halte die fliehende Seele nicht – und mit Wohltaten quäle nicht! – Laß mich auf meines Stammes Hütten – den Abglanz deines Palastes schütten, – daß dein Lob, wie in diesen Hallen, – mög' in den einsamen Wüsten schallen. – Dein eigen sei Gottes Wohlgefallen – und sein Segen gemeinsam uns allen!

So schloß er den Brief, – und das Wort im Munde seiner Tadler schlief; – seines Beifalls Gemurmel lief – durch die Versammlung, und sie rief: – Auf welchen Bergen ist dein Stamm entsprossen? – aus welchem Tal kommt dein Strom geflossen? – aus welchem Köcher ist dein Pfeil geschossen? – Da hub er an[52]:

Von *Ghassans*[53] Wurzeln bin ich geboren,
Mir war zur Wohnung *Serug* erkoren,
Ein Haus, an Schimmer der Sonne gleich,
Ein Erdenhimmel mit goldnen Toren.
O welches Leben, das ich gelebt,
O welches Eden, das ich verloren!
Wo ich gewandelt in Füll' und Lust,
Vom Most der Jugend und Rausch durchgoren,
Des Wohlbehagens Gewand geschleift
Durch Gärten, dicht wie das Haar des Mohren,
Bereit, zu duften auf meinen Wink,
Und auf mein Lächeln sich zu befloren.
Wenn Kummer hätte zu töten Macht,
Er müßte tödlich dies Herz durchbohren.
Und ließ' ein Glück sich zurückbeschwören,
Mein Seufzen hätt' es zurückbeschworen.
Der Tod ist besser für einen Mann,
Als so zu leben, wie Vieh geschoren,
Vom Nasenringe der Schmach geführt,
In wunder Seite des Schicksals Sporen.
Den edlen Löwen (verkehrte Welt)
Zaust die Hyäne bei Mähn' und Ohren.
Wenn eine Törin das Glück nicht wäre,
Würd' es mit Huld nicht beglücken Toren;
Und wenn's die Kleider nach Manneswert
Verteilte, hätt' ich nie nackt gefroren.

Nun ward der Ruhm von seinen Proben – vor des Landpflegers Ohren erhoben: – der gebot, ihm den Mund zu füllen mit Gold, – und bot ihm an, zu treten in seinen Sold. – Doch er ließ sich am Geschenke genügen – und wollte sich nicht zu dem Amte fügen. – Der Erzähler spricht: – Ich, aus alter Freundespflicht, – da ich also sah leuchten seines Glückes Licht – und ihn stehn vor der hehren Stufe, – wollt' ihm raten, zu folgen dem Ehrenrufe. – Laut wollt' ich verkünden seine Würdigkeit, – seines Geistes Ebenbürtigkeit. – Doch er gab mir einen Wink, mich zu bescheiden – und das Schwert zu lassen in der Scheiden. – Und als er mit der Beute nun abgezogen, – mit dem Fang zufrieden abgeflogen, – folgt' ich ihm nach, um ihn zu verklagen, – daß er die Bestallung ausgeschlagen. – Doch er lächelte stiller, – dann stimmte er an mit Getriller:

Eine Stell' in dem Stall ist besser,
Als Bestallung zur Ehrenstelle.
So unsicher ist dieser Boden,
Als beweglichen Sandes Welle.
Knecht zu sein beim Herrn, ist beschwerlich,
Und gefährlicher, sein Geselle.
Wankelmütig ist stets ein Herr,
Schnell Ergriffenes läßt er schnelle;
Bäume pflanzt er und schält den Stamm,
Baut ein Haus und zerbricht die Schwelle.
Besser, daß du durch Wüsten fahrest,
Oder flüchtest in eine Zelle,
Als zu träumen von Hoheit, daß
Nackt dich wecke des Morgens Helle.

Sechste Makame[54]

Zahnstocher und Seife

Hareth Ben Hammam berichtet:

Seitdem die Luft der Reiselust – mir hatte geschwellt das Herz in der Brust, – daß ich, wie der Wind des Zufalls hauchte, – hier auf und dort untertauchte – und tat, als ob ich nie mehr die Heimat brauchte; – jedes fremden Stromes Wasser trinkend, – mit jeder fernen Steppe Staub mich schminkend – und in jedem Weltteil – spannend mein Zeltseil, – so weit als wächst die Dattel – und man kennt

den arabischen Sattel, – von Ferghane[55] bis Ghane[56], – von
dem Tiger bis zum Niger: – da legt' ich einst, wie es das
Glück beschied, – meine Barke an zu Barka'id[57]. – Es war
eben die schöne Jahrzeit, – der Vögel Sing- und Paarzeit, –
des kahlgeschornen Haines Wiederbehaarzeit. – Doch die
Gärten mit den grünen Ästen – und die Straßen mit den
schönen Palästen, – die Plätze mit den springenden Bron-
nen – und der Lenz mit den umringenden Wonnen, – hat-
ten für Augen und für Ohren – ihres Zaubers einen Teil
verloren, – weil eben mit dem Frühlingsfestmond – war zu-
sammengefallen der Fastenmond[58], – und ich unterwarf als
ein Gläubiger, – frommstrebender, nicht sträubiger, – mich
den heiligen Beschwerungen, – den gesetzlichen Entbeh-
rungen, – nicht benutzend den Vorwand des Reisestandes
– zur Lockerung des strengen Bandes; – so daß ich entrich-
tete mit trocknem Munde – die Gebetspflichten jeder Ta-
gesstunde, – selbst den Duft der Salben mir hielt vom
Haupte, – daß er mir nicht den Stand der Nüchternheit
raubte, – und mir nur den Geruch der Blumen erlaubte.[59] –
Ich machte mich nicht, ungeduldig, – der Sünde schuldig,
– die Stunden des Tages zu zählen – und zu rechnen, wie
viel Tag' am Monat fehlen. – Als ich nun so hatte verbracht
– mehrere Tage, als ich selbst gedacht, – zwischen An-
dachtsübung und Reisegeschäftebeschickung – und einen
Teil der Nächte mir zur Erquickung; – wollt' ich, da ich kei-
nen Grund hatte, länger zu säumen, – mein Reisetier zau-
men; – da erscholl die Kunde vom gesehenen Neumond, –
der schließt den Reumond, – und bringt den Freumond. –
Da wollt' ich doch diese Stadt nicht verlassen, – ohne das
Festlicht leuchten zu sehn in ihren Gassen. – Und als der
Tag nun angezogen kam mit Roß und Mann, – mit Troß
und Gespann, – mit seinem Gefolge von frommen Gebräu-
chen – und seinem Geleite von Freudenzeichen; – legt' ich
gesetzmäßig an ein neues Gewand – und ging, wo sich die
Gemeinde versammelt fand, – wo sich die Bekannten, die
Begegnenden, – Glück wünschten zum Feste, dem segnen-
den, – dann die Reihen sich dichteten – und die Glieder
sich schlichteten – derer, die das Gebet verrichteten. – Als
nun am vollsten der Drang war, – und am schmalsten der
Gang war, – erschien ein Alter mit Lumpen an den Glie-

dern – und mit eingedrückten Augenlidern, – dem das Licht der Augen ersetzte – eine Führerin, eine alte, gesetzte, – die die Zucht der Versammlung nicht verletzte,[60] – da der Blick an ihrem Anblick sich nicht letzte, – sondern sich davor entsetzte. – Als es ihm nun mit ihrer Hilfe geglückt, – daß er sich zu einem Platze hindurchgedrückt; – grüßt' er rechts und links mit stillem Zagen – und stand wie einer, dem die Lebensgeister versagen. – Es war, ohne daß er kreischte, – zu verstehn, was er schweigend heischte. – Aber um den schrecklichen Fluch zu vermeiden, – den nach des Propheten Spruch sollen leiden – alle, die in den Moscheen betteln,[61] – bettelt' er nicht mit dem Munde, sondern mit Zetteln, – die er aus einem Kober langte, – der ihm an Riemen um den Nacken schwankte; – Blätter, die, von ferne gesehn, schon Beifall erwarben, – weil sie glänzten, beschrieben mit bunten Farben. – Der Alten er die einhändigte – und sie des Botengeschäfts verständigte; – die darauf durch die Reihen schlotterte – und, die Zettel verteilend, stotterte, – daß die Empfänger, die huldigen, – möchten die Mängel entschuldigen – der Schrift, die ein Blinder geschrieben, – dem aus der Zeit seines Sehens die Übung geblieben. – Er wünschet Glück mit einem Lied – jedem Gläubigen, der den Tag des Festes sieht. – So verteilte sie die stummen Zungen, groß' und kleine, – nach wohl geprüftem Augenscheine, – je nachdem sie Geblust auf einem Antlitz schaute, – oder Gebkraft einer Hand zutraute. – Und ich schien ihr wohl von den Kunden der beste, – denn mir ward von den Zetteln der größte. – Darauf fand ich geschrieben:

Wohl dem, der unterm Fittiche des Glückes weilt
Und in dem Schoß der Heimatruh' darf rasten!
Wohl dem auch, der auf raschem Tier durch Länder eilt,
Mit Füll' im Sack, um, wo er will, zu gasten.
Doch wehe dem, dem Gott die Armut zugeteilt;
Zu Haus und in der Fremde trägt er Lasten.
Der Neumond, hat, wie eine Spang' aus Gold gefeilt,
Geblickt aus Abendwolken-Purpurquasten;
Sein Anblick hat die Sehnsucht aller Welt geheilt;

Was hilft es dem, der noch am Fest muß fasten?
Die lichte Scheib' ist mir zu schauen nicht erteilt;
O daß ich dürft' ein Scheibchen Brot betasten!
Ist hier nicht einer, reich an Herden, welchem geilt
Der wohlgenährte Hengst auf fetten Masten;
Und sieht hier einen, der den Bauch hat eingeseilt,
Den Hunger zu ersticken, den verhaßten?
Ist hier nicht einer, reich an Waren, dem gezeilt
Die Kleiderstoffe liegen in den Kasten;
Und sieht hier einen, der zum Fest hat angekeilt
Am Leib die Lumpen, die zu fallen hasten?
Der gebe zeitig, eh' er dort mit denen heult,
Die hier, weil ihre Brüder darbten, praßten.

Hareth Ben Hamman erzählt: Die Verse, die mir so die Hölle heizten, – verfehlten nicht, daß sie meine Neugier reizten, – indes ein kleiner Schauder meine Hand durchbebte, – daß sie, die von Natur nicht zusammenklebte, – noch freigebiger auseinanderstrebte. – Ich fragte mich selbst: wer ist der Mann, vom Glück verkürzt, – der so bündig den Knoten schürzt – und so derb den Ausdruck würzt? – und ich hoffte, den Aufschluß zu erhalten – von der Alten, – wenn ich ihre Verschwiegenheit – bekämpfte mit Goldes Gediegenheit; – ich rechnete auf die weibliche Gebrechlichkeit – und die weltliche Bestechlichkeit. – Da lief sie wieder – Reih' auf und nieder, – um die Blätter zurückzuempfangen – samt dem, was etwa daran blieb hangen – von den reichen Händen, durch die sie gegangen. – Doch ihre Miene war mißliebig, – weil die Ernte war unergiebig; – sie nahm den Rückzug in Verstörung – und vergaß in der Gottesbetörung – das Blatt, das ihr am besten sollte tragen, – das in meine Hand war verschlagen. – Sie kehrte zum Alten voll Bekümmerung, – ihm klagend der Hoffnung Zertrümmerung, – der Zeiten und Menschen Verschlimmerung. – Doch er sprach: Wir sind in Gott! – und kommen her von Gott! – und kehren zurück zu Gott. – Dann hub er an:

Es blieb kein Retter und kein Berater,
Es lebt kein Freier und kein Freigeb'ger;
Kein Herzenswarmer und kein Erbarmer,
Kein Tröster Armer, als du, o Ew'ger!

Drauf sprach er: Gib dein Herz zur Ruhe, – zähle die Blätter und tue – sie zurück in die Truhe. – Sie sprach: Ich habe sie schon gezählt, – doch das größte fehlt. – Da rief er: Weh dir, Unsaubere! – so verhudelst du, was ich zaubere? – Schöpfest kein Wasser und zerbrichst den Henkel? – fängst nicht den Vogel und verlierst die Sprenkel? – Der Köder ist hin und fort der Lachs; – das ist zum Mißwachs der Zuwachs. – Gleich, eh' ich dir fluche, – geh und noch einmal suche! – Da kehrte sie zurück und lief – her und hin und quer und schief, – suchend in nicht kleiner Not – das verlorene Kleinod. – Und als sie auf ihrer Spähe – nun kam in meine Nähe, legt' ich aufs weiße Blatt ein falbes – Goldstück und ein Groschenstück, ein halbes, – und sprach: Willst du auf dieses Ganze hoffen, – so sei ganz offen! – Doch willst du halb bekennen, halb lügen, – so laß dir an diesem halben genügen! – Sie verschlang den goldenen Vollmond – mit Blicken, des Glanzes ungewohnt, – und sprach: Wozu die Umschweife? – zieh! mein Geheimnis ist eine lockere Schleife. – Ich sprach: Nimm mir vom Auge die Binde! – Wer ist der alte Blinde? – Und ist dies Gedicht Faden von seiner Spule, – oder Gewirk von fremdem Webestuhle? – Sie sprach: Der Scheich ist von *Serug*, – und diese Kunst ist sein Acker und Pflug, – der aber jetzt geht schlecht genug; – Gott verleihe diesem spröden Boden – einen lockernden Frühlingsodem! – Dann stürzte sie auf den Gulden wie ein Geier – und schwang sich davon wie ein Reiher. – Doch ich sprach zu mir, mit trübem Blick: – O Weltgeschick! – So hat diese Glanzsonne des Gedichts – beraubt müssen werden des Augenlichts! Und ich brannte vor Verlangen, beim Süßmundigen – mich über seinen Unfall zu erkundigen. – Doch mir war zu ihm der Zugang – gesperrt durch der Betenden Zudrang, – und ich bedachte, daß es nicht mag vorm Gesetz bestehn, – über die Nacken der Leute zu gehn.[62] – So behauptet' ich denn meinen Platz und schwieg, – während der Festredner die Kanzel bestieg – und nach dem Lobe Gottes und dem Preis des Propheten – für das Wohl des Fürsten begann zu beten, – dann die Hörer mit frommer Betrachtung – bestärkte zu Weltverachtung – und ewiger Güter Ertrachtung. – Als nun der Gottesdienst geschlossen war – und die Beterflut auseinandergeflossen war, – säumt' ich nicht, nach Abu Seid zu rennen; – und mit meines Namens Nennen – gab ich mich ihm zu erkennen. – Ich legt' ihm aus Liebe mein Kleid an, – und er nahm es ohne Leid an. – Dann lud ich ihn auf mein Brot und Salz, – und zusagte er ebenfalls. – Dann machte ich ihm meinen Arm zum Stabe – und führt' ihn davon, wie einen Schatz, im Trabe – und die Alte ging drein als Zugabe. – Als ich so ihn gebracht in mein Quartier mit der Eilepost – und dort ihm vorgesetzt eine Eilekost; – sprach er: O Hareth! – sind wir vor Zeugen bewahret? – Ich sprach: Niemand ist hier als die alte Frau. – Er sprach: Vor ihr ist mein Geheimnis zur Schau. – Dann tat er auf seine beiden Sterne – und blitzte mit ihrem leuchtenden Kerne, – daß die Äpfel wie zwei feurige Kugeln rollten, – als ob sie die Zwilling' am Himmel beschämen wollten. – Erst wünscht' ich ihm Glück zu den gesunden Sinnen, – dann zeigt' ich mich ihm erstaunt über sein Beginnen – und fragt' ihn, warum er so entstellt und verstellt – umzieh' in der Welt? – Doch er stellte sich stumm – und verschlang das Frühstück mit hum und mum; – bis daß er sein Geschäft vollendet, – da hub er an, zu mir gewendet:

Da blind ist die Mutter der Menschen, die Welt,
Zudrückend ihr Auge vorm Guten geschwind;
So drückt' ich vorm Bösen das meinige zu,
Damit seiner Mutter auch gliche das Kind.
Doch hab' ich geschlossenen Auges gesehn,
Daß andere blind mit geöffneten sind.
Die einen verblendet der Haß und der Neid,
Und dich macht die Liebe zum Seltsamen blind.

Dann sprach er: Nun ich gespeist habe – und Mund und Hand noch feist habe, – regt sich in mir ein andrer Gelust, – den du als mein Wirt befriedigen mußt. – Geh und bringe mir dar – ein schönes Paar, – eines davon ein schlankes Knäbchen, – fein gedreht, ein geschnitztes Stäbchen, – glatt und fest, geschmeidig, süße, – der den Mund mir küsse – und es sich lasse munden, – wenn die Zähne ihn verwunden. – Dann ein reinliches Mädchen, – erzeugt in einem Kramlädchen, – lind anzufühlen und weich, –

den himmlischen Nymphen gleich, – leicht von Gewicht und luftig, – wohlriechend von Atem und duftig, – das aufwalle mit Schaumen, – wenn es mir küßt den Daumen, – und zugetan mir bleibe, – wenn ich's mit der Hand zerreibe. – Da sprach ich erstaunt: – Wie scherzest du wunderbar gelaunt! – Glaubst du, daß ich ein Harem von Mädchen und Knaben – hab' in meiner Fremdenwirtschaft vergraben? – Er sprach: Hast du so wenig mir abgelernt, – oder so viel vergessen, von mir entfernt? – Geh und begreife, – ich meine *Zahnstocher* und *Seife*.[63] – Da sprach ich: Gott sei gepriesen, daß du dich so als guter Moslem beweisest – und dich der Reinlichkeit befleißest. – Dann ging ich eilends in die Kammer – und dachte an keinen Jammer, – langte aus dem Schrank die beiden Geräte – und kehrte zurück zur Stätte. – Aber das Nest war leer, – kein Abu Seid zu sehn noch zu hören mehr. – Es war, als wär' er versunken in die Wogen, – oder in die Wolken emporgeflogen.

Siebente Makame[64]

Nadel und Kamm

Hareth Ben Hammam erzählt:

Das Seltsamste, was ich auf Reisen sah, – war, was in *Ma'arrat Elnoman*[65] geschah, – wo sich stellte dem Richter dar – ein streitendes Paar, – ein Alter mit gestumpftem Zahne – und ein Jüngling, frisch wie ein Zweig der Myrobalane. – Der Alte sprach: Walte Gottes Gnad' hie, – halt' und erhalte den Kadi, – daß er rechte walte – und gerecht verwalte, – sich recht verhalte – und das Recht erhalte! – Ich hatte eine feine – allerliebste kleine, – glatte, nette, niedliche, – spitzige, doch friedliche, – schlanke, blanke, flinke, unermüdliche, – eine dienstfertige Dirne, – die sich lenken ließ an einem Zwirne; – zierlich, manierlich, – behend, hantierlich, – aus und ein schlüpfend, – hin und her hüpfend, – alles mit Fleiß verknüpfend; – die überall säumte, – doch nichts versäumte, – die überall steckte und stickte, –

und der alles fleckte, was sie flickte. – Daß ihr Herz war stählern, – rechnete ich ihr nicht zu den Fehlern, – noch daß sie liebte Fehden – und führte Stichelreden. – Denn zwar unbiegsam, – war sie mir doch schmiegsam; – spitzzüngig wie ein Schlängelchen, – doch still und fromm wie ein Engelchen. – Sie hätte nur wandeln sollen auf Seiden – und an geblümten Borten weiden; – doch sie erging sich, vergnügt und bescheiden, – auf meiner Armut kahlen Heiden. – Nackt blieb sie, um Nacktheit zu bekleiden; – doch wo sie zog durch die Steppe, – da zog sie hinter sich her eine lange Schleppe. – Dieser Jüngling nun hat sich nach ihr gesehnt, – und ich habe sie ihm gelehnt, – sie sich zunutz zu machen, – doch zu schonen der Schwachen – und keine Unbilligkeit – zuzumuten ihrer Willigkeit, – sie nicht anzustrengen über ihre Kräfte – und sie nicht zu mißbrauchen im Geschäfte. – Da bringt er sie zurück mir itzt, und sie ist geschlitzt; – und vom Ersatz, den er mir bietet, – wird mein Schaden nicht gegütet.

Der Jüngling sprach: Es ist gegründet, – was der Alte verkündet. – Doch schlecht hat sie sich aufgeführt; – ich hatte nur schief sie angerührt, – und mein Finger war ohne Hut, – da biß sie mich drein und leckte mein Blut. – Doch er hat von mir im Versatz – einen Schatz, – ein barsches Bürschchen, – als wie ein Hirschchen, – mit Zinken und Zacken – und elfenbeinblinkendem Nacken; – mutwillig und eitel, – will jedem über die Scheitel, – Jungen die Locken krausen, – Alten die Borsten zausen. – Er liebt Putzen und Zieren, – durch Wälder zu spazieren, – und fürchtet nicht den Weg zu verlieren, – bricht durch dünn und dicht, – und was sich sträubt, das macht er schlicht. – Den gab ich zum Unterpfande dem Alten, – doch der hat ihn nicht wohl gehalten; – ich weiß nicht, was mein Bürschlein hat verbrochen, – er hat einen Zahn ihm ausgebrochen.

Da sprach der Richter: Erkläret euch näher, ihr Streiter, – oder scheret euch weiter! – Und der Jüngling sprang auf und sang[66]:

Eine *Nadel*, abgestumpft und abgenutzt,
Schwarz gerostet und von keinem Nutze,
Lieh er mir zu übler Kleider Besserung,

Daß sie alte Lappen neu aufstutze.
Brach sie aus Gebrechlichkeit, so ist kein Grund,
Daß er ein Verbrechen mir aufmutze.
Doch er hält dafür in seiner Haft zurück
Meinen *Kamm*[67], der mir gedient zum Putze.
Sieh des Alten schmutz'gen Geiz, durch dessen Schuld
Liegen muß mein junges Haar im Schmutze!
Und daraus schließ auf den großen Druck der Not,
Die Erleichtrung hofft von deinem Schutze.

Da sprach der Kadi zum Alten: – Rück heraus ohne Umschweif' und Falten! – und er hob an:

Bei der Wallfahrt und der Anhöh' *Chaif Mina*[68],
Wo der Frommen Heer den Satan steinigt!
Wäre nicht das Glück mir karg, ich hätte wohl
Meine Großmut an dem Feind bescheinigt,
Hätt', ohn' auf Ersatz der Nadel zu bestehn,
Seines Kamms Herausgab' ihm beschleunigt.
Doch vom Bogen des Geschicks fliegt Pfeil um Pfeil,
Einer trifft, die Furcht des andern peinigt.
Beide, die wir hier als Widersacher stehn,
Durch der Armut Band sind wir vereinigt:
Er, aus Dürftigkeit, kann nicht befrein sein Pfand,
Ich, aus Mangel, kann es lassen frei nicht.
Dieser Schicksalsknoten ist dir vorgelegt;
Löse mild, und hau ihn streng entzwei nicht.

Als der Kadi das angehört, – ward er ganz verstört, – und als wie betört, – warf er ihnen hin einen Dinar[69]. – Den erschnappte der Alte wie ein Aar; – und als er seinen Raub verschlungen, – sprach er zum Jungen: – Die eine Hälfte ist mein Anteil am Schatz, – die andere Hälfte nehm' ich an deinem Platz, – als Schadenersatz – für die zerbrochene Nadel, – so behalt' ich das Ganze ohne Tadel; – komm nun und nimm in Empfang deinen Kamm, – auf daß bestehe des Rechtes Stamm. – Da stand der Junge wie ein verkauftes Lamm. – Doch der Kadi, den sein Taler verdroß, – gab seinem Mitleid noch einen Stoß – und warf, um den Jungen zu trösten, – ihm ein paar Münzen hin, nicht von den größten. – Dann sprach er: Nun geht und vertraget euch – und solcher Fehden entschlaget euch! – Ein Richter hat nicht dazu die Kassen, – um von den Parteien sie *leeren* zu lassen. – Darauf gingen sie bedächtiglich – miteinander einträchtiglich, – laut preisend des Richters Gütigkeit, – Großmut und Edelmütigkeit. – Er aber konnte noch nicht verschmerzen – den Taler, der ihm gerissen war von dem Herzen; – er ächzte beweglich – und krächzte kläglich, – als steck' ihm die Brust voll Dolche, – und sprach zu seinem Gefolge: – Es ahnet mir – und gemahnet mir, – daß die beiden nicht zwei Parteien, – sondern eine, und zwei Betrüger seien. – Wer kann ein Licht mir zünden, – ihre Heimlichkeit zu ergründen? – Da sprach sein Hauptspürer – und Obermeuteführer: – Es gibt kein besseres Verständnis, – als ihr eigenes Geständnis – und kein sichreres Erkenntnis, – als ihr eigenes Bekenntnis. – Da ward ein Häscher, einer von den raschen, – gesandt, sie einzuhaschen. – Und als sie wieder vor dem Kadi erschienen, – sprach er zu ihnen mit ernsten Mienen: – Nun schenket mir reinen Wein aus dem Krug ein, – und geschenkt soll euch euer Betrug sein! – Da prallte zurück der Junge, – doch der Alte trat vor mit kühner Zunge:

Ich bin der *Seruger*, und das ist mein Sohn.
Es artet in Zeiten der Welf[70] nach dem Leuen.
In unserem Schatz ist nicht Nadel noch Kamm,
In unserem Haus nichts zu kau'n noch zu käuen.
Den Kummer der Armut, der Dürftigkeit Schutt
Verwenden wir kunstreich zu Dichtungsgebäuen.
Wir locken die Gab' aus geschlossener Hand,
So gut wie aus offner, die Geben mag freuen.
Wir tauschen Geschenk' ein für Täuschung mit Lust,
Daß selbst nicht den Tausch die Getäuschten bereuen.
Und wen, so wie uns, Not im Rücken bedroht,
Der scheut nicht Gefahr, die ins Antlitz mag dräuen.
Der Tod ist das Ende der Mühsal, und wen
Er heut trifft, der braucht ihn nicht morgen zu scheuen.

Da rief der Kadi: Gottes Segen dem Wohlduft, den deine Rede haucht, – und Heil dir, wäre dein Sinn nicht in Trug getaucht! – Doch ich werde vor dir mich wahren – und warne dich selber vor Gefahren. – Laß künftig die Richter ohne Beschwerden; – mancher verträgt es nicht, gefoppt zu werden. – Denke des zeitlichen und des ewigen Verderbes – und befleißige dich redlichen Gewerbes! – Das versprach ihm der Alte und schied, – und die Tücke saß ihm auf dem Augenlid.

Achte Makame[71]

Das Eidformular

Hareth Ben Hammam erzählt:

Nach *Rahba*[72], der Frühlingsros' an des Euphrats Wogen – ward ich von einem Verlangen gezogen, – dem ich folgte mit schnellem Tier – und rascher Begier. – Und als nun mein Landschiff, gerudert von den Sporen, – war eingelaufen zu den Toren; – als ich Anker- und Zeltplatz mir hatt' erkoren – und trat aus einem Bade gesalbt und geschoren: – sah ich einen Jüngling, gegossen in der Schönheit Form, – gegliedert nach der Vollkommenheit Norm, – gehalten an seines Mantels Falten – von einem Alten, – der ihn beschuldigte mit Wut, – er habe vergossen seines Sohnes Blut. – Der Jüngling aber, standhaft, – leugnete ab die Bekanntschaft – und führte mutig seine Verteidigung – gegen solchen Vorwurfs Beleidigung. – Ihres Streitfeuers Funken stoben, – und es hatte sich um des Kampfplatzes Toben – das Gedränge der Menge zusammengeschoben; – bis beide zuletzt sich verständigten, – daß sie ihren Streit, den sie nicht beendigten, – zur Entscheidung dem Wali[73] des Orts behändigten. – Der war aber einer, von dem man sagte, – daß Knabenschönheit ihm mehr als andre behagte. – Und als sie nun mit beflügelten Hanken – waren gerannt in die Schranken, – brachte der Greis an die Sache – und beschwor des Richters Rache. – Dieser gebot dem Jüngling, zu sprechen, – und schon hatten begonnen ihn zu bestechen – die dunklen Locken um die hellen Flächen. – Der sprach: Es ist eines Lügners Lug – gegen einen, der keinen erschlug, – eine meuchlerische Hinterlist – gegen einen, der kein Meuchler ist. – Der Wali sprach zum Alten, – ungehalten: – Hast du zur Tatbescheinigung – zweier rechtgläubigen Zeugen Vereinigung? – wo nicht, so begnüge dich, ohne weitere Peinigung, – vom Beklagten mit dem Eide der Reinigung. – Der Alte sprach: Er hat schnöde – ihn erschlagen in der Öde, – wo ihm niemand hat zugesehn; – wer soll mir Zeugnis zugestehn? – Die stumme Wüste hat getrunken das Blut, – die es zu verraten nicht den Mund auftut; – und nun birgt er Sinnes Unhuld – hinter der Mienen Unschuld. – Doch laß mir nur die Wahl des Eidformulares, – und du sollst sehn, ob ich Falsches red' oder Wahres. – Der Wali sprach: Das steht dir zu Gebot, – zum Trost um deines Sohnes Tod. – Da sprach der Alte zum Jüngling: Sprich:

Bei dem, der die Stirne geschmückt mit dem Lockenkranz – und die Augen mit dem dunklen Glanz, – die Augenbrauen mit der leisen Scheidung – und die Wimpern mit der Saumbekleidung, – die Augenlider mit der Schwere, – die Nasenwölbung mit der Hehre, – die Wangen mit dem Tagesanbruch – und das Kinn mit dem Jugendanflug, – die Knospe des Mundes mit dem Aufsprung, – die Säule des Halses mit dem Aufschwung, – die Haltung des Hauptes mit dem Sinken – und das Lächeln mit dem Zahnblinken! – ich habe deinem Sohn nichts getan zuleide, – noch seinen Busen gemacht zu meines Schwertes Scheide. – Wo nicht, so schlage Gott mein Auge mit Decken – und meine Wange mit Flecken, – meine Schläfe mit der Kahlheit, – meine Rose mit der Fahlheit, – meine süße Frucht mit der Schalheit, – meine Stirne mit den Falten, – meine Zähne mit den Spalten, – meinen Odem mit dem Dampfe, – meine Lippen mit dem Krampfe, – mein Feuer mit dem Froste, – meinen Spiegel mit dem Roste, – meinen Mond mit dem Schwinden, – meine Sonne mit dem Erblinden, – das Silber meines Kinns mit der Schwärze[74] – und das Elfenbein meiner Hüfte mit dem Schmerze!

Da sprach der Jüngling: Eh'r alles Leid, – als diesen Eid! –

eh'r das Leben verloren, als schwören, wie noch kein Mensch geschworen! – Doch der Alte bestand darauf, um seine Unschuld zu verbürgen, – müss' er den Eid hinunterwürgen. – Das Ende des Streites war unabsehbar, – der Weg der Vereinigung ward ungehbar. – Doch des Jünglings edle Weigerung – diente seiner Schönheit zur Steigerung – und zur Schürung von des Richters Brunst, – der eine Rührung spürte ihm zu Gunst. – Sein Ohr war erfüllt vom Eidformular, – das ein Verzeichnis der Reize war, – und mit des Auges Geize – verschlang er noch einmal die Reize; – bis daß ihm der Empfindung Flammen – schlugen über die Besinnung zusammen – und die Torheit ihm den Rat einflößte, – den Jüngling zu gewinnen, indem er ihn löste. – Wenn er dem Alten ihn risse aus den Krallen – würde er ihm in die Hände fallen. – Und er sprach: Willst du hören, was die Menschenliebe rät, – und tun, was der Frömmigkeit wohl ansteht? – Der Alte sprach: Und was rietest du? – Ich gehorche, was gebietest du? – Der Wali sprach: Mein Bescheid ist, daß du diesen Jüngling scheidest von der Qual – und dich bescheidest mit *hundert Miskal*[75], – die ich zum Teil werd' aus Eignem erschwingen, – zum Teil von da und dort aufbringen. – Der Alte sprach: Du hast nur zu walten – und Wort zu halten. – Da zählte der Wali *zwanzig* bar auf – und wandte sich zu seiner dienenden Schar drauf, – von welcher er noch zusammenbrachte, – was voll das *halbe Hundert* machte. – Da hatte die Sonne sich verkrochen, – das Abendgebet sollte sein gesprochen, – und die Geldernte ward unterbrochen. – Der Wali sprach: Nimm, was da ist, – und erwarte, was nah ist; – morgen früh wollen wir zusehn, – daß dir zukomme, was dir mag zustehn. – Der Alte sprach: Auf den Beding, daß diese Nacht – dieser Jüngling bleib' in meiner Macht, – nur vom Manne meines Auges[76] bewacht; – und wenn ich morgen bin entschädigt, – sei er der Haft entledigt, – frei – wie der junge Vogel vom Ei, – und für mich unschuldig an Bös und Gut – wie der Wolf an Josephs Blut[77]. – Der Wali sprach: Du forderst Billiges, – und ich bewillig' es.

Hareth Ben Hammam erzählt: Als ich sah des Alten Gewandtheit, – ging mir im Geist auf seine Bekanntheit. – Und als nun die Nacht die Sterne geboren – und das Geräusch sich hatte verloren, – durchschritt ich die Höfe des Wali und fand den Alten – Wache über den Jungen halten. – Ich beschwor ihn bei Gott: Bist du nicht *Abu Seid*? – Er sprach: Ja! beim Ordner der Jagdzeit! – beim hellsehenden Wächter der Nachtzeit! – Ich sprach: Und wer ist der Junge da, – dessen Locken ich heut im Schwunge sah? – Er sprach: Er dient mir dem Geschlechte nach zum Sohne – und dem Geschäfte nach zur Dohne[78]. – Heute halfen mir seine Locken – diese *fünfzig* ins Garn zu locken. – Ich sprach: Und willst du nun den Morgen erpassen, – um die übrigen fünfzig zu fassen? – Er sprach: Nein, ehe die Vögel singen, – will ich mit diesem mich von hinnen schwingen. – Doch nun laß uns kosen bei der Sterne Kerzen, – um zu verscherzen des Abschieds Schmerzen. – Da verbracht' ich die Nacht mit ihm unter Reden, – köstlicher als Gewebe goldener Fäden, – blühender als die Gartenhaine von Eden; – bis daß nun der Wolfschweif[79] über den Himmel strich, – da erhob er sich zum Strich – nach einem andern Himmelsstrich – und ließ an Abschiedsgeschenkes Statt – in meiner Hand ein versiegeltes Blatt, – sprechend: Das stelle du, – wenn es tagt, dem Wali zu, – daß es ihm zum Trost möge frommen, – wenn unsre Flucht ihm die Ruh' genommen. – Das sagt' ich ihm zu zum Abschied, – doch er ging mit einem Blick, der mir's abriet. – Da achtet' ich es kein Verbrechen, – den *Mutalammis-Brief*[80] zu erbrechen, und darin stand:

So sprich zum Wali, welchen mein Verschwinden
Geworfen in der Reue Feuerpein:
Der Alte nahm dein Geld, dein Herz der Junge,
Den doppelten Verlust, o streich ihn ein!
Du hast den Beutel aufgetan, weil Liebe
Dir zugehalten hat der Augen Schein.
O lauf nicht dem nach, was du laufen ließest;
Schleuß deinen Kummer in den leeren Schrein!
Und wardst du heute durch der Liebe Großmut
Ein größrer Märtyrer als einst *Hussain*[81];
Belehrung kauftest du dafür, die gerne
Der Weise kauft um Gold und Edelstein.
So stelle künftig ein die Jagd! Oft locket

Das Reh den Jäger in des Löwen Hain.
Ausritt schon mancher auf Erwerb und kehrte
Nach Hause mit den Schuhen des *Honein*[82].

Hareth Ben Hammam erzählt: Da zerriß ich das Blatt in tausend Bitzchen und Fetzchen – und stellt' es dem Schicksal heim, ob ein Spätzchen oder Mätzchen – dem Wali zutrüge das Lied vom verlorenen Schätzchen.

Neunte Makame[83]

Die Grabrede

Hareth Ben Hammam erzählt:

Ich spürte, da ich am Wanderstabe – kam nach Sawe[84], – an mir Herzenshärtigkeit – und Unbußfertigkeit; – und ich befolgte den Rat des besten der Ratgeber, – der den Gläubigen dagegen empfahl den Besuch der Gräber.[85] – Als ich nun gekommen war zur Einkehr der Särge – und der Totengebeine Herberge, – um mein Herz zu heilen von der Verstockung – und meine Sinne von der weltlichen Lokkung, – sah ich eine Versammlung um ein Grab, das man grub, – und einen Aufgebahrten, den man begrub. – Und ich gesellte mich zu ihnen, der Heimkehr denkend – und Tränen den Heimgegangenen meines Stammes schenkend. – Als nun der Tote bestattet war, – und die Klag' um ihn ermattet war; – bestieg eine Erhöhung am Grab – ein Scheich mit Pilgertasch' und Stab, – sein Haupt mit dem Mantel verhüllend, – und sprach mit Eifer erfüllt und mit Andacht erfüllend:
Sehet und handelt danach, o ihr Handelnden! – und wendet euch, o ihr sorglos Wandelnden! – Raffet euch auf, o ihr Vergessenen, – und ermesset recht, o ihr Vermessenen! – Was ist euch? Fühlet ihr kein Betrübnis – bei Freundesbegräbnis? – könnet ihr sehn ohne hellen Jammer – euern Kameraden eingehn in die dunkle Kammer? – und erwachet euch im Herzen kein kurzer Kummer, – wenn ihr

euern Freund übergebt dem langen Schlummer? – Atmet ihr ohne Schaudern die Moderlüfte – und schaut ohne Furcht die Furchen der Grüfte? – Vergesset ihr eurer Vorfahren, – oder denket nicht, daß ihr ihnen müsset nachfahren? – Lasset ihr nicht die Schicksale eurer Gespielen – euch geschickt sein zu Beispielen? – und gewahret nicht das Los eurer Gefährten, um euch zu wahren vor Gefährden? – Doch weinende Augen mögt ihr nicht schauen, – und euer Ohr mag nicht hören die Klagefrauen[86]. – Ihr geleitet die Bahre – und denkt dabei an das Bare; – ihr legt den Toten zur Ruhe, – und im Sinne liegt euch die Truhe; – ihr senkt ins Grab sein Gedächtnis – und denkt nur an sein Vermächtnis. – Euren Gesellen gesellt ihr dem stummen Wurme zum Schmaus – und schmauset bei Lautenklang in eurem Haus. – Ihr verschmerzt den Verlust eines Genossen – leichter, als den Verlust eines Groschen, – und beklagt einen zerbrochenen Hausscherben – schwerer, als eurer Verwandtschaft Aussterben. – Ihr fürchtet eurer Gewerbe Fall, – aber keinen Erb- und Sterbefall. – Ihr schreitet zwischen Gräberreihen – wie zum Reihen, – und wandelt auf den harten Betten – wie in Gartenbeeten; – lacht auf Schädel und Leichensteine, als lachten euch an reiche Edelsteine, – und denkt bei einem Totenbein – nicht an die Todespein, – noch an die Totenpein[87]; – gleich als hättet ihr einen Gewährmann – gegen des Grabes Fährmann, – oder eine Sicherschreibung – gegen des Schicksals Schuldeintreibung. – Habt ihr etwa gestellt einen Bürgen, – der sich für euch läßt würgen, – oder gedungen einen Beschwörer – gegen den alten Zerstörer? – Nein, sondern Torheit ist euer Wahn, – und die Augen werden euch aufgetan – einst, wann ihr die Augen zugetan. – Drauf hub er an:

Der du dich nennst verständig,
Wie lange rennst unbändig
Und deinem Herrn abwendig
Du deinen Torenlauf?
Verachtest die Belehrung,
Verweigerst die Bekehrung
Und scheuest die Beschwerung
Der Pflicht, die dir liegt auf.

Und mahnt dich nicht die Bahre,
Und nicht die grauen Haare,
Und nicht die Flucht der Jahre?
Ist denn dein Ohr schon taub?
Du stehst vor deiner Krippe
Und siehst, wie das Gerippe
Schwingt hinter dir die Hippe,
Und zitterst nicht wie Laub?
Gesäugt an Torheits Brüsten,
Gegängelt von den Lüsten,
Irrgehend in den Wüsten,
Wirst du des Todes Raub.
O horch, der Löwe brüllet,
Der seinen Schlund nie füllet!
Doch du, von Wahn umhüllet,
Willst füllen deinen Bauch.
Wie lange willst du irren,
Wie wilde Tauben girren,
Wie Nachtgevögel schwirren
In jedem dunklen Strauch?
Wie lang in Frevel scherzen
Und nicht bereun von Herzen?
Wie lang dein Antlitz schwärzen
Mit eklem Sündenrauch?
Vor deines Herren Strafen
Willst du nur sorglos schlafen;
Und dann, wann sie dich trafen,
Wachst du mit Winseln auf.
Der Wahrheit ein Empörer,
Der Mahnung trotz'ger Hörer,
Bereit, mit dem Betörer
Zu schließen jeden Kauf;
Wie lange willst du schnaufen
Und Herzeleid dir kaufen?
Zusammenscharren Haufen,
Bis man dich scharrt zuhauf!
Wie lange wird es währen,
So wird es dir sich klären;
Dann weinst du blut'ge Zähren
Und seufzest Flammenrauch.

Mir ist, als ob ich sähe,
Wie ein dich schlingt die Jähe
Des Grabs, und deine Zähe
Wird mürb' an seinem Hauch.
Da muß der Leib sich strecken,
Daß ihn die Würmer schmecken;
Dann wird man dich erwecken
Und sammeln deinen Staub.
O schaue nicht zurücke!
Vor dir steht dort die Brücke[88],
Als ob ein Schwert sich zücke;
Darüber geht dein Lauf.
Und hier ist das Gefilde,
Wo Gilde nicht der Gilde,
Und Blutsfreund nicht zum Schilde
Dem Blutsfreund dienet auch.
O rüste dich beizeiten!
Dort werden für dich streiten
Nur deine Frömmigkeiten
Und der Gebete Hauch.
Verwende du, zum Frommen
Dir selbst und allen Frommen,
Das Gut, das zugekommen
Von Gott dir zum Gebrauch.
Sei aller Schwachen Steuer
Und aller Armen Scheuer
Und aller Kalten Feuer
Und aller Durst'gen Schlauch.
Sei gegen Güt'ge gütig,
Nicht gegen Wüt'ge wütig,
Und wiege übermütig
Im Glücke nicht dein Haupt.
Nicht fahre hoch in Lüften
Und schwelge nicht in Düften,
Bedenke, daß in Grüften
Der Erde Lust verstaubt.
Gib, was du hast, zum Troste
Und sammle nicht dem Roste.
Schatte, bevor vom Froste
Wird dein Gezweig entlaubt!

O staple nicht und speichre,
Versage nicht noch weigre,
O gib und dich bereichre
Mit Segen, den nichts raubt.
Gewöhne deine Hände,
Zu geben Spend' um Spende,
So gibst du leicht am Ende
Dein Leben selber auf.
Dies sind, die ich dir gebe,
Die Lehren, danach lebe,
Und dann vorm Tod nicht bebe;
Heil dem, der hört und glaubt!

Dann streckte er aus seine Hände – und empfing der Gläubigen Spende; – und als die milden Gaben nicht mehr rannen, – begnügte er sich und zog von dannen.
Der Erzähler spricht: Seines Vortrags reiche Zierde – erweckte in mir neben der Andacht die Neugierde, – daß ich ihm nachfolgte auf den Fuß – bis außer der Menschen Zusammenfluß; – da zog ich, um ihn anzuhalten, – von hinten an seines Mantels Falten. – Er wandte sich um dienstfertig – und grüßte, wie eines Geschenks gewärtig; – ich aber sah, es war *Abu Seid*, – und es tat mir leid. – Ich sprach:

O Abu Seid, wie lange
Willst du noch sein die Schlange,
Stets lauernd neuem Fange
Und wechselnd Haut um Haut?

Er aber antwortete ohne Bangen – und unbefangen:

Mach dir mit Gottes Schutze
Des Pred'gers Wort zunutze;
Ihm unter die Kapuze
Zu schaun, ist unerlaubt.[89]

So ließ er mich stehn betroffen – und ging, wo ihm die Welt stand offen.

Zehnte Makame[90]

Der Geleitsmann

Hareth Ben Hammam berichtet:

Ich zog von *Irak*[91] nach *Elghute*[92], – wohl versehn mit Geld und Gute, – mit allem, worauf man sich etwas zugut – und womit man sich gütlich tut. – Ich willfahrete meinem Arme, dem ungebundenen, – und vertraute meinem Quelle, dem ungeschwundenen; – denn meines Lebens Rößlein war vollmähnig – und seine Jugend vollzähnig. – Als ich jenen Ort nun erreicht mit Anstrengung der Seele – und Abmagerung der Reisekamele, – fand ich ihn entsprechend der Beschreibung – und sein Lob als keine Übertreibung; – alles vereint, was Herzen erquickt – und Sinne bestrickt – und den bezaubert, der hört und blickt. – Da segnete ich des Schicksals Hand, die mich gewiesen – aus dem Vaterland zu dem schönsten von den vier Paradiesen. – Und ich fing an, meiner Lust nachzugehn – und mich nach Wunschbefriedigung umzusehn; – ich löste die Siegel des Genusses – und leerte die Schalen des Überflusses – bis an die Hefen des Überdrusses. – Da war's, als eben ein Reisetrupp nach Irak abzugehn gedachte, – daß ich aus meinem Taumel erwachte, – mein Verlangen den Flügel dehnte – und mein Herz sich nach der Heimat sehnte. – Da brach ich ab mein Reisezelt – und rückte den Reisezelter ins Feld. – Doch als nun unsere Reisezunft – sich eingefunden am Ort der Zusammenkunft, – ergab sich eine Verlegenheit, – die hemmte die Angelegenheit: – denn wir hatten nicht die Verwegenheit, – zu wagen des Weges Entlegenheit – ohne eines Geleitsmanns Zugegenheit. – Den suchten wir nun unter den Arabern aller Stämme, – aber keiner fand sich, uns zu ziehen aus der Klemme; – es schien, daß keiner von ihnen – diesmal wolle einen Geleitszoll verdienen. – Wir hatten gesucht bis zur vollen Wochen – und zuletzt gesprochen: – Sie haben sich in den Boden verkrochen. – Doch da wir nicht konnten dabei ruhn, – hielten wir Rat am Tore von *Geirun*[93]. – Da gab jeder einen Vorschlag und einen Anschlag ab, – von denen keiner den

Ausschlag gab; – und unserer Beschlüsse Endschluß – war Unschlüssigkeit im Entschluß. – Aber gegen uns über saß ein Verkappter, – von seltsamen Fetzen Umlappter, – der die Augen niederschlug wie ein Ertappter, – während sein Mund murmelte Gebete – und seine Hand die Kügelchen eines Rosenkranzes[94] drehte; – doch sein Ohr war dabei auf der Lauer ohne Säumnis, – bis es hatte erschnappt der Ratsversammlung Geheimnis. – Und als diese nun aus Ratlosigkeit – wollt' auseinandergehn zu Tatlosigkeit, – abstehend von des Wegs Pfadlosigkeit, – tat jener sich auf wie ein Gnadenbrief, – indem er rief: – Mein Volk! lasset euch Bescheid geben! – ich werd' euch ein sicheres Geleit geben, – das euch soll Schutz vor jedem Leid geben. – Der Erzähler spricht: Da erkundigten wir uns mit Fleiße – nach des Geleites Art und Weise – und verhießen dafür großes Geld zum Preise. – Doch er behauptete von seinem Horte, – es seien Worte, – die ihm gegeben worden im Traume, – zum Schutz zu dienen in jedem Raume. – Da blinzten wir einer gegen den andern, – doch er ließ seine spähenden Blicke wandern, – und da er merkte, wie wenig wir draus machten – und daß wir seine Weisheit auslachten, – rief er: Was ist euch? sehr ihr meinen Ernst an für Scherz, – oder für Schlacken mein Erz? – Doch wie oft, bei Gott, hab' ich durchzogen die öden Strecken – und durchflogen die Örter der Schrecken, – allein in meines Hortes Geleite, – ohn' einen Mann oder eine Waff' an der Seite. – Und kurz, ich wende, was ihr scheut, – und wehre, was euch dräut, – daß ihr gelangt durch die Wüste *Semawe*[95], – ungehinderter als der Rabe, – unangefochtener als im Grabe. – Und halt' ich euch Wort, – so bezahlt meinen Hort; – und wenn ich euch berücke, – so bezahlt meine Tücke – und haut mich in Stücke! – Hareth Ben Hammam erzählt: Da ward es uns vom Himmel eingegeben, – daß wir ihm glaubten ohne Widerstreben – und uns seinem Schutz vertrauten ohne Beben, – losend, wer von unserm Truppe – ihn nehmen sollt' auf die Kruppe. – Dann brachen wir auf seinen Wink die Rast – und luden auf die Tiere die Last; – und als nun der Zug im Gang war – und die Kamelglock' im Klang war, – baten wir ihn, uns zu lehren die Worte, – die uns dienen sollten zum Reisehorte. – Er sprach: Beim Morgen- und

beim Abendfutter – bete jeder von euch die *Koransmutter*[96]; dann sprech' er mit Ehrfurcht im Munde – und mit Andacht im Herzensgrunde:
Gott, du Gnadenspender, – du Schadenwender! – du Ratgeber und du Geber, – du Beleber der Gräber! – Dessen Wort Gebot und Verbot schafft, – dessen Geheiß Bitt' und Gebet schafft! – Segne den Mohammed, den Mund der Botschaft – und das Petschaft der Prophetschaft! – ihn samt allen Ranken von seinem Stamme – und allen Funken von seiner Flamme! – Dann, o Gott, behüte mich vor Berükkung der Satane – und vor Bedrückung der Sultane! – vor dem Besuch der Versucher – und vor dem Gesuch der Besucher! – Beschirme mich vor den Haufen, – die da rauben und raufen, – die da schnauben und schnaufen! – Rette mich vor dem Verrat des Raters – und vor dem Rat des Verräters! – Bewahre mich vor der Gemeinschaft der Feinde – und vor der Feindschaft der Gemeinde! – vor dem Zwist der Zwistigen – und vor der List der Listigen! – vor der Hoffart der Hoffärtigen – und vor der Gegenwart der Widerwärtigen! – vor der Übermacht der Mächtigen – und vor dem Trachten der Niederträchtigen! – Gott, erhöre mein Gebet, mein dir anständiges, mein inständiges! – behüte mein Auswendiges und mein Inwendiges, – meinen Mantel und mein Hemde, – meinen Wandel daheim und in der Fremde! – mein Stehn und mein Liegen, – mein Gehn und mein Schmiegen, – mein Drehn und mein Biegen, – mein Sehn, mein Hören, mein Schmecken und mein Riechen! – meinen Ausgang – und meinen Nachhausgang! – meinen Ab- und Zugang – und meinen letzten Ruhgang! – Beschirme mir Kehle, Kohl und Kohle, – Leib und Seele, Scheitel und Sohle, – Herd und Herde, – Ehre, Ähre und Erde! – Gott, lenke mein Geschick – mit deinem Blick – und meine Tat – nach deinem Rat, – und gib meiner Leitung Band – nicht in fremde Hand! – Die Wüste, die ich durchwandre, benetze, – daß sie mich letze, nicht verletze, – und zerbrich die mir gestellten Netze! – Dem Löwen, der brüllt, halte zu den Rachen, – und den Mund dem giftatmenden Drachen! – brich der Otter den Zahn, und den Stachel dem Skorpion, – und die Lanze dem Wüstensohn! – Gott, laß mich nicht fallen – in Feindeskrallen und

Freundesfallen! – laß Schatten aus deiner Wolke fallen – und mich wallen in deinem Wohlgefallen!
Drauf starrt' er, Aug' und Mund weit offen, – daß wir dachten, es hab' ihn was getroffen. – Doch dann zuckt' er das Haupt auf, – und sein Atemzug schnaubt' auf, – indem er rief: Beim Himmel, dem kreisenden, – und bei der Erde, der speisenden, – bei dem Wasser, dem reißenden, – bei den Lüften, den verheißenden, – und den Lichtern, den beweisenden! – Ich schwör' es, das ist der Talisman – für den Muselmann, – der besser schützt als ein gewappneter Mann. – Wer ihn hersagt beim Morgenbrot – dem begegnet kein Leid bis zum Abendrot; – und wer ihn ausspricht beim Abendmahl, – den trifft kein Schaden bis zum Morgenstrahl. – Der Erzähler spricht: Da lernten wir, bis wir ihn besaßen, – und wiederholten, daß wir ihn nicht vergaßen; – dann zogen wir, die Tiere treibend mit dem Hort statt mit der Gerte, – und die Ladung schirmend mit dem Wort statt mit dem Schwerte. – Und unser Geleitsmann hielt sich still an unserer Seite, – ohne je den Lohn zu begehren fürs Geleite; – bis nun sich zeigten die Häuser von *Ane*[97], – da war's, als ob ihm was ahne; – er rief, wie von Wein berückt, aus: – Nun, eh ihr einrückt, rückt heraus! – Da taten wir vor ihm aus unser Geprägtes – und Gewägtes, sprechend: Greife drein nach Begehren, – wir sind nicht da, dir zu wehren. – Doch ihn zog nur an das Vorzüglichste, – und er fügte zusammen das Füglichste, – auswählend im Wenigsten das Mehrste, – das Leichteste von Gewicht und von Gehalt das Schwerste. – So als er geladen seine Saumlast, – hatte er drauf noch kaum Rast, – er lief mit seinem Gold und Silber – uns aus der Hand wie Quecksilber.
Als wir nun die Herberge gesucht, – kränkte uns doch des Gefährten Flucht; – und wir spürten nach ihm und fragten, – wir streiften nach ihm und jagten, – bis zuletzt die Leute uns sagten rein aus: – Er ist, seit er hier ist, nicht gekommen aus dem Weinhaus. – Doch die unwürdige Verleumdung verdroß mich, – und ich entschloß mich, – um zu widerlegen den bösen Ruf des Alten, – auf meinen guten nicht zu streng zu halten; – ich wagt' es, als blind die Nacht und verstummt war, – und ich selbst hinlänglich vermummt war, – ob mich auch das Gewissen kneipe, – ich

wagt' es, zu gehn in die Kneipe. – Da sah ich ein Zimmer – voll Blumenschimmer – und Kerzenflimmer, – wo duftete Ros' und Myrte, – wo Laut' und Flöte girrte, – und rauschten zwischen den Chören – des Weines Brunnenröhren. – Die Schenken, die silberschenkeligen, – kredenzten die Schalen, die silberhenkeligen. – Und zwischen darunter – saß ein Alter munter, – im Seidengewand wie ein Lenz ein bunter, – der, gestreckt auf den schwellenden Polstern, – blickte nach der Tonne wie nach der Sonne, und nach dem Glas wie nach den Polstern. – Bald den Schenken herzte er, – bald mit der Flasche scherzte er; – roch jetzt den Duft der Viole, – sog nun das Naß der Fiole – und horchte dann dem Lied der Viole[98]; – von der Lust Gesellen umrungen, – von den Gazellen umsprungen – und von den Ghaselen umklungen. – Ich sprach: Den ich hier sehe so sorgenfrei ruhn, – ist unmöglich der Mann vom Tore *Geirun*; – dessen Haupt hier schwimmt im Rosenglanz, – ist nicht der, dessen Hand trug den Rosenkranz. – Da rief er: Warum nicht? – Merk' und sei dumm nicht! – Worauf er lachte, als woll' er platzen, – und dann sang mit Fratzen:

Auf Reisen mich wagt' ich,
Der Heimat entsagt' ich,
Und Länder durchjagt' ich,
Ergötzungen nach,
Und Rosse beschritt ich,
Und Flüsse durchritt ich,
Und Täler durchschnitt ich,
Nach Labsalen jach.
Nicht ließ ich mich's kränken,
Durch Wüsten zu lenken,
Um hier mich zu tränken
Am schäumenden Bach.
Und wäre der Wein nicht,
So hätt' ich so frei nicht
Mit euch mich vereinigt
Zum Reis' ungemach.
Und wäre der Hort nicht,
So hätt' ich mein Wort nicht
Gelöst und zum Ort nicht

Hieher euch gebracht.
Wo dieser aufs traute
Gemüt mir nicht taute,
So lag dies gebaute
Gefilde mir brach.
Drum sei nur nicht böse
Und laß das Getöse,
Schweig, daß ich dir löse
Die Rätsel gemach.
Nicht schelt' einen Alten,
Der glätten will Falten
Und füllen die Spalten
Und stützen sein Dach.
Denn Wein ist der Glättstein
Des Trübsinns, der Wetzstein
Des Stumpfsinns, der Brettstein
Des Sieges im Schach.
Ja Wein ist der Meister
Der Menschen und Geister,
Der Feige macht dreister
Und stärket, was schwach;
Der Krankes gesund macht,
Hohlwangiges rund macht,
Verborgenes kund macht
Und Morgen aus Nacht.
Sprich, weißt du was besser
Als Schenkengewässer
Und brausende Fässer
Und Taumelgelag?
O süßeste Feier,
Wann Anstand, sich freier
Gebärdend, die Schleier
Der Sitte durchbrach.
Erst wo die Tapeten
Des Zimmers sich drehten
Wie Sonn' und Planeten,
Ist Himmel erwacht.
Drum höre mich immer
Und schelte mich nimmer
Und denke nicht schlimmer

Von meinem Geschmack.
Laß Labe dir schenken
Vom lieblichen Schenken,
Dem Liebe zu schenken
Das Herz ist gemacht.
Und schmilz ohn' Erröten
Beim Tone der Flöten,
Der Felsen kann nöten
Zu springen mit Ach.
Und trotze dem Rater,
Dem murrenden Kater,
Und trotze dem Vater,
Der das untersagt.
Gib, daß dich nicht irre
Das Torengeschwirre,
Dein Ohr dem Geklirre
Der Gläser in Pacht!
Geh, tue, was Lust macht,
Was lebensbewußt macht,
Was kühl dir die Brust macht,
Die Wunsch hat entfacht.
Geh, stelle die Netze
Und fang, was ergetze,
Was lieblich ist, hétze,
Was schön, nimm in acht,
Dabei sei gesellig,
Den Freunden gefällig,
Mit Guten einhellig,
Freigebig nach Macht.
Und gehst du vom Orte,
So traue dem Worte:
Wer klopft an die Pforte,
Dem wird aufgemacht.

Da rief ich: Hei, hei, wie fündig! – aber hui und pfui, wie sündig! Doch um Gott, sprich, welchem Stamm bist du entstammt? – Deine Verse haben mich ganz entflammt. – Er sprach: Meinen Namen mag ich nicht nennen, – aber du sollst mich kennen:

Ich bin der alte Wunderreich,
Der Überall und Nirgendwo.
Der Araber und Perser ruft
Ob meinen Streichen ha und ho!
Ich aber ruf' an jedem Tag
Ob meinem Jammer ah und oh!
Denn ach, die Hand des Schicksals liegt
Auf meinem Nacken rauh und roh.
O! in des Unglücks Flammenbrunst
Bin ich die Handvoll dürres Stroh.
Was ist es, wenn mit kühler Flut
Ich dämpf' einmal die heiße Loh'?
Was ist's, wenn ich, so oft betrübt,
Bin auch einmal mitunter froh?
Da früh genug die herbe Hand
Mich wieder packt, der ich entfloh!
Nun, Hareth, kennst du so mich nicht?
Sprich, Ben Hammam, kennst du mich so?

Der Erzähler spricht: Da löste seine Züge das Leid, – und ich erkannte den *Abu Seid.* – Ich sprach staunvoll: O wie ist deine Sünde graunvoll! – Doch er versetzte wein- und launvoll: – Ich hoff' auf Gottes Gnade vertraunvoll. – Was willst du hier wie die Sündflut schnarchen, – wo ich geborgen sitz' in der Archen? – Hier gilt nicht Jammer noch Griesgram – zwischen Geruch von Amber und Bisam; – denn der Tod ist unentfliehsam. – Geh, das Gasthaus – ist ein Lusthaus, nicht ein Lasthaus, – und der Schenkort – ist ein Tränkort, nicht ein Kränkort. – Mein Wein ist unverwässerlich, – und ich bin unverbesserlich. – Nicht krächzen sollen die Raben, – wo mein Lechzen die Reben laben; – und es soll mir der Nachteule Gall – nicht vergällen das Gellen der Nachtigall. – Geh! der Lust ist diese Nacht heilig, – dein Besuch ist ihr nachteilig. – Dann streckt' er sich auf dem Seidenpfühl – und trank die Becher unter Saitenspiel, – bis er trunken auf die Seiten fiel. – Ich aber entfernte mich mit schnellen Schritten, – um Gott meine Nacht durch um Verzeihung zu bitten, – daß mein Fuß eine Schenkenschwelle beschritten. – Dann reisten wir ab mit der Morgenhelle – und ließen unsern Scheich bei dem Scheich der Hölle.

Elfte Makame[99]

Das alte Weib

Hareth Ben Hammam erzählt:

Ich weilte in *Bagdad* in einem dichten Kreise – edler Dichtergreise, die, wo sie mit ihrer Kunst hervortraten, – es den Kunstreichsten zuvortaten, – so daß kein Gegner ihnen den Vortritt abstritt, – und kein Überlegner auf der Bahn den Vortritt abritt. – Wir ergingen uns, sitzend in der Morgenluft, – unter Redeblüten und Geistesduft, – in des Gespräches verschlungener Windung, – Ernstes und Scherzes Verbindung, – bis daß der Tag, der sich halbete,[100] – das frische Laub der Unterredung falbete – und die muntern Augen mit Schläfrigkeit salbete. – Da sahn wir ein altes Weib heranwanken wie im Schwindel, – hinter ihr ein Kindergesindel, – jedes dünn wie eine Spinne und schmächtig wie eine Spindel, – armselig wie ein unflügges Täubchen, – verlassen wie auf dem dürren Zweig ein Räupchen. – Und kaum ward sie uns ansichtig, – so war es richtig, – daß sie uns anlief – und anrief: – Gottes Gunst den Gönnern! – eine Kunde sei den Kennern, – eine Mahnung der Menschlichkeit euch Männern! – O ihr, landflüchtiger Hoffnungen Zuflucht, – schiffbrüchiger Wünsche Ruhebucht, – ihr, dem Troste der Witwen und Waisen – gewidmeten Weisen! – wisset, daß der, die hier sich beugt, – sich einst jedes Haupt und Knie gebeugt, – eh' das Unglück sie gebeugt; – daß sie war vom Reichtum gezeugt, – von der Fülle gesäugt, – vom Überfluß ausgestattet, – nie vom Verdruß überschattet; – des Hauses Schlüssel führend, – des Herdes Flammen schürend, – in Wohlhäbigkeit – und Freigebigkeit – vertrauend auf des Glückes Ewigkeit, – schaltend und waltend über die Frauen, – wie der Mann in der Männer Gauen. – Denn mein einmal – war ein Gemahl, – der den Vorsitz führte beim Mahl – und in der Schlacht sich türmte ein Ehrenmal, – bis das Geschick uns ergriff bei den Armen – und uns schleuderte zu den Armen, – uns trieb aus den offenen Toren – zum offenen Spotte der Toren, – daß künftig im heimischen Hause – das Unheimliche hause. – Es zerbrach den Schlüssel und das Schlüsselbein – und wies uns von der Schüssel zum Schüsselein; – es stieß um des Herdes Kessel, – es stürzte um der Herrschaft Sessel, – es zerbrach des Dienstes Fessel – und warf die edle Rose unter die Nessel. – Es blies uns den Span aus – und zog uns den Zahn aus, – es fegte die Bahn aus – und trieb uns den Wahn aus. – Es brach die Krone dem Stamm ab – und nahm dem Huhne den Kamm ab, – die Satteldecke dem Zelter, – den Inhalt aus dem Hälter – und den Strom von der Kelter. – Es drängte und trieb, – es hetzte und hieb, – es raffte und rieb, – bis nichts uns blieb, – keine Au' und keine Zeder, – keine Klau' und keine Feder, – kein Schloß und kein Riegel, – kein Roß und keine Striegel, – kein Dach und keine Ziegel, – kein Gemach und kein Spiegel; – kein Halm und keine Tenne, – kein Bogen und keine Senne, – kein Riemen und kein Pfriemen, – kein Hammer und keine Klammer, – kein Haken und kein Laken; – kein Stahl und kein Stein, – kein Strahl und kein Schein, – keine Schal' und kein Schrein, – kein Tal und kein Hain, – kein Mahl und kein Wein, – als nur Qual und Pein. – Leer ist die Hand[101] – und unstet der Fuß, – gebeugt das Haupt – und gekrümmt der Rücken. – Verdorrt ist die Lust, die grüne[102], – und fort ist das Gold, das gelbe; – geschwärzt ist der Tag, der weiße, und geweißt das Haar, das schwarze; – für das Auge, das rote, – ist willkommen der Tod, der blasse. – Doch hier das verlassene Trüppchen, – wie zitternde Flämmchen am trockenen Lampenschnüppchen, – der Umfang ihres Wunsches ist ein Süppchen, – der Gipfel ihrer Sehnsucht ein altes Jüppchen; – etwas leicht Entbehrtes, – halb Verzehrtes, – etwas Abgelegtes, – aus dem Hause Gefegtes! – Man hält auf des Bräutigams Gruft – nicht zu Rate Salbenduft[103]; – meiner armen Brut Entfiederung – zwingt mich zu der Erniederung. – Doch ich habe geschworen – bei dem Adel, der mit uns ist geboren, – bei der Ehre, die uns nie ging verloren, – eh'r zu sterben mit ihnen, als mit demütigen Mienen – Ungroßmütigen zum Spott zu dienen. – Aber mir sagte das Herz, – eueres sei nicht von Erz, – und mir flüsterte die Seele, – daß euch eine nicht fehle. – Gott schenke dem Manne seine Schuld, – der mir Glauben schenkt und Huld! – Und sie wandte zu mir sich mit einer Gebärde, – als ob Gewährung sie aufrichten werde – und Weigerung sie niederschlagen zur Erde. – Hareth Ben Hammam erzählt: Wir raunten – unsere Verwunderung uns zu und staunten – über ihres Ausdrucks Blümlichkeit, – ihres Vortrags Eigentümlichkeit – und sprachen: Wenn du also die Rede stickest, – wie erst, wenn du Verse strickest? – Sie sprach dreister: – Ja, es beschämt die Meister. – Wir sprachen: Mach' uns zu deinen Lehrlingen, – so wollen wir dich samt deinen Zehrlingen – dafür machen zu unsern Nährlingen. – Sie sprach: Seht erst meines Gewandes Undichten, – und dann meine Gewandtheit im Dichten! – Worauf sie uns ihre Lumpen hinhielt, – nun einen Augenblick schweigend inhielt – und dann vortrug, was sie im Sinn hielt:

Ich klag' es Gott, des Schicksals falsche Kerze
Versengt zum Scherz die Flügel armer Motten.
Mein Volk! ich war einst zugezählt den Reichen
Des Lands und schöpfte Füll' aus vollen Botten[104];
Im Wege stand nichts unserm Stolz auf Erden,
Kein Fels im Meer entgegen unsern Flotten;
Im dürren Hungerjahre grün der Garten
Und unterm Sonnenbrande kühl die Grotten;
Am Herde, dessen Flammen fröhlich blühten,
War frisches Fleisch den Gästen stets gesotten.
Da kam das Unglück und verschlang die Füllen
Des Meers, das der Versiegung schien zu spotten.
Die erzbeherzten Leu'n des Kampfs, die Ärzte
Der Kranken, sind ein Raub der Würm' und Motten.
Der rauhe Boden ist nun meine Sänfte,
Da schreit' ich, wo ich sonst mein Tier ließ trotten.
Und meine Kleinen, im Gedräng des Elends,
Von dem ein jeder Tag führt neue Rotten,
Flehn in der Stunde, wo nur Andacht wachet[105],
Indes die Tränen fließen, fluten, flotten:
Herr, der du nährst im Nest die Brut der Raben[106],
Wehr' auch dem Mangel, der uns aus will rotten,
Weis' einen Milden uns, der unsre Blöße
Verhüll', und sei es auch mit rauhen Zotten,
Und der das Feuer unsres Hungers dämpfe,
Und sei es nur mit saurer Milch und Schotten.

Der Erzähler spricht: Und bei Gott! sie sprengte mit ihren Versen der Herzen Deckel – und zog die Verborgenheiten aus Sack und Säckel, – so zwar, daß nicht nur gab, wer seines Glaubens ein Geber war, – sondern auch der sich mild bezeigte, der sonst spröder Leber war. – Und als ihr das Gefäß nun überschwoll – und jeder ihr hatte gemessen übervoll, – zog sie ab mit ihrem Geleit, – und von Dank war der Mund ihr weit. – Doch es fühlte nach ihrer Flucht – die Gesellschaft sich, sie zu versuchen, versucht, – um zu wissen, in welche Hände gefallen sei der Wohltat Frucht. – Und ich verbürgte mich ihnen, es auszuforschen, – und schritt von ferne nach der Altersmorschen; – bis sie nun kam in die Straßen voll Menschenmenge – und in die Enggassen voll Gedränge, – da tauchte sie in den Strudel – und machte sich los von ihrem Kinderrudel. – Dann hüpfte sie froh wie ein Reh – und schlüpfte in eine leere Moschee. – Ich blickte durch der Türe Spalten – und sah sie sich wikkeln aus ihren Falten – und, o Wunder, sich umgestalten – aus einer Alten in unsern Alten. – Da überlegt' ich, ob ich sollt' auf ihn einbrechen – und ihn züchtigen für sein Erfrechen. – Doch er streckte sich nieder und reckte den Nakken – und weckte den Widerhall mit vollen Backen, – singend:

O daß ich wüßt', ob auch die Welt,
Nach meiner Müh', so tausendfacher,
Mich nun nach meinem Wert erkennt
Als Haupt der Ränk- und Schwänkemacher!
Wie manchen Streich hab' ich geführt,
Und unter allen war kein flacher.
In welchem Forst ich je gejagt,
Entging kein Raub, kein stark' noch schwacher.
Bald rüttl' ich Schläfer wach, und bald
Umnebl' ich die Besinnung Wacher;
Bald für die Weiner predigend,
Bald Lieder singend für die Lacher:
Im Weiberrock und Manneskleid,
Jetzt *Chansa*, dann ihr Bruder *Sacher*[107].
Wenn ich bedenklich wollte sein,
So stockte bald mein Lebensschacher.

Was immer sei das Baugerät,
Besser: bebauter Grund, als bracher.
Ein jeder treibt, was er versteht;
Das sage meinem Widersacher!

Hareth Ben Hammam spricht: Wie ich also hörte sein edles Selbstgeständnis – und vernahm sein offenes Glaubensbekenntnis, – sah ich, daß in ihm ein Teufel steckte, – den keine Verschwörung schreckte. – So zog ich ab, ohne ihn zu stören, – und gab, was ich gesehn, der Gesellschaft zu hören. – Sie bereuten, was sie ausgegeben, vergebens, – und vermaßen sich, nie mehr zeitlebens – mit alten Weibern zu machen so viel Aufhebens.

Zwölfte Makame[108]

Die Pilger

Hareth Ben Hammam berichtet:

Ich fuhr von *Medinet Asselam*[109], – um zu begehn die Wallfahrt des Islam. – Als nun, nach Ertragung der heiligen Beschwernisse – und Unterziehung der gesetzlichen Entbehrnisse, – wieder erlaubt waren die sinnlichen Begehrnisse, – traf der Rückzug der Pilger zusammen – mit des Sommers Entflammen. – Da gebraucht' ich die Mittel in meinem Besitze, – um mich zu schützen gegen die Mittagshitze. – Und als ich nun war unter dem Zelt von Fellen, – mit einer Gesellschaft seltener Gesellen; – als der Glutofen der Sandwüste sprühte – und das Auge des Chamäleons glühte;[110] – da überfiel uns ein Alter in der abnehmenden Kraft, – gefolgt von einem Jungen im zunehmenden Saft. – Und der Alte tat seinen Gruß wie ein gewandter Gesandter – und begann sein Gespräch wie ein alter Bekannter, – nicht wie ein fremd Hergerannter. – Uns gab Vergnügen, wie er auslegte seinen Kram, – und nahm wunder die Freiheit, die er ungegeben nahm; – wir sprachen: Wer bist du, und was ist, das du bringst? – und woher dein Eintritt, eh' du Einlaß empfingst? – Er sprach: Was ich bin, ist ein Besuch, – und was ich bring', ist ein Gesuch; – das Geheimnis meines Notstandes ist offen – und darf auf des Blickes Fürsprache hoffen. – Daß ich aber hereingetreten, – eh ich ward hereingebeten, – das geschah nach des Sprichworts Vorgang: – daß die Türe der Großmut ist ohne Vorhang[111]. – Wir fragten weiter, wie er zu uns gefunden den Weg, – und was ihn gewiesen zu unserm Geheg? – Er sprach: Freigebigkeit hat einen Odem, der sich verbreitet, – einen Blumenhauch, der zu ihrem Garten leitet; – mich führte die Spur eurer Gerüche – zur Flur eurer Küche, – und der stäubende Duft eurer Balsamstaude – meldete mir die Milde, die von euch taute. – Da erkundigten wir uns nach seinem Anliegen, – dem unsre Bereitwilligkeit sich möchte anschmiegen; – er sprach: Ich komme mit einem Anspruche – und mein Sohn mit einem Ansuchen. – Wir sprachen: Beide Forderungen sollen sein berichtigt – und beide Parteien beschwichtigt; – doch dem Alter gebührt der Vortritt. – Er sprach: Ja! bei dem, auf dessen Wink die Sonn' emportritt! – Dann nahm er seinen Anlauf zum Sprechen, – wie ein Hengst, dem die Koppelstricke brechen, – und trug vor:

Ich bin ein Pilger, dessen Tier
Erlegen ist den Wegbeschweren;
Zum ferngesteckten Reiseziel
Muß ich des Trabes hart entbehren.
Und zum Ersatz ist mir von Gold
Kein Senfkorn groß im Sack, dem leeren.
Mein spottet die Verlegenheit,
Der sich mein Rat nicht kann erwehren.
Fahr' ich zu Fuß, so schreckt der Tod
Mich zwischen den berittnen Heeren;
Und lass' ich die Gefährten ziehn,
Wird mich der Weg allein verzehren.
Im Steigen ist mein Seufzen, und
Im Niederströmen meine Zähren.
Ihr aber seid ein Weideplatz
Dem Hoffen, und ein Ziel dem Gehren.
Der Aufguß eurer Mühle rinnt,

Beschämend Wolken im Gewähren.
Asyl ist eure Nachbarschaft,
Und eure Füll' ist ohne Wehren.
Noch kein Gescheuchter floh zu euch
Und bebte vor des Unglücks Speeren;
Noch lockt ein Wünscher euere
Geschenke, dem versagt sie wären.
So neigt euch meinen Kunden zu
Und kehrt zum Besten meine Mären.
Versuchet ihr mein Leben nur
In Speis' und Trank, wie mich muß nähren,
Verdrießen würd' euch mein Geschick,
Wie es mich schlug mit Kummerschwären.
Und wenn ihr kenntet mein Geschlecht
Und Recht, mein Sein und meine Ehren;
Was meine Kenntnis hält umfaßt
Von Wissenschaften, tiefen, hehren;
Kein Zweifel blieb' euch, nur *die Kunst*
Für *meine Krankheit* zu erklären.
O hätte nie mich diese Kunst
Gesäugt aus ihrer Brüste Meeren,
Die jetzt mit Gunst mir kargt! Ja, tat
Mein Vater schlimm, mich das zu lehren.

Da sprachen wir: Nun, was dich betrifft, deine Verse haben's uns erläutert, – daß dein Kamel gefallen und dein Glück gescheitert; – und du sollst uns beritten gelangen zu deinen Genossen. – Doch was ist nun das Gewerb deines Sprossen? – Da rief er: Auf, Söhnchen! steh, wie dein Vater stund, – und tu deines Herzens Begehren kund, – kein Schloß sei an deinem Mund! – Da sprang der Junge, als ob ein Vorkämpfer ins Treffen springe, – und zückte eine Zunge wie eine scharfe Klinge; – so stimmt' er an:

Ihr hohen Herrn auf den Höhen,
Die in Gebäuden gebieten
Und die in Krieges Gefahren
Mit starkem Arme befrieden;
Ihr, denen Schätzeverschwendung
Wie Staubverstreun gilt hienieden!

Ich wünschte etwas des Guten
Aus eurer Küche Gebieten,
Ein Küchlein, das sie gebacken,
Samt einem Lamm, das sie brieten;
Und ist es das nicht, ein Süpplein
Samt einem Stück, das sie sieden.
Und wo nicht dieses, so sei mir
Ein Brei, der sättigt, beschieden;
Und fehlt's an allem, so bin ich
Mit Rahm und Datteln zufrieden.
Laßt mir nur reichen, was da ist,
Und seien's Schnitzel und Schnieden[112];
Die Futtersäcke zu füllen,
Die längst des Inhalts entrieten;
Weil ohne Zehrung die Weisen
Die weite Fahrt mir verbieten.
O ihr, die besten Beschützer,
Davor je Schützlinge knieten,
Die vollsten Hände der Wohltat,
Die je den Mangel berieten;
Nie von des Gebens Gewohnheit
Sei eure Rechte gemieden!
Was ich erbitt', ist ein Kleines
In eurer Milde Gebieten.
Und Lohn auch hab' ich für Edle,
Wo sie von Kummer mich schieden:
Erlesne Keime der Reime,
Beschämend alle Kassiden[113].

Hareth Ben Hammam spricht: Da wir also gewahrten die gleiche Art – an des Jungen Locken und des Alten Bart, – gaben wir dem Vater das Reittier schon – und die Reisezehrung dem Sohn. – Worauf sie die Guttat nicht um den Dank verkürzten, – den sie mit dem Dufte des Lobes würzten, – und sodann sich zur Abfahrt schürzten. – Doch ich sprach zum Alten: War unser Versprechen wohl ein Versprechen *Orkobs*[114] – oder ist ein Wunsch noch zurück in der Seele *Jacobs*[115]. – Er sprach: Verhüt es Gott! nein und mitnichten; – sondern euer Edelmut gehört zu den Wundergeschichten. – Ich sprach: So gib zur Belohnung – nun

Kunde von deiner Wohnung. – Da seufzt' er wie ein Kranker in der Fremde – und hub an, indem ihn Schluchzen beklemmte:

Serug ist meine Heimat, doch wie
Soll ich gelangen dahin?
Zum Lager hat sie genommen der Feind,
Es ist ihr Prangen dahin.
Beim heil'gen Haus! (die Bürde der Schuld
Trug ich mit Bangen dahin)
Mein Leben ist, seit ich schied von dort,
In Schmerz gegangen dahin.

Aber seine Augen quollen – und ließen die Tränen rollen; – er wollte die Wellen hemmen – und konnte den Strom nicht dämmen. – Da brach er seinen süßen Gesang ab – und ging mit beeiltem Gang ab.

Dreizehnte Makame[116]

Dattel und Rahm, oder: Der Erbfall

Hareth Ben Hammam erzählt:

Ich war besucht vom Kummer – und verlassen vom Schlummer – in einer Nacht, die sich schwarz verhängte – und Wolken über ihre Stirne drängte; – mir war zumut, – wie einem Verliebten in seiner Glut, – wenn ihm die Tür nicht auf sich tut. – Und in meiner Sinne Umdüsterung, – in meiner Gedanken Umflüsterung, – wünscht' ich mir zu des Grams Befehdung – einen Genossen der Nachtunterredung, – der das öde Wachen mir würzte – und die Längen der Nacht mir kürzte.[117] – Ich hatte den Wunsch kaum ausgesprochen, – so hört' ich's an meiner Türe pochen. – Ich sprach: Wie? soll der Baum des Wunsches mir Frucht tragen? – will Mondesglanz die Finsternis mir in die Flucht schlagen? – Ich sprang auf und säumte nicht länger, – rief: Wer ist draußen der Nachtgänger? – Es rief: Ein Fremder, den die Nacht überfallen, – den die Ströme des Himmels überwallen, – und der ein Obdach sucht, sonst nichts, – um wieder aufzubrechen mit Anbruch des Lichts. – Hareth Ben Hammam erzählt: Mir versprach die Lieblichkeit des Spruchs – den Zuspruch angenehmen Besuchs, – wie eine Aufschrift den Inhalt des Buchs; – auf tat ich die Pforten, die nicht sträubigen, – wie Ridwan[118] das Paradies den Gläubigen, – und sprach zum Durchregneten: – Gehet ein im Herrn, ihr Gesegneten! – Und einging einer, dem über die Haare – war gegangen der Regen vieler Jahre, – dem abgewelkt der Jugend Kraut war, – ob er gleich jetzt frisch betaut war. – Er grüßte mit Redegewandtheit – und sprach wie mit alter Bekanntheit, – dankend meiner Willfährlichkeit – und entschuldigend seine Beschwerlichkeit, – sein Kommen zur Unzeit und Nachtzeit. – Doch als ich die Leuchte ihm näher hielt – und spähend ihm ins Antlitz gezielt, – wie ein Wechsler prüfend ein Goldstück beschielt, – sah ich, betroffen, mein Hoffen – nicht eingetroffen, sondern übertroffen: – denn es war *unser Alter* mit Leib und Seel', – ohne Hehl und ohne Fehl. – Aufnahm ich ihn, mit meines Herzens Überdrang, – als meines Wunsches Überschwang, – als Übergang aus der Nacht der Sorgen – zum Freudenmorgen. – Ich sprach: Sag an! wie? und von wannen? – Doch er sprach: Von dort und von dannen. – Erst laß mich Speichel sammeln, – eh ich kann stammeln – und zu Atem kommen, – denn ich bin von Müdigkeit beklommen. – Da glaubt' ich, daß unterm Mantel der Mattheit – sich nur verberge die Lust nach Sattheit, – und stellte ihm vor, was man eben vorstellt – einem Gaste, der übernacht ins Tor fällt. – Doch er wandte sich blöde – und tat, als sei der Magen ihm öde; – daß schier seine Sprödigkeit mich verdroß, – und ob seiner Schnödheit das Blatt mir schoß. – Ich war im Begriff, ein scharfes Wort zu ergreifen, um des Gastes Ungeschliffenheit abzuschleifen. – Doch er las in meinen Kerzen[119], – was mir wurmte im Herzen, – und sprach: O welch ein Mißlaut, – wo Freund dem Freunde mißtraut! – Laß dein Mißtraun und deine Mißlaun' – und höre mich, du Gefundener hinterm Zaun! – Ich sprach: Nun so führe das Ruder, – du Lügenbruder! – Er sprach: So wisse, ich hatte die vorige Nacht – im Gespräch mit meinen Sorgen verwacht, – bis mich der Morgen ausgelacht. – Da führte die Hoffnung, die neu mich stärkte, mich hier auf einen der Märkte, – um irgend etwas einzufangen des Wilden, – oder etwas zu erlangen des Milden. – Da sah ich, aufs schönste vom Korb umzäunt, – Datteln, vom reifsten Sommer gebräunt, – in deren Farbe verschmolzen war Licht und Dunkel, – wie Purpurweinsgefunkel oder Karfunkel; – und aufgestellt war über denselben – ein Rahm, dessen Weißes eingekocht war zum Gelben[120], – der mit dreister und feister – Zunge lobte seinen Meister – und den Käufer verständig pries, – der dafür ein Stück von seinem Herzen ließ. – Dieser beiden verschiedene Zierde – erweckte mir eine gemischte Begierde, – und ich war bezwungen von ihren Reizen, – nach ihrem vereinten Besitz zu geizen. – Es war, als ob mich der Anblick behexe, – daß ich irre ward wie die Eidechse[121] – und verfiel in Selbstvergessenheit, – wie ein Verliebter in seiner Besessenheit. – Ich sah keinen Weg zur Lust des Erringens – und zur Wollust des Verschlingens, – und die Füße weigerten sich, zu gehn, – und ließen mich in den Flammen stehn. – Doch der Stachel, wider welchen hilft kein Lecken, – der Hunger, den allein ich hatte zu schmecken, – trieb mich endlich, auf andern Fluren – zu suchen meiner Nahrung Spuren; – und ich strich – umher auf den Strich, – bis darüber der lange Tag verstrich. – Ich hängte meinen Eimer in jeden Bronnen, – doch nicht ein Tröpflein ward meinem Durste gewonnen. – Als die Sonne nun war am Niedergang – und verloren mein Hin- und Widergang; – als ich müßig, – meines Dings unschlüssig – und meines Lebens überdrüssig, – einen Schritt mich vorwärts regte – und einen Tritt mich rückwärts bewegte – mich, wechselnd wie ein Wind, bald erhob, bald legte; – da erschien mir ein Greis, der ächzte mit Gestöhne, – wie eine Witwe um den letzten ihrer Söhne; – sein Odem war in der Klemme – und seine Augen in der Schwemme. – Doch die Wolfskrankheit[122], die mich plagte, – und der Wurm, der mir am Herzen nagte, – hielten mich nicht ab, meinen Witz zu schärfen – und meine Angel auszuwerfen. – Ich sprach: O du! dein Weinen hat wohl seinen Grund, – denn niemand verzieht umsonst den Mund, – welcher Fleck am Herzen ist dir wund?

– Zeige mir deinen Schaden – und vertrau auf Gottes Gnaden! – vielleicht kann mein Rat dir nützen, – oder doch mein Trost dich unterstützen. – Er sprach: bei Gott! ich klage nicht um Geld und Gut, – noch um des Glückes Wankelmut, – sondern um das Verfallen – der Gelehrsamkeit und ihrer Hallen, – um das Verfinstern ihrer Monde und Sonnen – und das Versiegen ihrer Quellen und Bronnen. – Ich sprach: Und welch Gesicht hat dich geneckt, – daß dein Seufzen ward erweckt – nach der Weisheit, die der Grabschutt deckt? – Da zog er ein Blatt aus seinem Ärmelfutter – und schwor bei seinem Vater und seiner Mutter, – er hab' es gezeigt den Lehrern jeder Schule, – doch leer gelaufen sei ihrer Gelehrsamkeit die Spule, – er hab' um Auskunft gebeten bei jedem Katheder, – doch die Weisheit sei vertrocknet in jeder Feder. – Ich sprach: Reiche es und zeige mir's, – vielleicht lese ich und löse dir's. – Er sprach: du vertraust dir viel, – doch wer weiß! mancher Schütze traf blind ans Ziel. – Da gab er mir das Blatt in die Hand, – darauf geschrieben stand:

Der du dir auf Weisheit etwas tust zugut
Und dein Licht vor Leuten lässest scheinen!
Gib uns Aufschluß auf die Frag', auf welche wir
Noch bei den Gelehrten fanden keinen.
Einer starb, der einen Bruder nach sich ließ,
Einen gläub'gen, freien, fehlerreinen.
Und des Mannes Weib, das schon gestorben war,
Hinterließ von Brüdern gleichfalls einen.
Doch nach *Erbrecht* fällt des Mannes Erbschaft nun
Auf des Weibes Bruder, nicht auf seinen.
Sprich, warum nicht dieser, sondern jener erbt?
Dunkel ist's, doch ist das Recht im reinen.

Als ich nun vom Blatte – das Geheimnis gelesen hatte, – sprach ich: Du hast dich um Vormundschaft gewandt an keinen Unmündigen – und um Kundschaft an einen Landeskundigen; – nur daß mir brennen die Eingeweide, – und mir not tut eine Abendweide. – Tische mir auf etwas – und sei zum Nachtisch gewärtig meines Fetwas[123]. – Er sprach: Du machst billige Bedingung – und forderst nichts über die Erschwingung. – Komm mit mir, daß dir werde Gewährung – und ziemliche Gastverehrung. – Da folgt' ich ihm und meinem Magen – und dem, was uns Gott ließ durch den Koran sagen: – „Wer euch einlädt, dem sollt ihr's nicht ausschlagen."[124] – Und wir traten in ein Haus, von Grund und Zinne – schwächer, als das Haus der Spinne,[125] – und so karg – an Raum wie ein Sarg; – doch ich vergaß des Hauses Gebrechlichkeit – über des Haushalts Gemächlichkeit. – Er gab mir die Wahl, – was ich wünschte zum Mahl – von des Marktes Leckerbissen. – Da sprach ich: Ich will nicht missen – den Herrn vom Euter, – den gelbweißen Reuter – auf dem braunroten Sattel – (ich meinte den Rahm auf der Dattel). – Ich will die Süße, die mit dem Fetten im Magen kämpft – und heilsam seine schädlichen Dämpfe dämpft. – Er besann sich ein Geraumes, – dann sprach er: Du meinst wohl die Tochter des Palmbaumes – und den Sohn des Milchschaumes? – Ich sprach: Ja, ich meine diese beiden, – von denen mein Verlangen sich nicht kann scheiden. – Und er stand auf rührig, – doch dann hockt' er sich nieder schwürig – und sprach: Wisse! (Gott sei dein Hort!) daß die Wahrheit ist eine Gnade – und die Lüge ein Schade; – und laß dich von dem Hunger, der ein Schmuck ist der Gottbeseelten – und ein Halsband der Auserwählten, – nicht verführen zu den meineidigen Rotten – und zu denen, die des Glaubens spotten. – Eine Freigeborne hungert, eh sie isset von ihren Brüsten[126], – und ein Edler gehorcht nicht unedlen Lüsten. – Dann bin ich auch der Mann nicht, der sich Sprenkel stellen läßt, – oder im Handel sich prellen läßt. – Ich habe nun gewarnt, du magst dich wahren, – denn der Betrug ist einträglich, doch mit Gefahren. – Ich sprach: Bei dem, der verpönt hat, sich vom Wucher zu nähren, – aber vergönnt hat, Rahm und Datteln zu verzehren! – ich spinne keinen Lug – und sinne keinen Trug: – du wirst die Wahrheit erfahren mit Scham – und segnen den Aufwand von Datteln und Rahm. – Da war sein Glauben erstarkt, – und er rannte auf den Markt. – Und nichts war schneller als er wieder da, mit der Bürde der süßen Gerichte – und einem saueren Gesichte; – er setzte sie mir vor mit einem Wesen, – darin ein Vorwurf der Wohltat war zu lesen, – und sprach: Da schling um die

Wette – des Lebens Süße und Fette! – Doch ich streifte den Ärmel zurück und schritt – ans Werk mit Elefantenappetit; – und er sah mir zu mit Blicken, – die mir wünschten, zu ersticken, – bis ich nun verschlungen die beiden Fuhren, – und von ihrem Dasein nur zeugten die Spuren, – da ward ich stumm, wie die Nacht, die eben hereinbrach, – und sann auf meines Fetwas Zettel und Einschlag. – Er aber säumte nicht, aufzuspringen, – Feder und Tintenfaß herbeizubringen, – sprechend: Du hast nun gefüllt den Schlauch, – erfülle nun das Versprechen auch; – oder du sollst mir nicht vom Platz – ohne des angerichteten Schadens Ersatz. – Ich sprach: Nur auf die Wahrheit steht mein Blick; – schreib! und in Gottes Hand steht unser Geschick:

Sage dem, der uns mit Rätseln necken will,
Hier bin ich, der stutzt vor keinem feinen.
Der Gestorbne, dessen Gut fällt nach dem Recht
Auf des Weibes Bruder, nicht auf seinen,
War ein Mann mit einem Sohn aus früherer Eh',
Der schon längst nicht mehr war von den Kleinen.
Als der Vater nun das Weib nahm, nahm der Sohn
Deren Mutter, seltsam darf's nicht scheinen.
Dieser Sohn nun hinterließ aus dieser Eh'
Einen Sohn und ging nach Edens Hainen.
Dieser letzte, jenes Mannes Enkel, ist
Dessen Weibes Bruder, wie wir meinen.
Da nun Bruder nicht vom Bruder erbt, solang
Sohn ist oder Enkel auf den Beinen,
Hat der Bruder jenes Mannes, welcher starb,
Keinen Anspruch, als um ihn zu weinen:
Und der Bruder jenes Weibes, der des Manns
Enkel ist, greift zu den vollen Schreinen.
Dies der Ausspruch, über dessen Richtigkeit
Alle Richter werden sich vereinen.

Als er so nun aufgeschrieben und gutgeheißen den Ausspruch, – rief er mit plötzlichem Ausbruch: – Zum Aufbruch! zum Aufbruch! – eh der Finsternis Einbruch – tut deiner Reise den Einspruch. – Ich rief: die Finsternis ist schon eingebrochen – und ich bin hier in Freundeshaus eingesprochen; – ich bin ein Mann in fremdem Land: – weise nicht das verdienstliche Werk von der Hand! – Die Nacht hat ihren dunkeln Mantel um, – und der Donner in den Wolken feiert Gottes Ruhm[127]. – Doch er sprach: In Gottes Namen, geh, wohin du's erachtest, – nur hoffe nicht, daß du bei mir übernachtest! – Ich sprach: Und warum gibst du keine Frist, – da doch dein Haus so geräumig ist? – Er sprach: weil ich sah, wie du schlucktest, – bis du alles niederdrucktest, – und merkte, daß du dein Heil nicht wahrest, – noch deine Gesundheit sparest. – Wer so sich stopft, wie du dich gestopft, – und den Magen pfropfst, wie du ihn gepfropft, – der kann nicht entgehn dem Leibschneiden, – er trägt den Tod in seinen Eingeweiden. – Darum verschone mich mit deinem platzenden Wanst – und trag ihn von hinnen, weil du noch kannst. – Denn bei dem Gott der Lebendigen und der Toten! – dir wird bei mir kein Nachtquartier geboten. – Als ich nun vernommen seinen Eid – und bekommen meinen Bescheid, – ging ich hinaus – von seinem Haus, – nicht so voll – von Speis', als von Groll; – vom Himmel draußen begossen, – von der Nacht umhergestoßen, – von den Hunden angebellt, – von den Haustüren abgeprellt, – bis mich das freundliche Glück zu deiner Schwelle gewiesen, – seine weiße Hand[128] sei gepriesen! – Ich sprach: Gesegnet dein Anblick, der gottbeschiedene, – für mein Auge, das schlafgemiedene, – und für mein Herz, das nun zufriedene! – Dann hub er an aufzutischen – seine Geschichten, die immer frischen, und mit Anmut, was Lachen erregt und was zu Tränen bewegt, zu mischen. – Die Lieblichkeit der Nachtgespräche sprießte, – bis daß der Morgen nieste[129], – seine Odemzüge sich anfachten – und der Rufer[130] rief zu den Andachten. – Da leisteten wir dem Ruf Folge nach Moslemenweise, – dann schickte sich Abu Seid zur Reise. – Ich hielt ihn und sprach: Drei Nächte, – so lauten die Gastrechte. – Doch er riß sich los und gewann den Ausgang – und sang, indem er hinaussprang:

Besuche deinen Freund in jedem Monat
Auf einen Tag, so wirst du teuer sein.

Nur einen Tag im Monat ist der Aufgang
Des neuen Monds ein Fest für groß und klein.
Dann scheint er, unbemerkt von Menschenaugen,
Und von den Hunden angebellt allein.

Hareth Ben Hammam erzählt: Wie erst sein Anblick mich hatte gelabt, – so ward ich von seinem Abschied mit Schmerz begabt, – und ich wünschte, meine Nacht hätte keinen Morgen gehabt.

Vierzehnte Makame[131]

Die Unterhaltung in der Moschee

Hareth Ben Hammam erzählt:

Ich verrichtete das Gebet *Maghreb*[132] – in einer der Moscheen von *Maghreb*[133]. – Als ich nun abgetan die gesetzlichen Verbeugungen – und hinzugetan die freiwilligen Andachtsbezeugungen[134], – fiel mein Blick auf eine kleine Gruppe, – lauter reine Sterne und keine Schnuppe, – die sich im Dunkel, doch nicht im Dünkel, – gesondert hatten in einem Winkel, – wo sie kreisen ließen die Trinkschale der Unterhaltung – und sich gefielen in gefälligen Gesprächs Entfaltung. – Da trug ich Begehr – nach ihrem Verkehr, – um ein Wort der Nutzbarkeit zu erlauschen, – oder eine Reisezehrung der Bildung mir einzutauschen; – und ich steuerte nach dem, was sie hatten feil, – so begierig, wie nach einem Gastmahl *Tofeil*[135]. – Ich redete sie an: Seid ihr nicht ungehalten, – einen ungeladenen Gast zu erhalten? – der nicht verlangt nach Grütz' im Topf, – sondern nach Grütz' im Kopf, – und nicht sucht ein Hauptstück beim Torenschmaus, – sondern ein Hauptstück zum Ohrenschmaus. – Sie riefen: Glück zu! – und: Rück zu! – Du bist vollkommen – willkommen. – Doch ich saß nicht länger, als eine Leuchtung blinkt, – oder ein Vogel im Fluge trinkt; – als herantrat ein Waller mit dem Stabe, – der bei sich führte keine Habe, – als einen Quersack, gleich einem leeren Grabe; – der erst seine Andacht verrichtete, – dann seine Anred' an uns richtete: – O ihr Blüte der Verständigkeit, – die Gott behüte vor des Glücks Unbeständigkeit! – Ihr wißt, daß die beste Guttat – ist, gut zu machen des Schicksals Untat, – und daß die Seel' ihre Übeltaten – tilgt durch Erteilung von Wohltaten. – Ich aber, bei dem, der mich geführt hat zu eurem Rund – und mir Trost verheißt aus eurem Mund! – bin von fernen Meilen eine Eilepost – nach Heilekost, – ein Trabebote – nach Labebrote, – den zur Nacht ausgesendet haben – meines Nestes hungrige Raben. – Ist nun einer in eurem Kreise, – der das Fieber unsers Hungers dämpfe mit Speise? – Sie sprachen: Mann Gottes, deine Wallzeit – fiel später als unsere Mahlzeit; – und ein Gast, der kommt nach dem Feste, – muß vorliebnehmen mit dem Reste. – Er sprach: Gott! wer, wie ich, es bedarf, – nimmt wohl an, was man vom Tische warf. – Da gebot jeder seinem Diener, herbeizuschaffen, – was sei beizuraffen; – jener dankte laut für die Willfahrung, setzte sich dann sacht – und erwartete, was ihm ward gebracht; – wir aber hatten auf ihn nicht weiter acht. – Wir wandten uns wieder zur Aufregung geistiger Düfte – und zur Durchforschung verborgener Redeschlüfte, – bis wir zuletzt gerieten auf die sich haschenden Doppelreime, – die sich überraschenden Doppelkeime, – wie wenn man sagt: der *tut gut*, – der sich etwas zu*gut tut*. – Und wir beschlossen, von unseres Geistes Zeugkraft – in dieser Weise abzulegen eine Zeugschaft, – daß mit dem Pflug der Gedanken wir machten urbar – dieses Feld der Kunst, das ohne Bebauungsspur war; – so zwar, daß der von uns, der anfinge, – mit drei Jochreimen voranginge, – dann der Nachmann vom Dreifachen – nachstrebte mit einem Doppelt-Zweifachen, – und so in der Runde weiter – stets eine Reimspitze mehr aufböte jeder folgende Streiter. – Der Erzähler spricht: Wir waren aber, wie an Einverstand, – so auch an Zahl gleich den Fingern einer Hand. – Da tat mir zum Verdruß – sogleich mein Nachbar rechts den ersten Schuß:

Wer eine Zung' hat und spricht nicht,
Wer eine Kling' hat und ficht nicht,
Was ist der wohl, wenn ein Wicht nicht?[136]

Worauf sein Nebenmann – so losrannte mit dem Viergespann:

Halt vorm Diebe deine Truh' zu,
Vor der Liebe deine Ruh' zu.
Binde, schlottert er, den Schuh zu,
Und den Mund, der stottert, tu zu.

Worauf dessen Nebensaß – nach dem Ziel hielt und nicht traf neben das:

Sei huldig, wenn du einen Gast hast,
Geduldig, wenn du eine Last hast.
Sei rastig nie, auch wo du Rast hast,
Und hastig nie, auch wo du Hast hast;
Denn seine Ruhe liebt, wer Hast haßt.

Worauf mein Anstößer linker Hand – seinen Streich führte mit flinker Hand:

Die Ernt' ist wie die Saat; drum, was ihr sät, seht!
Ein Tor, wer früh versäumt hat und zu spät späht,
Wie, wer den Braten wegwirft und das Brett brät.
Wer nie dem Rater folgt, der, was mißrät, rät,
Und nie, was er gebaut, zerstört, der steht stet
Auf dieser ird'schen Welt, die selbst nicht stet steht.

Da war nun die Reih' an mir, zu schlingen das Siebengestirn; – aber ich hatte mir lange gerieben die Stirn, – und es wollte kein Funken entstieben dem Hirn. – Sie hatten mir, wo ich angelte, schon vorgefischt – und, was ich zurüstete, schon aufgetischt. – Ich sah mich um nach einem Retter, – doch da war meiner Not kein Entketter. – Ich rief: O wäre mein *Seruger* hier am Orte, – der würde mir aufriegeln die verschlossene Pforte. – Doch die Gesellen sprachen: Und wäre hier *Kuss*, der Weisheit Orakel, – er würde zu einem Stammler, wie *Bakel*[137]. – Dann fuhren sie weiter fort, zur Verbrämung – meiner Beschämung, – zu sprechen von der Schwierigkeit Übermaß, – und dann über dies und über das. – Aber unser Gast, der aß im Dunkeln, – ließ dabei seine Augen funkeln, – und indes seine Zähne werkten, – bohrte sein Geist Perlen, ohne daß wir es merkten. – Als er nun sein Mahl verschlungen, – und seiner Perlen Zahl geschlungen, – rückte er zu mir heran plötzlich – und sprach: Aus der Not helfen, ist ergötzlich. – Erlaube, daß ich an diesem Orte – für dich und deinen Mann von *Serug* antworte:

Mach nicht sorgenblaß das
Antlitz, reuenaß das
Auge, sondern laß das!
Was du hassest, haß das;
Was du liebest, faß das;
Was du brauchst, erpaß das;
Was du hast, verpraß das!

Sprach's, und die Gesellschaft lobte seine Aushilfe, – und er erprobte dafür ihre Aufhilfe. – Sie träuften auf ihn die labenden Sprüche – und häuften um ihn die Gaben der Küche. – Doch er bat um Einhalt seine Lober – und füllte mit Inhalt seinen Kober. – Dann, ohne weitern Anhalt, – macht' er zum Abmarsch Anstalt; – doch, mit dem Fuß auf dem Sprunge, – hob er zum Abschiedsgruß die Zunge:

Zum Kreise dieser Edlen sei
Dem Ruhme fern und nah Bahn!
Sie sind die Speiser, deren Mild'
Umsonst nicht ruft der Rab' an.
Und als die Redner fand ich sie,
Vor denen stumm wird *Sahban*[138].
Sie sehn sich als Verwalter nur
Der gottverliehnen Hab' an;
Und nehmen selbst mit Dankbarkeit
Den Dank für ihre Lab' an.

So schritt er hinaus, zwei Lanzenwürfe weit, – dann kehrt' er um, Schutz anflehend gegen Fährlichkeit, – sprechend: O Trost der Heimatberaubten – und o Hort der vom Mangel Entlaubten! – Das Haar der Nacht ist kohlschwarz losgegangen, – und das Antlitz des Pfades ist verhangen. –

Zwischen mir und meinem Nest ist Finsternis – und der Klüfte weiter Riß. – Ist keine Fackel da, die vor Straucheln meinen Fußtritt wahre – und mir die Spur zeige, die ich fahre? – Sprach es; und als nun das Verlangte war gebracht, – und das Licht der Gesichter hell gemacht, – sah ich meinen Mann an, und, bei meinem Eid! – es war mein *Abu Seid.* – Da rief ich den Genossen: Das ist der, den ich vorhin anrief in der Gefahr – und wußte nicht, wie nah er war; – das ist die Wolke, die Weisheit regnet – und den Durstigen, der sie anfleht, segnet. – Da reckten sich nach ihm die Nacken, – und die Blicke suchten ihn zu packen. – Sie baten ihn, das Nachtgespräch mit ihnen zu teilen, – daß sie morgen möchten seine Armut heilen. – Er sprach: Ehre dem, den ihr ehrt! – ich begehre, was ihr begehrt; – nur daß zu Haus meine Kleinen – vor Hunger nach mir weinen – und kaum erwarten können mein Erscheinen. – Bleib' ich aus, und sie verzagen, – so ist mein Leben geschlagen. – Drum laßt mich gehn, daß ich ihren Kummer stopfe – und Futter bring' ihrem hungrigen Kropfe, – sodann umkehre auf der Stelle, – euer bereiter Nachtsprachgeselle, – bis zu des Morgens Helle. – Da befahlen wir einem der Diener: Begleit ihn zu den Seinen, – daß er desto schneller wieder möge hier erscheinen. – Der machte sich auf, ihm das Bündel zu tragen – und zur Rückfahrt ihn anzujagen. – Dann blieben sie aus über die Zeit; – drauf erschien der Diener ohne den Abu Seid. – Wir riefen: Was bringst du für Kunden? – wo ist dir jenes Irrlicht geschwunden? – Er sprach: Er schleppte mich auf ungebahnten Wegen – und unbekannten Stegen, – bis wir kamen vor ein Geklüfte, – da sagt' er, da drinnen sei sein Gehöfte, – mit den Sprößlingen seiner Hüfte. – Er huckte mir ab den Ranzen – und ruckte ihn hinter seine Schanzen, – guckte dann munter – von oben herunter – und rief: Wahrlich, du hast mir eine Erleichterung gemacht, – und meine Dankbarkeit ist erwacht; – empfange diese Verse und nimm sie in acht; – sie sind die Blüten meiner Erfahrung – und verdienen Bewahrung:

Den Vogel, den du aus der Hand
Gelassen, fängst du wieder hart.

Verdenk ihm nicht die Flucht, den Flug,
Weil ihm dazu Gefieder ward.
O kluger Vogel, trink im Flug,
Weil dein im Schilf die Hydra harrt.
Wo einmal Heil dir widerfuhr,
Dahin nimm nie die Wiederfahrt:
Nie wieder wird, was war, und leicht
Begegnet dort dir Widerwart.
Du nimm die Gegenwart und laß
Die Zukunft deinem Widerpart.
Bescheide mit Beschiednem dich;
Die Hochfahrt führt zur Niederfahrt.
Heil dem, der gehn darf, wo er will,
Weil seiner kein Gebieter harrt,
Und bleibt als Gast bei keinem Wirt
So lang, bis er zuwider ward.

Du aber, im Schutz des Herrn, – kehre zurück du deinem Herrn, – bring ihnen mein Lied und meld ihnen meinen Gruß! – Was mir lieb ist, sei ihnen kein Verdruß. – Sag ihnen, ich sei verdrossen, – die Nacht zu verwachen mit Possen; – ich hüte mich und sei kein Tropf, – mir durch Schlaflosigkeit wüste zu machen den Kopf. – *Hareth Ben Hammam* spricht: Als wir erhielten diese Kunde, – war die Gesprächslust verschwunden aus unserm Bunde; – aber es reute mich über die Maßen, – daß wir ihn hatten entschlüpfen lassen, – mehr als es den *Farazdag* gereut, als da war – von ihm geschieden *Nawar*, – oder den *Kusa'i*, als der Tag nah war.[139]

Fünfzehnte Makame[140]

Die Vase

Hareth Ben Hammam erzählt:

Ich zog ohne Gram – mit der Karawane von *Scham*[141] – gegen die Stadt des Heils am großen Tiger[142], – unterm Geleite der Söhne vom kleinen Panther[143], – in Gesellschaft

Guter, Begüterter, – durch Eintracht in der Fremde Verbrüderter. – Und unser Trost im Leid, – unser Lustgeschmeid, – unser gemeinschaftliches Ehrenkleid, – unser wechselseitiger Neid – war der *Seruger Abu Seid.* – Als nun der Zug in *Singar*[144] rastete, – traf es sich, daß ein Kaufherr des Ortes gastete, – der zu seinem Salz und Brot – ergehn ließ ein allgemeines Aufgebot, – ohn' Unterschied des Standes, – an das Volk der Stadt und des Landes; – so daß sein Ruf auch an die Karawane kam – und sie mit Haupt und Gliedern in Anspruch nahm. – Als wir nun gefolgt seinen Boten – und betreten seinen gastlichen Boden; – ließ er auftragen Gerichte mancherhand, – wozu man langt mit einer Hand,[145] – und wozu mit beiden,[146] – was Gaumen zu laben dient und Augen zu weiden. – Dann ließ er bringen eine Vase, wie aus Luft gesponnen, oder aus Licht geronnen, – die, mit ihrem Geheimnis nicht karg, – durchsichtig, den Schatz im Innern nicht verbarg, – zeigend eine Fülle nasser – Konfekte, mit Zucker bestäubt und beträuft mit Rosenwasser. – Und als nun vom Anblick die Gaumen sich zu wässern – begannen den Süßessern; – als die Augen der Erwartung starrten – und die Zähne der Ungeduld knarrten – und harreten wie kampflustige Leute – des Losungsworts: Zum Angriff und zur Beute! – da ergriff den Abu Seid ein Koller, – daß er aufsprang wie ein Toller – und, als ob ihm ein Unheil träumte, – vor der Vase rückwärts bäumte – und weit das Feld vor ihr räumte. – Wir ermahnten ihn zur Vernunft – und baten ihn um Wiederkunft, – ihn beschwörend, er möge doch unter den Gläubigen – nicht allein vorstellen den Sträubigen. – Doch er vermaß sich: Bei dem, der das Gebein belebt, das verdorrt ist! – ich kehre nicht eh'r, bis die gläserne Vase fort ist. – Und wir mußten schon, um ihn zu stillen – und um seines Schwures willen, – den schönen Kristall wegräumen – samt allen unsern süßen Träumen. – Und als er nun, seines Eids entledigt – und eingetätigt, – zurückgekehrt war zu seiner Stelle, – befragten wir ihn in der Schnelle: – warum er denn also aufgesprungen – und auf die Hinwegnahme des Glases gedrungen? – Er sprach: Weil Glas ein Verräter ist, – obgleich sein Kleid von Äther ist, – ein Alleszeiger, – Nichtsverschweiger, – Allesoffenbarer, – Nichtsbewahrer, – dessen

Schwatzsüchtigkeit – ist seine Durchsichtigkeit, – und dessen Untüchtigkeit – ist seine Undichtigkeit;[147] – und ich habe mich vor Jahren vermessen, – mit keinem Ausschwätzer zu sitzen noch zu essen; – weil ich es noch nicht vergessen, – daß ich einst mit einem gesessen. – Wir sprachen: Berichte, – wie war die Geschichte? – Er sprach: Ich hatte einst einen Nachbar, – den ich achtete, weil er schien achtbar; – mit dem ich sorglos und arglos umging – und nicht dachte, daß er mit Arg bloß umging; – den ich erkieste und mit ihm koste – und dachte nicht, daß es mich meine Ruhe koste. – Ich vertraute auf seine Treue – und glaubte nicht, – daß er mir Verderben dräue. – Ich wähnte nicht, noch argwohnte, – als ich mich an ihn gewöhnte und mit ihm wohnte. – Seine Mienen schienen mir zu verbürgen, – daß unter ihnen sich keine Minen verbürgen; – sein Lächeln war eine Himmelsmitgift, – doch sein Herz war geschwängert mit Gift; – sein Äußres war gar nicht arm an Anmut, – doch nur zum Bösen war sein Innres reich an Mut. – Sein Gefäß klang mit reinstem Tone, – doch war es geformt aus unreinem Tone. – Ich hielt sein Herz für einen lautern Palast, – doch es war ein Schiff mit lauter Ballast; – ich hielt seinen Sinn für eine Säule, – um die ich vertrauend schlang meines Zeltes Seile, – doch was ich mir dachte zum Heile, – schlug mir aus zum Geheule. – Aber in meinem Hause, – in meiner innersten Klause, – zu meiner Augen geheimstem Schmause, – hatte ich eine Dirne, – die mit dem Glanz ihrer Stirne – beschämte des Himmels Gestirne; – deren Augen Schwärzen – alle brennenden Herzen – füllten mit dunklen Schmerzen; – deren wallende Locken – dienten, die Morgenwinde zum Spiel zu locken. – Sie taute, wo sie lächelte, – und zertaute, wo ihr Odem fächelte. – Ihrer Zähne Blinken – und ihrer Lippen Winken – machte Milchperlen vor Scham Blutröte trinken – und Rubinen im Preise sinken. – Ihr Auge machte Sonn' und Mond zur Fabel – und zur Wahrheit die Sage vom Zauberbronnen zu Babel[148]. – Wenn sie rührte das Tambur, – oder führte das Sambur[149], – war es wie das Lautenspiel Anahids[150] – und wie das Saitenspiel Davids. – Sie war Nachtigall, wenn sie flötete, – und Rose, wenn sie errötete. – Wenn sie tanzte, zog sie die Seelen in den Wirbel – und riß dem Ernste den Turban des Anstands vom Wirbel; – und über ihren Tanz vergaß der Zecher – selbst den Tanz der Perlen im Becher. – Sie beseelte mich – und entseelte mich, – sie beseligte mich – und befehligte mich; – ich achtete zu ihrem Befehle – gering, wie meine Seele, – mein rotes Gold und meine roten Kamele. – Ich verschleierte sie vor Mond und Sonne; – ich mißgönnte der Welt ihres Anblicks Wonne, – ja die Lust, ihren Namen zu hören, – oder sie zu ahnden hinter ihren Flören. – Nicht der Traum eines Wahrsagers – lüpfte den Vorhang ihres Lagers, – noch ein verräterischer Blitz – erspähte sie durch einen Ritz. – Doch an einem Tag, als mein Heil im Versiegen war, – als mein Glückstern vom Himmel gestiegen war, – machte Rausch mich zu meines Schweigens Verletzer – gegen meinen Nachbar, den Schwätzer. – Und als der Pfeil vom Bogen war, – das Wort dem Käfig entflogen war, – kam die Besinnung nach dem Wahn – und ließ mich sehn, wie übel ich getan, – die Heimlichkeit meiner Liebe – einzugießen einem Siebe. – Doch ich nahm vom Nachbar ein heiliges Versprechen, – an meinem Vertrauen nicht zu verbrechen; – und er gelobte, mein Geheimnis so zu sparen, – wie Geizige ihren Schatz verwahren. – So ging vorbei – ein Tag oder zwei; – da ward der Emir jener Gegend, – der Fürst, jenes Landes pflegend, – Sinnes, zur Pforte des Königes – zu führen sein Heervolk, sein fröniges, – um zu gehorchen des Gebieters Winken – und seiner Gnade Regen zu trinken; – und er sah sich um nach rarem, – ausgesucht klarem Geschenk für dessen Harem, – Lohn verheißend dem, der ihm könne deuten, – wo er ein solches möcht' erbeuten. – Da spitzte mein schlechter Nachbar die Ohren, – die Lohnverheißung gab seiner Gier die Sporen, – daß sie, von der Scham umsonst beschworen, – mit ihm rannte davon zu der Schande Toren. – Er veruntreute, weh mir, – mein anvertrautes Geheimnis an den Emir. – Und als ich umsah, war der Harm mir da, – des Emirs Dienerschwarm mir nah. – Ich war betreten, – wie ich mich von ihm sah angetreten, – ihm mein Kleinod abzutreten. – Ich sollte das Unschätzbare schätzen, – einen Preis auf das Unersetzbare setzen. – Da bedeckte mich so viel Gram, als Meer – einst bedeckte Pharao und sein Heer. – Ich bat vor, und es nützte nicht; –

ich schützte vor, und es schützte nicht. – Doch wie er sah meine Beharrlichkeit, – meiner Weigerung Halsstarrigkeit, – loderte er und brauste, – knirschte[151] er und krauste[152]. – Aber ich wollte meinen Mund von meinem Mond nicht scheiden, – und nicht mein Herz aus meinem Busen schneiden, – bis endlich niederschmetterte, – was lange mich umwetterte, – und ein Schlag den Ausschlag gab: – da zog ich mit dem Leben ab – und gab meines Auges Schwärze – hin für seine gelben Erze. – Doch ich gelobte des Tags beim Hochgelobten, – nach meinem Schaden, dem erprobten, – nie künftig mit einem Verschwätzer mich einzulassen, – noch mit einem Geheimnisverletzer mich zu befassen. – Das Glas ist aber als solcher bekannt und sprichwörtlich so genannt; – und weil eben seine Treue so schwächlich, – ist sein Glück so zerbrechlich. –

Nun verzeiht, daß euch mein Schwur entzieht, worauf
Stand gerichtet eures Appetits Affekt.
Was ihr hört, entschuldigt mich; und gerne soll
Euch mein ganz Vermögen decken den Defekt.
Doch ich gab dafür zum Besten euch den Scherz,
Der Verständ'gen süßer mundet als Konfekt.

Hareth Ben Hammam erzählt: Wir verziehn ihm aus Herzensgrund – und küßten seinen süßredenden Mund, – sprechend: Litt doch der Beste der Sterblichen[153] – auch von der Verschwätzerei, der verderblichen; – daher ihn Gott in seinem heiligen Buch – hat aussprechen lassen den Fluch – gegen die falsche Klägerin, – die Höllenbrennholzzuträgerin[154]. – Dann fragten wir ihn: Und was tat nun dein Nachbar, die Schlange? – Er sprach: Er wand sich in Demut und Wehmut lange, – versuchte mich mit Windung und Wendung – und nachgesuchter Freundesverwendung; – doch ich war geheilt von meiner Verblendung. – Ich beharrte bei meiner Spröde – und wies den Schnöden von mir schnöde. – Doch seine Entblödung war nicht zu beschämen, – seine Erdreistung nicht zu lähmen. – Und nichts befreite mich von seinem Zudrang – und sperrte zu mir ihm endlich den Zugang, – als einige Verse, die mein Unmut hauchte – und mein Schmerz in Bitterkeit tauchte; – die zwangen ihn, sich zu verbergen vor seiner Schmach, – seufzend weh und ach, – verzweifelnd an meiner Liebe Zurückerflehung, – wie Gottesleugner an Totenauferstehung[155]. – Da bestürmten wir ihn, daß er ohne Weile – uns mit dem Genuß der Verse heile; – doch er sprach mit Lächeln: „Ja! der Mensch ist erschaffen aus Eile."[156] – Dann trug er vor Zeil' um Zeile:

Auch einen Nachbar hatt' ich, den mit Stetigkeit
Ich liebt' als Freund, weil er mir schien ein steter.
Doch abgesattelt jetzo steht und abgedankt
Der Gaul der Freundschaft, denn es war ein steter.
Ich war ihm zugetan mit Treue spät und früh;
Es war zu früh, drum kam die Reue später.
Ich spähte nur nach seines Auges Wunsch, das büßt
Mein Schatz nun, mein vom Diebesaug' erspähter.
Er war mir Auf- und Aushub aller Trefflichkeit,
Jetzt ist er mir ein Auswurf, ein verschmähter.
Was ich für einen Acker guter Saat ansprach,
War ein von Satans Unkraut angesäter.
Ein Vetter, der von fetter Weide mich vertreibt
Und mir das Haus verödet meiner Väter;
Ein Unheilbrüter unter Brüdern, der mein Brot
Vergiftet und mir bohnt die schwarzen Breter;
Der Bett und Bäder mir verleidet, gegen den
Geboten sei zu beten jedem Beter.
Er hat des Morgens Aufgang mir verhaßt gemacht,
Weil ein Verräter ist der klare Äther;
Und hat die Nacht mir lieb gemacht, weil sie verschweigt,
Weil selbst ihr Dunkel nicht verrät Verräter.
Nicht wohl tut, wer auch den verrät, der übel tut;
Doch Unschuld nur verrät ein Übeltäter.

Hareth Ben Hammam spricht: Als nun der Herr des Hauses – und der Wirt unsres Schmauses – erkannte seines Gastes verborgenen Adel, – die Feinheit und die Spitze seiner Nadel; – ließ er den Schöpfer vom nie leeren Witze – sitzen zuoberst auf dem Ehrensitze. – Dann ließ er, gefüllt mit süßen Dingen, – vor ihn eine silberne Vase bringen[157] – und sprach: Nicht gleich ist das Los der Seligen und der Verdammten, – der treuen und der ungetreuen Beamten. – Dieses Gefäßes verschwiegnes Metall – ist nicht wie der verrätrische Krystall; – du wirst dich nicht seines Umgangs schämen – und gern aus seiner Fülle nehmen. – Da hielt jener das Silber mit dem süßen Kern – empor und zeigt' es uns von fern, – sprechend: Aller Augen warten auf den Stern! – Danket Gott, der euch vor Schaden behütet – und euch jeden Verlust vergütet; – der eurer Sehnsucht Wunde heilet – und eurem Munde die Füll' erteilet. – Der Mensch klagt über ein Übel so leicht – und denkt nicht, daß es ihm zum Besten gereicht.[158] – Doch schnell dachte er sich ein andres aus – und sprach zum Herrn vom Haus: – Gepriesen ist der Wirt, von dessen Schmause – der satte Gast trägt sein Gefäß mit nach Hause. – Der Herr sprach: Nimm und frage nicht! – Geh in Gottes Namen und klage nicht. – Und *Abu Seid* zog ab mit seinem Volke, – stumm dankend, wie ein Garten der Regenwolke. – Dann versammelte er uns ohne Verweilen – und sprach: Nun lasset uns wie Brüder teilen. – Und dem gemäß – langt' er ins Gefäß – und verteilte den Inhalt, Stück für Stück; – das Gefäß behielt er für sich zurück. – Dann sprach er: Kein Unfall mög' eure Weiterfahrt hindern! – Ich kehre jetzt um und sehe nach meinen Kindern. – Er bestieg sein Tier und verschwand, – die Silbervas' in der Hand, – und wir blieben zurück erblindet, – wie eine Nacht, deren Mond verschwindet.

Sechzehnte Makame[159]

Der Krankenbesuch

Hareth Ben Hammam erzählt:

In Irak war – ein Mangeljahr, – weil die Regengestirne ihre Zeit nicht einhielten – und die Segengestirne zurück ihren Schein hielten. – Doch es meldeten die Reuter, – in *Nissibin*[160] sei volles Euter – und saftige Weidekräuter, – zur freien Beute für jeden Beuter. – Da zäumte ich eine *Mehri-*

sche[161] – und bäumte eine *Semherische*[162], räumend das Strüppige[163] – und mich träumend ins Üppige; – indes mich Meile zuwarf der Meile – und Niederung mich abnahm der Steile, – bis ich matt auf einem Matten[164] – gelangte zu den frischen Matten. – Da ließ ich mein Tier sich lagern, – um auf der fetten Trift sich zu entmagern, – und beschloß, zu essen des Landes Futter – und zu vergessen das Land meiner Mutter, – bis dort sich wieder einstellte Früh- und Spatregen – und wiederherstellte Blüh- und Saatsegen. – Wahrhaftig, da ward nie mein Auge von seinem Schlaf gefunden – und nie meine Nacht von ihrem Tag entbunden[165], – ohne daß ich begegnete meinem Seruger, der sich umtrieb in – den Gassen von *Nissibin*, – Vögel lockend mit seiner Pfeife – und spähend, wo sein Weizen reife. – Er bezauberte mit seinem Mundwerk das Volk, – indes er mit beiden Händen molk; – doch mein Vergnügen ward zum unbeschreiblichen, – weil ich den geistigen Genuß fand zum leiblichen. – Ich verfolgte seinen Schatten, wo er strich, – und wo ein Wörtchen ihm entfiel, das sammelte ich. – Das währte, bis das Unmaß – des Segens ihn machte unpaß, – eine Krankheit ihn mit dem Lager vermählte – und ihm das Fleisch von den Knochen schälte. – Schwer entbehrte ich seines Umgangs Lust, – wie ein entwöhntes Kind der Mutterbrust. – Dann erscholl das Gerücht, sein Pfand sei verfallen – und sein Leben in des Todes Krallen. – Da geriet in Bewegung seiner Freunde Chor, – und sie strömten voll Bestürzung zu seinem Tor.

Ergriffen von der Schreckenspost,
Wir wankten wie berauscht von Most,
Es war, als ob mit seinem Leben
Ein jeder eins hätt' aufzugeben;
Als ob, was ihm, uns allen fehlte,
Was ihn entleibte, uns entseelte.

Der Erzähler spricht: Als wir nun waren vor den Schranken – und Nachricht wünschten vom Befinden des Kranken, – trat aus der Türe Spalten – sein Junge, die Lippen von Lächeln gespalten; – und wir fragten, wie geht's dem Alten? – Er sprach: Gott sei Dank, besser; – versiegt ist nicht das

Gewässer. – Sein Leben war in der Schwebe, – und ich bebe noch wie die Rebe, – an deren Stamm gelegt ward das Beil, – doch Gott hat es gewendet zum Heil. – Es war die entscheidende Krise, – und überstanden ist diese, – der Kampf des Todesengels und der Lebensgeister, – doch diese blieben über jenen Meister. – Der Funken ist gerettet in den Kohlen, – und er braucht nur Zeit, sich zu erholen; – so gehet heim, und er sei eurem Gebet empfohlen! – Bald, wenn die Sterne Gedeihn schenken, – wird er euch wieder Wein schenken. – Wir riefen: Gesegnet sei die Botschaft, – die ein Ende unsrer Not schafft; – doch die Liebe erlaubt uns nicht, zu gehn, – ohne sein Angesicht zu sehn. – Worauf er, uns anzumelden, hineinschritt, – dann heraustrat, uns zu verkünden den Eintritt. – Da empfing uns jener sitzend, – auf die Polster sich stützend, – doch mit muntern Augen blitzend – und den schlaffen Mund zur Rede spitzend. – Wir setzten uns ihm entgegen – und begannen ihn mit Gespräch zu pflegen. – Doch er drehte seine Blicke in die Runde – und sprach: Seht mir den Brautschmuck der Stunde! –

Gelöst hat Gott mich (und mein Dank sei ihm gezollt)
Vom Zoll des Todes, den ich sollte lösen.
Doch einen Freibrief gab mir die Genesung nicht,
Nur eine Frist zum Guten und zum Bösen.
Vorbeigegangen diesmal ist der Becher mir,
Den einmal mir der Schenke wird einflößen.
Der Schütze des Geschickes trifft sein Wild, es schützt
Kein Schutz Kuleibs[166] vor seines Speeres Stößen.
Ob lang, ob kurz das Leben sei, was kümmert mich's?
Es schwinden in der Nacht des Schattens Größen.
Ob ich bekleidet sei, ob nackt, was geht mich's an?
Der Tod deckt auf die Hüllen, zu die Blößen.
Das Leben ist, zu tosen mit der Welt, die tost,
Und endlich stumm zu gehn aus den Getösen.[167]

So sprach er, doch wir wünschten ihm Vertagung des Lebens – und Entschlagung des Bebens. – Dann machten wir Anstalt zum Aufbruch, – um nicht beschwerlich zu werden mit dem Zuspruch; – doch er tat den Einspruch: – Nein, bleibt nur zu guter Stunde! – denn ich bedarf jetzt guter Kunde – auch Brudermunde. – Der Alte hat euch oft genug unterhalten, – nun unterhaltet einmal den Alten. – Eure Worte sind Heilmittel, – meiner Schmerzen Zerteilmittel, – mir eine geistige Nährung – für der leiblichen jetzige Entbehrung. – Da begannen wir, ihm den Becher der Unterhaltung zu würzen – und unser Gespräch zu verlängen, um seine Zeit zu kürzen: – bis daß nun der Mittag heranrückte, – der schwer auf Aug' und Zunge drückte. – Es war ein Tag, der im Garten das Obst reifet – und das Laub von den Zweigen abstreifet, – da sprach er: der Schlummer bestrickt die Glieder – und buhlt um die Augenlider. – Er ist ein Forderer, den man nicht abspeiset, – und ein Werber, den man nicht abweiset. – Um seinen Ungestüm zu stillen, – tut ihm seinen Willen, – um eurer Ruh' und des Propheten willen![168] – Der Erzähler spricht: Da gehorchten wir ihm, wie dem Hirten die Schäfchen, – machten und ließen ihn machen ein Mittagschläfchen. – Und Gott schlang die Schleife des Schlafs um unsre Schläf' her, – daß wir schliefen wie die Siebenschläfer, – vergessend, was fern mocht' oder nah sein, – entrückt dem Bewußtsein und dem Dasein. – Und die Verlängung der Bettstunden – gereichte zur Verengung der Betstunden. – Denn als der Schlummer war zertaut, – war die Hitze schon erlau't – und die Jugend des Tags ergraut. – Da wuschen wir uns einhellig – und trugen ab gesellig, – was von Andachtspflichten war fällig. – Dann holten wir hervor des Abschieds Sprüche – und wollten gehn, um zu Hause zu sehn nach der Küche. – Doch der Alte sprach zu seinem Sohne, – seines Alters Ehrenkrone: – Haben wir nur auf Schlafen und Beten – Gäste gebeten? – Höre, mein Koch, mein junger, – ich denke, sie haben Hunger. – Laß es nicht länger anstehn, – zu bringen, was ihnen mag anstehn – und wovon mir soll zustehn – das Zureden und das Zusehn. – Erstlich bringe den Tisch[169], – dessen Anblick das Herz macht frisch, – und darauf die Teller, – deren Klang die Seele macht heller. – Dann tische auf das Brot, – der Erwartung Morgenrot; – dann stelle auf die Suppe, – des Heeres leichte Truppe; – dann führe vor das Fleisch, – des gesunden Magens Geheisch. – Bring ein gebratenes Böcklein, – mit feuergebräuntem Röcklein, – davon ess' ich ein Bröcklein. – Dann rücke nach mit dem Kohl, – damit er fülle, was noch ist hohl, – und mit dem andern Zugemüse, – das die übrigen Lücken büße. – Dann rufe herbei den Auflauf, – der die Eßlust rufe zu neuem Lauf auf; – und dann erscheine das Backwerk, – das befriedigende Geschmackwerk, – und zum Schluß, was man mit Honig anmacht und mit Zucker einmacht, – was das Tor zumacht und den Markt rein macht. – Doch hüte dich, durch den Ruf des Schreckens, – den Aufbruchklang des Waschbeckens[170] – zu früh zu stören das Werk des Schmekkens. – Aber wenn die Satten nun widert Speisegeruch, – dann bring Seif' und Tuch – und zünde zur Fei'r auch – an den Weihrauch, – diesen Duft der Freigebigkeit, – der sich erstreckt in die Ewigkeit. – Sprach's, und der Koch war flink, – und die Tafel besetzt im Wink. – Da bezeigte sich unser Appetit dem Mahl geneigt, – bis er zum Untergang zugleich sich mit des Tages Strahl geneigt. – Dann sprachen wir beim Abschied zum Alten mit Händedrucken: – Siehe nun diesen Tag, den schmucken! – So trüb er hat angefangen, – so hell ist er ausgegangen. – Da warf er sich nieder und betete, – richtete dann sich auf und redete:

Verzweifle nicht im Schmerzenstal,
Wo manche Wonne quillt aus Qual.
Oft weht Samum[171], und hinter ihm
Ein Säuseln Gottes allzumal.
Die Wolke droht, da fällt aus ihr
Ein Lichtstrahl, nicht ein Wetterstrahl.
Viel Winter sind dir übers Haupt
Gegangen, und noch ist's nicht kahl.
Viel Stürme haben dir das Laub
Gerüttelt, und noch ist's nicht fahl.
Die Zeit hat dir so manche Lust
Geschenkt, die dir so manche stahl;
Und hat den Kelch mit Bitterkeit
Gewürzt, daß er nicht werde schal.

Vertrau du der verhüllten Hand,
Die keinen führt nach seiner Wahl;
Und sei auf Wechsel stets gefaßt,
Denn Wechsel heißt das Weltschicksal.
Harr' aus im Leid, bis weichen es
Der heißt, der ihm zu nahn befahl;
Und hoffe Guts vom Hauch des Herrn,
Der Gnaden spendet ohne Zahl
Und Freuden ohne Zahl läßt blühn
Im Streifchen Leben eng und schmal.

So sprach er, und sein Hauch befriedete uns, – und sein Blick verabschiedete uns; – worauf wir heimgingen, doppelt gutes Mutes – über sein gutes Befinden und sein uns erzeigtes Gutes.

Siebzehnte Makame[172]

Der Strafprediger

Hareth Ben Hammam erzählt:

Seit ich lernte unterscheiden auf meinen Pfaden – das Licht vom Schatten und den Schatz vom Schaden, – suchte ich stets zu horchen guten Lehren – und bösen Reden mich abzukehren, – um angenehme Sitten anzunehmen – und mich zu entnehmen allem Ungenehmen. – Ich hörte nicht auf, mich selbst zu bekämpfen – und das Feuer der Wildheit zu dämpfen, – bis die Gewöhnung mir ward zur Natur, – und die Last eine Lust nur. – Als ich nun gelangt war nach *Rei*[173] – und zählte schon weiter als zwei und drei, – wußte schon zu trennen Schale und Ei: – da stellte sich eines Morgens meinen Blicken dar – Schar drängend auf Schar, – die sich verteilten wie ein Heuschreckenflug – und wetteilten wie ein Rennpferdezug, – und untereinander einen Prediger lobten, nach welchem sie rannten, – dem sie den Preis vor *Ben Sem'un*[174] zuerkannten. – Ich ließ es mich nun nie verdrießen, – um eine Predigt mitzugenießen, – die zu ertragen, die lärmten und stießen. – Drum war ich bald mit Willfährigkeit – dem ziehenden Faden angereiht – und gezogen mit fort – zum Versammlungsort, – wo gedrängt war groß und klein – und gemengt vornehm und gemein. – Aber nach Mondes Sitte – in seines Hofes Mitte – stand, von der Menge umflutet, – ein Scheich, bemantelt und behutet, – der schon begonnen hatte, den Redestrom zu wälzen – und mit Begeistrungshauch zu schmelzen – Herzen und Felsen. – Da hörte ich, wie er sprach – und die Seelen der Hörer brach: – O Menschensohn, was betört dich? – Was dir frommte, das verstört dich; – und was du suchest, das zerstört dich. – Du schmachtest nur nach dem, was dir schmeichelt; – du streckest die Hand nur nach der, die dich streichelt. – Du kürzest dir die Zeit mit dem, was dein Heil verkürzet; – du stürzest mit Gier auf das, was dich ins Verderben stürzet. – Nicht mit dem Genug begnügest du dich, – und nicht dem Fug fügest du dich; – sinnend auf Trug, betrügst du dich. – In der Predigt plauderst du, – zu guten Werken zauberst du, – und vor gedrohter Strafe nicht schauderst du. – Du rottest dich mit den Spottenden, – und spottest dem dich Ausrottenden; – als hielte dich nicht beim Schopf dein Schöpfer, – und als könnte nicht zerschlagen den Topf sein Töpfer. – Du zäumest dich nicht und zähmest dich nicht, – du schäumest wie ein Roß und schämest dich nicht. – Du gehest irr in deinen Lüften, – wie ein blindes Kamel in den Wüsten. – Du denkest, dein Schifflein kummerfrei zu steuern, – ohne dein Scherflein der Armut beizusteuern; – und bist beflissen, deine Ernten einzuscheuern, – ohne dein Gewissen mit Almosen rein zu scheuern. – Du weisest den ab, der vor deinem Tor steht, – und bedenkest nicht, was dir bevorsteht – dort, wo jedes Auge und jedes Haar emporsteht[175]. – Beschäftigt mit deiner Güter Verwesung, – denkst du nicht an die Verwesung; – und berechnend Einbuße und Zubuße, – findest du keine Zeit zu Buße. – Meinst du, daß du wirst dein Ohr verstopfen, – wann die Stunde ans Tor wird klopfen[176]? – Oder hoffest du, mit deinem leidigen Gut dich ledig und los zu kaufen, – oder dich zu verteidigen mit deinem tätigen Troß und Haufen? – Du strebest nur, daß du erwerbest, – sterbest und hier vererbest – und dort drüben verderbest. – Du stopfest deinen Bauch – und beschwerest deinen Hauch, – du schleppest deinen Schlauch, – nicht, daß er dich und andere tränke, – sondern das Schulterblatt dir verrenke. – Du sammelst Gut – und weißt nicht, ob es dir ist gut, – und tust dir etwas darauf zugut, – daß es niemand kommt zugut. – Du suchest auf deiner Weide – nur deine Augenweide, – benagest das Laub der Weide – und vergällest dein Eingeweide. – Meinst du, daß du wirst haußen bleiben, – wann der Hirt wird die Herd' eintreiben? – Oder denkst du, daß dein Getriebenes nicht werd' eingeschrieben? – oder daß dein Geschriebenes von deinen Tränen werd' ausgerieben? – Glaubest du an des Todes Bestechbarkeit? – oder an des Richterspruches Widersprechbarkeit? – Nein! sondern bei Gott! kein Vertreter – ist für die Übertreter; – es finden nicht Fürbeter – an ihren Söhnen die Väter; – jede Tat schlägt ihren Täter, – und jeden Verrat trägt sein Verräter[177]. – Dann hub er an zu dröhnen – mit zitternden Tönen:

Schoßkind des Glücks! Was nützt dein luft'ger Lustpalast,
Wann dich umfängt der klaffend enge Schoß?
Wo Schutz und Rückhalt? Überall im Rücken hält
Der Schütze mit dem raffenden Geschoß.
O rüste dich nur ritterlich zum Sturm des Walls!
Am Graben strauchelt dein gepanzert Roß.
Und tröste dich nur deiner Schar und trotz' auf Macht!
Im Kampf verläßt den Herrn sein ganzer Troß.
Nur wer die Gottesfurcht zu seinem Schilde hat,
Mag furchtlos wandeln durch der Speere Stoß,
Der Stab der Frömmigkeit nur frommt auf diesem Gang,
Des Glaubens Schiff in dieses Meeres Toß.
Nur der genoß, des Lust es war, wenn seines Guts
Genuß mit ihm geteilet sein Genoß.
Und von des Todes bitterm Kelch genas allein,
Wer oft im Geist verkostend sein genoß.
Heil, wer freiwillig von der Welt sich losgesagt,

Eh' sie von ihm sich reißt verrätrisch los!
O hol dein Böses ein mit deiner Buß' und such
Der Gnade Pforten, eh' der Tod sie schloß.

Hareth Ben Hammam erzählt: Da wogte das Volk in Reu-Ergüssen – und frommen Entschlüssen. – Doch als sich nun gelegt das Stöhnen, – die Tränen und das Dröhnen, – stellte mit Geschrei ein Mann sich dar – dem Emir, der gegenwärtig war, – laut anflehend seinen Schutz gegen eines Beamten Eigennutz. – Doch der Herr legte seinem Diener nicht ab, – so daß er kein Gehör dem Unterdrückten gab. – Als dieser nun an ihm fand keinen Erlediger, – wandte er sich um Beistand an den Prediger. – Der erhob sich mit Kampfbegier – und hub an, zielend auf den Emir:

O Wunder, wie ein Mann nach Ehrenwürde strebt,
Und sie erlangt, daß er ihr Schande mache;
Wie nach der hohen Stell' empor er trachtet erst,
Darauf gestellt sich dann beträgt als Drache.
Er gibt den Zettel zum Geweb' des Frevels her,
Der Einschlag aber ist der Diener Sache.
Und wie er schluckt und schlucken läßt, bedenkt er nicht,
Daß Gottes Himmel über seinem Dache.
Und wie er seinen Lüsten nachgeht, fragt er nicht,
Ob auch ein Recht sei oder eine Rache.
Weh! wenn er wüßte, wie dem ungestümen Stolz
Folgt jäher Sturz, nicht jagte so der Jache.
Doch du gehorche dem, der deine Zügel hält,
Ob zum Gemach dir oder Ungemache.
Und weide, wo er dir's befiehlt, den bittern Klee;
Und wehrt er dir den Bach, so trink die Lache.
Trag es gefaßt, wenn er dich hart hält angefaßt,
Und schweige, wenn dein Aug' er macht zum Bache.
Doch einst, wann ihn der Wechsel des Geschicks ergreift,
Dann kommt die Zeit, daß, der geweinet, lache.
Dann, wie er liegt, gestürzt im Staube, mag er sehn,
Wie über ihm die Schadenfreude wache.

So viel nun hier[178]; doch dort[179] wird er gestellt sich sehn
Vor Orts, wo großen Sprechern fehlt die Sprache.
Staub auf sein Haupt wird, was ihm Staub war unterm Fuß,
Dort wo kein Starker stärker als der Schwache.
Und die Register seiner Sünden schlägt man auf
Und zieht sein Hehl aus dem verborgnen Fache,
Verhöret ihn genauer, als er hier verhört,
Und er antwortet laut mit einem Ache.

Dann rief er: O du mit Herrschaft Geschmückter, – zur Obergewalt Emporgerückter! – laß den Trotz auf deine Macht – und den Stolz auf deine Pracht! – Denn die Macht ist ein Wind, der sich wendet, – und der Glanz ein Blitz, der blendet. – Der Hirte ist, der die Herde hütet, – nicht der Wolf, der unter ihr wütet. – O siehe von deiner Höhe nicht schräg – über dieses und das andere Leben hinweg! – sondern sei die Stütze Gebückter – und der Hort Unterdrückter, – und tue nicht hehr mit deinen Heeren, – um die Welt zu verheeren! – Denn ein Herr hält die Diener in Pflichten, – und Gott vergißt die Menschen mitnichten, – sondern seine Waage wird es schlichten, – und wie du gerichtet, wird man dich richten.
Sprach's, da schwieg verstört – der Emir, wie er solches gehört; – und seines Gesichtes Farben, – schossen wechselnd auf und starben. – Er verwünschte die Emirschaft – und stöhnete wie preßhaft. – Dann wandte er sich zum Klagenden und beschwichtigte ihn – und zum Verklagten und züchtigte ihn, – dann mit gnädiger – Miene zum Prediger, – den er beschenkte und begnadete – und ihn zum Besuche einladete. – Der Bedrückte nun ging von dannen froh – und der Bedrücker mit Ach und O. – Doch der Prediger schritt siegbeglänzt – dahin, von seinem Geleit umkränzt; – und ich folgte ihm nach mit zögerndem Schritt, – während mein Auge nicht von ihm glitt: – bis sich meines Herzens Vermutung bestärkte; – da rief er, als er mein Merken bemerkte: – Gott ist die Klarheit, – was der Geist dir sagt, ist die Wahrheit. – Und ich rief: O Heil dir, *Abu Seid!*[180] – Du überstrahlst an Heiligkeit den *Ben Obeid*[181]; – ja du hast

dich gewandt zum besten Teil, – wie einst *Fudhail*[182] – Er aber lächelte heiter – und sprach, indem er schritt weiter:

Sei du kühn bereit, die Wahrheit und das Recht
Mit Gefahr des Lebens zu verteidigen.
So gefällst du Gott; ein Tor ist, wer, dem Knecht
Zu gefallen, will den Herrn beleidigen.

Hareth Ben Hammam spricht: Ich erstaunte ob seiner Heiligkeit, – er aber entfernte sich mit Eiligkeit. – Drauf suchte ich ihn am Abend und Morgen, – doch er blieb mir verborgen, – und niemand in *Rei* – wußte Bescheid, wohin er gekommen sei. – Ich erkundigte mich auf ferne Landesstrecken, – doch er war weggeweht mit den Heuschrecken.

Achtzehnte Makame[183]

Das gestohlne Gedicht

Hareth Ben Hammam berichtet:

Ich war noch ins Gewand meiner Jugend gekleidet, – als mir der Aufenthalt in der Heimat ward verleidet – durch einen Handel, der mich schreckte, – und eine Furcht, die mich bedeckte; – so daß ich die Schale des Schlummers ausgoß – und zum Nacht-Ritt spornte mein Grauroß. – Ich drang darauf durch ein wüstes Moor, – das kein Fußtritt hatte bezeichnet zuvor, – worin selbst der Kiebitz den Weg verlor; – bis daß ich nun gelangte zu der Glaubensherrschaft Pforte, – Bagdad, dem Friedensporte, – aller Bedrängten Zufluchtsorte. – Da legt' ich ab der Bekümmernis Schleier – und nahm das Gewand der Ruh' und Feier, – indem ich der Lust des Herzens nachhing – und dem Pfade des Scherzens nachging. – Da sah ich nun eines Tags auf dem Walle Reiter, die sprengten, – und Fußgänger, die sich drängten – um einen Scheich, der im Getümmel – sich zerrte mit einem jungen Lümmel, – den er am zerrissenen Kragen packte – und ihn scharf mit Worten zwackte. – Doch ich folgte dem Zuschauertrosse, – bis wir gelangten zu des Stadtpflegers Schlosse. – Da saß der Schirmherr breit auf seinem Sitze – mit ehrfurchtgebietendem Antlitze; – und der Scheich trat auf in der Rolle des Klägers – und sprach: Gott erhöhe den Knöchel des Landpflegers! – Hier dieser Jüngling, den ich erzog, – weil meine Zärtlichkeit mich betrog; – der von der Mutter Schoß zu mir kam, – den ich als vaterlos zu mir nahm; – den ich gut hielt und ihn zum Bessern anhielt – und ihm mein Bestes nicht vorenthielt; – er nun, nachdem die Federn ihm gekielt, – ist's der gegen mich den Meister spielt, – der nach mir mit meinen eignen Waffen zielt, – mein Brot und meine Kunst mir stiehlt. – Ich hoffte nicht, daß es so mir fruchtete, – als ich mit meiner Weisheit ihn befruchtete. – Der Jüngling sprach: Was tat ich, woran du dich stießest, – daß du solche Schmach über mich ausgießest? – Bei Gottes Wissen und meinem Gewissen! – nie hab' ich den Vorhang der Ehrfurcht zerrissen, – noch das Antlitz der Dankbarkeit verhüllt – und dein Gebot gelassen unerfüllt. – Wann hab' ich das Siegel deines Hehls erbrochen, – oder den Stab deines Befehls zerbrochen? – Der Alte sprach: Weh dir! Welches Vergehn ist häßlicher, – welches Versehn ist gräßlicher, – welche Sünd' ist unerläßlicher, – als daß du mir tratest auf die Ferse, – daß du mir stahlest meine Verse? – Wer einem einen Gedanken stiehlt, stiehlt ihm die Seele; – das ist ärger, als ob man Gold oder Silber stehle. – Ein Dichter hegt auf seine Frucht – eine noch stärkere Eifersucht, – als ein Mann auf seines Weibes Zucht. – Der Landpfleger sprach: Wie hat er gestohlen? – verhohlen oder unverhohlen? – die Blüten oder die Pflanze, – das Halbe oder das Ganze? – Der Alte sprach: Bei dem, der Liedesruhm – gemacht hat zu Arabereigentum! – er hat ein Drittel weggestutzt – und das übrige für sich genutzt. – Der Landpfleger sprach: Sag deine Verse her mit Stumpf und Stiel, – daß wir sehn, wie er stahl und wieviel. – Und der Alte hub an:

O Welt, du böser Zauberwald, wo jedes Wild
Ein Netz *umgarnt*; weh dem, der dich berühret.
O Antlitz, das mit Lächeln heut, und morgen an
Mit Weinen *schaut*, und dessen Herz nichts rühret.
O Truggewölk, das Sommerau'n nur überfliegt

Und nicht *erlabt*, nur Durstes Flammen schüret.
O Kerker, des Gefangener viel tausendmal
Vorm Tod *erschrak*, eh man zum Tod ihn führet.
Wie mancher Mann ward schwindlig, weil ihm deine Gunst
Das Kleid *gewirkt*, und tat, was nicht gebühret.
Dann wandtest du den Spieß im Nu, und plötzlich lag
Sein Stolz *gefällt*, und seine Kraft geschnüret.
Schad' um dein beßres Leben, Herz, wenn es im Dampf
Der Wüst' *erliegt*, wo keine Spur man spüret.
O geh nicht diesem Irrschein nach! Der Herr hat dir
Geleit' *gesandt*; wohl dem, der es erküret.
Und traue doch dem Feinde nicht; er wacht, ob auch
Sein Auge *zwinkt*, bis er den Streich dir führet.
Du bist das außen grüne Holz, in dem der Wurm
Von innen *nagt*, und bleibst du ungerühret?

Darauf sprach der Landpfleger: Her da! – was tat nun der da? – Der Scheich sprach: Er hat ungeschliffen – meine sechstaktigen Verse angegriffen – und jedem einen Doppeltakt – abgezwackt, – daß meine Ehre ward fasernackt. – Der Landpfleger sprach: Erkläre dich deutlicher, was hat du gelitten? – und was hat er dir abgeschnitten? – Er sprach: Neige mir dein Ohr – und verschließe nicht deiner Aufmerksamkeit Tor; – ich trage dir nun sein Machwerk vor, – daß du sehest, wie er mit mir gewandelt, – und ermessest, wie er an mir gehandelt! – Worauf er anhob, – indes sein Seufzer himmelan schnob:

O Welt, du arger Zauberwald,
Wo jedes Wild ein Netz *umstrickt.*
O Antlitz, das mit Lächeln heut
Und morgen an mit Weinen *blickt.*
O Truggewölk, das Sommerau'n
Nur überfliegt, und nicht *erquickt.*
O Kerker, des Gefangener
Viel tausendmal vorm Tod *erschrickt.*
Wie mancher Mann wird schwindlig, weil
Ihm deine Gunst das Kleid *gestickt.*
Dann wandtest du den Spieß im Nu,

Und plötzlich lag sein Stolz *geknickt.*
Schad' um dein beßres Leben, Herz,
Wenn es im Dampf der Wüst' *erstickt.*
O geh nicht diesem Irrschein nach;
Der Herr hat dir Geleit' *geschickt.*
Und traue doch dem Feinde nicht;
Er wacht, ob auch sein Auge *nickt.*
Du bist das außen grüne Holz,
In dem der Wurm des Todes *pickt.*

Da sprach der Landpfleger zum Knaben: – Du undankbarster der Raben! – bestiehlst du die Hände, die dir Futter gaben? – Der Jüngling sprach: Sei ich ausgestoßen – vom Schoß der Kunst und ihren Genossen – und gezählt zu den Rotten, – die des Heiligtums spotten, – wenn sein Gedicht mir bekannt war, – eh mein eigenes Licht entbrannt war: – sondern durch Zufall trafen die Geister zusammen, – wie zwei Rosse auf einer Bahn, die aus verschiedenen Ställen stammen, – oder wie zwei wandernde Stämme – zu einer Tränke und Schwemme. – Er sprach es, und der Landpfleger, – der Gegenbehauptungen Abwäger, – sann, wie er zur Klarheit – möchte bringen Falschheit und Wahrheit. – Da wußt' er keinen Rat, als beide Reimer – wettziehen zu lassen an *einem* Eimer; – er sprach: Wenn ihr wollt, daß der Würdige sei gekrönt, – und der Unebenbürtige verhöhnt; – so bereitet euch zu einem Wechselkampf, – auf der Taktbahn des Gedichts zu einem Wettgestampf, – daß, wer unterliege, lieg' offen dar, – und wer obsiege, sieg' offenbar. Da sprachen sie mit *einer* Zunge, – der Alte und der Junge: – Wir sind die Probe zufrieden, – sei dein Befehl uns beschieden! – Er sprach: Ich halte das Wortspiel – für den Gipfel der Kunst und ihr höchstes Ziel; – daran mögt ihr euch mir in zehn Doppelzeilen erproben, – ganz mit solchem Schmucke der Rede durchwoben, – und in anmutigen Bildern – sollet ihr darin schildern – die feurige Liebe, die ich trage – zu *einer*, die meine Lust und meine Plage, – dunkelrot von Lippe, – hart wie eine Klippe, – gerade wie ein Bolz, – überschwenglich an Stolz, – im Versprechen vergeßlich, – im Gehorchen läßlich, – und ich ihr ergeben unermeßlich. – Er sprach's, und hervor der Alte brach, –

und der Junge drängte ihm nach; – so wettrannten sie in Eile, – Zeile um Zeile:

Das Haar um ihre Schläfe nahm den Schlaf von meinem Auge;
Ich schmachte, weil sie mich verließ, in dem Verließ des Leides.
Aus ihrem Wuchs erwächst mein Tod, mein Blut fließt um die Blüte
Der Wang', ihr Auge weidet sich am Brand des Eingeweides.
Dem Gleichgewicht der Glieder war mein Auge gleich gewogen,
Mein Los ist hoffnungslos, bis mich die Mängellose löset;
Doch ist mein hoffnungsloser Stand ein Gegenstand des Neides.
Doch eben maß das Ebenmaß des Leibs mein Herz voll Leides.
Es bindet sie kein Bund noch Band, doch soll mich nichts entbinden,
Geschmeidig zu umschmiegen sie statt eines Halsgeschmeides.
Sie schmäht den, der sie lobt, und sie verschmäht den, der sie liebet;
Ich bitte und ich bet' um sie, doch sie verbeut mir beides.
Ihr weih' ich mich, wie sich dem Weih die Taube, zum Zerfleischen;
Und wenn sie mir mit Hohn vergilt, gilt mir für Gold und Seid' es.
Sie meinet, einen Meineid wohl beschönige die Schönheit;
Nicht bricht, was treulos sie verbricht, die Treue meines Eides.
Und winde sie sich wie der Wind, und schlinge sich wie Schlangen;
Doch sie umwind', umschling' ich, sie verleid' es oder leid' es.
Bescheidentlich bescheid' ich mich mit dem, was sie beschieden;
Von ihr nicht scheid' ich; ob ich soll verscheiden, sie entscheid' es!

Wie die beiden dieses vorgetragen mit Brunst – staunte der Landpfleger ob ihrer Kunst – und sprach: „Ich bezeug' es bei Gott, ihr seid des Himmels Zwillinge – und gleichet einer dem andern als wie ein Schilling dem Schillinge. – Der Jüngling hier gibt aus, was Gott ihm gegeben; – sollt' er betteln oder stehlen, da er hat zu leben? – Drum du, o Scheich, schlage deinen Argwohn nieder – und nimm ihn auf in deine Liebe wieder. – Der Alte sprach: Wie könnt' ich ihm noch trauen, – oder auf ihn mein Zutrauen bauen, – da ich erfahren mußte seine Treulosigkeit – und gewahren seine sündliche Scheulosigkeit? – Der Jüngling entgegnete ihm und sprach: O du! ist nicht Schmollen schimpflich – und Grollen unglimpflich? – nicht Argwohnhegen ungerecht – und Unschuld verleumden schlecht? – Und gesetzt, ich habe mich vergangen – und ein Verbrechen gegen dich begangen; – erinnere dich, was du damals sprachst an dein eignes Gemüte, – als unsere Freundschaft stand in Blüte:

Sei gegen deinen Bruder mild,
Wenn gegen dich er selbst ist wild.
Und dämpf in Demut deinen Sinn,
Wenn ihm die Brust von Hochmut schwillt.
Tu Gutes ihm und frage nicht,
Ob er's mit Bösem dir vergilt.
Und ward er gegen dich ein Schwert,
Doch bleibe du für ihn ein Schild.
Wer nicht, geschlagen, wieder schlägt
Und nicht, gescholten, wieder schilt;
Wer seine Macht nicht gelten macht,
Gilt einst, wo keine Macht mehr gilt.
Sieh deine Fehl'! Und deine Klag'
Um fremde Fehler ist gestillt.
Wenn du Vollkommnes suchen willst,
Was suchst du es im Staubgefild?
Kein Mensch ist, und du selber nicht,
Ein reinbewahrtes Gottesbild.
Du siehst, wie trüb im Tümpel wird
Die Flut, die rein dem Fels entquillt;
Und am Gedörne stichst du dich,
Wenn du die Datteln sammeln willt.

So sprach er, und der Alte züngelte wie eine Schlange – und äugelte wie ein Falk zum Fange; – dann sprach er: Bei dem, der den Himmel besetzt mit Gestirnen – und den Tau läßt träufen von Wolkenstirnen! – ich neige mich nicht ab der Versöhnung, – als nur aus Furcht der Verhöhnung. – Denn diesem Knaben gab ich sonst die Kost, – er fand bei mir seinen Rat und Trost; – damals floß mir reichlich die Nahrung, – und ich dachte nicht an Sparung. – Jetzt aber sind die Zeiten arg, – und die Fülle des Lebens karg; – mein Kleid hier ist aus fremden Schatze, – und in meinem Haus blieb weder Maus noch Katze. – So sprach er, und die Rede der beiden – rührte des Landpflegers Mitleiden; – er wollt' ihrer Armut greifen unter die Arme, – und sich zu entfernen gebot er dem Zuschauerschwarme. – Es spricht der Berichter dieser Geschichte: – Ich spähte schon längst nach des Alten Gesichte, – ob ich ihn nicht erkennte bei näherem Lichte? – doch er war mir durch das Gedräng' entnommen, – und ich fand nicht Raum, an ihn zu kommen. – Als sich nun getrennt die Haufen – und das Volk sich hatte verlaufen; – faßte ich ihn ins Aug', und sieh, es war Abu Seid und sein Knabe; – da merkte ich wohl, was er im Schilde habe. – Fast wollt' ich an ihn rennen – und mich ihm geben zu erkennen; – doch er wehrte mir mit einem Augenblink – und wies mich zur Ruhe mit einem Wink. – Da sprach der Landpfleger zu mir: Was ist dein Begehr, – daß du allein dich noch stellest hierher? – Schnell sprach der Alte: „Er ist mein Freund seit langem, – und er ist es, von dem ich dieses Kleid empfangen." – Da wollte jener mich nicht beschämen – und erlaubte mir, Platz zu nehmen. – Dann gab er jedem der beiden ein Ehrengewand, – drückte jedem ein Stück Geld in die Hand – und vermahnte sie, friedlich sich zu vertragen – bis zu dem jüngsten von den Tagen. – Da verließen sie die Sitzung eilig – und priesen ihren Wohltäter heilig. – Ich folgte, denn ich wollte gern ihre Wohnung wissen, – um mich zu nähren von ihrer Gespräche Leckerbissen. – Doch als wir nun aus dem Schloßgeheg – gekommen waren auf den freien Weg, – kam ein dienstbarer Geist des Landpflegers nach, – der mich zurückrief in des Herrn Gemach. – Ich sprach zu Abu Seid: Er läßt gewiß mich holen, – um über dich mich auszuholen; – auf welche Seite soll ich mich neigen? – was soll ich zeigen und was verschweigen? – Er sprach: Sag' es ihm, wie seiner Weisheit ward mitgespielt, – und was seine Gutmütigkeit für eine Schlapp' erhielt; – daß er merke, sein Wind sei in des Sturmes Krallen – und sein Bächlein ins Meer gefallen. – Ich sprach: Ich fürchte, Feuer fängt sein Stroh, – und dich erreicht die Loh', – oder sein Zorn zerreißt das Band, – und dich trifft die schwere Hand. – Er sprach: Stehenden Fußes geh' ich ab nach Ruha[184], – und wie kämen zusammen Suheil und Siha[185]? – Ein gespielter Betrug ist wenig wert, – wenn ihn nicht der Betrogne erfährt; – ich mag, wo es geht ohne Schaden, – nicht am Braten der Würz' entraten. – Als ich nun vor dem Landpfleger erschienen, – der allein war und abgelegt hatte die Amtesmienen, – fing er an, zu rühmen des Scheiches Kunst – und zu schelten seines Schicksals Mißgunst. – Er sprach: Sage, bist du's, der ihn versorgt, – der ihm jenes Kleid hat geborgt? – Ich sprach: Bei deines Thronsitzes Prangen! – Er hat keinen Fetzen von mir empfangen; – du hast dich in einer Schlinge gefangen. – Da begann sein Auge zu funkeln, – seine Wange vor Zorn zu dunkeln; – er rief: Bei Gott! mir blieb noch kein Schelm versteckt – und kein Bösewicht unentdeckt; – doch nie hört' ich, daß betrüg' im Handel – ein Scheich in seinem Ordensmantel. – Weißt du, in welche Schluft – sich verkrochen hat der Schuft? – Ich sprach: Besorgt um seinen Unfug, – entwich er aus Bagdad ohne Verzug. – Er sprach: Gott gebe ihm keine gute Statt – und, wo er weidet, kein grünes Blatt! – Doch ich will nicht, daß hier es werde ruchbar; – die Welt ist an übler Nachrede fruchtbar; – daß mir's nicht schade beim geistlichen Oberhaupt[186] – und ich werd' ein Gelächter überhaupt. – Er forderte mir ab ein Versprechen, – davon, solang ich in Bagdad sei, nicht zu sprechen; – das sagt' ich ihm zu mit gutem Mute – und hielt ihm Wort, wie *Samau'al*, der Jude[187].

Neunzehnte Makame[188]

Das Frühlingsgelage

Hareth Ben Hammam erzählt:

Ich lebte in Kati'at Alrebi[189], – als der Frühling der Welt neuen Glanz verlieh, – mit einer Gesellschaft von Jünglingen, deren Angesichter – heller waren als seine Lichter, – und deren Sinn und Gemüte – holder als seine Blum' und Blüte; – deren Anmut süßer als der Morgen taute, – und deren Gespräch entbehrlich machte Flöt' und Laute. – Wir hatten aber geschworen, in treuer Gemeinschaft zu weiden, – jede Trennung zu meiden – und keine Sonderung zu leiden, – so daß keiner ein Körnlein des Genusses für sich genösse, – noch die andern von einem Tröpflein der Lust ausschlösse. – Da beschlossen wir an einem Tage, dessen Jugend loderte – und dessen Frühglanz zum Frühtrunk auffoderte, – auszuwandeln auf der Freude Spuren – zu einer der grünen Fluren, – daß wir unsere Blicke klärten – an den verklärten Gärten, – und glätteten der Gemüter Falt' und Bruch – durch Regenduft und Blumenruch. – Wir zogen, den Monden gleich an Zahl, – den Trinkgenossen des *Gadhime*[190] gleich an Wahl, – zu einem Geheg', das seinen Schmuck hatte angelegt – und den Glanz seiner Farben angeregt; – und mit uns zog der Kastanienbraune[191], – geführt von Schenken guter Laune, – samt dem Sänger, der erweitert des Hörers Brust – und jedes Ohr bewirtet mit Lust. – Als sich mit uns nun niedergelassen die Wonnen – und die Schalen hatten ihren Kreislauf begonnen, – kam uns ein Gast, ein ungebetner, – unumwundner, unbetretner, – vor dessen bejahrtem Mantel wir empfanden ein Grauen, – wie schwarzgelockte Mädchen vor einem Grauen, – und fanden getrübt die Lauterkeit unseres Tags – durch die Einmischung dieses Schattenschlags. – Doch er grüßte mit Annehmlichkeit – und setzte sich mit Bequemlichkeit, – öffnete lächelnden Gesichts – Würzeschachteln der Red' und des Gedichts; – und tat nicht, als ob es ihm nicht behagte, – daß niemand Rede stand, wo er fragte, – und wo er nieste, niemand Gott helf sagte.[192] – Doch wir kamen seiner Freimütigkeit nicht entgegen – und gedachten schon seiner Freiheit das Handwerk zu legen, – als unser Sänger den Laut aufschlug – und mit Gesang die Laute schlug:

> Wie lang verschmähst du meinen Bund, So'ad[193]?
> Und achtest nicht dies Herz, für dich im Blut?
> Geduldet hab' ich, bis Geduld erlag,
> Mein Mut verzagt vor deinem Übermut.
> Nun gelte das Gesetz der Billigkeit,
> Daß eines tue, wie ihm eines tut:
> Und dünkt es dir, daß ich zu schlecht dir sei,
> So dünkt es mich, ich sei für dich zu gut.

Da ward von uns der Zitherschläger gefragt, – warum er erst „dünkt es dir", dann „dünkt es mich" gesagt? – Doch er schwor bei seinen Eltern im Grabe, – daß er es so von seinem Lehrmeister habe.[194] – Da teilten sich die Stimmen der Gemeinde – und stritten für die zwei Kasus wie Feinde; – die einen behaupteten in beiden Fällen den Dativ, – die andern erlaubten an beiden Stellen nur den Akkusativ. – Und es erhitzte sich die Kampflust der Streiter; – da lächelte unser Eingedrungener wie ein Eingeweihter, – ohne daß er die Lippe machte zur Rede weiter; – bis daß nun das Kampfgetöne des kriegerischen Geschlechts verstummt war – und das Waffengedröhne des Wortgefechts versummt war: – da sprach er: Mein Volk, laß dir verkündigen – die Regeln, die bindenden, bündigen, – gegen welche die Sinnigen nicht sündigen! – Der Dativ ist hier statuiert – und der Akkusativ sanktioniert; – beide stehn in voller Eintracht und vollkommener Einheit – mit der grammatischen Reinheit; doch zwischen beiden ist eines Unterschiedes Feinheit, – die sich nicht läßt erfassen von eines Gesetzes Allgemeinheit. – Sprach's, da wurden eins die Entzweiten, – um in Masse gegen ihn zu streiten; – da rief er, bedrängt von allen Seiten: – Heran! wenn ihr im Schilde führet Witze, – denn ich führ' in der Rechten Blitze; – wer löst die grammatischen Rätsel, die ich besitze? – Zuerst hört und wenn ihr's wißt, – laßt mich hören, was das ist:

1. Das gestern war und heut gewesen,
Und morgen wird zuerst es sein,
Und merkt, gemeinschaftlichen Namen
Mit einem trägt's von diesen drei'n.

Nun ratet vereint, – was dieses meint:

2. Weil es eins ist, das zerfällt in vieles,
Sagt man's billig in der Vielzahl aus;
Die die Vielzahl dann für Einzahl halten,
Bilden eine neue Vielzahl draus.
Sag es, wenn du's weißt, so gehe nie dein
Glück dazu, noch falle drein dein Haus.

Nun saget genau, – was ist das für ein Bau:

3. Höher wird's nicht, aber edler,
Wenn ihr setzet Ho davor.
Doch das Ho war dran von Ursprung,
Bis sich's durch Gebrauch verlor.

Nun erkläret geschwind, – was die zwei Worte sind:

4. Wo die Lüfte des Frühlings hauchen,
Um dich schlüpfen Vogel und Reh,
Kannst du eines zum Pfühl dir machen;
Und ein andres zum Dach, versteh!
Jenes hat R oder W zum Anfang,
Dieses zum Anfang G oder W.

Nun zeiget an, – wo man das finden kann:

5. Es verändert die Farbe nicht,
Wenn man ihm vorn ein L abbricht.
Mit dem L war es irdisch noch,
Ohne das L ist es himmlisch Licht.

Nun suchet gelinde, – wo sich dieses finde:

6. Es ist der Name einer Frucht,
Die zwar dem Gaumen wohl behagt;
Doch wo sie sich dem Ohr vereint,

Da wird darüber nur geklagt;
Und wer sich die gefallen läßt,
Der ist das, was der Name sagt.

Nun versuchet kecke, – wie dieses schmecke:

7. Wenn's in einer Schale ist,
Sind's der Teile zweie;
Wenn's auf einem Haufen liegt,
Sind es zwölf und dreie.

Nun sprechet meisterhaft, – was ist das für eine Eigenschaft:

8. Vom Roß und sich rühmt's der Araber,
Denn es ist rüstig und bequem;
Doch ist am Boden und am Weibe
Das Gegenteil ihm angenehm.
Ein M hat's oder H zum Anfang,
Dasselbe ist's mit dem und dem;
Doch wenn du es vom Boden brauchest,
Gib ihm zum Anfang nur das M.

Nun fasset weise – und löset leise:

9. Welch Wort verliert, wenn ihm ein Un
Wird vorgesetzt, nicht die Bedeutung?
Doch der verliert, der von ihm, mit
Oder ohne Un, hat die Bestreitung.

Nun alle herbei, – sinnet, was dieses sei:

10. Da meist es ist dem Fuß verbunden,
So weiß, wenn man den Fuß ihm raubt,
Fast niemand recht, wie er's soll brauchen,
Mit oder ohne S am Haupt;
Da einer das ihm zugehörige
S ihm vom Fuß entzogen glaubt,
Ein andrer meint, es sei vom Fuße
Das fremde S ihm angestaubt.

Nun wer ergründet, – was das verkündet:

11. Mit *einer* Silb' ist's abgetan;
Was ist es? Flügel hat's am Leib.
Mit einem A ist es ein Mann,
Mit einem U desselben Weib.

Doch wer dieses weiß, – dem geb' ich den Preis:

12. Zwei Wörter weiß ich, in jedem Worte
Verschmolzen sind der Begriffe zwei.
Im ersten Wort gilt eine Sache
Mit ihrer Zeit dir für einerlei;
Im andern eine Person zugleich mit
Dem Raum, als ob sie nichts Eignes sei.
So seltsam sind in ihrer Bedeutung
Die beiden Wörter: es steht dir frei,
Zu sagen, daß das erste im andern,
Und daß das andre beim ersten sei.[195]

Hier hab' ich euch nun gegeben zwölf Rätsel nach eurer Zahl, – zu eurer Qual; – und wollt ihr mehr, so steht's in eurer Wahl. – Der Erzähler spricht: Unser Scharfsinn stand stutzend – vor seinem Rätseldutzend; – wir wußten seine Hehre nicht zu erklimmen – und in seinem Meere nicht zu schwimmen. – Statt der früheren Beschwerung über seinen Besuch, – beschworen wir nun ihn um Belehrung über seinen Spruch; – und, der vorigen Verunehrung zum Widerspruch, – unterstützten wir mit Verehrung unser Gesuch. – Und endlich war geschlossen der Kauf, – wir taten die Hand, und er den Sinn uns auf[196]. – Als er nun, was er wollte, erbeutet – und, was er sollte uns gedeutet; – da bereuten wir vor seines Geistes Glanz – erst unsres Sinnes Verblendung ganz; – wir reichten ihm, zur Versöhnung ob unserer Verhöhnung, die Schale, – und räumten für unseren Vorwitz ihm den Vorsitz beim Mahle. – Doch er bog sich zurück – und zog sich zurück, – wog das Haupt und zog den Atem lang, – schnob einen Seufzer und erhob den Gesang:

Das Alter hat mich abgemahnt, daß ich mich zugeselle
Der Lust, und mich gemahnt, daß ich mit Ernst mein Haus bestelle.
Wie dürfte sich den Morgentrank des Weines der erlauben,
Dem aufgegangen, in der Nacht des Haars, des Morgens Helle[197]?
Geschworen hab ich', daß mich nie das geist'ge Naß soll netzen,
Solange wohnen wird der Geist in seines Leibes Zelle;
Daß nie die Hand mir halten soll den schaumgekrönten Becher,
Und nie bewandeln Mostesduft der Lippen trockne Schwelle;
Daß ich nie scheuchen meinen Gram will mit dem Gramverscheucher
Und nie versenken meine Qual im süßen Schlummerquelle:
Nie mit dem rauschenden Gewand des Rausches mich bekleiden
Und aus dem Born der Nüchternheit nur schöpfen meine Welle.
Das Alter hat mit blasser Schrift auf meinem Haupt geschrieben
Das Weinverbot, dagegen nun der Trieb nicht widerbelle.
Es hat im Meer der Sinnlichkeit erhöht die kahle Klippe,
Daran der Nachen böser Lust, der gläserne, zerschelle.
Und törte ich mit greisem Haupt, verlieren würde unter
Den Ehrenlichtern von Ghassan[198] das mein'ge seine Stelle.
Sie sind ein Volk, die machen sich's zur Pflicht, den Gast zu ehren;
Das Alter ist ein schlimmer Gast, doch ehr' ihn, o Geselle!

So sprach er, dann entwand er sich, wie sich eine Schlang' entwindet, – und verschwand, wie eine Sommerwolke verschwindet; – ich aber wußte, daß es war der serugische Ehrenpreis, – der poetische Mond, der durchwandelt den Sphärenkreis. – Und unseres Mahles letzte Frucht – war Betrübnis über seine Flucht; – worauf unsere Lust sich zerstreute, – indem unser Verlust uns reute.

Zwanzigste Makame[199]

Der Deckmantel

Hareth Ben Hammam erzählt:

Eine Schuld, die ich hatte einzutreiben, – zwang mich, über den Winter in *Kereg*[200] zu bleiben, – wo ich von der Jahrszeit schneidendem Ost – und des Landstrichs zähneklappendem Frost – Ungemach litt, zu dessen Steuerung – kaum hinreichte die Feuerung. – Und ich verließ meinen Hinterhalt – mit seiner Wärmanstalt – nur, wenn ich ein Bedürfnis mußte beschwichten, – oder eine Andacht wollte verrichten. – So war ich an einem Tage von scharfer Luft – und rauhem Duft – hervorgekommen aus meiner Schluft. – Siehe da einen Alten, wie ihn Gott erschaffen, – der mit dem Frost kämpfte ohne Waffen, – nackt an jeder Faser – und bloß an jeder Zaser, – nur um die Schläfe gewunden ein kahles Schleifchen – und um die Hüfte gebunden ein schmales Streifchen; – um ihn ein dichter Kreis von Leuten geschlossen, – er aber trug vor unverdrossen:

Mein Volk! die Nacktheit in der kalten Stunde
Gibt von der Armut euch die beste Kunde
Zu schließen auf die innerste Empfindung,
Vermögt ihr aus dem äußeren Befunde.
Dies äußre Leid ist nun ein äußerst kleines
Vorm äußersten in meines Herzens Grunde.
O seht und führt euch zu Gemüt den Wechsel
Des Glücks! Denn es war einst mit mir im Bunde;
Als ich die Hülle und die Fülle hatte,
Und meine Feuer wärmten in die Runde;
Die Lanzen scharf, die Messer blank geschliffen
Zum Schmaus, zum Trunk die Schläuche ohne
Spunde.
Fraß meiner Herden waren alle Triften,
Und alles Wild die Beute meiner Hunde.
Da ließ auf mich die Meute los das Unglück,
Als zu verdrießen es mein Glück begunde.
Es setzte mir das Messer an die Kehle

Und ließ mich gehn verblutend an der Wunde.
Mein Haus zerrüttet und mein Brunn' verschüttet,
Mein Schatz geschatzt, gepfändet meine Pfunde;
Mein Preis gefallen auf dem Markt der Menschen,
Befallen meine Füllen mit dem Schwunde,
Der nackte Nacken, den der Mangel magert,
Ist hart gelagert auf gefrornem Schrunde.
Mein Wärmestoff die Sonne, wenn nicht Wolken
Mißgönnen, daß mein Fieberfrost gesunde.
Wohlan! wer gibt ein Kleid für einen Segen
Von Gott und einen Dank aus Bettlermunde?

Dann rief er: O ihr Herrn, die ihr wandelt, – vom behaglichen Wohlstand ummantelt! – Ist hier einer, der ein Wohltatenmeer – trägt im weiten Ärmel umher? – so gieß er aus seinen reichen Falten – ein armes Tröpflein auf einen armen Alten! – Denn, wer hat, soll geben; – wer in Freuden lebt, soll mit Trost beleben; – weil die Welt ist vergänglich – und das Glück ist verfänglich, – der Besitz ein Morgentraum – und der Genuß ein zerrinnender Schaum. – Denn ich auch habe mich einst gebrüstet – und war mit Gerät auf den Winter gerüstet, – und jetzt bin ich verwest und verwaist und verwüstet: – mein Kleid das Leid, – meine Kammer der Jammer, – mein Schlummer der Kummer – meine Kost der Frost, – mein Feuer und Rauch – mein Seufzerhauch. – Beglückt aber ist, wer fremdes Unglück sich lässet warnen – und zeitig sein Herz zieht aus der Weltlust Garnen.[201] – Da ward ihm gesagt: Deines Wortes Art – hat deinen Wert uns offenbart; – nun ist es recht, – daß du uns auch sagest dein Geschlecht. – Da rief er: Wehe dem Stolze, der zur Stütz' erfodert – Gebein, das vermodert; – des Mannes Stolz ist in seines Herzens Mitte, – seine Frömmigkeit und edle Sitte. – Dann sagt er her:

Wer du immer seist, o Mensch, du bist das Kind
Deines Heut allein, nicht deines Gestern.
Warum bist du lüstern nach erlauchtem Stamm,
Des Verdienst nur deine Laster lästern?
Hochgeboren ist, wer auch sein Vater sei,
Wer der Tugend Töchter hat zu Schwestern.

Dann duckte er sich kauernd – und druckte sich schauernd, – rufend: O Gott, der du die Nahrung bescherest – und bitten heißest, auf daß du gewährest, – segne Mohammed – und alle, die ihm entstammet, – und gib, daß ein Herz sich entflammet – mir zum Trost – gegen den tödlichen Frost; – dessen Milde stumpfe meines Mangels Schärfe, – und sei es nur mit einem Scherfe. – Als er so nun gemacht seinen Stolz und seinen Mangel – zu der Herzen Doppelangel, – suchte ich mit meiner Blicke Pfeilen – die umgebende Menge zu teilen. – Und meine ausgesandten Kundschafter – kamen mir zurück mit grundhafter – Kunde, daß es sei *Abu Seid*, – und seine Nacktheit ein Verstellungskleid. – Als mein fester Blick es ihm nun bestärkte, – daß er nicht unbemerkt wirkte und werkte; – rief er: Beim Feuerschürer des Firmaments! – beim Steuerführer des Regiments! – dem Erleuchter des Orients – und Befeuchter des Okzidents! – des Menschen Seelengröße – ist, daß er zudecke die Blöße – und nicht aufdecke das Böse. – Da verstand ich, worauf er deute, – obgleich es nicht verstanden die Leute. – Mich dauerte, – wie er schauerte; – und ich gab ihm, worauf er lauerte: – einen Mantel, der am Tage mein Putz – und zu Nacht war mein Schutz, – warf ich ihm hin – und sprach: Nimm hin, – daß du nicht erfrierest die Glieder; – bist du warm, so gib mir ihn wieder! Da säumte er nicht, ihn umzuschlagen – und in Versen Dank zu sagen:

Der die Hüll' um meine Lenden mir verliehn,
Die ihr Zittern hemmt; Gott mög' ihm lohnen!
Wie mein Leben er gesichert, sicher sei
Seines vor dem Bösen aller Zonen.
Hier bekleidet ihn mein Ruhm, und drüben das
Kleid der Sel'gen, die in Gärten wohnen.

Als die Herzen nun hatte angestochen – die Kunst, mit der er sie angesprochen, – und auch mein Beispiel die Bahn gebrochen, – da war sein Erntetag angebrochen. – Sie warfen ihm zu von Mantel und Kragen – mehr, als seine Schultern konnten tragen; – und unter seiner Bürde wankend, – schritt er von dannen, dankend, – empfehlend dem ewigen Belohner – Kereg und dessen Bewohner. – Ich folgt' ihm, bis wo das Feld von Spähern rein war – und nicht länger zu wahren der Schein war; – da sprach ich, als ich mit ihm allein war: – Der Frost hat dich hart gezwackt, – stelle dich künftig lieber nicht mehr nackt! – Er sprach: Wen beschirmen Gottes Gnaden, – dem kann die Hitz' und der Frost nicht schaden. – Fastet man doch zu Gottes Preise, – daß einem besser munde die Speise, – so verlohnt es sich wohl auch nackt zu gehn, – um sich so mit Kleidern bepackt zu sehn. – Dann erhob er zur Flucht den Fuß – und rief mit Verdruß: – Du weißt, meine Art ist, zu wandern – aus einem Jagdrevier zum andern; – was hältst du mich auf – und stellst meinen Lauf – und vergällst meinen Kauf? – du tust meinem Handel mehr Abbruch, – als dein Mantel mir eintrug. – Doch ich hielt ihn herzhaft – und versetzte scherzhaft: – Hab' ich dir nicht gedeckt den Rücken – und gedient zum Deckmantel deinen Tücken? – Und wäre nicht mein Mantel vorangeschwommen, – was wäre dir wohl ins Netz gekommen? – Du wärest noch nackter als eine Spindel[202], – und bist jetzt reicher an Häuten als eine Zwiebel. – Weil ich denn so edel an dir gehandelt, – dich bemäntelt und dich bemantelt; – so gib als entbehrliches Stück von deinem Gefieder – und höchste Notdurft meiner Glieder – mir meinen geliehenen Mantel wieder. – Doch er blickte mit Staunen – und sprach mit gefurchten Augenbraunen: – Was man dem Grab, – und was man in fromme Stiftung gab, – nimmt man beiden nicht wieder ab. – Schlage dir den Mantel aus dem Sinn; – er ist wie das Gestern, das heute ist dahin. – Ich sprach: Und soll ich leer gehn vom Feste? – Er sprach: Nein, ich gebe dir zum besten das Beste, – die Verse, berühmt im Ost und Weste, – von den Winterwehn und Winterwonnen; – daran mögest du dich diesen Winter sonnen:

Wenn die wüsten Winterwinde wütend wehn,
Weißt du, was zur Wehre wählt ein Weiser?
Warme Wohnung, weiche Watt und wollnes Wams,
Weiter: würz'gen Wein und will'ge Weiber.[203]

Dann sprach er: Vier Verse für einen Mantel – ist ein guter Handel; – geh mit Gott, und dein Glück sei ohne Wandel. – Drauf ging er mit meinem Mantel ohne Bedauern, – und ich hatte dafür den ganzen Winter zu schauern.

Einundzwanzigste Makame[204]

Der Bettelbrief

Hareth Ben Hammam berichtet:

Mir fehlte in der Heimat etwas, – das ich suchen ging in *Ehwas*[205]. – Doch ich ward dort kein Schlecker, sondern blieb ein Schlucker, – ich bekam nicht zu schmecken des Landes Zucker, – sondern es schüttelte an jeder Fiber – mich der Armut Fieber. – Nachdem ich nun dort, als niemands Gast, – nur mir selbst gelegen zur Last – und ohne Ruhe gehalten Rast, – verdroß mich zuletzt das Aufliegen, – und ich entschloß mich zum Auffliegen. – Ich nahm mit dem frostigen Blick des Hassers – Abschied von dem Brunnen seichten Wassers – und verließ ohne Dank die trocknen Tränke-Rinnen, – durstend nach milderen Tränkern oder Tränkerinnen. – Als ich nun zwei Tagereisen gemacht – und zwei Nachtfahrten hatte vollbracht,[206] – erschien mir ein Zelt, ein blinkendes, – und ein Feuer, ein winkendes, – und ich sprach wie Mose, da er sah den Strauch – brennen ohne Rauch: – Ich will hingehn, ob man mir meine Fackel zünde, – oder den Weg mir künde.[207] – Als ich nun erreichte das Zelt, das gespannte, – erblickte ich Diener, geschickte, gewandte, – und gestickte Gewande, – dann einen Alten, mit kostbarem Stoff geschmückt, – vor ihm eine Tafel mit Früchten, frischgepflückt. – Es war wie eine Zaubererscheinung – in der Wüste der Paradieseswonnen Vereinung. – Ich bot erst meinen Gruß – und zog dann scheu zurück meinen Fuß; – doch er, indem er nickend sein Haupt erniederte – und meinen Gruß mit einem schönern erwiderte,[208] – sprach: Willst du nicht den Saft meiner Früchte schmekken, – oder hier den Duft der Unterhaltung wecken? – Da ließ ich mich nieder, daß ich koste, – nicht seine Kost, sondern was er kos'te. – Und wie nun das Gespräch seinen Geist entfaltete – und seinen Mund das Lächeln spaltete, – erkannte ich den Abu Seid an seinem Witze, dem feinen, – und an seinen Zähnen, den unreinen. – Da holt' ich vor Überraschung tief Ach, – und meine Freude war zwiefach, – einmal, daß ich ihn wiedergefunden, – dessen Spur mir lange war geschwunden, – dann daß ich ihn wiedersah als reich, – den ich verlassen hatte einem Bettler gleich. – Ich vergaß, wie das Glück mich selber bedrückte, – und dankte ihm, daß es ihn beglückte. – Dann frage ich: Von wannen des Weges? – und wo hinaus des Steges? – und woher die Auffrischung deines Gepräges, – die Anfrischung deines Weidegeheges? – Er sprach: Mein Kommen ist von *Tus*[209] – und mein Gang nach *Sus*[210]; – die Herrlichkeit aber, in der du mich siehest thronen, – kommt von den Geistern, die in der Öde wohnen. – Sie haben mich gewiesen zum Platz, – wo ich gehoben den Schatz. – Ich rief: Bei Gott, dem Schatzgeber! – bist du geworden ein Schatzgräber und Schatzheber? – Willst du mich nicht führen zu deinen Dschinnen[211]? – denn mir täte not, auch einen Schatz zu gewinnen. – Doch er sprach: Das schlage dir aus den Sinnen! – Die Geister sind alle verreist; – und es blieb nur zurück der Geist. – Ich sprach: So ist es wohl dein Geist, der gewandte, – der der Kunst Netze spannte, – in die des Glükkes Beute rannte? – Er sprach lächelnd: Ja, das war das Mittel. – Ich sprach: Doch welches war sein Titel? – Er sprach: Der Mund, der stumme, rief – diesmal zu Hilfe einen Bettelbrief. – Da beschwor ich ihn mit Entzücken, – mit dem Brief herauszurücken. – Doch er sprach: Ich kann dich nicht beglücken, – wenn du nicht auf den Fuß – mir folgen willst nach *Sus*. – Da mußt' ich mich wohl entschließen, ihn zu begleiten; – und ich weilte dort einen Monat an seiner Seiten, – während er mein Herz mit Versprechungen – und mein Ohr mit Bestechungen – von einem Tag zum andern hinhielt, – Alles auskramend, was er im Sinn hielt, – und nur mit seinem Bettelbrief inn' hielt; – bis die Brust mir ward zu enge, – und die Geduld mir kam ins Gedränge, – daß ich ausrief: Nun bleibt dir nichts mehr zu plaudern – und mir nichts mehr zu zaudern. – Morgen, nach deines Truges Erkennung, – will ich krächzen lassen zwischen uns den Raben der Trennung[212] – und abziehn mit den Schuhen des *Honein*[213]. – Doch er sprach: O nein! – Stelle deinen Argwohn ein! – Ich habe dich nicht zurückgehalten, – um dir vorzuenthalten, – sondern um dich zu erhalten und zu unterhalten. – Ist denn bei mir so arg wohnen? – warum willst du so argwohnen? – Doch daß du meine Lügenscheue schauest – und künftig meiner Treue trauest – und auf mein Versprechen dein Gebäue bauest; – so laß dir nun den Vorhang – lüpfen von jenem Vorgang, – und laß dich in die Vorhalle – führen von jenem Vorfalle. – Er dient als ein Elixier zu des Gemütes Erweiterungen – und verdient einen Platz im Buche der Erheiterungen[214]. – Ich sprach: Gott! wie bist du so verschieden gefunden, – bald so kurz angebunden, – bald so lang gewunden! – Wie unendlich sind deine Umstände, – und wie umständlich kommst du zum Ende! – Da erzählte er: Wisse, daß das bittere Muß – mich zwang, meine Nahrung zu suchen in *Tus*: – Meine Flügel waren damals von knappem Kiel – und schlappem Spiel, – ich hatte keinen Besenstiel und keinen Pappenstiel. – Da trieb mich die Leere im Kasten – zur Schwere von Schuldenlasten, – und es führte mich das harte Geschick – zu einem Gläubiger von hartem Genick. – Ich hoffte inzwischen auf Absatz meiner Waren[215] – und machte keinen Ansatz zu sparen; – ich träumte, durch meiner Künste Aufwand – noch zu decken meinen Aufwand: – bis sich zerstreute die Verblendung – und ich bereute die Verschwendung. – Die Schuld war fällig, – und ihr Forderer war ungefällig; – er wollte nicht hören Beschwichtigung, – sondern drang auf Berichtigung; – er nahm nicht vorlieb mit Abspeisung, – sondern bestand auf Anweisung; – und wenn ich sprach von Stündung und Vertagung, – sprach er nur von Aufkündung und Abtragung: – er spottete meiner Klage – und drohte mit einer Klage. – Ich wußte aber, daß keine Gnad' hie – sei zu finden vorm Kadi, – daß hingegen der Chef der Polizei – ganz polit sei; – um nun den Handel aus der Hand zu spielen einem Leidigen – und vor einem Leidlichen mich zu verteidigen, – fand ich es rätlich, – mich an meinem Dränger zu vergreifen tätlich. – Als er nun, gestoßen mit Hand und Fuß, – mich schleppte vor den Befehlshaber von Tus; – las ich auf den ersten Blick – in dessen Mienen mein gutes Geschick. – Doch fürchtete ich, mir möchten Worte nicht helfen – gegen des Gegners Gelfen[216]; – und um sicherer meines Richters Herz zu rühren, – wollt' ich meinen Streich mit der Feder führen. – Drum, als mein Feind tobte wie ein Ungetüm, – blieb ich stumm vor seinem Ungestüm, – deutend mit Gebärden und

Zeichen, – mir Tintenfaß und Papier zu reichen. – Da dachte wohl der Herr bei meinem Lallen, – mir sei vor Schrecken die Sprache verfallen, – und er rief: Verteidigen muß sich jeder; – wenn ihm die Zunge versagt, so gebt ihm die Feder. – Als ich nun war des Gerätes Meister, – schrieb ich, was mir eingaben meine Geister[217]: – Stumm ist die Treue, – stumm die Ehrfurcht und die Scheue; – stumm macht die Armut, die die Seele engt – und die Kehle zwängt, – die Brust beklemmt – und den Odem hemmt, – im Munde den Speichel macht trocken – und den Zug in der Lunge stocken. – Aber die milde Hand – löst der Zunge Band; – sie mache stumm meinen Tober, – und nie sei stumm ihr Lober!

Herr des Glückes! deines Neiders Auge müsse Blindheit decken,
Und das Ohr, das du bedräuest, Mächtiger, sei taub vor Schrecken!
Dessen Hand sei lahm, der gegen dich sie waget auszustrecken,
Und der Mund stumm, der sich dir zu widersprechen will erkecken.

Das Auge der Welt ist gegen Verdienste blind, – ihr Ohr ist gegen Bitten taub, – ihre Hand ist zu geben lahm, – und ihr Mund ist zuzusagen stumm. – Aber der Reichtum ist ein Licht, das sehen die Blinden, – ein Himmelsgruß, den hören die Tauben, – eine Stütze, an der sich aufrichten die Lahmen, – ein Zauber, der reden macht die Stummen[218].

Blind ist das Auge, das nicht schaut der Sonne Glanz;
Doch das nicht glänzen sieht das Gold, ist blind vor Scham.
Taub ist das Ohr, das nicht den Gruß des Liebsten merkt;
Doch das nicht hört des Silbers Klang, ist taub vor Gram.
Lahm ist die Hand, die nach dem Freunde sich nicht streckt;
Doch die den Taler nicht befühlt, ist kummerlahm.
Stumm sei der Mund, der nicht des Edlen Lob erhebt,
Das zu erheben selbst ein Stummer unternahm.

Doch um den zu loben, den keine Gunst des Zufalls blendet – und keine Macht des Unfalls lähmet, – den kein Ruf des Beifalls täubet – und kein Ungestüm des Abfalls stümmet; – dazu ist des Geistes Sehkraft erblindet – und der Feder Schnellkraft erlahmet, – der Vorstellung Fassungskraft ertaubet – und der Dichtung Schöpfungskraft erstummet[219].

Stumm ward in meiner Väter Haus die Freude,
Und ich begab mich auf die Reise stumm.
Das Glück, wo ich und wie ich es beschworen,
Blieb, ob ich laut rief oder leise, stumm;
Bis es zuletzt mir deutet' auf den Hohen,
Vor dessen Antlitz wird der Weise stumm.
Die Kunst, die zu Unwürd'ger Lobe laut ist,
Wird billig zu des Würd'gen Preise stumm.
Doch den zu rühmen, der ein Frühlingsregen
An Mild' ist, sei kein Blatt am Reise stumm;
Und dem zu danken, dessen Sonnenblick ist
Sein Lächeln, sei kein Aug' im Kreise stumm.
Auf unzählbaren Tugendspuren wandelt
Der Griffel im beredten Gleise stumm;
Anflehend einen, der erhört das Schweigen,
Daß er den Stummen ab nicht weise stumm,
Der, wenn den Mund ihm Wohltat wird erschließen,
Nicht wird verzehren seine Speise stumm.

Als der Emir nun empfing den Bettelbrief – und sein Blick wohlgefällig über den Zettel lief, – säumte er nicht, meine Schuld abzutragen – und die Klage meines Gegners niederzuschlagen. – Dann mußt' ich in seine Dienste treten – und mich beizählen lassen seinen Prunkgeräten; – und ich lebte ein Stück, ein geraumes, – von den Früchten seines milden Baumes, – kleidete mich in Gold und weichliche Seide – und hatte reichliche Weide: – ich sang dazwischen meine Danklieder, – bis mir gewachsen war das Gefieder; – da ward mir zuwider der Ruhstand, – und ich zog ab, wie du siehst, in diesem Zustand. – So sprach er; ich rief: Gott gebe dem nun Bestand! – Er sprach: Diese Welt besteht aus

Unbestand. – Doch was wählest du dir zur Gabe, – den Brief oder den Zehnten meiner Habe? – Ich sprach: Die Abschrift des Briefes ist mir begehrlicher. – Er sprach: Und bei Gott, mir ist sie entbehrlicher; – denn leichter gibt sich, was eingeht ins Ohr, – als was geht aus dem Beutel hervor. – Doch dann war's, als ob er sich schämte, – wenn er den nackten Brief nicht verbrämte; – und er ließ mich ziehn mit einem doppelten Maße von Wonnen, – mit dem Brief und einem vollen Eimer aus seinem Bronnen.[220] – Da sprach ich zum Abschied: Gott behüte deinen Atem! – in ihm ist die Seele von *Hatem*[221]. – Du bist ein besserer Tränker im Durst, als *Kaab Ben Mame*[222]; – sei nie getränkt noch bedrängt von Grame! – Du warst mir ein besserer Umgang, als *Kaka Ben Schaur*[223]; – Gott bewahre dich vor der Schur und vor dem Schau'r! – Er rief: Gott mehre deines Geistes und deines Leibes Vorrat, – daß du seiest wie die *Benu Forat*[224] – und wie das Wasser *Forat*[225]! – Worauf ich abzog mit Freuden, – und er blieb, um zu vergeuden.

Zweiundzwanzigste Makame[226]

Die Beduinen

Hareth Ben Hammam berichtet:

Mich trieb in meiner Jugend ein Gelüste – aus den Städten in die Wüste, – zum Umgang mit den freien Leuten, – welche wohnen unter den Häuten[227], – um zu lernen ihre Sitten, die ungefärbten, – und ihren trotzigen Stolz, den angeerbten, – samt ihrer Zunge Reinheit, – der arabischen Rede Feinheit[228]. – So zog ich entschlossen – und unverdrossen – hinauf und hinunter, – rüstig und munter, – durch Heideland – und Weideland, – gebirgiges und niedriges, – erfahrend Frohes und Widriges; – bis ich durch Glück und durch Beschwerde – mir erworben hatte zwei Schätz' auf der Erde, – von Kamelen einen Trieb und von Schafen eine Herde. – Dann wandte ich mich zu einem Stamme, – bei dem am reinsten blühte die Flamme, – dessen Verein, der keinem frönige, – war eine Gemeinde kleiner Könige, – in welcher als Ehrenlichter – strahlten Redner und Dichter. – Und ich lebte bei ihnen wohl eingetan; – sie schirmten mich, daß niemand einen Zahn – gegen mich durfte wetzen, – oder mir ein Haar verletzen. – Und meine Haut war immer heil, – geritzt von keinem Unglückspfeil, – bis in einer Nacht, die im Glanze des Vollmonds ruhte, – mir ausriß eine Kamelstute, – eine nutzbare, milchreiche, – unversieglichem Brunnen gleiche. – Doch ich ergab mich nicht in das Geschick, – das ihr Genick – wollte befrein von meinem Strick, – sondern schwang mich auf ein Roß von frischer Kraft, – einlegend[229] den zitternden Lanzenschaft, – und ritt in Gesellschaft des Mondenstrahles, – durchstöbernd buschiges Land und kahles, – bis, eh' mein Eifer erkaltete, – der Morgen seine Fahnen entfaltete, – und der Frühruf zum Gebet – mir kam zugeweht. – Da stieg ich vom Rücken des Rosses nieder – und beugte der Satzung gemäß die Glieder, – dann saß ich eiligst wieder oben – und ließ mein edles Tier nun erst seine Kraft erproben. – Ich sah keine Spur, ohne sie zu begleiten, – und keine Anhöh', ohne hinan zu reiten, – keine Talbucht, ohne hindurch zu jagen, – und keinen Reiter, ohne ihn auszufragen. – Doch verloren war meine Müh' und mein Fleiß – und umsonst vergossen meines Rosses Schweiß; – bis nun nahte die Stunde, wo, blind von Glut, – das Reh den Weg nicht findet zur Flut, – wo im Dampfe sich Erd' und Himmel vermischt – und im Menschen das Bewußtsein erlischt, – so daß selbst Medschnun nicht mehr denkt an Leilan[230], – und seiner geliebten Mejja vergisset Ghailan[231]. – Es war ein Tag, länger als der Lanze Schatten[232] – und heißer als Witwentränen um Sohn und Gatten[233]. – Da sah ich, daß, wenn ich nicht sucht' eine Kühle – und Erholung auf des Schlummers Pfühle, – ich der Schwüle müßte erliegen – und mein Blut in der Mittagsglut versiegen. – So flüchtet' ich vor der gänzlichen Ermattung – zu einem Serhastrauch[234] von dichter Beschattung, – um, unter seinem Laube mich vergrabend, – die Hitze zu verschlafen bis an den Abend. – Doch kaum war ich und mein Roß im Dunkel aufgehoben, – ich hatte noch nicht verschnauft und es noch nicht verschnoben, – da sah ich herankommen von links, – mit der

Schnelligkeit eines Winks, – einen Mann im Pilgeraufzug, – der die Augen begierig aufschlug, – suchend meine Schattenbucht – und flüchtend zur Stätte meiner Flucht. – Ich sah es an mit unwill'ger – Bewegung, mit unbill'ger – Ungastlichkeit gegen den Pilger; – und betete laut zu dem, der ist überall, – um Schutz gegen lästigen Überfall. – Doch bald legte sich meines Unmuts Überwall; – denn der da kam, war unser alter Überall. – Erst hielt ich sein Bild für eine Lufterscheinung, – für eine Mittagsdunstvereinung; – doch bald ward mir der Wahrheit Besiegelung, – daß dieses Wasser sei keine Wasserspiegelung. – Her schritt er, den Stab in den Lüften – und die Tasch' an den Hüften. – Ich fragte: Wie geht's und wie steht's? – Doch er sagte: Immer wie stets.

Sage dem, der fragt, wie geht es?
Immer munter bis zum Grabe.
Jeder Weg ist mir der rechte,
Ob er aufe, ob er abe.
Und mein Ziel ist stets das gleiche,
Ob ich laufe, ob ich trabe.
Meine Schuhsohl' ist das Reitpferd,
Das ich tummle mit dem Stabe.
Zwischen Wüst' und Wüste streich' ich
Auf den Raub als wie der Rabe;
Niste dann mich ein in Städten,
Wie im Schaubenkleid die Schabe;
Am gewärmten Herd des Reichen
Lustig zirpend wie die Schwabe[235].
Meine Kunst zu Markte trag' ich,
Daß sie ihre Käufer labe;
Nehme, was man gibt, und geb' es
Aus, wie ich's empfangen habe;
Und erspare meinen Dank,
Wo man mir versagt die Gabe.
Nicht der Biene Stachel scheu' ich
Um die volle Honigwabe;
Winsle, wenn die Hoffnung fehlschlug,
Nicht wie ein geschlagner Knabe.
Wenn ein Pfeil mir stumpf abprallte,

Spornt mich's, daß ich beßre schabe.
Bei dem allen bleibt die Ehre
Auch ein Stück von meiner Habe;
Ja, sich dreht um sie mein Streben,
Wie das Rad um seine Nabe;
Und mein Spruch ist: Vor der Schande
Gruben rette dich zum Grabe.

Dann sprach er, indem seine Blicke über mich glitten: – Nicht um nichts hat Kussair sich die Nas' abgeschnitten,[236] – und du bist wohl nicht umsonst durch die Hitze geritten. – Da gab ich ihm von meinem Kamel Bericht; – doch er sprach mit wichtigem Gesicht: – Jage nicht, was dich flieht, – und klage nicht, um was dir Gott entzieht. – Suche keinen, der dich meidet, – und halte keinen, der von dir scheidet; – und sei es dein Herzblatt und dein halbes Ich: – laß es fahren und fasse dich. – Dann sprach er: Wollen wir jetzt nicht den Mund zuhalten – und Mittagsruh' halten? – denn die Leiber sind ermattet, – die Hitze des Jahrs ist der Hitze des Tags gegattet, – und dieser Platz ist kühl beschattet, – mit aller Notdurft genugsam für Genügsame ausgestattet. – Nichts aber dient, des Gemütes Falten zu glätten – und den gefesselten Geist sanft zu entketten, – so sehr als Mittagsruh' auf luftigen Betten, – zumal in den zwei Monaten der Ängsten, – wo die Tage sind am längsten. – Ich sprach: Was dir lieb ist, das pflege; – ich stehe dir nicht im Wege. – Da macht' er den Boden sich zum Kissen – und schien alsbald des Schlafs beflissen. – Aber ich, um mich wach zu halten – und Wache zu halten, – stützte mich auf den Ellbogen; – doch bald hatte der Schlummer mein Auge betrogen – und meine Besinnung ins Netz gezogen: – und ich kam nicht eher zu mir, als da der Nachttau feuchtete – und der Sternhimmel leuchtete. – Da war ich allein auf Gottes Erde, – keine Spur vom Seruger und keine vom Pferde! – Da ward eine kurze Sommernacht – ohne Schlummer vom Kummer lang gemacht. – Ich wachte alle Sterne nieder; – bald macht' ich mich auf, dann blieb ich wieder: – bis endlich, da der Morgenduft ward heiter, – ich vor mir gewahrte in weiter – Entfernung ein Kamel mit seinem Reiter. – Ich winkte ihm zu mit meinem Kleide, – daß er sich meiner annähm' in meinem Leide; – er aber ritt fort mit Gelassenheit, – nicht achtend meiner Verlassenheit. – Doch mir verbot die Not, mich zu schämen; – ich rannte ihm nach, ob er sich möchte bequemen, – mich hinter sich auf sein Tier zu nehmen. – Als ich ihn keuchend erreichte nun – und begann die Augen aufzutun, – siehe, da fand sich mein Verlust als sein Fund, – sein Kamel tat sich mir als meines kund. – Stracks riß ich ihn von des Rückens Hügel – und zerrte mich mit ihm um den Zügel, – sprechend: Ich bin sein Herr, der's verloren; – das Tier ist mein mit Haut und Ohren. – Nimm meinem Haupte des Kummers Asch' ab! – und sei nicht begehrlicher als Aschab[237]! – Aber er hielt und klammerte, – schalt zugleich und jammerte, – flehte und drohte, – bald weisend die Tigertatze und bald die Katzenpfote. – Während so nun der eine zerrte – und der andre sich sperrte, – kam geflogen gleich einem Geschosse – Abu Seid auf dem Rosse, – indem ihm der Unverschämtheit Gewand – wohl zu Leib, wie sein Fell dem Panther, stand. – Da fürchtete ich wahrlich, daß Zwillingsschwestern – möchten sein sein Heut und sein Gestern, – und Roß und Kamel anheimgefallen dem Verderber, – verschollen wie die beiden Gerber[238]. – Und ich wußte nichts, als ihn bei Gott zu beschwören, – ob, nicht genug, mich gestern zu betören, – er heute gekommen sei, mich zu zerstören? – Doch er rief: Gott soll mich bewahren, – daß, den ich am Bart gerupft, ich auch noch zaus' an den Haaren! – Ich will nicht mein Saueres dem Bittern paaren, – sondern du sollst nun mein Süßes erfahren. – Da ward meine Sorge niedergeschlagen – und aufgerichtet mein Verzagen, – daß ich wagte seinen Beistand anzusprechen – gegen meines Gegners Erfrechen. – Doch er blickte ihn an, wie der wilde Leue – das Wild, das scheue, – und indem er gegen ihn senkte die Spitze der Lanze, – schwur er bei dem, der den Morgen schmückt mit Glanze: – wenn er sich nicht lasse wie die Fliege jagen, – so werde er ihn tot wie die Mücke schlagen; – und wenn er sich nicht statt aller Beute – begnüge heute – abzuziehen mit dem heilen Felle, – so woll' er das Fell ihm abziehn auf der Stelle! – Er woll', um ihm zu schlichten der Lebensgeister Hader, – mit seiner Lanzett' ihm öffnen am Hals eine Ader, – daß winseln sollten sein Bruder und sein Vater. – Da ließ jener fahren die Zäume – und suchte die weiten Räume; – doch Abu Seid sprach zu mir: Da nimm hin ohne Gefährde – und sitz auf ohne Beschwerde! – Du kannst zugleich nicht sitzen auf dem Kamel und auf dem Pferde. – Kein Unglück ist ohne ein Glück dabei; – besser ein Auge verloren als zwei. – Hareth Ben Hammam spricht: Da begann das Herz mir zu schwanken – zwischen Lust, zu schelten und zu danken, – in Erwägung des Heils und des Unheils – und Abwägung des Vorteils und Nachteils. – Er aber, als ob er mein Geist gewesen – und in meinem versiegelten Buche gelesen, – blickte mich an mit Offenheit – und sagte her ohne Betroffenheit:

Lieber Freund, dem ich unfreundlich
Zugebracht den bittern Trank!
Heute hab' ich dich geheilet,
Den ich gestern machte krank.
Rechne Nutzen gegen Schaden
Und heb auf so Klag' als Dank.

Dann rief er: Ich bin ein Jäger, – und du bist ein Träger, – wir geben zusammen keine Schwäger. – Lenke du links deine fette Stute, – ich schwenke rechts mein Roß, das wohlgemute. – Da spreißelte er, daß es Funken stob, – und mir blieb nichts, als daß ich mich erhob, – um heimzukehren gleich einem Toren, – der, um ein Kamel zu finden, ein Roß verloren.

Dreiundzwanzigste Makame[239]

Die Hochzeit im Wirtshaus

Hareth Ben Hammam erzählt:

Weil ich in der Heimat war schlecht begraset – und mein Weideland dünne beraset, – zog ich nach *Waßet*[240], – ohne doch zu kennen eine Seele, – der ich das Heil der Meinigen dort empfehle. – Als ich nun hineinfiel, wie der Fisch aufs Trocken', – oder wie ein weißes Haar in schwarze Locken, – steuerte das Unglück meinen Kahn – in einen Chan, – wo einzukehren pflegten die Zerstreuten des Landes, – die gemischten Brüder des Fremdlingsstandes; – doch wo Reinlichkeit und Zierlichkeit – und der Leute Manierlichkeit – dienten, das Herz des Gastes zu gewinnen – und die Heimat zu entrücken seinen Sinnen. – Als ich nun, allein zu sein mit meinem Jammer, – mir hatte gemietet eine eigne Kammer, – die nicht größer war als das Nest einer Ammer; – stand es an nicht länger, als man sagt „Amen", – oder „in Gottes Namen", – daß ich hörte, wie im nächsten Gemach – mein Wandnachbar zu einem, der bei ihm war, sprach; – Auf! mein Sohn; auf den Beinen sei dein Heil – und Sitzen sei deiner Feinde Teil! – Geh hier mit dem Vollmondrundlichen, – Fettlichen, Mundlichen, – der auf der Welt nichts verschuldet hat, – aber vieles geduldet hat; – der eingesenkt ward, um aufzustehn, – und eingetränkt ward, um aufzugehn; – der sich mußte lassen schneiden und treten, – malmen und kneten – und ins Feuer schieben, bis er war erstarkt; – mit ihm geh auf den Markt – und hole von dort den Schmächtigen, – Schwängernden, Trächtigen, – Nutzens und Schadens Mächtigen, – Gluten Schwitzenden, – Funken Spritzenden, – Donnernden, Blitzenden, – Geschlagnen, Schlagenden, – nicht Versagenden, – Lust zu Lumpen Tragenden, – Knatternden, Knitternden, – nicht unnütz auf dem Feld Verwitternden, – sondern in seinem Beruf Zersplitternden. – Als nun verstummt war des Sprechens Gedröhne, – hört' ich noch des Fortgehens Getöne; – dann sah ich aus dem Hause schreiten – einen Jüngling, doch ohne zweiten[241]. Da fand ich es ein Rätsel, den Verstand zu äffen, – zu Vermutungen einladend, um fehl zu treffen; – und ich ging den Schritten des Gesendeten nach, – um zu erfahren, wovon sein Sender sprach. – Doch er wandte sich und rannte wie ein unsteter Geist, – bis er hatte den ganzen Markt durchreist – und alle Buden ausgekreist; – da trat er zuletzt an eine, – wo feil waren *Feuersteine*; – er reichte dem Verkäufer einen *Kuchen*[242], und der ließ ihn dafür einen Stein aussuchen. – Dann verschwand er mit seinem Besitz; – doch ich bewunderte den Aufwand von Witz, – und mir fuhr durch die Seel' ein Blitz, – ich erkannte hieran den *Seruger* so klar, – daß mir zu fragen nicht nötig war. – Doch um meine Vermutung zu bestätigen – und meinen Scharfsinn mir selbst zu betätigen – eilt' ich zurück zum Chan, – was man nur eilen kann; – und die Sache hatte ihre Richtigkeit; – meine Scharfsicht übertraf Serkas[243] Scharfsichtigkeit: – Denn siehe, da saß er selbst, Abu Seid, in vollster – Wirklichkeit auf dem Gästepolster. – Wir begrüßten uns wie Bekannte – und umarmten uns wie Verwandte; – dann sprach er: Was ist dir begegnet, – daß du die Heimat hast gesegnet? – Ich sprach: Schicksals Drang – und Drangsals Überschwang. – Er sprach: Bei dem, der Regen preßt aus der Wolken Kleide – und die Dattel zieht aus der Fruchtscheide, – ja, die Zeit ist verdorben ungemein, – und das Verderbnis ist allgemein; – doch die Nahrung kommt von Gott, – sie zu errennen frommt kein Trott. – Aber wie fuhrest du auf deinen Pfaden? – ledig oder geladen? – Ich sprach: Die Nacht war mein weites Gewand – und der Mantel mein enges Gürtelband. – Da blickt' er nachdenklicher Gebärde – und schrieb mit dem Finger an der Erde, – als sinn' er, wie er helfen werde. – Dann fuhr er auf, wie wem ein Wild aufstieß, – oder die Gelegenheit sich wies, – und sprach: Du sollst unter meinem Beirat – hier schließen eine Heirat mit Leuten, die deinen Schaden heilen – und deiner Mause neues Gefieder erteilen. – Ich sprach: Soll ich meinem Wehstand – noch hinzutun den Ehstand? – Und wer sind denn die Leute, die irgend heim – geben ihr Kind einem Habenichts von Nirgendheim? – Er sprach: Ich bin bei ihnen dein Mittler – dein Bürge, dein Adler und Betitler. – Im übrigen sind es Leute vom alten Glauben, – nicht klug wie die Schlangen, doch ohne Falsch wie die Tauben; – die sich zum Beruf machen die Lösung der Gefangenen – und die Leitung der Irrgegangenen – und die, haltend an der rechten Satzung, – nicht verlangen eines Eidams Brandschatzung. – Ob bei ihnen würbe Ibrahim Ben Edhem[244], – oder Gebelet Ben Eihem[245], – sie begehrten eben zum Mahlschatz fünfhundert Dirhem, – weil der Prophet so viel für seine Weiber gab – und nicht mehr nahm für seine Töchter ab. – Übrigens genügt ihnen ein Versprechen, –

und vom Baren ist nicht zu sprechen. – Dazu werd' ich, wann du schließest den Eh'vertrag, – für dich halten einen Werbvortrag, – desgleichen der Mund nie geboren, – noch empfangen haben die Ohren. – Hareth Ben Hammam spricht: Da reizte mich mehr der gedachte Vortrag, – als die zugedachte Braut, daß ich einging den Vorschlag – und sprach: Ich geb' in deine Hand des Schwertes Heft, führ als Freund und als verständiger Mann das Geschäft! – Da schritt er fort großprahlend, – dann kehrt' er zurück siegstrahlend – und sprach: Wünsche dir Glück zu deines Glükkes Besserung – und deines trockenen Grundes Wässerung, – erkennend mit Dankespflichtigkeit – meiner Dienstbemühungen Wichtigkeit, – denn die Sach' ist in Richtigkeit. – Dann lud er auf die Nacht alle Leute des Hauses – und beschickte selbst die Süßigkeiten des Schmauses. – Als nun die Finsternis zog ihr Zelt von Flor – und jeder, der kein Tor war, schloß sein Tor; – rief er bei Kerzenscheine – zur Versammlung die geladene Gemeine. – Da kam, was nur im Chan war, dem Rufe nach – und sammelte sich in sein Gemach. – Als nun der Brauterzeuger mit Gefolg war erschienen, – samt dem Volke derer, die zu Zeugen sollten dienen, – wies er rings die Polster zum Sitz an ihnen; – worauf er ein Astrolab[246] erhob, – einen Kalender hin und wieder schob – und so lange stellte an einem Horoskop, – bis die ganze Gesellschaft nickte – und Schläfrigkeit jeden bestrickte. – Da rief ich: Wann legest du endlich die Axt an den Stamm? – Wie lange lässest du zappeln das Opferlamm? – Doch er tat einen Schiefblick, – dann sprach er mit einem Tiefblick: – Ich schwör' es beim Berge Tur[247], – und groß ist dieser Schwur, – und beim aufgeschlagenen Buch[248], – dieser Schwur leidet keinen Bruch: – die Heimlichkeit dieses Dings wird sich offenbaren – und das Gedächtnis davon sich bewahren – bis zu dem Tag, wo sich versammeln die Scharen. – Worauf er auf die Knie sich hockte – und die Ohren zur Weide lockte, – indem er nicht im Vortrag stockte, – sprechend: Gelobt sei Gott, der gelobte, der zu lobende, – der erprobte, der erprobende, – der Erschaffer aller Erschaffnen, – der Erwecker aller Entschlafnen; – der mit seinem Segen regnet – und mit seinem Regen segnet; – der die Abgründ' ergründet – und die

Strommünder mündet – und die Sünder entsündet; – der den Bund der Weltseiten bündet – und das Rund der Jahreszeiten ründet; – der Urheber und der Wender, – der Anheber und der Ender, – der Ratgeber und der Vollender; – der Vater der Schwarzen und Weißen, – der Begnader der Toren und Weisen, – der Berater der Witwen und Waisen; – der Entlader der Beladenen, – der Einlader der Ungeladenen; – der die Wünsche gewährt – und die Hoffnungen bewährt – und die Bitten nicht wehrt; – dem die Verachteten sind wert – und dessen Gnade ewig währt. – Ich lob' ihn, wie ihn lobten die Altväter, – und bet' an, wie angebetet Abraham, der Anbeter. – Kein Gott ist außer dem Gott der Welt; – was er hält, das hält; – was er fällt, das fällt. – Er hat gesandt den Mohammed Aleihisselam[249], – vor der Welt aufzurichten den Islam, – die Übermütigen zu demütigen – und zu trösten die Wehmütigen; – daß er machte zu Schutt und zu Spott – die Götzen Suwaa und Wodd[250]. – Er richtete und unterrichtete, – berichtete und verrichtete, – vermahnte und bedrohte, – bahnte den Steig der Gebot' und Verbote. – Und Gott hat ihn ausgezeichnet mit Lohnung, – seinen Geist aufgenommen in die Friedenswohnung – und seinem Geschlecht verheißen Gnad' und Schonung, – solange die Luft am Mittag flimmert – und der Strauß in Wüsten wimmert – und der neue Mond im Westen schimmert. – Wirket (Gott schirm' euch) im besten der Werke – und wandelt ohne Wandel in des Glaubens Stärke, – hasset das Böse und lasset es, – höret das Gute und fasset es, – entringet euch den Banden der Schuld und der Schande – und schlinget des Bluts erlaubte Bande, – verschwägert euch mit Reinheit und mit Zierde – und entschlaget euch unreiner Begierde. – Hier euer Eidam ist von Herkunft der Klarste, – von Einkunft der Barste, – von Auskunft der Offenbarste, – von Verheißung auf die Zukunft der Wahrste. – Er steht vor euch hier auf dem Wahlplatz, – die Perl' eures Hauses ist sein Wahlschatz, – für die er euch bietet zum Mahlschatz – so viel, als weiland der Prophet – bot für Ummu Selemet[251]. – Sie passen zusammen wie Stahl und Stein, – wie Schal' und Wein; – ferne von ihnen sei Qual und Pein. – Keinem Feineren als ihm ward noch ein Kind vertraut, – von einem Reineren ward nie entschleiert eine Braut. – Sein Schwäher ist mit ihm unbeschwert, – und sein Gewährer ist mit ihm gewährt. – Ich bitte Gott, daß er ihn euch lasse gelieben – und daß sein Glück sei durch euch beklieben. – Gott segne eure Aus- und Einkehr – und bereite euch zu sich die Heimkehr! – Ihm ist der Preis, der ewig flammet, – und das Lob seinem Gesandten Mohammed.[252]

Als er so mit seinem Vortrag die Hörer verwundert, – auch den Vertrag geschrieben über die fünfhundert ; – sprach er, das Werk zu krönen; – „Zu Eintracht und zu Söhnen!“[253] – Dann bracht' er die bereiteten Süßigkeiten – und stiftet' ein Gedächtnis auf ewige Zeiten. – Als ich begierig krümmte die Krallen, – um vor den andern darüber herzufallen; – hielt er mich zurück und bedeutete mich, daß mir vom Feste – nichts zusteh' als die Bedienung der Gäste. – Das tat ich denn flink; – doch es währte einen Augenwink, – da fielen sie auf ihre Kinne, – und weg waren ihre Sinne. – Als ich sie sah liegen, – wie die toten Fliegen, – merkt' ich, daß es sei von verruchter Tück' – ein ausgesuchtes Stück, – und sprach: O du Feind deines Lebens – und Knecht deines bösen Strebens, – hast du ihnen gereicht süßes Brot – oder bittern Tod? – Doch er sprach unkummerhaft: Nichts weiter als einen Schlummersaft. – Ich rief: Ich schwör' es bei derer[254] Reigen, – die dem Nachtwandler die Wege zeigen, – du hast hier aufgerichtet ein Schandmal – und dir aufgedrückt ein Brandmal. – Dann dacht' ich an der Folgen Erstreckung – und die Gefahr der Ansteckung, – bis mir die Gesinnung in Funken stob – und die Rückenhaut ein Schauder hob. – Doch als er sah meiner Furcht Bewegungen – und die Unruhe meiner Regungen, – sprach er: Woher deiner Besorgnisse Flut – und wozu deiner Befahrnisse Glut? – Wenn um meinetwegen, – so laß den Sturm sich legen; – denn im Augenblick werd' ich hier packen und sakken – und diesen Ort ansehn mit meinem Nacken. – Wie manchen schon hab' ich geräumt, der nach mir leer blieb wie Schlacken! – Doch siehst du auf deine Bedrängnis – und besorgst für dich das Gefängnis; – so genieß hier den Rest und fürchte kein Leid, – als daß ich dir ausziehe das Kleid. – Dann kannst du hier sicher bei den andern bleiben – und morgen deine Hochzeit betreiben. – Doch willst du das nicht, so fliehe, – ziehe fort, eh man fort dich ziehe! – Dann fing er an, auszuräumen in den Gemächern, – was sich fand in Schreinen und Fächern, – und erlas den Aushub von allen Waren – wiegbaren oder meßbaren, – bis, was er zurückließ, war ein Quark, – wie ein Knochen, aus dem man genommen das Mark. – Als er nun gerührt und geschnürt, was er für gut befunden, – die Ärmel gestülpt und den Gurt gebunden; – wandt' er sich zu mir mit Vermessenheit, – mit aller Freundschaft Vergessenheit – und sprach: Willst du mit? Ich ziehe – in die Sümpfe von Batihe[255], – und ich finde dort wohl noch Zeit, – dir zu sorgen für eine andre Hochzeit. – Doch ich sprach: Bei dem Herrn Jesus, der auf den Gassen gelehrt, – doch keine Gasthäuser ausgeleert[256]! – mein Kopf braucht keine zwei Nachtkappen, – und ich habe genug an einer Schlappen. – Gehe mit Gott und wandre – und frei' einem andern deine andre. – Da lächelt' er vergnügt und wollte mich umfangen, – doch ich wandt' ihm ab die Wangen – und entzog mich seinem Liebesverlangen. – Als er nun sah meine Sprödheit – und erfuhr meine Schnödheit, – sang er mich an ohne Blödheit:

Der du von mir dich wendest ab,
Als wie die Reinheit von der Räude,
Und tadelst, was ich hier getan;
Was weißt du denn, was es bedeute?
Du schimpfe nicht und rümpfe nicht
Die Nas', ich kenne meine Leute.
Ich bin bei ihnen eingekehrt,
Es ist das erste Mal nicht heute,
Und habe keinen Menschlichen
Gefunden in der ganzen Meute,
Kein Herz, in welchem Großmut wohnt
Im ganzen weiten Wohngebäude.
Ich sah, wie sie mißhandelten
Mit Hohn die armen fremden Leute,
Wie keiner einen Bettler sich
Zu prellen noch zu schnellen scheute.
Ich sah, wie meine Herde[257], die
Verlassen durch die Welt zerstreute,

In diesen Rachen rannte, wie
In eines Löwen Bau die Beute.
Darob ergrimmt in hohem Mut
Ich ihnen längst die Rache dräute,
Bis heut zu Ehren deiner Braut
Ich ihnen süßen Schlummer bräute,
Um ihnen scheulos auszuziehn
Die andern ausgezognen Häute
Und ihren Zahn zu stumpfen, der
Am Fleische meiner Brüder käute.
Daher mich diese Tat nun freut,
Wie keine ähnliche mich freute;
Denn dieses Volk verdient es, daß
Sie Gott mit Stumpf und Stiel ausreute.
Wie manches hab' ich sonst vollbracht,
Als ich nicht Gott noch Menschen scheute;
Wodurch ich zeigte, daß vermag
Mehr als der Starke der Gescheite;
Wenn mehr durch List ich tat, als wer
Mit Schwertern schlug, mit Stöcken bleute.
Das alles macht mein Herz verwirrt,
Wie die Erinnrung mir's erneute;
Doch hab' ich Zuversicht, daß Gott
Mir wird verzeihn, wenn ich bereute.

Der Erzähler spricht: Da hub er an ein Wehklagen – und stellte an ein Brustschlagen, – bis mein abgewandtes Herz ihm wieder war zugeneigt – und ich für ihn hoffte, was man hofft für einen Sünder, der Reue zeigt. – Doch er dämmte seinen Tränenlauf, – achselte sein Bündel und machte sich auf – und rief seinem Sohne: Komm mit dem Reste! – Gott ist unsere Feste. – Als ich nun abziehn sah den Drachen und sein Drächlein, – rafft' ich zusammen meine Sächlein; – denn ich sah, daß ich mich selbst nicht hätte lieb, – wenn ich länger an der Stätte blieb; – so zog ich in der Nacht gen Tib[258] – und nahm Gott zum Zeugen gegen den Dieb.

Vierundzwanzigste Makame[259]

Die Bettlerhochzeit

Hareth Ben Hammam erzählt:

Ich reiste von der Stadt des Elmansur[260] – nach dem Gefilde von *Sur*[261]; – und nachdem mich hier gehabt ein Wohlhabender – und gelabt ein Gastlabender, – Reichbegabter, Gleichbegabender: – hatt' ich nicht Lust an längerer Weilung, – sondern sehnte mich nach Kahiras[262] Ereilung, – wie sich ein Kranker sehnt nach der Heilung; – oder wie ein Freigebiger nach Spendenverteilung.[263] – Als ich nun abgeworfen hatte, was mich gesäumt, – und, was mich aufhielt, aus dem Wege geräumt, – dann meine Sohle als Reittier gezäumt;[264] – eilt' ich durch Busch und Strauß – mit schnellem Husch wie ein Strauß. – Und als ich mit der Zeit und mit der Schwiele – war gelangt zu meinem Reiseziele, – erquickt' ich mich daran, wie am Frührot ein Nachtverirrter, – oder am Frührausch ein Sinnverwirrter.[265] – Während ich nun dort schon weilte länger – und einst mich umtrieb im Getümmel der Straßendränger, – unter mir einen stattlichen Paßgänger; – erblickt' ich auf schönen Stumpfschwänzen – einen Reiterzug, schimmernd gleich Sternetänzen. – Da fragt' ich, begierig auf eine Vergnügung – das Volk nach dem Aufzug und dem Ort der Verfügung. – Man sprach: Es sind geladene Zeugen des Tags, – die sich begeben nach dem Ort eines Heiratsvertrags – und Hochzeitgelags. – Da trieb es mich, ihnen nachzureiten, – um miteinzunehmen des Festes Süßigkeiten. – Und wir gelangten nach einem langen und schweren Traben – hinaus zu einem Schlosse mit Wall und Graben, – hoch und erhaben, – das Macht und Reichtum schienen erbaut zu haben. – Als jene nun gestiegen vom Rosse – und eingegangen waren zum Schlosse, – und ich im Begriffe stand nachzugehn, – wollt' ich mir doch erst den Eingang besehn: – den fand ich, in seltner Verzierung – und wunderbarer Staffierung, – von zerrissenen Mänteln umfangen – und von Bettelsäkken umhangen. – Mich machte stutzen des Buches Titel, – und ich sah kein Mittel, – mir zu erklären die Säck' und die

Kittel; – bis daß ich dahinter einen Mann gewahrt, – der dasaß nach Pförtnerart; – zu dem trat ich mit meinem Anliegen frei – und beschwor ihn bei dem, der den Vogel erschafft im Ei, – mir zu sagen, wer der Herr des Hauses sei? – Er sprach: Der Herr ist ungenannt – und der Gebieter ungekannt; – das Haus ist der Port der unbehausten Hausierer, – der Ruhort der pausierenden Hantierer. – Da sprach ich bei mir: Wir stehn in Gottes Hand – auch im schlimmen Stand, – an des Abgrunds Rand.[266] – Dann gedacht' ich, dem Unheil auszuweichen – und das Feld zu räumen vor den üblen Zeichen; – doch es schien mir schimpflich die Umkehr vor den Schwellen – und mißlich die Rückkehr ohne Gesellen: – und ich ging, doch es ward mir sauer, – ins Haus wie der Vogel ins Bauer. – Siehe, da war drinnen geschmückt ein Saal, – wie ein Frühlingstal, – hell wie vom Paradies ein Strahl, – von Vorhängen bunt umzirket, – von Tapeten reich umwirket, – Polster umhergespreitet – und Thronsessel bereitet. – Aber hereingewandelt kam – nun der Bräutigam; – in wallenden Gewanden, – Aufwärter zu seinen Handen; – er sah sich um – und siegprangte stumm: – so schritt er zu seinem Sitz, und da saß er – als wie ein Sohn der Königin Himmelswasser[267]; – gegenüber aber, ihn zu beaugenscheinigen, – saß der Brautvater mit den Seinigen[268] – und ringsumher mit Gepränge – aller Zeugen Gedränge. – Da rief vom Bräutigam und seinem Haus – ein Herold aus: – „Beim Frieden Sassans[269], des Gründers unseres Grundes, – des Bünders unseres Bundes! – An dieser Statt, der gefreiten, – und an diesem Tag, dem geweihten, – hier vorm Antlitz der freien Wanderer, – soll unsre Brautwerbung tun kein anderer, – als der Scheich, der da gereist und gekreist – und im edlen Beruf ist ergreist.“ – Der Antrag gefiel den Brautverwandten, – und sie bewilligten Eintritt dem hohen Ungenannten. – Da schritt mit Preis – herein ein Greis, – dem gebogen hatten den Stamm die Jahre – und die Tage mit Blüten bestreut die Haare, – der trug den Stab majestätisch – und die Tasche gravitätisch; – und die Gemeinde jauchzte ihm entgegen – und drängte sich, zu empfangen seinen Segen. – Als er nun sich gesetzt auf seinem Thron – und vor seinem Ernste verstummt war der Jubelton, – legt' er die Hand an den Kober, – und die Stimm' erhob er: – Gepriesen sei Gott, der Geber, der Schenker, – der Gefallnen Heber, der Verirrten Lenker, – der Erhörer der Bettler und Beter, – der Unvertretnen Vertreter, – der Zertretnen Hilf' und der Schrecken der Übertreter; – der erleuchtet die schwächlich Sehenden – und leitet die gebrechlich Gehenden; – der eingesetzt hat den Almosenzehenten[270] – und verboten, abzuweisen den Flehenden; – der ermahnt hat, den Lahmen und den Krummen kein Haar zu krümmen – und zu speisen den Stummen und den Ungestümen. – Er hat seinen Knechten, den gerechten, – in seinem Buche, dem echten, – gesagt, und er ist für die Fragenden – der Wahrste der Wahrheitsagenden: – „Heil denen, die einen Teil ihrer Habe verwandten – für die verstoßnen heimatlosen Verbannten." – Ich preis' ihn für der Güter verliehenen Nießbrauch – und bitt' ihn, abzuwenden den Mißbrauch; – ich fleh' ihn, zu behüten vor dem Fehltritte – und zu bewahren vor der Fehlbitte, – und bezeuge, daß kein Gott ist als er, – und keiner mehr, – ein Gott, der belohnt die Almosenspendenden – und beschämt die ihr Antlitz Wendenden, – die mit leerer Hand Entsendenden; – der verpönt hat Zins und Wucher – und erlaubt das Gewerbe der Wohltatensucher. – Ich bezeuge, daß Mohammed ist sein werter Bot', – in die Welt gesandt wie das Morgenrot, – um die Finsternis durch das Licht zu scheuchen – und den Armen zu helfen gegen die Reichen. – Er war (Gott sei ihm gnädig) den Dürftigen mild – und der Unterdrückten Schild; – er hat die Güter der Begüterten besteuert – und der Not der Notleidenden gesteuert. – Gott stell' ihn höher als die Höchsten – und näher dem Thron als die Nächsten! – Ihn speisen des Paradieses Äste, – wie er einst gespeist aufs beste – die Leute des Soffas, des Islams Gäste[271]. – Nun aber, Gott der höchste hat die Ehe eingesetzt zu einer Zucht – und Heiles Frucht, – als Mittel zu des bösen Triebes Gewältigung – und als Weg zu eurer Vervielfältigung. – Er sagt: O ihr Menschen, wir haben euch geschaffen Mann und Weib, damit ihr einander überkleidet[272], – und haben euch gemacht zu Stämmen und Geschlechtern, auf daß ihr euch voneinander unterscheidet. – Hier nun ist Abu Derradsch, – Welladsch Ben Cherradsch, – Fänger, Sohn des Gängers,

– Sohnes des Drängers; – Herr vom unverschämten Gesicht, – Habegern von Fürchtenicht, – der preisliche, freisliche, – unabweisliche, unabspeisliche, – mit allen Wassern gewaschen – und Meister von allen Taschen; – der begehrt die Zierde ihres Stamms, – die Begierde ihres Bräutigams, – die Kambas, – Bint Ebi Ambas, – Krauselind, – Tochter von Brausewind, – wegen dessen, was er vernommen von ihrer Übsamkeit – und unbetrübsamen Betriebsamkeit, – von ihrer Abrüchtigkeit, – Gabsüchtigkeit und Trabflüchtigkeit; – und bestimmt ihr zum Mahlschatz einen Rock und eine Tasche – einen Stock und eine Flasche. – So gewähret denn dem Freier, der freit nach seinem Stand, – und verschlinget dem seinigen euer Band; – „und wenn ihr fürchtet die Armut, Gott wird euch auftun seine milde Hand“[273]. – Und nun beug' ich mich vor Gott als sein demütiger Knecht, – ihn bittend, daß er mehre in den Herbergen euer Geschlecht – und wahre gegen die Schergen euer Recht. – – Als so der Scheich den Vortrag beschlossen – und der Bräutigam des Jaworts genossen; – da ward ein Hochzeitsspenderegen[274] ergossen, – dessen Strom die Wünsche der Begehrlichkeit deckte – und im Geize Nacheiferung der Großmut weckte. – Darauf erhob sich der Scheich und wandelte hindannen mit Schlendern – und zog alles Volk sich nach gleich seinen Gewändern. – Hareth Ben Hammam spricht: Um voll zu machen des Tages Lustausbeute, – folgt' ich dem Rückzug der Leute. – Da führte sie ihr Führer, um sie zu erfrischen, – in einen Saal mit gedeckten Tischen, – auf denen hatten die Meister der Küche – gleichmäßig verteilt die Gericht' und Gerüche. – Als nun jeder gefaßt seinen Posten – und bereit war, zu kauen und zu kosten, – wollt' ich aus den Reihen der Schlacht entweichen – und fliehn, als man zum Angriff gab das Zeichen. – Da machte der Alte nach mir eine Wendung, – und mein Auge traf von seinem Blick eine Blendung; – er rief: wohin willst du, Mucker? – und wohin zielst du, Ducker? – bist du nicht hier in Gesellschaft Schmucker? – Ich rief: Bei dem, der die Sphären rollt – und die Himmel auslegt mit Gold! – keinen Bissen werd' ich versuchen, – noch anrühren einen Kuchen, – du sagest mir denn, woher du stammest, – woher du wehest, wohin du flammest? – Da schnob sein Seufzer dem

Himmel entgegen, – dann stob nieder sein Tränenregen; – dann brach aus seiner Trübe das Licht an, – er nahm ein mir bekanntes Gesicht an – und hub so den Bericht an:

Mein Geburtsland ist Serug,
Wo mein Glück einst Wogen schlug;
Ein Gefild, in welchem du
Alles findest all genug;
Dessen Brunn' ist Selsebil[275],
Fülle, die erschöpft kein Krug.
Auf der Weide geht das Lamm,
Zwischen Blumen geht der Pflug.
Durch die Häuser wandeln Söhne,
Wie durch Lüft' ein Sternenzug.
O des Anblicks dieser Flur,
Deren Duft macht jung und klug;
O der Blüten, wann der Schnee
Schmilzt vom sanften Hügelbug!
Wer es sieht, der spricht: das Eden
Dieser Erden ist Serug;
Und des Gram versieget nie,
Den das Glück daraus verschlug;
Wie mir's ging, seit nackt von dort
Mich vertrieb das Volk Olug[276].
Seitdem ungehemmet ging
Meines Seufzers Odemzug;
Und die Träne fließt, wie mich
Heimwärts trägt Gedankenflug.
Trösten kann mich nicht für das,
Was mir raubte Schicksalstrug,
Daß ich seitdem vor der Welt
Bettlerkönigs Krone trug.

Der Erzähler spricht: Als nun sein Gedicht mir gegeben des Rätsels Schlüssel, – begrüßt ich mit Lust den Bekannten und aß mit ihm aus *einer* Schüssel. – Worauf ich, solang ich in Kahira weilte, – beständig seine Gesellschaft teilte, – stets pochend an seiner Geistesschatzkammern Pforte – und meines Ohres Muschel füllend mit den Perlen seiner Worte; – bis daß der Rabe der Trennung[277] zwischen uns krächzte – und meine Seele beim Abschied ächzte.

Fünfundzwanzigste Makame[278]

Der nackte Waller

Hareth Ben Hammam erzählt:

Mir war in meiner Jugendkraft – und in meines Lebens frischem Saft, – verhaßt zu bleiben in der Heimat Haft, – und ich sehnte mich wie die Schneide – eines Schwerts aus der Scheide; – wissend, daß die Reise – führet zum Preise, – aber daheim zu hocken, – machet den Witz trocken – und das Verdienst des Mannes stocken. – Daher nach gepflogener Beratschlagung – und Buchaufschlagung[279] – und gewogener Zeichenbefragung, – nahm ich zu meinem Reisegefährten ein Herz ohne Gram – und zog auf Handel hinaus an die Küste von Scham[280]. – Als ich dort nun lagerte zu Ramle[281], – darauf bedacht, daß ich mir Güter sammle, – fand ich daselbst Trupp um Trupp, die rüsteten Gepäck und Futter – zur Fahrt nach der *Städtemutter*[282]. – Da ward ich ergriffen von des Verlangens Brause – und hingerissen von der Begierde nach dem heiligen Hause[283]; – daß ich meine Kamelstute zäumte, – und aus dem Wege räumte, – was mich hemmte und säumte,

> Und sprach zu meinem Tadler: Schweig! denn ich erkor
> Vor jedem Ort den Betort Abrahams[284].
> Ausgebend[285] mein gesammelt Geld am Sammelort[286],
> Entgeh' ich durch Hatim der Pein Hotams.[287]

So gesellt' ich mich einer Schar, – wie Sterne klar, – schnell reisend wie reißende Fluten, – wie Rosse wettrennend nach dem Guten. – Und wir ließen nicht ab – zwischen Trott und Trab, – unter Tagmärschen und Nachtfahrten, – bei denen unsre Tiere keine Kraft sparten, – bis durch die Großmut ihrer Hufe – uns ward geschenkt der Anblick von Dschuhfe[288]. – Da hielten wir an mit frohem Sinn, – uns Glück wünschend zu des nahen Ziels Gewinn, – uns anschickend zu der heiligen Feier Beginn. – Doch kaum waren die Kamele gestallt – und die Sättel abgeschnallt, – als von uns ward von weitem zwischen den Hügeln geschaut – ein Mann in bloßer Haut[289], – der stand und rief laut: – Herein! herein! – o du Menschenverein! – komm und empfahe, was dich vor Gott macht rein. – Da stürmten die Pilger ihm zu mit Rauschen – und türmten sich um ihn her mit Lauschen. – Und als er sah ihre dichte Umkreisung – und ihr Verlangen nach seines Wortes Tränkung und Speisung, – schwang er sich auf eine Klippe – und erschloß mit Räuspern die Lippe, – sprechend: O du Wallfahrerheer, – die ihr wie die Bäche zum Meer – strömt aus allen Talschluchten her; – versteht ihr auch, was ihr wollet? – und seht ihr auch, was ihr sollet? – Bedachtet ihr wohl, wozu ihr euch vereint? – und beachtet ihr recht, vor wem ihr hier erscheint? – Meint ihr, die Wallfahrt bestehe darin, die Rationen zu wählen – und die Stationen zu zählen, – den Packsattel aufzupacken – und zu drücken der Tiere Nacken? – oder die Andacht sei, in Wüsten zu lagern – und die Leiber abzumagern, – zu vermeiden Weib und Kind – und zu scheiden von Haus und Gesind? – Nein, bei Gott! sondern Aufgebung des Truges – vor Anhebung des Zuges, und Reinigung der Sinne – vor Beaugenscheinigung der heiligen Zinne; – die Entladung der Seele – vor Beladung der Reisekamele, – und der Laster Abzäumung[290] – vor der Lasttiere Besäumung. – Denn bei dem, der die Festordnung[291] hat gemacht – und der die Wandrer leitet in der dunklen Nacht; – nicht macht rein vom Brunnen Semsem[292] ein Wassersprutz – den, der versenkt ist in Sündenschmutz, – noch ein Kuß auf den schwarzen Stein[293] – den, dessen Herz ist schwarz und von Stein. – Nicht frommt dir des Hauses Umwandelung – ohne des Sinns Umwandelung, – noch ein Stand auf dem Berg der Erkennung[294] – in dem Stand der Gesetzverkennung, – noch ein Opfer an der Opferstatt Habils – mit der Verstockung Kabils[295]. – Nicht hilft es, als Pilger dich einzukleiden, – dir den Nagel nicht zu schneiden – und deines Bartes Wachstum zu leiden[296], – dann an der Kaaba dein Auge zu weiden, – wenn dein Herz ist unter den Heiden. – Nicht wird fromm auf dem Hügel Chaif[297] – ein Nacken, zum Gehorsam steif, – noch heilig am Betort Abrahames – ein Gemüt, ein zum Glauben lahmes. – Nicht angenehm ist dessen Pilgerschaft, – der nur

Unbill als ein Unbill'ger schafft. – Die aber, wenn sie wallfahrten, – nur ihren Lüsten willfahrten, – denen wird ihre Wallfahrt – nicht gereichen zur Wohlfahrt, – wenn sie nicht ablegen ihre Wolf-Art. – Dann erhob er sein Gedröhn, als wollt' er Taube heilen, – oder Felsen zerklüften mit Keilen, – indem er sang:

Die Pilgerfahrt ist nicht die Fahrt bei Tag und in der Nacht
Gewiegt vom Rücken des Kamels und von der Sänft'[298] umdacht,
Die Pilgerfahrt ist, daß dein Geist sei auf das heil'ge Haus
Allein gerichtet und nicht hab' auf andern Vorteil[299] acht;
Daß du Rechtfertigkeit erwählst zum Reittier, Glaubensmut
Zum Führer und die Dämpfung der Begier zur Lagerwacht;
Und daß, wenn eine leere Hand sich unterwegs empor
Nach deiner Gabe strecket, du sie füllst nach deiner Macht.
Wenn dieses deine Pilgerfahrt enthält, so ist sie gut;
Wo nicht, so hat dein Tragetier nur Fehlgeburt gebracht.
Fürwahr, betrogen ist genug ein Heuchler mit der Fahrt,
Von der er nicht das Ziel erreicht und doch den Weg gemacht;
Er sät die Müh' und erntet nicht, sein Dienst ist ohne Lohn,
Und seine Ehr' ist bloßgestellt dem Spötter, welcher lacht.
Mein Bruder! such in jedem Werk allein das Angesicht
Des Ewigen und wende von der Welt dich mit Veracht.
Verheimlicht dem Allforschenden ist keine Heimlichkeit,
Ob treuer Eifer oder Trotz im Knecht ist angefacht.
Und komme deinem Tod zuvor mit Werken, die voraus
Dir wandeln und dich stützen dort, wo die Drommete kracht.
O zieh die Demut an als Kleid, das nie die Hand der Zeit
Ausziehe dir, ob sie dafür dir böte Kaisertracht.
O laß nicht jeden Wolkenblitz[300] dich blenden; leerer Dunst
Ist manche Wolke, die dir scheint zu tragen Segensfracht.
Nicht jeder, der dir ruft, ist wert, daß du ihm Antwort gibst;
Oft bracht' ein Bote Trauerpost, wo du an Lust gedacht.
Nur der ist der Verständige, der sich vom Mahl begnügt

Mit einem Bissen und den Weg hinwandelt still und sacht.
Denn alle Größe dieser Welt, in Kleinheit geht sie aus,
Und zur Demütigung zurück kommt jede stolze Pracht.

Der Erzähler spricht: Wie er also der Herzen spröden Grund – wässerte durch den Zauberstrom aus seinem Mund, – roch ich *abuseidischen* Geistesduft, – und es zog mich hin, wie ein Lamm, wenn die Mutter ruft. – Doch ich hielt mich, bis er senkte seiner Weisheit Flügel – und herunter stieg vom Hügel; – dann eilt' ich hinan, begierig, zu lesen in seinen Mienen, – und ich las die Bestätigung meiner Vermutung in ihnen. – Da umarmt' ich ihn, wie den Stamm die Ranke, – oder wie die Genesung der Kranke, – bat ihn gleich, mich zu begleiten, doch das wies er ab, – oder mein Kamel mit mir zu beschreiten, doch das stieß er ab – und sprach: Ich habe gelobt, auf dieser Fahrt mich keiner Truppe zu scharen, – noch mich einem auf der Kruppe zu paaren, – meinen Namen keinem zu nennen – und keinen Bekannten zu kennen, – keinem Gönner zu dienen zum Schmeichler – und zum Gefährten keinem Heuchler. – Dann ging er jach – und ließ mich stehn im Ungemach. – Ich verfolgt' ihn mit Blicken – und wünschte, daß sie ihn könnten bestricken. – Doch er klomm den Abhang hinan wie ein Steinbock – und saß harrend auf ragendem Steinblock; – bis nun der Pilgerzug nach kurzer Ruhepflegung – mit seinen Kamelen sich wieder gesetzt in Bewegung, – da, als sie vorbeikamen an der Wand, – klopft' er Hand in Hand – und sang herab vom Felsenrand:

Ist wohl, wer reitend macht die Fahrt,
Dem gleich, der sie zu Fuße tut?[301]
Nein, nein, es ist der fleiß'ge Knecht
Nicht jenem gleich, der träge ruht;
Noch ist die Hand, die sorgsam baut,
Wie die zerstört mit frevlem Mut.
Die Demut wird dem Dienenden
Beim Herrn geschrieben sein zu gut;
Dort wird auch angeschrieben sein
Der Übermüt'gen Übermut.
Weh, Seele! laß die Lockung stehn,

Sei vorm Verführer auf der Hut.
Spül ab die Eitelkeit der Welt,
Eh' weg dich spült des Todes Flut.
Tu Buß' um deine Übeltat,
Geuß drüber einen Strom von Blut
Und liedere dein sprödes Fell,
Eh' mürb' es macht die Würmerbrut.
Vielleicht daß Gottes Gnade noch
Dir wendet ab die Feuerglut
Am Tage, wo kein Schuldiger
Sich ledig kauft mit seinem Gut.

Dann steckt' er in die Scheide das Schwert seiner Zunge – und verschwand mit einem Sprunge. – Ich verfehlte nicht, ihm nachzufragen, – ihm nachzuspähn und nachzujagen; – doch es war, als hätten ihn die Geister entführt, – seine Spur ward nicht weiter auf der Fahrt gespürt.

Sechsundzwanzigste Makame[302]

Die Gesetzfragen

Hareth Ben Hammam erzählt:

Ich faßte nach der Opfergebräuche Schluß, – nachdem ich dem heiligen Hause gebracht meinen Gruß – und dem schwarzen Stein[303] meinen Kuß, – den Entschluß, zu besuchen *Taiba*[304] – mit einer Gesellschaft von den *Banu Schaiba*[305], – um zu beten – am Grab des Propheten – und nicht zu gehören zu den Leidigen, – die, indem sie wallfahrten, beleidigen[306]. – Doch das Gerücht kam, der Wegfriede sei gestört – und die arabischen Stämme gegeneinander empört. – Da schwankt' ich zwischen Bangen, das mich zügelte, – und Verlangen, das mich beflügelte; – bis in mein Herz kam der Mut der Erhebung – und die Ruhe der Gottergebung, – daß in mir der Sieg ward entschieden – für den Besuch des Grabes dessen, über den sei Frieden! – Worauf ich ein Tier belastete – und mit der Gesellschaft hastete, – die zog, ohne daß sie rastete, – bis erreicht waren die *Banu Herb*[307] – die den Gästen milde sind und den Feinden herb; – die hatten eben gelöscht das Feuer der Schlacht – und die Gastfeuer wieder angefacht; – so daß wir beschlossen, den Schatten unseres Tages – hinzubringen am Ort ihres Hages. – Als wir nun beschäftigt waren, die Tiere zu stellen – und zu schöpfen die frischen Quellen, – sahen wir den Stamm ausreiten in hellem Haufen, – als sollten ihre Rosse ein Wettrennen laufen. – Uns verwunderte der Bienenschwarm der Leute – und wir fragten, was es bedeute? – Da ward uns gesagt, es sei erschienen in ihrem Kreise – der arabische Weltweise, – und ihre Eile sei ihm zum Preise. – Da sprach ich mit Zucht – zu meiner Gesellschaft: Sollen wir nicht ernten Weisheitsfrucht? – Auf! ihre Versammlung sei von uns besucht! – Sie sprachen: Was du redest, ist zu hören, – und was du rätst, ist ohne Tören. – Drauf wir uns aufmachten ohne weiteres Wort – und zogen mit dem Zuge fort, – bis wir kamen zu des Stammes Versammlungsort. – Als wir dort nun eingetreten waren – und den Weltweisen sahen, das Ziel der Scharen, – erkannt' ich in ihm *Ábu Seid,* den Herrn des Lugs und Trugs, – den Meister des Fugs und Unfugs, – jetzt als Schriftforscher aufgeputzt – und als Gesetzgelehrter aufgestutzt, – den Turban tragend nach der Art *Kafdaa*[308], – das Kleid umschlagend nach der Weise *Sammaa*[309], – dasitzend in der Stellung *Korfosaa*[310]; – die Häupter des Stammes um ihn gepaart – und das Gemische des Volkes um ihn geschart; – er aber sprach: Befraget mich über Leichtes und Schweres – und forschet von mir Niedres und Hehres. – Denn bei dem, der ausspannt des Himmels Rahmen – und der dem Adam gelehrt der Dinge Namen, – ich bin der Weltweise der Araber vom reinen Blut – und der Weiseste unter dem goldgestickten blauen Hut[311]. – Da trat auf ein Mann, dem die Zunge nicht versagte – und das Herz nicht verzagte, – der sprach: Ich habe die Weltweisen – aufgesucht in den Weltkreisen – und habe von ihnen eingetragen – siebenundsiebzig Gesetzfragen. – Nun, wenn du nicht bist von den leeren, nichtigen Prahlern, – sondern von den schweren, gewichtigen Zahlern, – und wenn du wünschest von uns gesegnete Nachhauskunft, – so hör und gib Auskunft! – Jener sprach: Gott ist groß! – Führe deinen Stoß – und laß deine Streitkräfte los, – daß sich zeige, wem hier fällt des Sieges Los. – Worauf der eine fragte – und der andre die Antwort sagte.[312]

1. Darf ich Springwasser zur Abwaschung brauchen? – Nicht einen Finger kannst du drein ohne Verunreinigung tauchen[313].

2. Darf man sich waschen in dem, was speiet ein Drache? – Ja, so gut wie in jedem Bache[314].

3. Wie, wenn ein Krämer sich abwusch und vergaß dabei seine Elle? – Er fange von vorn an auf der Stelle![315]

4. Oder ein Töpfer und vergaß seine Scheibe? – Vergebens wusch er sich am übrigen Leibe.[316]

5. Oder ein Schlosser und vergaß den Schlüssel? – Er fülle nur noch einmal die Schüssel.[317]

6. Oder ein Schreiber und vergaß sein Blatt? – Er ist unrein, wenn er's nicht mitgewaschen hat.[318]

7. Ist dem Moslem rauschendes Getränk untersagt? – Nein, wenn ihm aus dem Bache zu trinken behagt.

8. Darf ein Moslem sich laben an des Christen Bache? – Nein, ihr Fleisch ist ihm eine verbotene Sache.[319]

9. Darf ein Moslem sich wenden zu den Heiden? – Ja, um seine Herden darauf zu weiden.

10. Darf ein Gläubiger sich wahrsagen lassen? – Ja! das Lügenreden soll er hassen.

11. Frage: Darf ein Mann vertraun den vier Hexen? – Antwort: Ja, ein Reiter seines Rosses Flechsen.[320]

12. Frage: Ist Einer verloren unter Elfen? – Antwort: Gebet wird gegen Geister ihm helfen.[321]

13. Frage: Mag uns ein Einsichtiger zum Imam taugen? – Antwort: Nein, er soll sehn auf beiden Augen.

14. Frage: Darf Imam sein, wer einen Flecken hat? – Antwort: Ja, oder ein Dorf oder eine Stadt.

15. Frage: Darf der Imam einen Bruch haben? – Antwort: Ja, zum Steingraben.

16. Frage: Darf der Imam ruchlos sein? – Antwort: Das Gebrechen ist klein.[322]

17. Frage: Darf unser Imam Mädchen nöten? – Antwort: Ja, und auch Maden töten.[323]

18. Frage: Doch wenn er einem Jüngferchen ausriß ein Bein? – Er darf nicht minder Imam sein.[324]

19. Frage: Doch wenn er hat den Koller? – Antwort: Auch gut, doch der Leibrock ist würdevoller.[325]
20. Frage: Darf ein Richter die Rechte biegen? – Antwort: Ja, so gut als die Linke schmiegen.
21. Frage: Ist einer brav, den man besticht? – Antwort: Ja, im Kriege, wo man gegen ihn mit Lanzen ficht.
22. Frage: Darf von Gerichts wegen verstrichen werden eines armen Schuldners Kopf? – Antwort: Ja, und sein Zopf, doch nicht sein Schopf.
23. Frage: Oder sein Sitz? – Antwort: Nein, nur sein Besitz.
24. Frage: Ist es fromm, arme Schuldner aufs Gericht zu laden? – Antwort: Ja, durch ihre Ladung verdienst du Gottes Gnaden.[326]
25. Frage: Und gar sie zu drängen mit Gerichtskosten? – Antwort: Lieberes werden sie nichts kosten.[327]
26. Frage: Soll ich verklagen einen Flegel, der mich schlug? – Antwort: Nein! den, der den Schlägel trug.
27. Frage: Oder einen Bengel, der mich unsanft berührt? – Antwort: Nein, den, der den Schwengel geführt.
28. Frage: Soll ich falsch Zeugnis ablegen? – Antwort: Ja wohl, alles Böse sollst du ablegen.
29. Frage: Darf man der Obrigkeit geben den Handschlag? – Antwort: Nein! es ist ein gewaltsamer Anschlag.
30. Frage: Darf man Geschwornes brechen? – Antwort: Ja, oder aufstechen.[328]
31. Frage: Soll man einen Ungerechten verlassen? – Antwort: Nein, ihn zu rächen soll man nicht unterlassen.[329]
32. Frage: Darf man verdammen einen Reinen? – Antwort: Ja, einen Brunnen mit Steinen.[330]
33. Frage: Ist es gut, den Schein einer Schuld zu tragen?– Antwort: Jawohl, um sie einzuklagen.
34. Frage: Kann ein Gläubiger auch ein Schuldiger sein? – Antwort: Ja, es sündigen nicht die Ungläubigen allein.
35. Frage: Geht in Gehorsam, wer unsträflich wandelt? – Antwort: Nein! wer strafbar handelt.[331]
36. Frage: Darf man mit Hadern vorm Richter stehn? – Antwort: Nicht jeder Arme kann in reichen Kleidern gehn.[332]
37. Frage: Darf ein Richter die Person ansehn? – Antwort: Ja, doch nicht richten nach dem Ansehn.

38. Frage: Soll der Richter nach Ansehn der Person richten? – Antwort: Ja! vorher mitnichten.
39. Frage: Muß der Richter sein unbefangen? – Antwort: Nein! er darf anhaben Gewand und Spangen.[333]
40. Frage: Darf er unschlüssig sein? – Antwort: Ein fester Schluß ist nötig dem Reiter allein.[334]
41. Frage: Reden weise Männer auch ohne daß sie sich besonnen? – Antwort: Ja, nachts, wenn sie Mondscheingespräche[335] begonnen.
42. Frage: Ist Afterrede eine Schändlichkeit? – Antwort: Nein, aber eine Unanständigkeit.
43. Frage: Soll man Eingang wünschen guten Sitten? – Antwort: Nein! daß sie nie eingehn, soll man Gott bitten.
44. Frage: Darf man einer Häßlichen gradezu den Hals abdrehn? – Antwort: Ja, du bist nicht verbunden, sie anzusehn.[336]
45. Frage: Darf man einem Ohrenbläser das Ohr abschlagen? – Antwort: Allerdings soll man ihm Gehör versagen.
46. Frage: Ist Nachsicht zu empfehlen? – Antwort: Nein! Vorsicht ist zu wählen.
47. Frage: Wie wenn mein Bruder ist unbedacht? – Antwort: Er werde von dir unter Dach gebracht.
48. Frage: Ist ein Reicher gezwungen, Arme zu heben? – Antwort: Ja, wenn er etwas will erreichen eben.
49. Frage: Soll man herausziehn, wer in Lachen fiel? – Antwort: Nein! seine Lust findet sich von selbst an's Ziel.
50. Frage: Ist es gut, daß man nach seinem Vater schlage? – Antwort: Wenn der Vater gut ist, ohne Frage.
51. Frage: Darf ein Vormund seine Pupille[337] drücken? – Antwort: Ja, oder auch mit der Hand sie jücken.
52. Frage: Soll ein Tor seinen Vormund schlagen? – Antwort: Ja, eh er selbigen lass' eine Torheit sagen.[338]
53. Frage: Darf ich den ins Anlitz schlagen, der nach meiner Drossel[339] greift? – Antwort: Nein, wenn es die ist, die pfeift.
54. Frage: Darf ich meine Ammer würgen? – Antwort: Du darfst nicht deine Amm' erwürgen.
55. Frage: Doch wenn ich einen Zimmermann erschlagen? – Antwort: Laß die Holzhauer Leid tragen.[340]

56. Frage: Darf man eine Steintaube schießen? – Antwort: Sowenig als eine Stockblinde spießen.
57. Frage: Wie wenn ich eine Maus verletze? – Antwort: Wird der Verletzte lahm, so büßest du's nach dem Gesetze.[341]
58. Frage: Was geschieht dem, der mir die Knöchel zerbrach? – Antwort: Nichts! das Spiel ist eine Schmach.[342]
59. Frage: Doch wer meine Ferse verwundet hat? – Antwort: Er gebe dir eine heile an deren Statt.[343]
60. Frage: Und wer meine Kiefer zerbricht? – Antwort: Lad' ihn als Baumfrevler vor Gericht.
61. Frage: Doch wenn meine Frau ihr Becken zerbrochen? – Antwort: Wenn du willst; die Scheidung sei gesprochen.[344]
62. Frage: Darf man eine Geschiedene frei'n? – Antwort: Man freit die Lebenden allein.
63. Frage: Darf man die Neffen ausrotten? – Antwort: Ja, wie die Wanzen und Motten.[345]
64. Frage: Wenn mir mein Enkel wehe tut? – Antwort: Halt ihn weich beschuht![346]
65. Frage: Aber wenn ich einem Gaste brech' ein Bein? – Antwort: Wenn es Mark hat, so schlürf' er's fein.[347]
66. Frage: Darf ein Eh'wirt Frauenhaar raufen? – Antwort: Ja, und Bocksbart und Hahnenkamm zu Haufen.[348]
67. Frage: Soll mein Weib daheim den Rocken anlegen? – Antwort: Nein! der Mann soll des Feldbaus pflegen.[349]
68. Frage: Sind Weiber reinlich, die gerne waschen? – Antwort: Nein, sie sind Plaudertaschen.[350]
69. Frage: Ist häuslich, die sich in Steppen ergeht? – Antwort: Ja, die das Nähen versteht.
70. Frage: Steht's ihr fein, die Krätz' an der Hand zu haben? – Antwort: Ja, um zu sammeln des Baumes Gaben.[351]
71. Frage: Darf eine Gärtnersfrau verkaufen ihre Frucht? – Antwort: Nein, doch ihre Zucht.
72. Frage: Ist's gut, im Feld unter Rüstern zu ruhn? – Antwort: Nein! rüste dich, damit sie dir nicht Schaden tun.[352]
73. Frage: Ist's gut, wo Feindesmacht niederliegt? – Antwort: Nein, der Wohlstand versiegt.
74. Frage: Ist's gut, wo Übermacht über'n Haufen fällt? – Antwort: Nein, der überfallene Haufen fällt.

75. Frage: Darf ein Lahmer fechten? – Antwort: Ja, nach Bettelrechten.[353]
76. Frage: Ist ein Schiefer tüchtig zum Schreiben? – Antwort: Ja, doch die Schrift wird nicht lange bleiben.
77. Frage: Ist ein Gelddieb, wer eine Katze stahl? – Antwort: Ja, eine gespickte zumal.
78. Frage: Ist ein Obstdieb, wer Mandeln gestohlen? – Antwort: Nein, ein Getreidedieb unverhohlen.[354]
79. Frage: Oder ein Viehdieb, wer eine Gelte nahm? – Antwort: Ja, sogut als ob er über die trächtige kam.[355]
80. Frage: Oder wer raubt von der Weide ein Betzchen? – Antwort: Sowenig als wer nimmt von der Pappel ein Kätzchen.[356]
81. Frage: Aber wer aus dem Heu ein Pferd mir gestohlen? – Antwort: Du magst dir einen Grashüpfer dagegen holen.
82. Frage: Oder im Tannenwald eine Kuh? – Antwort: Gib ihm vom Fichtenwald einen Zapfen dazu.[357]
83. Frage: Bestraft man einen Milchdieb? – Antwort: Man läßt ihn fliegen, wohin es ihm lieb.[358]
84. Frage: Was verdient, wer mir einen Löffel stiehlt? – Antwort: Er hat den Arbeitslohn erzielt.[359]
85. Frage: Oder wer in meinem Garten raubt? – Antwort: Gib ihm zum Dank von deinem Kraut ein Haupt.[360]
86. Frage: Doch wer mein Haus am hellen Mittag sprengt? – Antwort: Er macht, daß dich die Glut weniger sengt.
87. Frage: Aber wer mir die Nahrung abschneidet? – Antwort: Er ist so nützlich als der dir die Herde weidet.
88. Frage: Darf ich nicht lassen meinen Stamm umhaun? – Antwort: Nein, es ist ein Sünd' und ein Graun.[361]
89. Frage: Doch darf ich vertilgen meine Horde? – Antwort: Ja, wenn schadhaft sind ihre Borde.[362]
90. Frage: Darf ein alter Bauer verbrannt werden? – Antwort: Ja, wenn er zu sonst nichts kann verwandt werden.[363]
91. Frage: Ist es Sünd', einen Leib zu verbrennen? – Antwort: Nein! doch schade, man wird ihn nicht essen können.[364]
92. Frage: Ist ein fester Platz gut in der Not? – Antwort: Ja, doch besser ist lockeres Brot.[365]

93. Frage: Darf man in der Not Menschen speisen? – Antwort: Ja, sie werden dafür dich preisen.
94. Frage: Darf man einem Bettler geben Schilling oder Stüber? – Antwort: Weh dem Armenbetrüber![366]
95. Frage: Ist ein Betrüger, wer andern zu leicht gewogen? – Antwort: Nein, sondern er ist leicht betrogen.
96. Frage: Darf man den Fuchsschwanz streichen? – Antwort: Ja, und die Rappenmähne desgleichen.
97. Frage: Ist ein Schlechter zu loben auch? – Antwort: Ei ja, wenn er schlachtet nach rechtem Gebrauch.
98. Frage: Darf ein Schlosser gebrauchen eine Feile? – Antwort: Es gereicht ihm nicht zum Heile.[367]
99. Frage: Darf ein Schullehrer Knaben schänden? – Antwort: Ja, wenn er nicht will den Stock anwenden.[368]
100. Frage: Darf ein Vater seine Tochter mit Gift vergeben? – Antwort: Sein Eidam wird ihn darob erheben.[369]
101. Frage: Darf nach Kriegsrecht werden ein Feindesbot entmannt? – Antwort: Ja, und ein Freundesschiff bemannt.
102. Frage: Darf ich die Feinde im Krieg gegen mein Volk anführen? – Antwort: Den Feind zu hintergehn mag sich schon gebühren.[370]
103. Frage: Darf ich den fortgehn heißen, dem ich Quartier gegeben? – Antwort: Ja, er danke dir das Leben.[371]
104. Frage: Darf unser Oberster reiten auch im Zelt? – Antwort: Ja, oder in Schritt und Trab, wie's ihm gefällt.[372]
105. Frage: Darf man auch zittern im Krieg? – Antwort: Ja, doch Trompeten ist besser zum Sieg.[373]
106. Frage: Kriegt man wohl mit Gewalt oder mit List? – Antwort: Man kriegt kein Wohl, das einem nicht von Gott beschieden ist.
107. Frage: Hilft der gerechten Sach' im Kampf ein Wunder? – Antwort: Besser ein tapfrer gesunder.
108. Frage: Darf man dem Feinde den Rücken kehren? – Antwort: Ja, ihn fegen und scheuern mit Ehren.[374]
109. Frage: Darf ein Bedienter befehlen? – Antwort: Ja, den dienenden Seelen.[375]
110. Frage: Darf ein Knecht seines Herren Gut verdoppeln? – Antwort: Nein, er soll es mit Fleiß zusammenstoppeln.[376]

111. Frage: Darf eine Magd ihrer Frau einen Fußtritt geben? Antwort: Ja, um die Füße darauf zu heben.

112. Frage: Darf ich meinem Vorgesetzten entgegen handeln? – Antwort: Ja, du darfst allzeit deinen Sinn verwandeln.[377]

113. Frage: Darf ich schelten, die schalten? – Antwort: Nein, beim Herrn der Welten, du mußt sie lassen walten, – und sie in Ehren halten.[378]

Da rief der Fragende: Gottes Preis! – wie hoch ist gewachsen deines Ruhmes Reis, – und wie gedehnt deines Meeres Kreis! – Dein Lob ist von Worten unerreichbar – und deine Einsicht von Bild unvergleichbar. – Dann stockte er wie ein Beschämter – und starrte wie ein Zungengelähmter. – Doch *Abu Seid* rief: Nun voran, voran! – woran hält es, woran? – Jener sprach: In meinem Köcher ist kein Pfeil mehr, – und nach deinem Sonnenaufgang ist für die Nacht kein Heil mehr. – Doch bei Gott, dessen Huld dich geleite von dannen, – sage, wer bist du und von wannen? – Da hub er an mit vollen Tönen – und mit hohlem Dröhnen:

Ich bin das Wunder des Tages
Und das Erstaunen der Welt,
Der Weisheit *Kibla*[379], nach welcher
Gekehrt die Blicke man hält;
Nur daß ich stets, wo ich raste,
Gleich wieder räume das Feld
Und bleibe keinem Gefährten
Als meinem Kummer gesellt.
Ja, wenn am Baume von Eden
Ich sollt' aufschlagen mein Zelt,
Von Heimweh bliebe, von Heimweh,
Auch dort die Rast mir vergällt.

Dann rief er: O Gott, gleichwie du hast gemacht – meinen Sinn zu der Weisheit Schacht, – also mache nun diese Herzen umher – zu der Großmut Meer. – Das Gebet drang in des Volkes Seele, – und sie stellten voll Ehrfurcht zu seinem Befehle – eine kunstfertige Magd und ein halb Dutzend Kamele; – baten ihn auch angelegentlich, – sie wieder zu besuchen gelegentlich. – Und nachdem er die Wiederkehr zugesagt, – zog er ab mit Tieren und Magd, – ohne daß er mit einem Blick nach mir gefragt.[380]

Siebenundzwanzigste Makame[381]

Der verkaufte Joseph

Hareth Ben Hammam erzählt:

Als ich durch der Wüste Gebiet – zog nach *Sebid*[382], – begleitete mich ein Sklave, dem ich hold gesinnt war, – weil er meines Hauses Kind war – und dem ich wie ein Vater war gewogen, – weil er von mir selber war erzogen. – Er aß mit Dankbarkeit mein Brot – und hielt mit Unwankbarkeit mein Gebot; – er kannte mich von außen und innen – und wußte die Wege, mein Herz zu gewinnen, – tat keinen Fehltritt, wo er trat, – und keine Fehlbitte, wo er mich bat; – zu Haus und auf Reisen unbeschwerlich, – treu, bescheiden und unbegehrlich, – war er mir immer unentbehrlich. – Doch als uns aufnahm *Sebid*, – ging er ins Totengebiet. – Und ein Jahr lang, nachdem er geschieden, – blieb der Schlaf von meinen Augenliden – und die Speise von meinem Mund gemieden; – und ich konnt' es nicht bestehn, – nach einem andern Diener mich umzusehn, – bis zuletzt der Einsamkeit Unannehmlichkeiten – und des Stehns und Gehns Unbequemlichkeiten – mich bewogen, für die Perle Glas zu nehmen – und zu einem Lückenbüßer mich zu bequemen; – daher ich ging und mich beriet – mit den Sklavenhändlern von *Sebid*, – sprechend: Ich such' einen Sklaven, der von außen gefällt – und der von ihnen die Probe hält, – solch einen von edlem Kern, den gefeilt hat die Anmut – und feil gemacht seinem Herrn nur die Armut. – Da rührten sie sich alle auf mein Begehren – und versprachen, in Kürze mich zu gewähren. – Doch es kreiste der Monde Tanz, – und ab nahm und wieder zu ihr Glanz, – ohne daß von den Verheißungen eine trug Frucht, – noch ich hatte, was ich gesucht. – Da erkannt' ich, daß mir niemand die Haut – so gut wie mein eigner Nagel kraut; – und, dem Wege der Aufträge mich entschlagend, ging ich nun selber, – versehn mit weißer Münz und gelber,[383] – auf den Markt, daß ich mir ließe weisen – die Sklaven, und fragte nach ihren Preisen. – Da trat ein Mann auf im Schleier, – der hielt an der Hand einen Jüngling, wie eine Taube der Geier, – und rief:

Wem ist ein Sklave lieb, der auf dem Haupt die Krone
Der Schönheit trägt und sitzt hoch auf der Tugend Throne;
Der still ist wie der Mond, sanft wie die Anemone,
In dem mehr Gutes ist, als Körner sind im Mohne,
Der dir durchs Fenster geht, dich liebt gleich einem Sohne,
Der deinem Winke lauscht und horchet deinem Tone;
Und wenn du Schweres ihm auflegst, nicht rufet: Schone!
Nie müßig im Geschäft, nie lässig in der Frone,
Die Arbeitsbien' im Haus vorstellend, nicht die Drohne.
Begnügsam, wenn du ihm reichst täglich eine Bohne;
Des Herrn Zufriedenheit dient ihm zum vollen Lohne.
Von Kunst geschmückt, als wie Orion von der Zone,
Hat er doch nicht gelernt, zu trotzen dem Patrone.
Und stellet seinen Witz nicht gegen dich als Dohne.
Er ehrt die Heimlichkeit, die deinem Mund entflohne,
Und hegt im Busen sie, als ob im Grab sie wohne,
Bei Gott, und sähe nicht das Glück mich an mit Hohne,
Und hungerten mir nicht die Kinder; zweifelsohne,
Ich hätt' ihn nicht verkauft um die Chosroenkrone[384].

Hareth Ben Hammam spricht: Wie ich betrachtete des Jünglings Wohlgestalt – und seiner Schönheit Vollgehalt, – schien er mir von Gebärde – nicht wie einer der Erde, – und ich sprach bei mir: das ist ein Bewohner der Gärten von Eden, – nicht einer der Menschen, geformt aus Leden[385]. – Da bat ich ihn, mir seinen Namen zu nennen, – nicht um den Namen zu kennen, – sondern um aus seiner Rede seine Geistesbildung zu sehn, – ob sie gegen seine Gesichtsbildung möchte bestehn. – Doch er sprach weder übel noch gut, – er stand wie ein Bild, das nicht den Mund auftut. – Ich rief: Schade, daß du stumm bist, – oder mehr noch schade, wenn du dumm bist. – Da lacht' er auf mit hellem Klang, – wiegte das Haupt und sang:

Du, dessen Zorn entbrannt ist, weil den Namen ich
Verschwieg, wohin ist deine Billigkeit entflohn?
Wenn nur des Namens Nennung dich zufriedenstellt,
So höre: Joseph bin ich, Joseph Jakobs Sohn.
Nun hab' ich dir es klar gesagt, und bist du klug,
So merkst du's; doch du merkst es nicht, ich seh' es schon.

Der Erzähler spricht: Da schmolz mein Zorn vor seinem Gesang, – und mein Herz ward bestrickt von seinem Zauberklang, – daß ich in der Beschämung nichts ermaß – und die Geschichte des verkauften Josephs vergaß; – auf nichts bedacht, als von seinem Herrn das Gebot zu erfahren, – und entschlossen, kein Geld zu sparen. – Ich war darauf gefaßt, er würde nehmen einen starken Schwung – und hoch spannen seine Forderung; – doch er verstieg sich nicht, wohin sich meine Meinung verstieg, – sondern gab mir leichten Kaufs den Sieg, – sprechend: Wenn der Preis eines Knechts ist niedrig – und der Aufwand für ihn nicht widrig, – so freut es seinen Herrn, – und er hat ihn gern. – Ich möchte diesen Jüngling dir machen wert – dadurch, daß ich gering ansetze den Wert. – Bist du's zufrieden, daß du zweihundert Drachmen gebest – und mir dankbar seiest, solange du lebest? – Da schlug ich schnell ein, wie einer einschlägt – bei einem Handel, der ihm einträgt, – und bezahlte auf der Stelle das Geld, – wie man gern bezahlt, was wohl gefällt, – und was man für wohlfeil hält; – ich bedachte nicht, daß zu jeder Frist – Wohlfeilgekauftes teuer ist. – Als nun nach des Handels Beendigung – es ging an des Guts Aushändigung, – hob der Jüngling die Augen, aus denen brach – ein Tränenbach, – indem er zu seinem Verkäufer sprach:

O Schmach! verkauft man den als eine Ware,
Der es verdient, daß man als Schatz ihn wahre!
Und ist's gerecht und billig, daß zum Tragen
Du, ach, mir legest auf das Untragbare!
Daß du von Schrecknis mich zu Schrecknis führest!
Doch nicht erschrickt ein Edler, wo er fahre,
Hast du mich nicht geprüft? Und hast du etwas
Erprobt an mir als nur das Lautre, Klare?
Wie oft, wenn du zum Fangnetz aus mich stelltest,
Kam ich dir mit dem Löwen oder Aare.
Wie oft, daß du aufs Spiel mein Leben setztest!
Und niemals dacht' ich dran, daß ich es spare.
Ja, Gott sei Lob, du hast an mir nie Fehler
Entdeckt, geheime oder offenbare.
Und wird dir's nun so leicht, mich hinzuwerfen,

Wie man den Abfall wegwirft seiner Haare?
Um niedriges Bedürfnis satt zu machen,
Führst du mich wie ein Schlachtvieh zum Altare;
Entblößest mich, zur Deckung deiner Blöße,
Machst mich der Ehre bar fürs Geld, das bare.
Wie? willst du meiner Heimlichkeit nicht schonen,
Und siehst, wie ich die deinige bewahre!
Sekabi war ein Roß, doch die *Tamimer*[386]
Bewahrten es vor dem, was ich erfahre;
Die zu dem Kön'ge, der drum feilschte, sprachen[387]:
Ein Kleinod ist's, nicht wird verkauft das rare.
Unedler bin ich nicht, du bist unedler,
Der du verkaufst die Blüte meiner Jahre.
Ja, linder, als von dir zu Markt geschleppet,
Säh' ich mich fortgetragen auf der Bahre.
Doch, was du auch an mir verbrachst, nicht fürchte,
Daß mir ein Laut, der dich verdürb', entfahre!

Der Erzähler spricht: Als der Alte hörte des Jünglings Liebesgruß – und sah seines Augenlides Tränenguß, – stöhnt' er gleich einem Vergehenden – und weinte, bis mit ihm weinten die Umstehenden. – Dann sprach er zu mir: Ja, dieser Jüngling ist mir als ein Sohn, – er ist mein Herz oder ein Stück davon; – und täte nicht die Kahlheit meines Hauses – und die Schmalheit meines Schmauses, – nicht hätt' ich mich getrennt von meines Alters Stabe, – bis ich wäre an ihm gegangen zum Grabe. – Du siehst, wie wild – sein Herz vom Weh der Trennung schwillt; – der wahre Gläubige aber ist gut und mild: – willst du drum nicht, zur Linderung seinem Herzen – und zur Minderung meiner Schmerzen, – mir versprechen, daß, ohne dich zu betrüben, – ich dürfe den Wiederkauf ausüben – und den Handel rückgängig machen, – wenn sich verbessern meine Sachen? – weil ja die Glaubensüberlieferungen verkünden: – Wer einem, den es reut, erläßt einen Handel, dem erläßt Gott seine Sünden. – Hareth Ben Hammam spricht: Da gab ich ihm die Zusage mit dem Mund, – doch andres dacht' ich im Herzensgrund. – Er aber zog den Jüngling zu sich heran, – küßt' ihn zwischen die Augen dann – mit fließenden Tränen und begann:

O unterdrück (dein Opfer sei mein Leben!)
Den Schmerz der Trennung, trag ihn ohne Beben.
Die Nacht wird nicht die Schatten ewig weben;
Des Wiedersehens Karawanen streben,
Im Morgenrot, bald wird ihr Staub sich heben,
Wenn Gottes Hilfe uns will Beistand geben.

Dann sprach er zu ihm: Ich überlasse dich einem Muster von Herrn. – Damit schürzte er sich und enteilte fern. – Und der Jüngling fuhr fort mit Gewinsel und Gewimmer, – bis jener dem Blick war entschwunden auf immer. – Dann, nachdem er sich gefaßt – und sein Angesicht entnaßt, – sprach er: Weißt du, was ich gemeint, – und warum ich geweint? – Ich sprach: Ich denke, der Abschied von deinem Herrn – machte tränen deinen Augenstern. – Da sprach er: du gehst in diesem und ich in jenem Tal, – und zwischen unsern Meinungen ist die Kluft nicht schmal. – Dann hub er an:

Bei Gott, nicht wein' ich einem fliehenden Freunde nach,
Noch wein' ich um ein schönes Glück, das mir zerbrach;
Nur einzig strömet meiner Augenlider Bach
Um einen, des Verstandesblick war heut so schwach,
Daß aus Begierd' er sich verfing in Ungemach
Und, ach, sein blankgemünztes Geld verlor mit Schmach.
Warum verachtet hast du jene Warnung, ach:
„Ich bin ein Freier, des Verkauf nicht gilt, sei wach!"
Denn dieses war der Sinn, als ich von Joseph sprach.

Der Erzähler spricht: Da achtete ich erst für Scherz seine Rede – und für Spiel seine Fehde; – doch er beharrte fest auf seinem freien Stande – und wies standhaft von sich der Knechtschaft Schande. – Da tummelten wir uns erst mit Worten, guten und bösen, – und dann mit Stößen, – bis es kam zum Berufen – vor des Gerichtes Stufen. – Als wir nun dem Richter traten vors Gesicht, – und unser Bericht – ihm aufsteckt' ein Licht; – sprach er: Wahrlich, wer warnt, – hat nicht umgarnt; – wer einen aufmerksam macht, – hat ihn nicht in Schaden gebracht. – Aus eurem Vorbringen seh' ich, daß dieser Jüngling dich weckte und du nicht erwachtest; – daß er dir ein Zeichen steckte und du dir's zu nutz' nicht machtest. – So verbirg nun deiner Torheit Schaden, – ohne deine Schuld ihm aufzuladen; – zieh ab deine Hand – von seinem Gewand, – denn er ist frei von Haut und Haaren – und gehört nicht zu den käuflichen Waren. – Gestern eine Stunde vor der Nacht – hat ihn sein Vater vor mich gebracht – und erklärt zu Protokoll, – daß er sein einziger Sohn ist, der ihn erben soll. – Ich sprach zum Richter: Bei Gott, dem Berater! – kennst du seinen Vater? – Er sprach: Wie kennte ich nicht Abu Seid, den frechen, – von dem jeder Richter im Lande weiß zu sprechen, – der einen Freibrief hat auf unstrafbare Verbrechen. – Da brannte ich auf, tobte und schwur – und war nun, doch zu spät, auf der Spur, – erkennend, daß sein Schleier war ein Netz des Truges – und dieses Stück das Meisterstück seines Luges. – Doch die Scham schlug mir die Augen nieder, – ich schwor, nie mit Verschleierten zu handeln wieder. – Dann gelobt' ich, mich aufs Leben von Abu Seid zu scheiden – und auf ewig seinen Umgang zu meiden, – auszuweichen von ihm jeder Berührung, – aus Verdruß über seine Verführung – und aus Furcht vor neuer Umschnürung. – Ich ging ihm aus dem Weg – und floh sein Geheg; – doch einst stellt' er mich an einem engen Orte, – und durch ein paar seiner losen Worte – erschloß er wieder meines Vertrauens Pforte.[388]

Achtundzwanzigste Makame[389]

Die Nonne

Hareth Ben Hammam erzählt:

Ich machte durch *Schiras*[390] einen Wandelgang, – da fand ich eine Gesellschaft wie einen Perlenstrang, – die jeden, der vorbeiging, stehn zu bleiben zwang; – ich wollte vorüberschreiten gebührlich, – doch mein Fuß stand unwillkürlich, – und ich gesellte mich ihnen, – um zu erforschen das Gold in ihren Minen – und zu kosten die Frucht von ihrem

Baum; – ich fand ihren Geschmack nach meinem Gaum: – die Leute waren auserlesen; – wer bei ihnen war, war von Gram genesen. – Während wir nun Scherze trieben, süßer als Girren der Tauben – und lieblicher als Milch der Trauben, – trat zu uns ein übel geschmückter, – seinen besten Jahren entrückter, – in seinen Mantel gedrückter, – der grüßte mit gelöster Zunge – und mit eines Wohlberedten Schwunge. – Dann nahm er Platz und sprach: Daß walte Gottes Gnade, – und führe uns alle zum rechten Pfade! – Da wollten sie gering ihn schätzen, – weil ihm der Mantel hing in Fetzen, – vergessend den Spruch, – daß nicht das Gewand den Mann macht, und nicht der Einband das Buch. – Sie führten zierliche Reden stolz – und schossen auf ihn jeden Bolz; – sie hielten sein Aloe für Brennholz. – Er aber ließ sich kein Wort entschlüpfen, – er wollte nicht seinen Schleier lüpfen, – bis er geprüft hätte ihrer Wasser Tiefe und Seichte, – ihrer Wagschalen Schwere und Leichte. – Als er nun ergründet ihren Schatz im Kasten – und wußte, wie viel ihre Köcher faßten, – sprach er: Mein Volk! wenn dich nicht irrte der Spund, – daß du sähest dem Wein auf den Grund, – du hättest nicht, von meinen Hadern betrogen, – mir die verdiente Achtung entzogen. – Dann fing er an, zu sprudeln Witz – und zu sprühen Blitz um Blitz, – in die Herzen sprengend Ritz um Ritz, – bis er war in aller Besitz; – worauf er sich rührte, – seinen Bündel schnürte – und ab sich führte. – Doch die Gesellschaft hing sich an seinen Saum – und warf ihm über einen Zaum, – sprechend: Du hast uns den Finger gereicht – und entziehst uns nicht die Hand so leicht; – wir kennen die Schale deines Ei's, – zeig uns seinen Dotter und sein Weiß! – Da schwieg und stutzt' er, – wie ein Verdutzter, – dann schluchzt' er, als ob er trauerte – und tiefes Leid ihn durchschauerte, – bis ein jeder ihn bedauerte. – Der Berichter dieser Geschichte spricht: Ich sah an ihm des *Abu Seids* Art und Weise, – seine Fährten und sein Geleise, – seine Schliche und Pfiffe, – seine Striche und Kniffe; – da schaut' ich ihm unter die Falten des Bettlertalares, – und siehe da! er war es. – Doch ich behielt für mich allein den Faden – und verbarg meine Entdeckung, wie man verbirgt einen heimlichen Schaden; – bis er nun war von Schluchzen frei – und merkte, daß ich ihm auf der Fährte sei, – da er mir mit lachendem Auge blinzelte – und anhub, indem er winselte:

Verzeih mir's Gott, verzeih mir's Gott,
Was ich im Jugendrausch verbrochen.
Wie vielen Alt' und Jungen, ach,
Hab' ich vordem den Hals gebrochen!
Wie viele Augen, hell und feucht
In Perlen schwimmend, ausgestochen!
Und niemand hat die Tat gewehrt,
Und niemand hat den Mord gerochen.
Getrunken hab' ich schuldlos Blut,
Bis ich mir's fühlt' in Adern kochen.
Ich ward davon im Haupt verstört,
Und mürbe wurden meine Knochen.
Der Bettelstab des Alters hat
Der bösen Lust den Stab gebrochen.
Doch hat ein junges, frisches Blut
In meinem Hause sich verkrochen;
Kein Bronnenstrahl hat sie besprengt,
Kein Sonnenstrahl hat sie gestochen.
Sie lebt der Nonn' im Kloster gleich,
Doch ist zur Ehe sie versprochen.
Gewittert haben Freier sie,
Sie haben ihren Duft gerochen.
Sie melden sich am Kämmerlein
Der Braut mit ungestümem Pochen.
Sie will nicht länger Jungfrau sein,
Denn ihre Reif' ist angebrochen;
Und zu vermählen denk' ich sie,
Sobald vorbei die Fastenwochen.

Doch zu dem Hochzeitsfeste, – zur Bewirtung der Gäste – fehlet mir leider das Beste. – O ihr Herren der irdischen Wonne, – ihr lichten Strahlen der Wohltätigkeitssonne, – ihr hellen Tropfen aus der Edelmuts Bronne, – erbarmt euch mein und meiner Tochter, der Nonne! – Bei ihrem duftigen Schleier, – bei ihrem begierigen Freier! – daß bei der Vermählungsfeier – euch zu Ehren möge tönen Laut' und Leier: – legt ins Nest meiner Armut eurer Großmut

Eier! – werft in den Schoß mir jeder einen Dreier![391] – Da hielt er sein Gewand auf, – und die Münzen regneten ihm wie Sand drauf. – Als er nun seine Ernte gesammelt – und seinen Dank gestammelt, – zog er ab mit Verbeugung – und tiefer Ehrfurchtsbezeugung; – und ich eilte ihm nach, – um zu erfahren, welche Häls' er denn brach, – und welche Nonne er hab' im Gemach. – Aber, als ob er mir am Gang – schon ansähe der Neugierde Drang, – nahm er mich auf die Seite – und sprach: Hör und sei gescheite!

Ein Mann, wie ich, der mit des Lebens Kummer ficht,
Der Hals der Flasche ist der einz'ge, den er bricht,
Das feuchte Aug' ist nur der Wein, den aus er sticht.
Und jene Nonne[392], die nicht sieht der Sonne Licht,
Und die mit Bronnenwasser sich befasset nicht,
Daß es die Tonn' ist, wer's nicht rät, der ist ein Wicht.

Aber ich bin ein Schlemmer, – und du bist ein Wasserschwemmer, – zusammen gehören nicht Wolf und Lämmer. – So ließ er mich stehn und ging gemach, – und ich schickt' ihm ein Ach, – wie ein Verliebter seinem Abgott, nach.

Neunundzwanzigste Makame[393]

Die zehn Reisenden

Hareth Ben Hammam erzählt:

Ich kam nach Maltia[394] mit leichter Seele – und schwer geladnem Kamele; – dann nach niedergelegtem Reisestabe – war ich nur bedacht auf meines Gelds Ausgabe, – hörte nicht auf, dem Wild der Freude nachzujagen – und den Bronnen der Lust nachzufragen, – und es ging mir niemals aus – Augenweide noch Ohrenschmaus, – noch Ergötzung und Vergnügung – und anmutige Zeitbetrügung. – Als mir nun dort weiter blieb – zu längerem Aufenthalt kein Trieb, – verwandt' ich, was noch nicht war verlaufen – von des

Goldes Haufen, – dazu, um Reisegerät zu kaufen. – Und als ich wohlgeschmückt, – von keinem Kummer gedrückt, – war zur Reise ins Feld gerückt, – sah ich einen Trupp von neun Mann, – dessen Aussehn den Blick zog an – und dessen Ansehn das Herz gewann; – die hatten Wein geladen in Schläuchen – und ließen eben ihre Tier' auskeuchen, – gelagert an einem grasigen Bühl, – um zu erwarten das Abendkühl. – Da stieß ich zu ihnen, nicht aus Lust zu zechen, – sondern aus Lust zu sprechen, – nicht gelockt von den Düften ihres Weins, – sondern von den Lüften ihres Vereins. – Als ich nun eingetreten in den neuen Orden – und der neune zehnter geworden; – fand ich, daß sie nicht waren *einer* Mutter Kind, – noch *eines* Hauses Gesind, – sondern zusammengeweht von des Zufalls Wind; – nur daß die Bildung und die Bekanntschaft – zwischen ihnen geschlungen ein Band der Verwandtschaft, – daß sie leuchteten als ein Bild der Eintracht, – wie der Gürtel Orions bei der Nacht. – Als ich nun im stillen den Stern gepriesen, – der mir zu ihnen den Weg gewiesen, – mischte ich meine Unterhaltung in ihre – und mein Tier unter ihre Tiere. – Da ergingen wir uns in des Gespräches Windungen – und durchliefen des Witzes Erfindungen, – bis wir anlangten bei den versteckten Wortverbindungen, – wie wenn einer *Heuschrecken* im Sinn hat und dich fragt: – wie wird *Gräser–Furcht* mit einem Wort gesagt? – oder: wie sagst du mit *einem* Wort *gehäbe*[395] *Röhren*? – wenn er *Dichterinnen* von dir will hören. – Da ließen wir die Pfeile spielen – und sorgten nicht, wohin sie fielen, – vor oder hinter den Zielen; – reihend auf gut Glück an *einem* Faden – Sonn' und Plejaden, – erntend Datteln und Dörner, – sammelnd Spreu und Körner, – zum besten gebend Spelzen und Spelt, – falsche Münzen und gutes Geld: – die Gabel langte in den Kessel um die Wette – und spießte bald das Magere, bald das Fette. – Da hatte sich unvermerkt unserem Kreis – angeschlossen ein Greis, – dem ausgegangen schien die Behaarung – und eingegangen dafür Erfahrung; – er war wie ein Mann, der hört und sieht, – was um ihn geschieht. – Als er nun merkte, daß uns der Speichel versiegte im Mund – und der Brunnengräber kam auf den Felsengrund, – wandt' er sich spöttisch und ließ uns sein Hinterhaupt schaun, – indem er ausrief: Traun! – nicht alles ist Honig, was braun. – Doch die Gesellschaft sich erhob – und hing an ihm, wie die Eidechs' am Baum Thundob[396]; – rufend: Was du zerrissest, das flicke, – oder zur Buße dich schicke! – Du sollst nicht von dieser Stätte, – du bietest denn von deinem Geräte – Beßres, als das unsre von dir Verschmähte. – Als er so sich sah den Weg verrannt – und sich in den Beschwörungskreis gebannt, – sprach er: Lasset das Getöse – und höret, wie ich mich löse! – Da wandt' er sich zum Hauptmann der Gesellschaft und sprach:

1. Du, in der Rennbahn des Geistes tummelnd
Mit Sporn des Scharfsinns des Witzes Gaul,
Nimm dich zusammen! in *einem* Worte
Zusammen fasse mir: *Löwen-Maul*

Dann lachte er auf den zweiten und sprach:

2. Du, dessen feiner Hand die Lösung
Macht nicht des feinsten Knotens bang,
Wie hilfst du dir, wenn du sollst sagen
Mit *einem* Worte: *Gleich dem Klang?*

Dann blickte er den dritten an und rief:

3. Du, auf dessen Gartenbeeten
Wuchert ew'gen Lenzens Grünheit,
Kannst du mit dem Wort mir dienen,
Das in sich hält: *Adler-Kühnheit?*

Dann winkte er dem vierten zu und sagte:

4. Du, dessen Glücksgebäude
Gott schirme vorm Verfall!
Welch Wort ist, das gebietrisch
Stets ruft: *Herbei Metall?*

Dann nickte er gegen den fünften und begann:

5. Du! wenn deine schöne Sklavin
Dich bedroht mit einem Grimmchen;
Weißt du wohl mit *einem* Worte
Ihr zu sagen: *Halt ein, Immchen?*

Dann trat er den sechsten an und sprach:

6. O du, auf dessen Wangen
Der Freude Widerschein ist;
Kannst du ein Wort mir sagen,
Eines, das *zweimal rein* ist?

Dann deutete er auf den siebenten und rief:

7. Du, dem das Kleid der Bildung
Den Nacken schön umfloß,
Kannst du mit *einem* Worte
Mir sagen: *Nackt* und *bloß*?

Dann lächelte er den achten an und sprach:

8. Du, des Geist in Fülle
Blühnder Gärten wohnt,
Sag mit *einem* Worte:
Klinge, Frühlingsmond!

Dann betrachtete er den neunten und rief:

9. Du, dessen Mut nicht schaudert
Vorm Dröhnen der Bedränger;
Wie kann mit *einem* Worte
Man sagen: *Klare Sänger?*

Der Erzähler spricht: Als an mich nun die Reihe kam, klopfte er mich auf die Schulter und sprach:

10. O, der du schätzest nach Würden, was
Man Schönes schreibet und Schönes spricht;
Wie kann man einfach mit *einem* Worte:
Feld–Narren sagen und anders nicht?

Dann rief er: Ich bin noch nicht auf des Fasses Grunde, – ich muß noch einmal tränken in die Runde. – Worauf er von vornen anfing – und fragend den ersten anging:

11. Kluger! wenn du irgend Träger
Ohne Trage sähest, sage,
Welch ein Wort du brauchen würdest
Statt der beiden: *Ohne Trage?*

Worauf er heranbrach – und den zweiten anstach:

12. Edler! wenn dein Vatersbruder
Ging im schlechten Wetter aus,
Könntest du mit *einem* Worte
Ihm nicht sagen: *Ei! nach Haus!*

Worauf er sich wandte – und auf den dritten spannte:

13. Reicher! wer in deinem Hause
Ist's, der lange dir zuvor war?
Nenn ihn mir mit einem Namen,
Welcher sagt: *bejahrt* und *Vorfahr!*

Worauf er seitwärts schielte – und auf den vierten zielte:

14. Weidereicher! dessen Täler
Stehn von Bergen fest umhägt;
Sage, was in Bergesklüften
Nennt sich: *Muhme wohlbetagt?*

Worauf er blinzte – und es auf den fünften münzte:

15. Frommer! schmachtet das Land nach Regen,
Wieviel wert ist ein Tropfen dort!
Betend sage zum Himmel: *Feuchte*
Schicke! sag es mit *einem* Wort.

Worauf er sich anließ – und den sechsten anblies:

16. O Schöner! mögest du mit Glück
Bestehen alle Fehden!
Nenn einer Schönen Namen, der
Bedeutet: *wählte jeden!*

Worauf er sich rührte – und den siebenten in Versuchung führte:

17. Freigebiger! dem teuer
Nicht seine Herden sind;
O sag mit *einem* Worte:
Schafräuber, komm geschwind!

Worauf er sich bückte – und den achten mit dem Gruß beglückte:

18. Will denn der Lust des Lebens
Sich mischen Gram ach immer?
Komm, laß mit *einem* Worte
Uns sagen: *Gram ach nimmer!*

Worauf er vor dem neunten haltend, – ausrief, die Hände faltend:

19. O ihr, vor und hinter denen
Liegen Länder unbezirket;
Eh' ihr auseinander scheidet,
Sag ein Wort euch: *Freunde, wirket!*

Worauf er mich begrüßte – und den Abschied versüßte:

20. Hast du mit der Sonne
Blicken dich geletzt,
Sag mit einem Seufzer:
Niederwärts zuletzt![397]

Da brach die Gesellschaft aus – in Entzückungsbraus, – rufend: Sprich aus, sprich aus! – wer bist du? und wo bist du zu Haus? – Doch er stöhnte wie eine Söhneberaubte – und sprach mit gesenktem Haupte:

Jeder Gebirgsweg ist mein Weg,
Jedes Geheg' ist mein Revier;
Aber *Serug* ist, wo sich hin
Wendet mein Herz mit Schmerzbegier,
Meiner Erinnerung Jugendbraut,
Von ihr wehet der Wind zu mir.
Von den Abendfliegen durchtönt,
Ihrer geschmückten Gärten Zier;
Was einst dort ich an ihr geschaut,
Zeugt im Auge nun Tränen hier.
Nichts des Lieblichen war mir lieb,
Und nichts Süßes mir süß nach ihr.

Der Erzähler spricht: Da sprach ich zu den Genossen: – das ist Abu Seid, von Serug entsprossen, – des Geistes ewig wechselnder Farbendunst, – der Schönheit immer wallende Feuersbrunst; – Rätselspiele sind das Geringste seiner Kunst. – Worauf ich anhob mit Brunst, ihnen seinen Wert zu rühmen – und sein Verdienst in ihren Augen zu blümen. – Dann wandt' ich mich, siehe, da war er verschwunden, – und seine Spur ward nicht gefunden.

Dreißigste Makame[398]

Der Kadi von Saade

Hareth Ben Hammam erzählt:

Als meine Jugend stand im Saft, – mein Wuchs war wie der Lanze Schaft – und antilopengleich meiner Läufe Kraft; – führten die wechselnden Wanderpfade – mich einst nach *Saade*[399]. – Und als ich mich ergötzt an ihrer Au – und mich geletzt an ihrem Tau, – erkundigte ich mich bei den kundigen Kennern – nach irgendeinem Ausbund von Männern, – der ein Edelstein wäre von reiner Glut – und ein Schacht von Edelmut, – daß er mir in Bedrängnis dienen möchte zum Horte – und gegen drohendes Verhängnis zum Porte. – Da ward mir gepriesen – und angewiesen – ein Kadi des

Orts, dessen Erbschaft Adel – und dessen Erwerbschaft war Untadel, – ein *Temimer*[400] wie von Geblüte – so von Gemüte. – Da säumte ich nicht, mich mit ihm zu verbinden; – und so durch meiner Dienste Emsigkeit, – wie durch meiner Besuche Seltenheit[401] – sucht' ich ihm mich zu machen so unentbehrlich – als unbeschwerlich; – bis ich ward der Schatten seiner Säle – und das Echo seiner Seele, – der Gesellmann seines Schmauses – und der *Selman seines Hauses*[402]. – Während nun mein Gaumen süß war von seinem Bienenstock – und mein Geruch gewürzt von seinem Blumenstock, – pflegte ich beizuwohnen den Parteienzwisten – und zu vermitteln zwischen Moslemen, Juden und Christen[403]. – Als der Kadi nun saß und der Geschäfte pflag – an einem drangvollen, gedrängvollen Gerichtstag, – trat auf ein Scheich mit dürftigem Gefieder, – dem zu zittern schienen die Glieder; – der, nachdem er die gedrängten Haufen – hatte mit Wechslerblicken[404] durchlaufen, – äußerte gegen den Kadi, es folg' ihm ein Gegner, – ein verstockter, verwegner. – Und es währte keinen Augenblick, – keinen Wimpernick, – da trat herein mit stolzem Genick – ein Bürschchen gleich einem Hirsche, – zart von Flaum wie eine Pfirsche. – Und der Scheich sprach: Gottes Macht stütze – den Richter, daß er das Recht schütze! – Hier mein Pflegesohn ist ein stöckiges Pferd, – ein eingestocktes Schwert, – ein Bogen, ein unbiegsamer, – ein Zögling, ein unfügsamer, – ein Schreibekiel, ein knarriger – und scharriger, – ein störriger Bursch und starriger, – starrsinniger, trotzköpfiger, hartnäckiger, halsstarriger, – mir unwillfährig und fahrig, – widerspenstig und widerhaarig. – All seine Art ist Unart – und jede seine Fahrt eine Unfahrt; – Widerwart ist sein Kleid – und Widerpart sein Geschmeid, – mein Verdruß ist sein Genuß und meine Lust sein Leid. – Wenn ich vor will, hüfet er, – wenn ich befehle, prüfet er[405]; – was ich eingebe, stößt er aus, – was ich anblase, bläst er aus; – was ich rate, steckt er in die löcherichte Tasche, – was ich brate, wirft er mir in die Asche. – Und ich hab' ihn gezogen und gepflogen doch, – von dem an, da er auf den vieren kroch, – bis nun er fliegt in den Lüften hoch, – und war ihm mit früher und spater – Vorsorg' und Fürsorg' ein Rater und ein Vater. – Dem Kadi schien die

Klage schwer, – er blickt im Kreise seiner Leut'[406] umher, – und sie zeigten sich erstaunt wie er. – Dann sprach er: Ich bezeuge beim höchsten Throne, – Söhne sind des Vaters Ehrenkrone; – aber Kinderlosigkeit ist minder – und Kinderverlust gelinder, – als Ungehorsam der Kinder. – Kühleres Auges [407] ist Unfrüchtigkeit[408] – als der Leibesfrucht Untüchtigkeit. – Da sprach der Jüngling, von dem Worte verletzt: – Bei dem, der die Richter eingesetzt – und sie zu Fug und Macht hat befugt und ermächtigt! – zu welcher Klag' ist er berechtigt? – Wenn er betete, sprach ich Amen; – wo er säte, trug ich Samen; – er streute kein Körnlein, das mein Vogel nicht klaubte[409], – und sagte kein Wörtlein, das mein Herz nicht glaubte. – Wo er verwehrte, war ich nicht schwierig, – wo er begehrte, war ich begierig; – er deutete keinen Weg, den ich nicht ging, – und schlug keinen Funken, der bei mir nicht fing. – Nur daß er gleich den Unzufriednen – sich nicht bescheidet mit dem Beschiednen; – er sucht vom Hahne Eier – und am Kamele Flügel wie am Reiher. – Der Kadi sprach: Womit hat er dich gedrängt – und deinen Dienstgehorsam überangestrengt? – Der Jüngling sprach: Seit die Hand ihm leer ist – und der Kasten ihm nicht mehr schwer ist, – mutet er mir zu, mich auf den Bettel zu legen, – bei des Reichtums Wolken zu flehn um Regen, – um seine Vertrocknung zu wässern – und seinen Schaden zu bessern. – Und doch, als er einst mich in die Lehre nahm – und mir einflößte die Grundsätze der Sitt' und Scham, – prägte er mir ein, daß Begehrlichkeit – sie für das Gemüt eine Fährlichkeit, – das Heischen eine Beschwerlichkeit – und das Betteln eine Unehrlichkeit. – Damals gab er aus diesem seinem Munde – mit seinen Reimen mir diese Kunde:

Begnüge dich mit Kleinem und sei dankbar;
Genügsamkeit vergrößert kleine Späne.
Vermeide Gier! Der Geier ist verachtet,
Unedel ist die fräßige Hyäne.
Bewahr' des Mundes Anstand, dem es wohlsteht,
Daß er sich schließ', und übel, daß er gähne;
Nicht schänd' um Großmutstau von fremden Händen

Mit des Verlangens Wasser deine Zähne.
Erniedrigst du, daß dich erheb' Erhörung,
Dich erst zur Bitt'? – O bleib in deiner Pläne[410]!
Verteid'gend deine Ehre mit des Stolzes
Gefühl, als wie der Löwe seine Mähne.
Drück zu dein Auge, wenn dich drin was drücket,
Daß selbst dein Augenkind[411] nicht seh' die Träne!
Dein Kleid, zerrissen sei's, nur deine Ehre
Sei fleckenlos wie das Gewand der Schwäne.

Er sprach's, doch der Alte murrte, – fuhr den Sohn an und knurrte: – Schweig, Ungeratner! Du harte Stirn und steifer Rücken, – du Vaters Halswürgen und Herzdrücken! – Was? willst du deine Mutter das Gebären – und deine Amme das Säugen lehren? – Wahrlich, das Schlängelchen will an den Drachen – und das Fohlen an den Hengst sich machen! – Dann, als ob ihn gereute sein Wüten – und seine Liebe ihn triebe zu vergüten, – sah er ihn an mit dem Blicke der Zärtlichkeit – und neigte ihm zu den Fittich der Väterlichkeit, – sprechend: O weh, mein Söhnlein! Wem Genügsamkeit ist empfohlen – und Bewahrung der Ehre befohlen, – das sind die Herren vom reichen Erbe, – die Besitzer von Gewerb und Erwerbe. – Aber die nichts haben zu speisen, – denen erlauben alle Weisen, – in der Not zu brechen das Eisen. – Und wie hast du nun diese Lehre vergessen, – da du selbst einst, vom Geiste besessen, – deinem Vater zu Gemüt führtest dein Ermessen? – oder wessen sind diese Verse, wessen[412]?

Sitze nicht im Hunger und im Kummer still,
Daß die Welt sag': o welch edler Weiser!
Sieh doch selber, ob ein baumentblößtes Land
Besser sei als eins voll grüner Reiser!
Achte die Bedenklichkeit der Toren nicht;
Dürrer Fruchtbaum ist ein kahler Speiser.
Treibe dein Kamel von da, wo Durst dich plagt,
Hin, wo's regnet lauter oder leiser.
Flehe von der Wolken Füll', und wenn der Mund
Feucht dir ward, sei er des Segens Preiser;
Und versagt man, nicht entehrt Versagung dich;
Alles ist gewährt selbst nicht dem Kaiser.

Als nun der Kadi sah des Jünglings ungebührliche Zwiefalt, – zwischen seinen Worten und seinen Werken die Zwiespalt; – sah er ihn an mit Blicken vom Zorne heiß – und rief: Wie? bist du hüben schwarz und drüben weiß? – hier von *Temim* und dort von *Keiß*[413]? – Pfui dem Manne, der eidechselt[414], – nach der Sonne Stand die Farben wechselt! – Wie zerbrichst du die Worte, die du gedrechselt! – Da sprach der Jüngling: Bei dessen Macht, – der dich den Menschen zum Schlüssel des Rechts gemacht! – mein Gedächtnis verging in der Not, – und mein Geist ward stumpf vom Mangel an Brot. – Übrigens, wo ist auch noch ein offenes Tor, – aus dem sich streckt eine offene Hand hervor? – wo lebt noch jetzt, – wen es ergötzt, wenn er letzt, – und wer sich glücklich schätzt, wann er vorsetzt[415]? – Der Kadi sprach: Gemach! – dein Wind geht zu jach! – Unter der Spreu ist wohl ein Korn, – oder eine Rose ist am Dorn. – Nicht alle Sommerwolken trügen, – und nicht alle Blitze der Hoffnung lügen. – Du mußt lernen unterscheiden – und nicht absprechen unbescheiden. – Als der Scheich nun sah, was dem edlen Kadi geschah, – wie er der Wohltätigkeit Sach mit Eifer verteidigte – und der Angriff auf sie ihn sehr beleidigte, – dachte er sofort, wie es ihm möchte gelingen, – die temische[416] Großmut zu zwingen, – das Wort des Mundes mit der Tat der Hand zu unterstützen, – und verfehlte nicht die Zeit zu nützen, – daß er, weil es Flut war, sein Netz ausspannte – und seinen Fisch briet, weil das Feuer brannte. – So hub er an:

O Kadi, dessen Edelmut und Adel
Fest gleich dem Berge Radhwa[417] steht gegründet!
In seinem Unverstand behauptet dieser,
Kein Milder sei, so weit die Welt sich ründet;
Und weiß nicht, daß du bist von jenem Stamme,
Des Gabenfüll' als Manna sich verkündet.
So gib, daß mit dem Spunde der Beschämung
Der Lügenmund des Leugners sei verspündet!
Gib, daß ich froh von deinem Antlitz gehe,
Zum Loblied deiner Hilf' und Huld entzündet!

Sprach's, und den Kadi freute sein Wort, – und er spendete ihm aus seinem Hort; – wandte sich dann zum Sohne – und sprach mit verweisendem Tone: – Siehst du nun, wie dein Vorwurf war unrecht – und deine Beschuldigung unecht? – Sei künftig nicht vorschnell zu richten und zu bezüchten, – und verwirf keinen Baum als nach geprüften Früchten. – Und hüte dich vor Widersetzlichkeit – gegen deines Vaters Unverletzlichkeit! – Wo du noch einmal wirst widerstreben, – so werd' ich, was du verdienst, dir geben. – Da schickte sich der Jüngling zur Buße – und fiel seinem Vater zu Fuße, – dann hüpfte er auf und entsprang, – und der Alte folgte ihm und sang:

Wen irgend betroffen ein Leid und ein Schade,
Der möge nur kommen zum Kadi von Saade!
Durch Weisheit vernichtet er alle Gewes'nen,
Die Künftigen alle beschämt er durch Gnade.

Der Erzähler spricht: Mein Sinn lag in Zweifelsfalten – über den Jungen und den Alten, – solang' ich sie hörte ihre Reden halten; – doch wie sie weg waren, ward mir's klar, – daß es der *Seruger* und sein Sprößling war. – Obgleich mir nun ging das Licht auf, – doch steckt' ich dem Temimer es nicht auf, – und bis zu unserer Bekanntschaft Ende – verdarb ich ihm nicht die Freude an seiner Spende.

Einunddreißigste Makame[418]

Der großmütige Wali

Hareth Ben Hammam erzählt:

Ich liebte, seit mein Gefieder trieb – und meine Feder schrieb, – die Bildung zu machen zu meinem Wege – und Entwildung zu meinem Weidegehege, – mich einzuflüren auf der Sitte Fluren – und nachzuspüren ihrer Tritte Spuren, – mich nach ihren Kunden zu erkundigen – und Kundschaft zu halten mit ihren Kundigen, – mit ihren Siegelführern und Schatzwahrern, – ihren Ausspendern und Aufsparern, – ihren Aufsehern und Schachtfahrern. – Und fand ich deren einen, der mir ein Licht aufsteckte, – oder mir einen Gasttisch deckte, – so neigt' ich ihm meine Flügel – und gab ihm meine Zügel, – oder hielt ihm den Bügel; – wiewohl ich nie einen fand, der dem *Seruger* mochte gleichen, – oder ihm durfte das Wasser reichen, – ihm, dessen Wolke führte Regen und Hagel, – dessen Schlag traf auf den Kopf jeden Nagel, – dessen Pflaster stets deckte das wunde Fleck – und dessen Mittel nie verfehlte den Zweck; – nur daß mehr noch, als seiner Füllen, – waren seiner Hüllen – und er dabei schneller kreiste – und unversehner reiste, – als ein Sprichwort[419] durch die arabischen Nationen, – oder der Mond durch die himmlischen Stationen. – Und ich, aus Begierde, ihm zu begegnen, – scheute nicht von den Orten die entlegnen, – noch von den Zeiten die ungelegnen – und machte mir zu einem Genusse – das Reisen, das Gott gemacht hat zu einer Buße. – Als ich nun gelangte nach *Merw*[420], – war es mir nicht herb, – als mir's ein Vogel sagte im Flug – und ein Orakel ohne Trug, – daß ich ihn finden sollte ohne Verzug. – Und ich suchte ihn, wo nur Menschen gasteten, – oder Karawanen rasteten, – doch fand ich von ihm weder Tapfe noch Stapfe, – noch einen, der mit ihm getrunken aus einem Napfe; – bis daß die Spitze des Verlangens sich stumpfte, – die Knospe der Hoffnung verschrumpfte – und das Korn der Begierde verdumpfte: – da war ich eines Tages bei dem erlauchten Wali[421] von Merw, – der reinen Adel hatte zum Erb – und keinen Tadel zum Erwerb; – siehe, da trat Abu Seid herein im Gewande eines Bedürftigen – und mit der Gewandtheit eines Unterwürfigen – und grüßte den Wali, wie die Fronenden – grüßen einen Thronenden, – dann sprach er: Wisse (mögest du vor Scham bewahrt sein – und vor Gram gespart sein!) – daß, die sich befinden in den hehren Würden, – gesucht sind von denen mit den schweren Bürden – und daß, die da stehen auf den hohen Stellen, – bei ihnen die Hoffnungen sich einstellen – und ihren Tritten und Schritten – nachstellen die Wünsch' und die Bitten. – Der Glückliche aber ist, der, weil sich ihm hold das Glück weist, – keinen Unglücklichen zurückweist, – der gern von der

Fülle seiner Güter steuert – und dem Kummer der Gemüter steuert, – von dessen voller Scheuer – leer ausgeht kein Scheuer, – der von sich abwendet den Überdruß, – indem er ausspendet den Überfluß, – der ausschließlich in sein Erbarmen – einschließet alle Erb-Armen, – der alle, die ohne Haus und Hof sind, – rechnet zu seinem Haus- und Hofgesind – und so, als ob er für sein edles Harem stritt', – aller Edlen Harm vertritt. – Du bist nun, Gott sei gepriesen, der Fürst der Zeit – und der First des Landes weit und breit, – der Port der Bitten, – der Hort der Sitten, – das Mark, von dem die Hoffnung erstarkt, – der Wünsche stark besuchter Markt, – die Tränke, zu der die Reiterscharen – lenken und preisend weiter fahren, – der Hof, wo zum häufigen Besuche – zuhauf sich drängen die Gesuche: – Und Gottes Gnad' ist groß über dir, – und seines Segens Hand ist bloß über dir. – Er mache hoch die Säule deines Rauches – und tief die Fülle deines Schlauches! – Er lichte nie deines Baumes Schatten – und lasse dein Kamel nie ermatten! – Ich aber bin ein Alter, Armer, – jetzt so kalter als einstmals warmer, – dessen Jugend-Aar-Mut – ausschlug in Greisen-Armut. – Ich komme her vom versiegten Bronnen, – von der Wohnung der siechen Wonnen, – um aus deinem Meer zu schöpfen, – unter dem Heere von deiner Gnade Geschöpfen. – Die Hoffnung im Beter – ist bei Gott sein Vertreter, – und des Flehenden Zuversicht ist Beschwörung – von des Angeflehten Erhörung. – So tu an mir, wie dir's wohlsteht, – und laß es mir nicht übel gehn, wie dir's wohlgeht! – Gott hat es gut gemacht mit dir, – so mach es gut mit mir! – Tu deine Hand nicht zu vor meiner aufgetanen – und laß sich eintun bei dir den vom Glücke Ausgetanen! – Denn, bei Gott, nicht bereichert – sich, der da speichert; – nichts aufrichtet, – wer aufschichtet; – wer scharrt, erstarrt; – wer häuft, ersäuft; – der Fromme aber ist, der da gibt, wo er hat; – und liebt da, wo er Gutes tat. – Dann hielt er inne und spähte in den Zügen, – ob die Zweige seiner Rede Wurzel schlügen – und Früchte trügen. – Der Wali aber, daß er mehr die Tiefe – und Untiefe des Geistes seines Gastes prüfe, – daß er probe die Güte seines Feuerstahls – und die Gewalt seines Wasserstrahls, – blickte zu Boden nachdenkend, – doch sein Schweigen war dem *Abu*

Seid kränkend; – er sprudelte auf und sprühte – und sang aus zürnendem Gemüte:

Verachte nicht (Gott schütze dich vor Frevel!)
Verdienst, ob es in Lumpen sich vermumme.
Und schmälre nicht des Ehrenwerten Ehre,
Ob ihm die Zunge laut sei, ob erstumme.
Wirf Frucht herab, o Baum, wenn man dich schüttelt;
Und lösche Durst, wenn du bist voll, o Kumme[422]!
Des Mannes bestes Gut ist, was er hingibt
Für Lob und Lieder, die ein Reiter summe[423].
Und niemals übervorteilt war der Käufer,
Der hellen Ruhm gekauft für Gold, das stumme.
Wär' Ehre nicht, wie dürft' ein Edler trachten
Nach mehr Besitz als des Bedarfes Summe?
Er sammelt, um zu streun; um es der Milde
Zu eignen, strebt er nach dem Eigentume.
Und wo er riecht des Dankes Duft, viel süßer
Ist's ihm, als ob im Feuer Aloe glumme.
Die offne Hand allein erwirbt sich Herzen,
Nur Schmutz erwirbt der Finger sich, der krumme.
Du sei ein Mensch und wirb um Lieb' und Achtung,
Und laß das Vieh, daß es nach Futter brumme.
Sei klug und hauche Leben deinem Gut ein;
Im Grabe hütet toten Schatz der Dumme.

Da sprach der Wali: Bei Gott, würdig des Lohnes bist du, – doch sprich, der Sohn welches Menschensohnes bist du? – Da schaut' *Abu Seid* ihn schief an – und hub tief an:

Frage nach des Mannes Wert und nicht nach seinen Eltern,
Ob sie wohnten unter Zelt und ritten auf den Zeltern.
Schmeckst du Süßigkeit des Weins, des jüngern oder ältern;
Ist es klar, was ist's, ob er entfloß gemeinen Keltern?

Sprach's, und der Wali war von Ohr kein Tauber, – um zu widerstehn seinem Redezauber; – er erhob ihn über alles

Nutzanwendung, – und ich nehme Gott zum Zeugen gegen eure Verblendung[433]. – Und (fuhr Hareth Ben Hammam fort) – uns erstaunte seiner Wohlredenheit Wort, – und mit ehrfurchtsvollem Herzpochen – sprachen wir den Vers nach, wie er ihn gesprochen; – worauf wir, furchtbeschwichtigt, – alles glaubten berichtigt – und uns hielten so sicher in unserm Boote, – wie die Kicher in ihrer Schote. – Mir aber war es bei seiner Stimme Laut, – als hätt' ich schon einst sein Antlitz geschaut; – ich sprach: Bei dem, der das Trockne beherrscht und das Feuchte! – bist du nicht *Abu Seid,* die serugische Leuchte? – Er sprach: Ja! der Morgen – bleibt der Welt nicht verborgen. – Da pries ich glücklich die weite Reise, – die mich vereint mit dem edlen Reise, – und entdeckte mich ihm gleicherweise. – Wir ließen das Schiff nun schweben, – das Meer blieb eben, – die Luft ohne Beben – und herrlich und in Freuden unser Leben. – Ich war ihm so hold, – wie ein Reicher seinem Gold, – und sah mit Lust sein Angesicht, – wie ein dem Kerker Entsprungener das Licht. – Sein Wort war mir Erquickung, – daß ich vergaß jeder Schickung, – und hangend am Zauber seiner Lippen, – dacht' ich nicht an Sturm und Klippen. – Bis plötzlich der Himmel wollte, – daß ein Donner rollte – und ein Südwind stürmte, – der Wolken und Wogen türmte. – Wir vergaßen im Munde den Bissen Brot, – von jeder Seite klopfte ans Schiff der Tod. – Da erschien uns, wie ein Heiland – in der Not, ein Eiland; – dem beschlossen wir zuzulaufen, – vorm Schnaufen des Sturms dort auszuschnaufen. – Und da lagen wir in verlassener Bucht, – harrend, mit unsres Schiffleins Wucht. – Doch lange blieb der Wind verkehrt, – und der Reisevorrat war aufgezehrt. – Da sprach Abu Seid zu mir: das Lungern – führt zum Verhungern; – Früchte sammelt man auf den Zweigen: – willst du mit mir zu Lande steigen, – ob sich uns mög' ein Glückstern zeigen? – Ich sprach: Wie dein Schatten schweb' ich an dir, – wie deine Sohle kleb' ich an dir. – Da sprangen wir miteinander – ans Land als wie zwei Panther, – mit frischem Mut und welkem Magen, – um eine Beute uns aufzujagen. – Wir durchschnoberten alle Ecken – und durchstoberten alle Hecken, – bis wir standen vor einem hohen Schloß, – mit ehernen Pforten, weit und groß, – davor ein stattlicher .Bedienentroß. – Wir wendeten zu ihnen uns heiter, – glaubten gefunden zum Baum eine Leiter – und hofften für uns gewonnen – einen Eimer zu dem Bronnen. – Aber wir sahn an ihnen – der Bekümmernis Mienen, – wie Schafe, denen des Wolfes Klau' im Felle war. – Wir sprachen: O du Dienerschar! – woher ist dieser Kummer? – Doch sie starrten wie im Schlummer, – und keiner gab mehr Antwort als ein Stummer. – So war uns das Feuer als Irrlicht geschwunden, – und wir hatten statt Wassers Dampf gefunden. – Wir sprachen: Schwarz werde das Angesicht – dem kargen Wicht – und dem selber, der ihn um Huld anspricht! – Aber da trat hervor – *einer* aus dem Chor, – von Jahren gebeugt, – von Zähren feucht, – und sprach: O wollet uns nicht fluchen, – nicht mit Leid uns noch mehr heimsuchen! – Wir haben vollauf genug an dem Gram, – durch den uns die Lust zu reden verkam. – Abu Seid sprach zu ihm: Hauch' aus, was dich enget, – sprich aus, was dich dränget! – Ich bin ein Arzt, der alles heilt – und jeder Krankheit einen Namen erteilt. – Jener sprach: Der Herr dieses Schlosses – und Gebieter dieses Dienertrosses – ist der glänzende Himmelspol, – um den sich dreht dieser Insel Wohl. – Er ist dieses Schachbrettes König, – dem wir als Läufer und Springer sind frönig; – nur daß er selber nimmer kummerfronlos war, – weil er immer sohnlos war. – Er bestellte aufs beste sein Frauengemach – und ließ nicht mit frommen Gelübden nach; – bis es nun hieß: Es wird dir ein Sprößling, – von der schönsten Palme des Harems ein Palmenschößling. – Da ward kein Opferbrauch verfehlt, – Tag' und Monate wurden gezählt; – und als es nun an der Zeit war, – Wieg' und Wickelband bereit war – und man hoffte, daß ihrer Hoffnung Bürde – die Trägerin erledigt würde; – da verließen uns des Himmels Gnaden, – sie kann sich der Bürde nicht entladen, – wir fürchten, Kalb und Kuh nimmt Schaden. – Seitdem hat keiner den Schlaf geschmeckt, – und die Tafeln werden umsonst gedeckt. – Da brach er aus in Tränen und in Gewinsel – und erfüllte mit Anrufungen Gottes die Insel. – Doch Abu Seid sprach: Gib dich zufrieden! – ein Gruß des Heils ist euch beschieden: – ich bring' ein Angebinde, – das hilft jeder Mutter von ihrem Kinde. – Da rannten die Diener zu ihrem Herrn

– und brachten ihm Kunde vom aufgegangenen Stern. – Und wie man umkehrt die Hand, – kam ein Herold gerannt, – in das Schloß uns einzuführen, – und wir traten in die Türen. – Da rief der Herr dem Abu Seid entgegen: – Gottes Segen auf deinen Wegen – und all mein Gut – in deine Hut, – wenn dein Wort nicht lügt – und dein Hort nicht trügt! – Fertige uns deine Zauberschrift! – Da forderte Abu Seid einen Schreibestift – und von Meerschaum eine feine Scheibe[434], – berührt von keinem unreinen Weibe, – auch aufgelösten Saferan; – alles das bracht' ihm ein Sklav' heran. – Da neigte er sich zu Bodem, – zog in Demut an den Odem, – dann haucht' er einen Seufzerstrom – zum Himmelsdom, – drauf ergriff er den Stift, und ich sah ihn schreiben – mit Safrantinten auf Meerschaumscheiben:

Ungeborner! laß dir Gutes raten;
Guter Rat ist eines Gläub'gen Pflicht.
Wohlgeborgen bist du, wohlberaten,
Hinterm Schlosse, das kein Mensch erbricht.
Was du tust, kein Lauscher kann's erraten;
Wo du schläfst, da wacht kein Bösewicht.
Nicht von Freunden siehst du dich verraten,
Und dich schreckt kein Feindesangesicht.
Willst du doch nicht unsrer Welt entraten?
Willst du sehn der Sonne falsches Licht?
Bleib! es möchte dir nicht wohlgeraten;
Gib nicht Wirklichkeit hin für Gedicht!
Nun, dein Bestes hab' ich dir geraten;
Doch ich wette drauf, du tust es nicht.

Darauf zerrieb er das Beschriebene, – spuckte dreimal aufs Zerriebene, – drehte daraus ein Klümpchen – und wickelte es in ein Lümpchen, – worauf er sprengte Ambradüfte – und befahl, an die Hüfte – es zu hängen der Kreißenden – im Namen des ewig zu Preisenden. – Da währte es nicht eines Trinkers Zug, – nicht eines Pulses Flug, – nicht einen Blitz der Gedanken, – da brach das Kind aus den Schranken – durch des Meerschaums Eigenschaft – und durch des Allbarmherzigen Kraft. – Das ganze Gebäude – geriet in

Freude, – daß vor Lust die Leute wankten – und die Pfeiler schwankten. – Sie umringten den Abu Seid, – den Retter aus Leid, – stritten sich um seine Hand – und rissen sich um sein Gewand. – So verehrten sie ihn, – daß es mir schien, – er sei der Karanide Oweis – oder der Asadide Dobeis[435]. – Dann ward ihm aus Hab' und Wohnung – solcher Gab' und Lohnung, – daß Genüge ihm war beschert – und seines Wunsches Antlitz verklärt. – Und nie ging ihm aus diese Einkunft, – seit dem Tage der Niederkunft, – bis daß nun ruhig das Meer ward – und rätlich für uns die Weiterfahrt. – Da es nun sollte gehn nach *Oman*, – sah Abu Seid der Gaben Strom an, – und es schien ihm für einmal genug, – er schickte sich an mit uns zum Zug. – Aber der Herr wollt' es ihm nicht erlauben, – er wollte seinem Hause nicht lassen den Segen rauben; – er sollte bei ihm bleiben an Freundes Platz, – mit einer freien Hand in seinem Schatz. – Da sah ich wohl, wie er sich neigte – zur schönen Aussicht, die sich ihm zeigte, – und ich verwies ihm den Wankelmut, – daß er wollte um Geld und Gut – aufgeben seine Genossen – und die Rückkehr ins Land, dem er entsprossen. – Doch er sprach im Grimm: – Laß ab von mir und vernimm:

Ein Tor, wer nach der Heimat strebt,
Wo er verbannt, verachtet lebt.
Verlasse du ein Land, wo sich
Das Flache über Berg' erhebt.[436]
Erniedrige dich selbst nicht dort,
Wo nur dein Fuß im Kote klebt.
Durchzieh die Welt! dein Vaterland
Ist da, wo dir das Herz nicht bebt.
Schad' um den Wunsch, der heimwärts zieht,
Schad' um den Seufzer, der entschwebt!
Du weißt es, daß im Vaterland
Der Edle niemals Ehr' erlebt,
Der Perle gleich, wenn sie im Haus
Der Muschel ihren Wert vergräbt.

Dann sprach er: Du weißt genug; – tue danach, so bist du klug. – Da gestand ich meine Schuld – und bat um seine

Huld. – Doch er entschuldigte mich – und entschuldigte sich; – dann gab er mir noch Reisezehrung, – und versagte mir auch nicht des Geleites Gewährung, – mich führend, wie ein lieber Verwandter tut, – bis das Schiff mich nahm in seine Hut. – Doch der Abschied von ihm war mir ungelind, – ich verwünschte die Mutter samt dem Kind.

Dreiunddreißigste Makame[437]

Die Ehescheidung

Hareth Ben Hammam erzählt:

Ich stand im Begriffe, mit vielen andern – aus Tebris zu wandern, – weil die Lust dieser Stadt versiegt war, – die eben vom Hunger bekriegt war. – Während ich nun mit eiligem Schritt – die Straßen durchschnitt, – beschäftigt mit Reisevorbereitung – und mit Aufsuchen einer Begleitung; – begegnet' ich *Abu Seid* von *Serug*, den bedrängte ein Harm, – weil an ihn sich hängte ein Weiberschwarm, – wie Bienen an des Zeidlers[438] Arm. – Und ich fragt' ihn, wohin er sich schleppe – mit seiner unbequemen Schleppe? – Da seufzte er schwer – und deutete auf *eine* im Heer, – in deren Gebärden zu sehn war die Widersetzlichkeit – und auf ihrem entschleierten Antlitz die Unergetzlichkeit; – und sprach: Die hab' ich gefreit, – daß in der Fremde sie mir sei zur Bequemlichkeit – und von mir nehme des ehelosen Lebens Grämlichkeit; – doch sie macht mir Unannehmlichkeit. – Sie spielt gegen mich den Mann – und sinnt mir mehr an, als ich leisten kann; – ich bin wie ein abgetriebenes Tier vermagert – und auf Distel und Dorn gelagert. – Nun gehn wir zusammen zum Richter, – daß er werd' unsres Handels Schlichter, – sei's nun gütliche Entscheidung, – oder die Scheidung, die Scheidung! – So sprach er, da dacht' ich doch, ich könnte nicht aus Tebris gehn, – ohne den Verlauf dieser Sache zu sehn, – und ich schob mein Geschäft auf die Seiten, – um sie zum Richter zu begleiten. – Der war nun einer, der schwer herausruckte – und der vor Sparsamkeit nicht ausspuckte, – der wegwarf keinen zerbrochenen Zahnstocher – und seine Herzenstür verschloß vor dem Anpocher. – Doch Abu Seid, als er vor ihm erschien, – hockte sich nieder auf den Knien – und rief: Gott erleuchte den Kadi und segne ihn! – Mein Reittier hier ist bockig, – muckig und stockig, – ob ich gleich ihr tue, was billig, – und ihr zu Willen bin willig. – Da sprach der Kadi zu ihr: – Wehe dir! – weißt du nicht, daß Störrigkeit den Herrn beleidigt – und verdient, daß man sie mit Streichen schmeidigt? – Doch sie sprach: Er ist ruchlos und gnadlos, – geht nebenhinaus pfadlos – und hält sich beim Nachbar schadlos; – er läßt mich allein haushalten, – wie soll ein Weib das aushalten? – Da sprach der Richter zu ihm: Schmach über dich! Bist du einer von den Leckern, – die da säen auf fremden Äckern – und hecken außer dem Neste? – pfui, dein Ding steht nicht aufs beste. – Doch Abu Seid sprach: Beim Schöpfer der Quellader – in der Felsquader, – sie ist verlogener als *Ummo Sader*[439]. – Sie rief: Nein, bei dem, der den Strauß beschwingt – und den Hals der Ringeltaube beringt, – der die Milch bekrönt mit dem Rahme, – er ist lügenhafter als *Abu Thumame,* – als er faselte in *Jemame*[440]. – Da zischte Abu Seid, wie eine Flamme zischt, – und sprudelte des Zornes Gischt: – rufend: Schweig, Anbrüchige – Übelrüchige, Schandenrüchige, – du ihres Mannes Marterpfahl – und der Nachbarschaft Qual; – lässest du zu Haus mich nicht ruhig schlafen – und willst noch vor den Leuten mich Lügen strafen? – Und weißt doch, daß, als ich dich bekommen – und dich in Augenschein genommen, – ich dich fand beschaffen – häßlicher als einen Affen, – ausgetrockneter als einen Riemen, – hartleibiger als einen Pfriemen, – schwärzender als Tinten, – verbitternder als Koloquinten[441], – unwillkommner als eine Eule, – unbequemer als eine Beule, – lästiger als den Dumpf, – fauler als einen Sumpf, – dummer als das Kraut *Ridschlet*[442] – und weitläufiger als den Fluß *Didschlet*[443]. – Doch ich deckte deine Blößen – und stieß mich nicht an deinen Verstößen. – Aber nun, und wärst du *Schirin*[444] mit ihrer Pracht – und *Zubeida*[445] mit ihrer Macht, – *Bilkis*[446] mit ihrem Witze, – *Buran*[447] mit ihrem Sitze, – *Zabba*[448] mit ihrem Haar, – *Zerka*[449] mit ihrem Augenpaar, – *Rabiat*[450] mit ihrer Andacht gar, – *Chindaf*[451] mit ihrem Stolz und ihren Söhnen, – *Chansa*[452] mit ihren schönen – ihres Bruders Tode geweihten Trauertönen; – und hättest du alles Gute und keinen Fehler, – doch möcht' ich dich nicht zur Stute für meinen Beschäler – noch zum Schrank für meine Gerätschaft, – noch zum Siegelwachs für mein Petschaft. – Sprach's, doch sie zum Kampfe stürzte sich, – streifte den Arm auf und schürzte sich – und rief: O du, schmutziger als *Madir*[453] – und unseliger als *Kaschir*[454] – und verzagter als *Safir*[455] – und unsteter als *Tamir Ben Tamir*[456]. – Schießest du nach mir deinen Pfeil – und legst an die Wurzel meiner Ehre dein Beil? – und weißt doch, daß du unnützer bist als eine Schote ohne Same – und gebrechenreicher als das Maultier des *Abu Dulame*[457], – zäher als ein Filz, – schwächer als ein Pilz, – ungebetner als Stechen in der Milz; – gefräßiger als der Rost, – unerquicklicher als ein Frost; – unanständiger als in Gesellschaft ein Wind, – unverständiger als ein Rind, – kahler als räudige Füchse, – verirrter als eine Mistfliege in eines Würzkrämers Büchse. – Doch gesetzt, du wärest *Hassan*[458] im Predigen – und *Kuss*[459] im Zweifelsfragen-Erledigen – und *Schabi*[460] an Gedächtniskraft – und *Chalil*[461] an Sprachwissenschaft – und *Gerir*[462] im Liebesgedicht – und *Abd Elhamid*[463] im Redegewicht – und *Abu Amru*[464] an Schriftauslegung – und *Ben Kureib*[465] an Geschichtenprägung – und arabischer Kunden Hegung; – meinst du, daß ich dich möchte zum Roß meiner Weide, – oder zum Schwerte meiner Scheide? – Nein, bei Gott, noch zum Imam meiner Kapelle, – noch zum Pförtner meiner Schwelle. – Da sprach der Richter zu beiden in der Kürze: – Ich seh', ihr paßt zusammen wie Topf und Stürze. – Du Mann, laß deine Unhuldigkeit – und tu ferner deine Schuldigkeit; – und du Weib, steh ab von deinem Schimpf – und die Last, die er dir auflegt, trage mit Glimpf. – Da sprach das Weib: Bei Gott, ich werde nicht weichen, – er werde mir denn Kleider reichen; – und ich ergebe mich nicht in seinen Willen, – oder er muß erst meinen Hunger stillen. – Da vermaß *Abu Seid* sich hoch und teuer, – er habe nichts zu ihrer Bedürfnisse Steuer, – als einen leeren Sack – und kummerschweren Pack. – Doch der Richter, der sich auf seine Leute verstund, – sah mit einem scharfen Blicke der Sach' auf den Grund; – er wandte sich zu ihnen mit Stirnekrausen – und sprach mit Brausen: – Ist's nicht genug, vor meinem Angesichte zu tören, – mit eurer Geschichte den Ernst der Gerichte zu stören, – daß ihr noch wollet von den Worten des Unfuges – aufsteigen zu den Werken des Betruges? – Bei meinem Eid! euer Steiß hat die Grube verfehlt, – und euer Pfeil hat die Halsgrube gefehlt. – *Der Emir Elmumenin*[466] – (Gott erhalt' ihn und den Glauben durch ihn) – hat mir meine Stelle verliehn, – um die Rechte der Parteien zu schützen, – nicht um Betteleien zu unterstützen. – Und bei seiner Gnade, die mich bekleidet – mit der Gewalt, die fügt und scheidet! – gebt ihr nicht sogleich Auskunft von dem Zweck eures Handels – und von den Winkelzügen eures Wandels; – so lass' ich euch im Land ausschrein – und mach' euch zu einem Beispiel für groß und klein. – Da blickte *Abu Seid* starr, als ob er Geister beschwöre, – dann rief er laut: Höre! Höre!

Ich bin der von *Serug*, und dieses ist mein Weib;
Der Mond nur ist der Sonne Spießgeselle.
Nie kam in mein' und ihre Zärtlichkeit ein Bruch,
Der Mönch ward untreu niemals seiner Zelle;
Noch ward die Anstalt meiner Landbewässerung
Vergeudet, daß sie fremden Boden schwelle.
Doch seit fünf Tagen teilen wir das Los der Stadt,
Und unsrer Nahrung ist versiegt die Quelle.
Wie fest wir ihn geschnürt, wir konnten nicht dem Hund
Des Hungers wehren, daß er widerbelle.
Als wir vergessen, wie ein Schluck, ein Brocken schmeckt,
Und trocken war der Mörtel unsrer Kelle;
Als guter Rat so teuer, und so wohlfeil uns
Das Leben war, entschlossen wir uns schnelle,
Vom Haus zu gehn halb Leichen, eh wir Leichen ganz
Uns tragen ließen über seine Schwelle.
Das lecke Schiff lief aus mit der Verzweiflung Mut,
Daß es erwerbe oder gar zerschelle;
Und einem Groschen nachzustellen, stehn wir nun

In der Verstellung Kleid an dieser Stelle.
Die Armut kann wohl einen, der mit Heldenmut
Geprahlt hat, dazu bringen, daß er prelle.
Dies ist mein Zustand nun, und dies ist mein Gewerb':
Du von der Schuld zieh ab die Unglücksfälle!
Und gib mir Kerker oder Tod, gib Leben mir,
Zumiß mir, was du willst, du hast die Elle.

Da sprach der Richter: Mache frei deinen Odem – von der Verzweiflung beengendem Brodem! – Ich will dir deine Ränke schenken – und mit einem Geschenke dich bedenken. – Da rüttelte sich das Weib und richtete sich empor – und auf die Zuschauer deutend, trug sie vor:

O Volk von *Tebris*, einen Kadi gab dir Gott,
Der bünd'ger ist als einer, den man je pries;
Nur daß er von den Schalen der Gerechtigkeit
Heut eine füllte und die andre leer ließ.
Als unsrer Not gemeinschaftliches Schifflein hier
Die Luft der Hoffnung seiner Großmut herblies,
Hat er ein Paradies dem Alten aufgetan,
Doch aus dem Himmel mich verbannt wie *Eblis*[467].
Er weiß wohl nicht, daß auf der Reimkunst Webstuhl ich
Allein dem Alten Faden und Geweb' wies?
Und daß, wenn ich im Stich ihn wollte lassen, er
Wär' ein Gelächter jetzt dem Volk von *Tebris*.

Der Erzähler spricht: Als der Kadi sah, wie ihrer beider Herzen Verwogenheit – glich ihrer beider Zungen Verlogenheit, – merkt' er, daß ein Unheil klopf' an seinen Laden – und ihn treff' ein unheilbarer Schaden; – daß, wenn er den einen der Gatten wollte beschwichten, – ohne sich zugleich den andern zu verpflichten, – sich seine Mühe würde so vernichten, – als wollt' er ein Gebet ohne Abwaschung[468] verrichten. – Da brustete er und brummte, – hustete und hummte, – rüstete sich zum Sprechen und verstummte, – drehte sich links und drehte sich rechts, – mit Gestöhn und mit Geächz, – und schmähte auf die Kadiwürde – und die Anhängsel ihrer Bürde, – den verachtend, der sie für etwas achtete, – und als Toren betrachtend den, der nach ihr trachtete. – Dann ächzt' er wie ein Geplünderter – und lechzte wie ein Entkinderter, – rufend: O Schicksal ohnegleichen! – will man mich mit doppelten Ruten streichen? – soll ich die Parteien mit meinem Geld vergleichen, – und es bei keiner lassen fehlen! – Woher nehmen und nicht stehlen? – Dann wandt' er sich zu seinem Türsteher, – seiner Geldgeschäfte Fürsteher, – und sprach: Befrei mich von den zwei Prahlern – und stopf' ihnen den Mund mit zwei Talern. – Dann entferne den Chor – und schließe das Tor – und laß ausrufen: Heut ist ein Unglückstag, – wo den Kadi traf ein Schlag, – daß er keine Parteien mehr hören mag[469].

Vierunddreißigste Makame[470]

Prediger und Almosensammler

Hareth Ben Hammam berichtet:

Ich ließ meinem Jugendmute die Flügel – und meinem heißen Blute die Zügel, – besuchte die Schönen – und horchte den Saitentönen, – bis des Alters Mahner kam, – der dem Leben die Frische nahm, – da suchte ich Rechtfertigkeit – und fluchte der Leichtfertigkeit; – ich fing an in mich zu schlagen, – mit wahrer Reue mich zu nagen, – das Verträumte zu beklagen, – dem Versäumten nachzujagen – dem Umgang holder Bilder zu entsagen, – das Bild der Gotteshuld an mir zu tragen, – mich zu wenden von den zarten Küssenden – zu den harten Büßenden. – Ich wählte mir keinen zum Genossen, – als wer seines Lebens Buch geschlossen; – und sah ich einen zuchtlos, – glaubensfruchtlos, – so rückte ich von seinem Zelte mein Zelt – und räumte vor seinem Aussatz das Feld. – Als mich nun die Reise nach *Tinnis*[471] verschlug – und ich mich dort zur Moschee hintrug, – sah ich einen sitzen, von dichtem Kreis umrungen, – von Augen und Ohren verschlungen, – der sprach aus starker Brust mit hellen Zungen: – O wehe, wehe dem Menschenkind! – wie ist es blind! – es traut auf das, worauf nicht zu trauen, – und baut auf das, worauf nicht zu bauen, – schaut auf das, worauf nicht zu schauen – als nur mit Grauen. – Es glaubt sich die Treue der Welt verbürgt, – da hat sie es ohne Messer gewürgt; – es trachtet und schmachtet – nach der Hand, die es schlachtet; – es sauget Gift mit Lüsten – aus der falschen Mutter Brüsten. – Ich schwöre bei dem, der die Meere dämmt – und das Land Ägypten überschwemmt, – der Sonn' und Mond anzündet – und der das Haus[472] hat gegründet, – wo sein Ruhm ist verkündet! – beim hellen Scheine – vom schwarzen Steine[473], – an welchen glaubt die gläubige Gemeine! – wenn der Mensch nicht wär' ein Tor, – er schlösse sein Ohr – dem lockenden Chor, – er schlösse sein Haus – dem eitlen Schmaus. – Wenn er bedächte, was er tut, – er weinete Blut; – wenn er gedächte der Strafen, – er würde nicht sorglos schlafen. – Stets sammelt der Unvernünftige – für diese Welt, nie für die künftige. – O Wunder über Wunder! – du häufest Goldes Plunder, – du häufest nur den Zunder – zu den ewigen Flammen, die über dich einst schlagen zusammen; – und wunderbarer als wunderbar! – es mahnt dich klar – dein weißes Haar, – und deine Sonn' ist am Sinken, – doch du folgest nicht den Winken. – Du willst dich nicht verbessern, – mit Reueflut dein Sündenfeld nicht wässern! – Dann mit frommem Drang – hub er an und sang:

Wehe dem, der seine Schläfe grauen sieht
Und sein Herz behängt mit Jugendflittern;
Der sich an dem Feuer wilder Lüfte wärmt,
Wann ihm schon vor Frost die Kniee zittern;
Der die Trägheit sanft zu betten ist bemüht
Und den Pelz der Faulheit weich zu füttern;
Der das bodenlose Faß zu füllen lebt
Und das nimmersatte Tier zu füttern;
Den nicht schreckt das Alter, dessen bleicher Stern
Aufgehn sieht kein Weiser ohn' Erschüttern;
Der sich selber nichts gebeut und nichts verbeut,
Bis er wird zur Beute den Zerrüttern!

Weh der Ähre, die nur taube Körner trug,
Wann der Herr gebietet seinen Schnittern;
Weh der Seele, die empor kein Flügel hebt,
Wann der Stab des Lebens geht zu Splittern.
Pfui dem Leben, dessen Duft nicht besser ist,
Als was Gräber modervoll umgittern!
Heil des Frommen Wohlgeruch! Ein Ehrenkleid
Schmückt ihn, das der Tod nicht wird zerknittern.
Sag zu dem, der in den Fuß den Dorn sich trat:
Zieh mit Mut ihn aus! hier hilft kein Zittern.
Geuß der Reue Zähren übers Buch der Schuld,
Und die schwarze Schrift wird sanft verwittern.
Sei gefällig, daß du gottgefällig seist,
Mach es denen süß, die dir's verbittern.
Zürne nicht der ungestümen Forderung
Und willfahre schnell den stummen Bittern.
Ew'gen Segen bringt dir, was du mild verstreust,
Nicht, was karg du magst zusammenklittern.
Fiedre Schwingen, die die Zeit berupft, belaub
Äste, kahl gestrüpft von Ungewittern!
Den, der strauchelt, stütz! er stützt vielleicht dich einst,
Wo dir vor Gericht die Kniee zittern.
Hier nimm hin die Schale guten Rats und trink;
Und was du nicht austrinkst, gönn es Drittern.

Als er nun sein Lied geschlossen – und sein Augenlid ergossen, – kam aus dem Zuschauerhaufen – ein Knabe hervorgelaufen, – schlank und groß, – nackt und bloß – und sprach: O ihr Verständigen, – Sucher des Einzig-Notwendigen, – Verächter des Unbeständigen! – die Mahnung ist euch eingehändigt, – ihr seid des rechten Wegs verständigt; – und wer sich von euch ihm gesellen will – und seine Zukunft bestellen will, – der tu es kund an meiner Blöße – durch seiner milden Gaben Größe! – Beim Sender der Verhängnisse, – dem Wender der Bedrängnisse, – dem Befreier der Gefängnisse, – dem Verzeiher der Vergängnisse! – ich bin, wie ich euch vor Augen stehe, – bedürftig und würdig, um was ich flehe; so helft mir, wie euch Hilfe geschehe! – Er rief's, und zugleich – begann der Scheich –

für ihn zu sprechen Herzrührendes, – Geld den Händen Entführendes, – bis dessen versiegter Brunnen quoll, – seine kahle Wüste grünend schwoll, – sein welker Beutel war straff und voll; – da ging er von dannen und pries – laut die Bewohner von *Tinnis.* – Und nach des Knaben Enteilen – gefiel auch dem Scheich nicht länger zu weilen; – er faltete die Hände zum Gebet, – und weg war er, als hätt' ihn der Wind verweht. – Der Berichter dieser Geschichte spricht: Ich wollte das Rätsel lösen – und eilte aus den Getösen, – immer dem eilenden Alten nach, – der eifrig schritt und auf meinen Zuruf das Schweigen nicht brach; – bis er sicher war vor Belauschen, – um ein vertrauliches Wort zu tauschen; – da wandte er zu mir die Wangen – und grüßte mich unbefangen, – sprach: Herrlich, beim himmlischen Thron! – Er sprach: Er ist auch des *Serugers* Sohn, – die Perl' aus der Muschel lockt sein Ton, – die Schlang' aus der Höhl' und den Fisch aus dem Schlamme. – Ich rief: Bei deiner Amme! – und du selbst bist die Wurzel zu jenem Stamme, – der Feuerstein zu seiner Flamme. – Er sprach: O du bist ein Kenner, – der scharfsichtigste aller Männer; – willst du nicht mein Haus beehren – und mit mir eine Flasche leeren? – Ich rief: O wehe! Berufst du die Menschen zum Heile – und bleibst selbst beim verlornen Teile? – Worauf er den Mund zum Lachen verzog – und sich von mir bog, – dann wandt' er sich wiederum – und sprach: Hör' und merk' und bleibe stumm:

Dämpfe deinen Kummer mit des Weines Dampf,
Heitre dir das Herz auf und nicht gräme dich.
Sage dem, der das, womit die Sorgen du
Von dir scheuchst, dir will verbieten: schäme dich!

Dann sprach er: Jetzt geh' ich auf meinen Berufswegen – hin, wo ich trinke meinen Abendsegen. – Und wenn du mich nicht begleiten willst – und mein Vergnügen schiltst, – so bleib du bei deiner – Weise und laß mich bei meiner! – Richte und verüble nicht, – forsche und grüble nicht! – Damit ging er von hinnen – und ließ mich allein mit meinem Sinnen.

Fünfunddreißigste Makame[474]

Die Rätsel

Hareth Ben Hammam erzählt:

Mich zog einer Neigung Hang – und eines Verlangens Drang, – zu werden der Sohn jedes fernen Weges – und der Bewohner jedes fremden Geheges; – wobei ich doch nie durchritt ein Tal, – oder trat in einen Gesellschaftssaal, – ohne daß mein Wunsch war befeuert – nach Bildung, die der Unlust steuert – und den Wert des Mannes teuert; – bis an mir davon die Farbe geblieben – und die Eigenschaft davon mir ward zugeschrieben, – und ihre Art fester an mir haftete, als die Liebe am Stamme der *Banu Odhra*[475], – oder die Tapferkeit an dem Hause des *Abu Sofra*[476]. – Als nun mein Reisekamel sich gelagert in *Negran*[477] – und ich dort Freunde und Bekannte gewann, – wählt' ich ihre Gesellschaften zu meinen Weideplätzen – und zu meinem Tag- und Nachtergötzen; – wo ich früh und spät verweilte – und Frohes und Trauriges teilte. – Während ich mich nun befand in einem besuchten Kreis – von ausgesuchtem Preis, – ließ sich bei uns nieder ein Greis, – dessen Gewand war verwittert – und seine Kraft zersplittert; – der grüßte mit dem Gruß eines Süßmundigen – und der Zunge eines Wortkundigen, – sprechend: O ihr Monde der Geselligkeit, – ihr Meere der Gefälligkeit! – der Morgen ist für den, der zwei Augen hat, klar, – und der Augenschein ersetzt ein Zeugenpaar; – für meine Sache spricht mein Kleid und mein graues Haar. – Wie ist euch nun ums Gemüte? – erweist ihr einem Bedürftigen Güte – oder weist ihr ihn ab, daß Gott verhüte? – Sie riefen: Du hast hier Störung gebracht – und den Brunnen, wo du schöpfen wolltest, versiegen gemacht. – Da beschwor er sie um Gott, was sie denn bewege, – ihm so schnöde zu weisen die Wege? – Sie sprachen: Wir haben hier aufeinander mit Rätseln gezielt, – wie man am Tage der Schlacht mit Geschossen spielt. – Da enthielt er sich nicht, von dergleichen Fehden – gering zu reden – und diese Kunst – für nichts Bessers zu erklären als Dunst. – Doch die Sprecher des Volks begannen auf sein

Erfrechen – mit den scharfen Lanzen des Tadels einzustechen, – so daß er bereute zur Gnüge – seinen Vorwitz und seine Rüge. – Sie aber, wie gegeben war das Zeichen zum Streite, – drangen auf ihn ein von jeder Seite, – bis er sprach: Mein Volk! die Milde behauptet den Thron; – stehet ab von eurem wilden Drohn! – Kommt heran, daß wir Rätsel spielen – und bestimmen, wer zuerst soll zielen. – Da verstummte das Schlachtgeheul – und löste sich der verworrene Knäul; – sie nahmen an den Antrag – und willigten ein in den Anschlag, – mit der Bedingnis Anhang, – daß er selber mache den Anfang. – Da hielt er inne nicht länger, – als bis man ein Schuhband – aufband oder zuband, – dann rief er: So hört, und Gott baue fest eures Wohlstandes Steinwand, – und euer Preis vor der Welt sei ohne Einwand! – worauf er anhub zu rätseln über die *Luftfache von Leinwand*[478]:

Die Magd, die durch das Haus von einem Ende
Zum andern läuft und umkehrt ohne Stocken;
Leicht, ohne aufzufußen, schwebt sie nur;
Ihr Amt ist, mit Erfrischungen zu locken.
Ihr Kleid ist, wenn sie dient, im Sommer feucht,
Im Winter aber, wenn sie feiert, trocken.

Dann rief er: Vernehmet, und grün sei euer Heil, – Überfluß euer bestimmtes Teil! – worauf er rätselte vom *Palmenseil*[479]:

Der Sohn, der, seiner Mutter
Entnommen, längst verschmachtet,
Und nun der Mutter Nacken
Neu zu umschlingen trachtet.
Wann ihr der Mutter Schätze
Zu plündern Anstalt machtet,
Dient euch der Sohn zum Helfer
Und wird dafür geachtet.

Dann rief er: Merkt auf, ihr, deren Witz trifft das Ziel – und deren Geist die Schwierigkeit macht zum Spiel! – worauf er rätselte vom *Schreibekiel*:

Es geht ein unvernünftiges Geschöpf,
Geführt von kund'ger Hand auf glatten Flächen,
Und sein gespaltner Huf drückt Spuren ein,
Worüber Denker sich den Kopf zerbrechen;
Und wenn's auf seinem Gange durstig wird,
Tränkt man dazwischen es an trüben Bächen.

Dann rief er: Nun, o ihr Blumen der Weisheitstrift, – hört, was alles Gehörte übertrifft! – worauf er rätselte vom *Augensalbestift*[480]:

Ein schmächt'ger Mann hat zu bedienen
Zwei sich in allem gleiche Fraun,
Die frischer sind nach der Bedienung
Und jugendlicher anzuschaun.
Er gibt den Vorzug keiner Schwester,
Sie teilen also sein Vertraun,
Daß er von der zu der sich wendet,
Sie wechselweise zu betaun.
Die Liebesopfer, die er sparte,
Als beide waren jung und braun,
Vermehrt' er, als sie grau geworden;
Das ist bei Männern selten, traun.

Dann rief er: O ihr Goldmünzen vom echten Schlage, – höret, und Gott verschlag' euch nicht am jüngsten Tage! – worauf er rätselte von der *Zung' an der Waage*[481]:

Welche Zunge, die nicht spricht,
Gibt verlässigen Bericht?
Schlichtet anders kein Geschäft,
Als mit Nachdruck und Gewicht.
Gold und Silber gilt ihr gleich,
Doch das Mehr und Minder nicht.
Sie befriedigt die Partein,
Wo sie sitzet zu Gericht,
Ob sie gleich im Ausspruch schwankt:
Eben das ist ihre Pflicht.

Wie die fünfe waren entflogen, legt' er nieder den Bogen – und sprach: Mein Volk! nun nehmet diese fünfe zur Hand,

– wie die fünf Finger *einer* Hand, – überleget wohl – und erwäget euer Wohl! – Seid ihr mit dem Beschiednen zufrieden, – so sind wir in Frieden geschieden; – doch verlangt ihr die zweite Hand, – so bin ich bei der Hand. – Sprach's, und die Leute, hingerissen vom Verlangen, – wie ihnen der Rätsel Sinn war verhangen, – riefen: Unsere Schwinge ist zu schwach, – uns zu tragen deinem Adler nach; – doch willst du die zehn voll machen, so mach! – Da trat er auf im Triumph, – wie ein Sieger auf der Feinde Rumpf, – dann mit nachlässigem Ermatten – sprach er das Rätsel vom *Schatten*:

Ein starker Baum, der gibt es,
Ein schwacher Mann, der scheint's.
Das Glück auf Erden ist es,
Mit jedem sich vereint's.
Und es vergeht, o Wunder,
Beim Untergang des Feinds.

Dann tat er, als ob er gähne, – worauf er rätselte über die *Zähne*:

Ein innerhalb der Pforte
Gereihter Doppelchor,
Die einer nach dem andern
Sich richteten empor,
Bis einer nach dem andern
Sich wiederum verlor.
Sie sind der Schmuck der Pforte,
Solang sie stehn im Flor,
In solchem Kleid, wie Lilie
Und Perle sich erkor;
Ein Mißstand ist's, wenn zwischen
Den Weißen steht ein Mohr.
Von ihren Hellebarden
Ist nicht gesperrt das Tor;
Sie schmeid'gen nur, was eingeht,
Und prüfen es zuvor,
Doch dienen zur Verstärkung
Dem, was da geht hervor.

Dann lacht' er unmäßig – und sprach rätselnd von *Wein* und *Essig*:

Geboren ist's von reinem Stamm,
Bösartig ward's im Haus von Scherben.
Solang es gut ist, taugt es nichts,
Es droht, o Moslem, dir Verderben;
Wenn's in Verderbnis übergeht,
Wird es die Reinheit erst erwerben.
O Wunder, wer als Sünder lebt
Und als ein frommer Mann kann sterben.

Dann tat er wie einer, der sich erschöpft hat, – und rätselte vom *Schöpfrad*:

Ein Wesen zwischen Luft und Wasser,
Halb Fisch, halb Vogel, sich bemühnd,
Stets von sich selbst hinabgezogen,
Wie's aufzustreben sich erkühnt;
In seiner Arbeit kläglich stöhnend
Und unablässig Tränen sprühnd,
Es darf in seiner Qual nicht rasten,
Als bis dadurch der Boden grünt.

Dann schnürt' er zum Abzug sein Bündel – und rätselte von der *Spindel*:

Ein altes Weib, das flink sich dreht,
In dessen Fleiß sich kleidet
Der Araber, der Städte baut,
Wie der Kamele weidet,
Doch, wie es jede Blöße hüllt,
An Nacktheit immer leidet,
Weil es um andrer willen stets
Von seinen Füllen scheidet.
Dem dieses Weibs gleicht mein Geschick,
Wer ist, der es beneidet?
So hab' ich meines Geistes Schätz'
In Rätseln hier vergeudet.

Sprach's, da trieb sich das Nachdenken durch die Irrgänge des Wahns, – und die Vermutung stumpfte sich die Spitze des Zahns, – bis der Zeitverlauf war erheblich – und der Kraftverbrauch vergeblich. – Als er nun sah, daß sie schlugen[482], und es nicht fing, – daß sie Lust trugen, und es nicht ging, – sprach er: Mein Volk, wie lange wollet ihr passen, – oder auf euch passen lassen? – Ist es nicht Zeit, die Fahnen aufzustecken, – oder aber das Gewehr zu strecken? – Da sprachen sie: Bei Gott! du hast es scharf gewürzt – und hart geschürzt, – alles Wild ist in deine Netze gestürzt. – Verfüg' über uns als dein Eigentum, – hinnehmend die Beute samt dem Ruhm. – Da setzt' er auf jedes Rätsel einen Satz, – den er sie zahlen ließ auf dem Platz, – dann brach er die Siegel – und löste die Riegel – und enthüllte ihnen der Einsicht Spiegel. – Und wie er befriediget ihr Gelüste, – den Pfad ihnen bezeichnet in der spurlosen Wüste, – wandte er sich zum Fliehn; – doch der Obmann des Volkes hing sich an ihn, – rufend: Nach Sonnenaufgang ist kein Hehlen, – du sollst dich von uns hinweg nicht stehlen, – du entschädigest uns denn für die Trennung – durch deines Namens Nennung – und deines Stammes Bekennung. – Da blickt' er starr, als sei ihm was zugestoßen, – dann sang er, und seine Tränen flossen:

Serug ist meiner Wonne Gebäud',
Wo ich des Lichts zuerst mich gefreut;
Doch, ausgeschlossen von meiner Lust,
Mein Schmerz ist nun durch die Welt verstreut.
O Angedenken, das tausendmal
Im Kelche die Bitterkeit erneut!
Kein Ort gibt Ruhe mir, keiner gibt
Rast meinem Tiere, das wiederkäut.
In *Irak* heut und morgen in *Negd*[483],
Und traurig bin ich morgen wie heut.
Ich friste mit Gram den Geist, und den Leib
Mit Speise, wie man dem Hund sie beut.
Ich übernacht', und kein Deut ist mein,
Und auch kein Freund, der mir geölt' einen Deut.
Wer lebt, wie ich, der verkauft um Spott
Sein Leben, ohne daß er's bereut.

Dann nahm er unter den Arm sein Geld – und suchte das Feld. – Wir beschworen ihn mit Lobpreisung, – zu bleiben, und machten ihm hohe Verheißung, – doch bei Gott, er floh, und vergebens war unsre Befleißung.

Sechsunddreißigste Makame[484]

Jungfrau und junge Frau

Hareth Ben Hammam erzählt:

Ich ward vom ungestümen Ritte – und vom Unglück, das verhängt war über meine Schritte, – verschlagen in einer Wüste Mitte, – worin ein Spürhund irre ging – und einen Schnapphahn wirre Furcht umfing. – Da empfand ich, was ein einsamer Verirrter empfindet, – und sah, wovor einem die Sehluft schwindet; – nur daß ich mein Herz ermutigte, das beengte, – und mein Tier antrieb, das angestrengte, – und ritt wie ein Mann auf Tod und Leben, – in die Hand des Geschicks gegeben. – Und ich ließ nicht nach mit Trott und Trab – und ritt eine Meile nach der andern ab, – bis der Tag löschte sein Licht, – und die Sonne verhüllte ihr Angesicht; – da schauderte ich, in die Nacht verloren, – unter dem Hereinbruch des Heers der Mohren[485]: – Ich wußte nicht, sollt' ich in der Öde rasten, oder durch die finstre Nacht hintasten. – Während ich so zweifelnd überlegte – und den Entschluß hin und wieder bewegte, – gewahrt' ich zwischen Busch und Fels – wie den Schatten eines Kamels. – Gleich dacht' ich, daß es sein könnt' ein Reittier, – dem freie Weide gönnte sein schlafender Reiter hier; – und behutsam und keck – wandt' ich mich hin nach dem Fleck. – Siehe da, mein Traum war ein Wahrsager, – es war eine Kamelstute derb und hager, – und daneben ihres Herrn Lager, – dem der Mantel umfaltete die Glieder – und der Schlummer salbte die Augenlider. – Da saß ich nieder zu Häupten – des vom Schlummer Betäubten; – bis er im Schlafe sich rührte, – das Augenband entschnürte – und meinen Überfall spürte. – Er zog sich scheu zurück – und rief: Glück oder Unglück? – Ich sprach: – kein andrer – als ein verirrter Nachtwandrer. – Ich bringe dir keine Gefährde, – bringe du mir keine Beschwerde! – Er sprach: Gutes Muts, Freund! – Gutfreund ist besser als Blutsfreund; – ein Mensch findet manchen Bruder, – den nicht geboren seine Mutter[486]. – Worauf aus meinem Herzen die Unruh' sprach: Am Morgen lobt man die Nachtreise; – willst du dich bequemen meiner Weise? – Ich sprach: Ich stehe dir zu Gebot wie der Stern seinem Pole, – oder wie seinem Fuß die Sohle. – Da pries er laut meine Freundschaft – und jauchzte ob meiner Gemeinschaft. – Dann sattelten wir unverdrossen – und brachen zur Nachtfahrt auf entschlossen. – Und wir ließen nicht nach, mit dem Ritt uns zu rütteln – und die Schläfrigkeit abzuschütteln, – bis die Nacht war an der Grenz' ihrer Bahnen – und der Morgen erhub seine Fahnen. – Und als die Morgenröte die Sterne vertrieb – und nur der Morgenstern blieb, – sah ich beim ersten Licht – in meines Nachtgefährten Angesicht, – und siehe da, es war *Abu Seid,* der Erkorne, – das gesuchte Kleinod, das verlorne. – Und wir begrüßten uns, wie nach langer Trennung – zwei Liebende sich begrüßen bei ihrer Wiedererkennung; – dann tauschten wir Kund und Gegenkunde – und berauschten uns aus Freundesmunde. – Doch *mein* Kamel stieß Seufzer der Ermattung aus – und *seines* schwebte wie ein junger Strauß; – ich bewunderte seine Geduld im Rennen – und die Ausdauer seiner Sennen, – ich prüfte mit Blicken seine Eigenschaft – und fragte seinen Herrn, wo er es aufgerafft? – Doch er sprach: Ja, diese Kamelstute – hat eine Geschichte, die dem Ohre kommt zugute – und zur Erquickung gereicht dem Mute. – Willst du sie hören, so laß uns hier Frührast halten, – wo nicht, so will ich sie für mich behalten. – Da hielt ich an mein mageres Tier – und schärfte mein Ohr mit Hörbegier. – Er aber sprach vertraut: – Wisse, daß ich sie erfeilschte in *Hadhramaut*[487] – und mir um sie mehr Mühe gab als um eine Braut; – da fand ich an ihr, als ich sie erprobt, – mehr als der Verkäufer an ihr gelobt. – Ich reiste mit ihr nördlich und kreiste mit ihr südlich – und fand sie unerschöpflich und unermüdlich; – ich tummelte sie zwischen Ost und West, – und sie blieb mein Trost und mein Fest, – unzugänglich für

Hitz' und Frost, – zulänglich war ihr die schmalste Kost; – sie begnügte sich ohne Klage, – zu trinken am dritten Tage; – unhalsstarrig – und ausharrig, – im Maule zart – und von Fersen hart, – deren Huf sich nicht klüftete – und deren Haut sich nicht rüftete, – unbedürftig des Pechpflasters[488], – bar jedes Fehls und jedes Lasters. – Stets segelnd wie ein Schiff – durch des Sandmeeres Riff, – stark regend beide Hüften, – wie ein Vogel die Fittiche in Lüften, – über die spitzigen Kiesel – hüpfend als wie ein Wiesel, – über Stock und Steinblock – setzend wie ein Steinbock, – von ihresgleichen unerreichbar, – nur dem Ur an Kraft vergleichbar. – Da ward ich vom Unglück heimgesucht, – und sie nahm die Flucht. – Aus ihrem Verlust kam mir Kummer, – der mir raubte die Lust zum Schlummer, – und um ihr Ausbleiben schmeckt' ich Gram, – der mir den Geschmack an der Nahrung benahm. – So blieb ich drei Nächte verlassen, – ohn' einen Entschluß zu fassen. – Dann ging ich aus, zu suchen auf allen Wegen, – an allen Lagerstellen und Weidegehegen; – doch ich fand kein Hoffnungslicht – und auch die Ruhe der Verzweiflung nicht[489]. – Und so oft ich gedachte ihres Sprunges, – ihres vogelgleichen Schwunges, – entseelte mich der Gedanke – und quälte sich mein Herz, das kranke. – Während ich nun an der gastlichen Flamme – mich wärmte von einem wandernden Stamme, – hört' ich von weitem einen Mann, – der den Ausruf begann: – Wer hat eine edle Reisegefährtin verloren, – die in *Hadhramaut* ist geboren? – Das Zeichen, an dem sie wird erkannt, – ist ihrem Hinterteil eingebrannt. Sie ist von derbem Gestelle – und wohlgegerbtem Felle; – ihr Wesen ist sanft und weich ihr Rücken; – den, der sie drückt, wird sie wund nicht drükken. – Sie geht sich keine Schwiele, – jeder Gang gereicht ihr zum Spiele; – auf Wegen, welche holpern, – läßt sie ihren Herrn nicht stolpern. – Anhänglich und untertänig, – gehorsam, nicht widerspänig, – ist sie schmiegsam am Riemen – und fügsam nach Geziemen, – eine treue Reisebegleiterin, – eine unermüdliche Schreiterin, – ein Schmuck jedem Reiter und jeder Reiterin. – *Abu Seid* erzählt: Der Ruf war mir zu hören so lieb, – daß ich dem Rufer nicht lange fern blieb; – ich trat ihn grüßend an und verehrt' ihn, – sprechend: Gib mir meine Reisegefährtin! – Doch er sprach: Gott leite dich im rechten Gleise, – wer ist deine Gefährtin der Reise? – Ich sprach: Eine Kamelstute wie ein Bergeshaupt, – die vor edlem Mute schnaubt, – hochragend wie ein Hausgiebel, – und ihre Milch die Fülle der Kübel. – In *Jebrin*[490] bot man dafür mir zweihundert[491], – doch ich wandte mich ab, ob der Ungebühr verwundert. – Wie der Mann hörte die Schilderung aus meinem Mund, – trat er zurück und erklärte rund: – Du bist nicht der Herr zu meinem Fund. – Doch ich fing an auf ihn zu keifen, – mich gegen ihn auf mein Recht zu steifen, – und gedachte beim Kragen ihn zu ergreifen. – Er aber sprach: Guter Freund! es ist dein Tier nicht; – der Zorn ziemt mir nicht und dir nicht. – Doch willst du, so komm vor den Richter dieses Stamms, – den Sichter des Lautern und des Schlamms, – den Schlichter in Sachen des Wolfs und des Lamms; – und schlägt er das Ding dir zu, so nimm es, – wo nicht, so entschlage dich deines Grimmes. – Da sah ich keinen Rat, um aus dem Kot zu bringen den Fuß – und hinunter zu schlingen den Verdruß, – als zum Richter zu lenken flink, – möcht' er nun recht sein oder link. – Da kamen wir vor einen gesetzten Alten, – der seinen Turban legte in wohlstehende Falten – und so sich hielt mit Gleichmute, – daß wohl ein Vogel ihm auf dem Haupte ausruhte[492]. – Anhub ich meine Beschwerden und Klagen, – und mein Gefährte schwieg, ohne ihm zu sagen; – bis ich meinen Köcher hatte geleert – und ausgelassen, was mein Herz beschwert; – da zog er hervor eine starke Sohle, – die auf schlimmem Wege gereicht dem Fuß zum Wohle, – und sprach: Diese hat mein Ausruf bezeichnet, – und ihren Eigenschaften war mein Lob geeignet. – Wenn es die ist, für die man ihm bot zweihundert, – so bin ich verwundert; – und entweder er hat übertrieben, – oder er spricht von zweihundert Hieben; – dann mög' es ihm den Rücken zu entblößen belieben, – ob dort der Beweis steht eingeschrieben. – Doch der Richter sprach: Gottes Wunder! – (und wendete die Sohle hinauf und hinunter) – diese *hadhramautische* Sohl' ist die meinige, – und unter den Kamelen in meinem Stall ist das deinige; – geh und nimm's in Empfang guten Mutes – und tue dein Leben lang Gutes. – Da sprang – ich auf und sang:

Ich schwör' es bei der *Kaaba* gottgeweihtem Rund,
Bei der umkreisenden Besucher frommem Bund!
Du bist der Ausbund der arabischen Richter und
Der Bündigste, der je ums Haupt sich band den Bund.
So lebe hundert Jahr als wie der Strauß gesund!

Da erwiderte er ohne Umschweif – aus dem Stegreif:

Hab Dank, mein Vetter, für den Dank aus deinem Mund,
Weil rechtlich mir von dir kein Dank zu fordern stund.
Der schlechtste Mann ist, dessen Wort das Recht macht wund,
Dann der, des Hand veruntreut anvertrautes Pfund;
Ganz gleich an Wert sind diese beiden und ein Hund.

Dann fertigt' er einen Diener ab, – der mein Kamel mir übergab, – ohne Kostenvergütung – für Fütterung und Hütung, – und ich ritt von dannen in der Freude Trott, – sprechend: Groß ist Gott. – *Hareth Ben Hammam* erzählt: Ich rief: Beim Himmel, du hast mich entzückt; – wie kunstreich hast du dein Wort geschmückt! – Ich beschwöre dich bei den Namen[493] des Herrn, – sprich, hast du wohl nah oder fern – gefunden einen Beredtern als dich und einen Wortzauberkundigern? – Er sprach: Bei Gott, ja! – Höre, was mir geschah. – Ich ging, als ich kam nach *Jemen*, – damit, um ein Weib zu nehmen. – Als nun der Zeitpunkt heranrückte, – daß ich zum Werben mich anschickte, – nahm ich die Sache noch einmal in Überlegung – und zog die Folgen in Erwägung. – Ich verbrachte die Nacht im Schwanken – der hin und her bewegten Gedanken, – bis ich mit mir eins ward, früh aufzustehn – und auszugehn, – um dem ersten, der mir begegnen würde, – vorzulegen meine Herzensbürde. – Und als nun die Nacht ihr Zelt abbrach – und das Heer der Sterne floh mit Schmach, – stand ich früh auf vom Lager – wie ein Vogelflug-Befrager – und ging aus aufs Suchen, wie ein Hirt, – dem sich in der Nacht ein Vieh hat verirrt. – Da trat mir in den Weg ein junges Blut, – dem aus den Augen sah der Übermut; – doch die Schönheit, die alles macht gut, – stand auf seinen Wangen in Glut. – Einer seinesgleichen – schien mir ein gutes Zeichen, – und ich erbat mir seinen Beirat – über die Heirat. – Er sprach: Suchest du eine junge Frau, – oder eine Jungfrau? – Ich sprach: Ich geb' in deine Hand das Heft, – gib du den Ausschlag im Geschäft. – Er sprach: Bei mir ist der Rat, – doch bei dir ist die Tat; – höre und laß dich erlösen – aus den Fesseln des Bösen. – Zuerst die Jungfrau ist wie in der Muschel die Perle, – wie im frischen Wasser die Schmerle, – das unberührte Ei im Neste, – die ungepflückte Frucht der Äste, – der Most im Fasse verschlossen, – dessen Süßigkeit niemand genossen, – und dessen Duft nur sich ergossen. – Sie ist die mängellose – unaufgeblätterte Rose, – der unbenagte Frühlingsstrauch, – der ungetrübte Morgenhauch, – das reine Feuer ohne Rauch; – eine unbeweidete Flur, – das Lamm vor der Schur, – ein neues Geschmeid', – ein ungetragenes Kleid, – ein Spiegel, vor dem sich niemand geschmückt – und dem noch kein Bild ist eingedrückt. – Kein Scherzender hat sie umscherzt, – kein Herzender hat sie geherzt, – kein Schmerzender hat sie geschmerzt; – ihre Sonne hat kein Gewölk überschattet, – und kein Traum hat sich ihrem gegattet. – Schamrot ist ihr Angesicht, – und verzagt ist, was sie spricht; – ihr Gemüt ist verhohlen, – und ihr Blick ist verstohlen. – Sie ist das neue Spiel, – das ungetroffene Ziel, – mit dem Knoten der Schwierigkeit geschürzt, – mit dem Reize der Neuheit gewürzt, – eine Schüssel ohne Sättigung, – ein Bett, das nicht alt macht, sondern jung. – Hinwieder die junge Frau ist ein gezähmtes Wild, – ein gebautes Gefild' – ein zugerittenes Tier, – eine bequeme Zier, – ein Kern ohne die Schalen, – ein Genuß ohne die Qualen, – eine Frucht, zu schütteln in der Reife, – eine leicht zu lösende Schleife. – Sie ist nicht spröde – und ist nicht blöde; – sie hat gelernt die Haushaltungskunst – und versteht, zu schüren die Brunst; – sie ist die Tür, die ist aufgetan, – wie du klopfest an; – sie ist der leicht zu ersteigende Baum, – das Roß, das schon gewohnt ist den Zaum, – das Maultier, das schon getragen den Saum, – der gemächliche Zelter – für den Reiter, der schwächer ist und älter; – die Suppe, die man nicht zu blasen braucht, – der Bissen, der nicht raucht, – der Löffel, der ist eingetaucht. – Sie ist der zugängliche Bronnen – der leicht zu schöpfenden Wonnen, – der gebahnte Steg, – der befahrne Weg. – Nun hab' ich dir die beiden gemalt, – wie jede in ihrer Weise strahlt; – auf welche geht nun deine Lieb' – und auf welche steht dein Trieb? – *Abu Seid* erzählte: Da merkt' ich wohl, daß er sei der scharfe Stein, – auf den zu treten bringt Schwielen ein; – doch ich sprach zu ihm: Ich habe gehört, Jungfrauenliebe sei wärmer – und ihr Herz an Verstellung ärmer. – Er sprach: Jawohl, das ist, was man spricht, – doch was spricht man nicht! – Siehst du nicht? sie ist das unzugerittene Fohlen, – die unangeblasenen Kohlen; – sie ist die verdeckte Schüssel, – das Schloß ohne den Schlüssel, – die harte Nuß, die aufzuknacken – man anstrengen muß den Kinnbacken. – Sie ist das ungegerbte Leder, – die unabgeschriebene Feder, – die ungebeugte Zeder, – der neue Weg, auf welchem knarren die Räder. – In deinem Herzen erregt sie Aufstand, – in deinem Hause fordert sie Aufwand; – sie wird begehrlicher, je mehr du ihr gibst, – und gefährlicher, je mehr du sie liebst; – sie wird, weil sie reizt, sich spreizen – und mit ihren Reizen geizen – und dich zum Zorne reizen. – Ich sprach: Und was sagst du nun von der jungen Frau, – o du junger Pfau? – Er sprach: O weh, kann deine Begierde locken – ein von fremdem Zahn angebissener Brocken? – eine abgeschüttelte Krume, – eine abgefallene Blume, – eine abgedroschene Tenne, – eine abgespannte Bogensenne – eine abgetretene Henne, – ein ausgebrannter Zunder und ein – abgeschlagener Feuerstein? – Ihr Herz ist ein Schrein, – einen Mann tut sie aus und den andern ein; – wie sie ist von dem einen geschieden, – wird sie beim andern nicht sein zufrieden; – sie ist reich an Vergleichen, – die dir zum Nachteil gereichen; – sie wird um ihren ersten stöhnen, – um ihren zweiten zu verhöhnen, – und um den zweiten sich nicht grämen, – um den dritten zu nehmen. – Ich sprach: Nun was rätst du mir dann, – o verständiger Mann? – Soll ich etwa ein Mönch werden, – um zu entgehn den Frauenbeschwerden? – Da hub er an, sich zu gebärden – wie ein Meister mit dem Schulstabe, – wenn sich vergeht ein Schulknabe, – und rief: Weh dir, willst du gehn auf den Spuren – derer, die zum Verderben fuhren? – Dein Verstand ist gewiß lahm, – sonst wüßtest du, daß „kein Mönchtum ist im Islam“[494]. – War dein Prophet, dem Gott gegnadet, – nicht geheiratet? – Und hast du nicht gehört, daß ein frommes Weib – ist ein edler Zeitvertreib – und eine Wohltat an Seel’ und Leib? – die in den Augen wohltut – und im Herzen macht wohlgemut, – eine Würze der Lebenskost, – eine Kühlung in der Hitz’ und eine Wärm’ im Frost; – die gehorchet ihres Mannes Worten – und schließt seines Hauses Pforten, – seine Begierden beschränket, – seinen Sinn zur Begnügsamkeit lenket, – daß er seinen Haushalt wohlbestellt – für diese und die künftige Welt. – Willst du werden zum Verräter – an der Satzung deiner Väter? – Willst du wie die Toren verderben – und nicht wie die Frommen sterben, – die Gottes Segen erwerben – und hinterlassen Erb’ und Erben? – Hui! wie bist du geblendet! – Pfui! wie hast du dich in meinen Augen geschändet. – Da wandt’ er sich ab mit Grollen – und ließ mich stehen wie einen Tollen. – Doch ich rief: Gott verdamme dich! gehst du davon mit leichtem Mut – und lässest mich stehn in der Zweifel Flut – und in der Verzweiflung Glut? – Er rief: Ich denke, der Teufel – ist der Vater deiner Zweifel; – du scheinst dir nur nicht zuzutrauen, – deinen eigenen Acker zu bauen, – weil dir’s dünkt bequemere Sache, – dich zu ernähren auf der Brache. – Da verschwand er, und ich stand beschämt, einen Knaben – in solchen Dingen um Rat gefragt zu haben. – *Hareth Ben Hammam* erzählt: Ich sprach: Beim Morgengeblök der Kälber! – Beim Segen aller roten Kamel’ und gelber! – gesteh’s, den Streit hast du mit niemand geführt als dir selber. – Da platzt’ er in eine Lache – und schnauft’ als wie ein Drache, – dann rief er: laß dir den Honig munden – und frage nicht, wo er ist gefunden. – Da hub ich an, herauszustreichen Kunst und Witz – und beiden den Preis zu reichen vor Geld und Besitz; – doch er blickte dazu, als versteh’ er nicht, – und blinzte mich an, als seh’ er nicht. – Dann, als sich breit meines Eifers Strom ergossen – für die Ehre der Kunst und ihrer Genossen, – sprach er: Still! – Höre, was ich dir sagen will:

Die Kunst ist, sagen sie, der Schmuck des Mannes;
Ich bin ein unter diesem Schmuck Ergreister.
Es ist ein Schmuck, der nur den Reichen schmücket;

Wer hungrig ist, der wird davon nicht feister.
O welche Ehre, daß von dir man sage:
Das ist der Ausbund aller schönen Geister!
Und wenn darauf nun wird gefragt: was ist er?
Heißt es: ein Schreiber oder ein Schulmeister.

Dann sprach er: Laß uns nur weiter gehn, – und du sollst die Beweise sehn. – Worauf wir die Tiere zäumten – und davonsprengten, daß sie schäumten; – bis wir wurden getragen vom scharfen Ritte – vor ein Dorf, wo ausgewandert war die Sitte, – und wir wollten dringen in seine Mitte, – weil, da unser Futtersack leer war, – ihn zu füllen unser Begehr war. – Da kam, tragend ein Bündel Reiser, – ein junger Range, dem eben die Stimme ward heiser. – Ihn grüßte *Abu Seid* mit dem Gruß der Muselmanen – und begann, den Weg des Gesprächs zu bahnen; – doch der Junge sprach: Was begehrst du? geleite dich Gott! – *Abu Seid* sprach: Verkauft man hier etwa Rahm – für ein Epigramm? – Er sprach: Nein, bei Gott! – oder eine Schote – für eine Ode? – Er sprach: Wahrlich nein, bei Gott! – Oder ein Fleischgericht – für ein Preisgedicht? – Er sprach: Nein, verhüte Gott! – Oder Grütze – für Witze? – Er sprach: Mitnichten, schweig, um Gott! – Oder eine Brotkrume – für eine Redeblume? – Er sprach: Wo denkst du hin? geh mit Gott! – Oder einen Topf voll Schmalz – für einen Kopf voll Salz? – Er sprach: Du faselst, behüte dich Gott! – Oder einen Dattelstiel – für einen guten Stil? – Er sprach: Was soll's? verdamm dich Gott! – Und *Abu Seid* gefiel sich, die Fragen zu mehren, – und ließ sich die Antworten nicht beschweren; – da merkte der Junge, daß es hab' einen Haken – und daß dem Alten ein Teufel sitz' im Nacken, – und sprach: Nun zur Genüge! – erspare dir deine Züge; – ich bin hier zu Haus – und weiß, wo du willst hinaus; – nimm die Antwort in Bausch und Bogen – und bleib mir gewogen! – In diesem Orte kauft man keine Witze für Weizen – und keinen Dünkel für Dinkel[495], – keine Prosa für Brosamen – und keine hochtrabenden Verse – für eine trabende Färse; – keine neue Märe – für eine alte Mähre, – kein Reden für ein Ried, – noch für Ton und Leden[496] einen Ton und ein Lied. – *Lokman*[497] kann mit seiner Weisheit Brocken – hier keinen Hund aus dem Ofen locken. – Hier ist keiner, dessen Gold klingt, – wenn man hold singt, – noch der da Honigseime bietet, – wenn man Reime schmiedet. – Hier gilt der Grundsatz: Kunst und Verstand – ist ein trockenes Weideland; – wenn das Land hat keinen Regen, – so bringt es keinen Segen – und das Vieh wird's nicht mögen; – und also Weisheit und Kunst – ohne Geld und Gut ist umsunst, – bei der Welt ohne Gunst. – Worauf er den Rücken wandte – und seines Weges rannte. – Da sprach *Abu Seid:* Nun siehst du, die Kunst ist am Erblassen, – von ihren Beschützern verlassen. – Und ich rühmte seinen richtigen Blick – und beklagte der Kunst Geschick. – Doch er sprach: Lassen wir die gelehrten Fragen – und hören auf das, was heischt der Magen; – du wirst es mir bestätigen, – daß die Reime nicht sättigen: – welcher Rat ist also, den Brand zu dämpfen – und gegen das Verhungern anzukämpfen? – Ich sprach: Ich gebe das Ruder in deine Hand, – siehe, wie du das Schifflein bringest vom Sand. – Er sprach: Mir fällt ein, hier dein Schwert zu versetzen – und dafür dich und deinen Gast zu letzen; – gib, und mögest du indes die Zähne wetzen, – bis ich komme, dich zu ergötzen. – Mir kam nichts Böses in den Sinn, – und ich reichte mein Schwert ihm hin; – da trieb er sein Kamel und ritt ohne Scheue – davon mit meinem Schwert und seiner Treue. – Ich wartete erst eine Weile, – dann setzt' ich ihm nach in Eile; – doch ich war wie einer, dem im Sommer die Milch ausgegangen,[498] – ich konnte weder ihn noch mein Schwert erlangen.

Siebenunddreißigste Makame[499]

Der gastfreie Wirt

Hareth Ben Hammam erzählt:

Ich richtete in einer Nacht, kohlschwarz von Haar – und pechschwarz von Talar, – meine Fahrt nach einem Feuer, auf einer Anhöh' entzündet, – von welchem Gastlichkeit ward verkündet. – Es war eine Nacht von kalter Luft – und rauhem Duft, – ihre Stirne verhangen – und ihre Gestirne gefangen. – Und mir war's kühler im Blut, – als einem Fisch in der Flut, – und luftiger um des Herzens Klause, – als einem Vogel in der Mause; – nur daß ich mich mit Entschlossenheit befeuerte – und mein Kamel mit Unverdrossenheit steuerte, – bis der Feuerschürer mich spürte – und sein Ohr mein Hufschlag rührte; – da rannt' er heran in vollem Lauf – und sang hell auf:

Gegrüßt, o Wandrer, der im Finstern schweift,
Dein Auge hat der Feuerglanz gestreift
Solch eines Manns, der sich auf Wohlstand steift,
Der mit den Zehrern seines Guts nicht keift,
Dem Kargheit nicht die Hand zusammenkneift,
Der mit Begier den Ärmel aufgestreift,
Nach Gästen, wie der Geiz nach Talern, greift;
Solch eines Manns, dem, wenn der Winter pfeift,
Des Winters Frucht[500] in heller Halle reift;
Der in dem Jahre, wo kein Brunnen läuft,
Und wo die Wolke keinen Segen träuft,
Für fette Gastkamele Messer schleift
Und auf den Herd den Aschenhaufen häuft.

Dann empfing er mich mit dem Gruß eines Demütigen – und bewillkommte mich mit dem Handschlag eines Grundgütigen, – führte mich zu einem Hause, dessen Euter sprudelten – und dessen Töpfe brudelten, – dessen Aufwärter flogen – und dessen Tische sich bogen; – wo an den Wänden Gäste saßen, die mein Fänger gefangen – und denen es wie mir ergangen, – die sich an der Wintersonne wärmten – und wie junge Mücken in Wonne schwärmten. – Doch ich fügte mich zu ihnen – und vergnügte mich an ihren vergnügten Mienen. – Als nun aufgetaut war der Frost – und aufgeschaut ward nach der Kost, – wurden die Tische uns vorgesetzt, wie Monde rund, – von Gerichten wie Frühlingsgärten bunt. – Da war uns beschert die Gnüge, – unverwehrt von Tadel und Rüge. – Wir vergaßen, was gesagt wird zur Empfehlung der Mäßigkeit, – und hielten für wohlanständig die Geäßigkeit; – bis wir, folgend unsres

Wirts Einladung, – nach eingenommener voller Ladung, – streiften an den Rand der Überladung; – da ward uns gereicht das feine Tuch, – an dem wir uns reinigten vom Speisegeruch; – und nachdem das Geschäft des Unterhalts war abgestellt, – saßen wir zur Nachtunterhaltung gesellt. – Worauf nun jeder seine Zunge rührte – und hervorholte, was er im Sacke führte, – von Seltsamem, was er gesehen, – und Wunderbarem, was geschehen; – bis auf einen Alten, dessen Schläfe grau – und dessen Gewand war flau, – der hielt sich in seiner Ecke – und zog sich vom Gespräche zurück eine Strecke. – Uns verdroß seine unerklärte Sprödheit – und tadelnswerte Schnödheit, – nur daß wir ihn nicht wollten hart ansprechen, – aus Furcht, in das Wespennest zu stechen. – Doch so oft wir ihn einluden, herauszurücken – und mit uns gemeinsam den Strauß zu pflükken, – wandt' er sich ab mit Hohn, – als spräch' er: Diese Possen kenn' ich schon. – Dann aber, als ob sich sein Gewissen rührte, – oder er eine Anwandlung von Großmut spürte, – rückte er näher, neigte seinen hohen Mut – und machte das Geschehene gut, – indem er berauschte die Lauschenden – Nachtgesprächtauschenden, – anschwellend gleich einem Strom, einem rauschenden:

1. Mein Volk! in meinem Munde sind Kunden wunderbar;
Was ich gesehn mit Augen, vernehmt und nehmet wahr.
Am Morgen sah ich einen sich schwer Bemühenden,
Der auf dem Feld allein war mit einer ganzen Schar.[501]

2. Dann sah ich auf dem Acker auch manchen faulen Knecht,
Der vor dem halben Morgen bereits am Abend war.[502]

3. Manch armen Schlucker sah ich und hört' ihn schlucken auch;
Der doch bei seinem Schlucken blieb hungrig wie ein Aar.[503]

4. Ich sah, wie mancher Brave zu Feigen Zuflucht nahm,
Die schirmten ihm das Leben, als Not im Lande war.[504]

5. Auch manchen Edlen sah ich, der wollt' ein Gastgebot
Anrichten, dazu lud er zuerst ein Eselpaar.[505]

6. Auch manche Hausfrau sah ich, die Wellen schüttete
In ihres Herdes Feuer, das brannte davon klar.[506]

7. Auch sah ich eine Schöne, die eine Rose trug,
Die dient' ihr, statt zur Zierde, zur Unzier offenbar.[507]

8. Ich sah von einem Schützen die rechte Scheibe so
Getroffen, daß er lahm ward, am rechten Fuße zwar.[508]

9. Auch einen Fischer, welchem von schweren Zug das Netz
Zerrissen, darauf erklärt' ihn der Arzt für unheilbar.[509]

10. Ich sah den Fuchs ausschlagen, der ab den Reiter warf,
Doch, wenn zu ihm den Schimmel man spannte, ruhig war.[510]

11. Dann sah ich Tiere säumen, die hatten keine Rast,
Und Weiber sah ich säumen, die wirkten immerdar.[511]

12. Mit Spornen sah ich einen, der doch zu Fuße ging,
Der einen Kamm auch führte und hatte doch kein Haar.[512]

13. Auch einen mit zwei Hörnern, die wuchsen über Nacht
So lang, bis eine Scheibe daraus geworden war.[513]

14. Und eine, die, je früher sie auf am Morgen stand,
Am Abend um so später zur Ruh' ging, sonderbar.[514]

15. Dann sah ich auch den Müden, der auf den Matten lag
Und dachte, drunter liegen sei besser noch fürwahr.[515]

16. Wie manchen sah ich schleppen ein ausgeweidet Schaf,
In dem kein Tropfen Blutes und nur Kamelmilch war.[516]

17. Auch einen Schlanken sah ich, der auf dem Haupt zum Schmuck
Gewichte trug, die einmal er ab nur legt' im Jahr.[517]

18. Ich sah auf einer Heide den hohlen vollen Stock,
In welchem tausend Stachel und eine Süße war.
Und hört' in Zellen singen die fleiß'gen Mönche, die
Zu ihrem Abte hatten ein Weib, das stets gebar.
Und sah die Waffenträger, die ernteten im Feld
Am Tag, wovon im Hause die Nächte wurden klar.[518]

19. Ich sah in mancher Ecke manch runzeliges Weib,
Das spann aus seinem Nabel den Fliegen zur Gefahr.[519]

20. Ich sah ein Heer gepanzert, das schamlos rückwärts ging:
Gefangen drauf und sterbend errötete die Schar.[520]

21. Ich sah den Weggefährten, der, als ich westwärts zog,
Am Morgen weit voran mir, weit nach am Abend war.
Er bebte vor der Sonne, vor deren Glanz er floh;
Und als er war verschwunden, verschwand er unsichtbar.[521]

22. Ich sah den blassen Jüngling, dem, liebeskrank, bei Nacht
Erst schwand die eine Seite, dann schwoll die andre gar.[522]

23. Dumpf hört' ich einen schelten, weil einer grell gelacht;
Drob, die's nicht hörten, weinten zur Lust der grünen Schar.
Den Schoß der feuchten Mutter zerriß der hitz'ge Sohn;
Eh deren Schmerz ward Segen, war seine Lust Gefahr.[523]

24. Manch' Stolze, Schlanke sah ich, die jung war, kühl für mich;
Geknickt vom Alter, starb sie für mich in Flammen gar.[524]

25. Auch sah ich eine schlanke, die kurz und kürzer wuchs,
So daß, da sie gestorben, nichts zu begraben war.[525]

26. Auch manchen sah ich geizen; da sprachen, die es sahn:
Es müssen seine Bäume dafür gedeihn aufs Jahr![526]

27. Und manchen, der mit Liedern sein täglich Brot erwarb,
Der konnte weder schreiben noch singen, das ist wahr.[527]

28. Und manches Weib des Reichen, das auf dem Lagerplatz
Verzehrte ganze Zelte, und niemand sagte: spar![528]

29. Ich sah auf einem Baume ein Schiff behende gehn,
Von Frauenhand gesteuert, das Segel stets gebar.[529]

30. Ich sah ein Haus, das schwankte und fest blieb, wo der Grund
Ihm fehlte; wo es Grund fand, ging es zu Grunde gar.[530]

31. Dann hört' ich welche beten: Gib Herr in unser Haus
Das Mehl, auf unsre Fluren den Tau uns immerdar;
Doch gib die zwei zu *einem* verbunden unserm Feind,
Daß er von beiden keines in Haus und Flur erfahr'.[531]

Hareth Ben Hammam erzählt: Da versuchten wir unsre Gescheitigkeit – an seiner Sprüche Zweideutigkeit – und vertieften uns mit Innigkeit – in seiner Rätsel Doppelsinnigkeit. – Doch er lachte uns aus, wie ein Gesunder den Kranken, – und sprach: Zieh die Hand ab, zu hoch sind die Ranken. – Als wir nun im Kampfe mit Phantomen uns müde gefochten – und umsonst an die verschlossenen Türen pochten; – da senkten wir ihm die Flügel – und gaben ihm hin die Zügel, – ihn bittend um die Erklärung, – doch hielt er uns schwebend zwischen Versagung und Gewährung, – sprechend: Man macht sich erst mit dem Kamel bekannt, – eh' man es zu melken ausstreckt die Hand. – Da merkten wir, daß er einer sei, der aufs Empfangen ist geil, – und dem seine Weisheit nicht umsonst ist feil. – Doch unsern Gastvater verdroß es, daß unter seinem Zelt – wir sollten gefoppt werden oder geprellt, – und er stellte ihm zu ein Kamel, ein *idisches*[532], – und ein Gewand, ein *sa'idisches*[533], – sprechend: Nimm dieses mit gutem Gewissen, – und meinen Gästen hier sei nichts entrissen! – Da rief er: Ich schwör' es, diese Sinnesart ist die *achsemische* – und diese Großmut die *hatemische*[534]. – Dann wandt' er sich zu uns mit einem Angesicht, – durchsichtig von der Freude Licht, – und sprach: Mein Volk! die Nacht ist schon vorgerannt, – und die Schläfrigkeit hat übermannt; – so verfügt euch nun an eure Statt ohne Kummer – und genießt den labenden Schlummer, – auf daß ihr Munterkeit einsauget – und aufstehet hell geauget, – dann vernehmet, was ich erkläre, – daß leicht euch werde das Schwere. – Da ward sein Vorschlag von allen gebilliget, – und dem Schlafe ward sein Recht bewilliget. – Als nun das Tor der Wimpern schloß der Augen Feste – und die Gäste schnarchten aufs beste, – ging er zu seinem Kamel und zäumte, – bestieg es und sang, indem er reimte:

Wohlauf, mein Kamel, nach *Serug* mich zu tragen!
Nicht raste mir, stampfend den Boden zu schlagen,
Zu trotten, zu traben, zu laufen, zu jagen.
Nicht laß es an deinem Gewissen dich nagen,
Daß hier nun dein Herr bis zu künftigen Tagen
Blieb schuldig die Antwort auf einige Fragen.
Ich trage, so magst du dem Fragenden sagen,
Das lebende Rätsel, an welchem verzagen,
Die klüger als ich sich zu dünken behagen.

Der Erzähler spricht: Da wußt' ich klar, – daß es der *Seruger* gewesen war, – der, wo er geerntet, sich entfernt, – und wegwirft, was er ausgekernt. – Als nun der Tag sich aufmachte – und die Gesellschaft der Schläfer aufwachte, – unterrichtet' ich sie, was sie in der Nacht verloren – und wie sie der Alte gehabt zu Toren. – Da gedachten sie sein voll Grimmes – und vergaßen sein Gutes über sein Schlimmes. – Dann zogen wir weiter, jeder auf seine Verrichtung, – uns zerstreuend nach jeder Himmelsrichtung.

Achtunddreißigste Makame[535]

Der Perlensticker

Hareth Ben Hammam erzählt:

Ich hörte von Männern der Erfahrung, – das Reisen sei ein Mittel der Geistesnahrung, – ein Spiegel der Gewahrung und Offenbarung. – Und ich säumte nicht, alles Beschwerliche zu begehn – und Fährliche zu bestehn, – um in Nähen und Fernen – zu sehen und zu lernen. – Als ich nun kam nach *Ramle*[536], – daß ich Erfahrungen sammle, – sah ich zum Kadi kommen einen Alten, – dessen Feuer war am Erkalten, – und mit ihm ein schönes junges Blut – von frischer Glut. – Da wollte der Alte das Wort ergreifen – und das Schwert der Rede schleifen, – doch das Weib fiel in die Zügel seinem Gaul – und verhielt seinem Gebell das Maul, – dann schlug sie ohne Scheu zurück des Schleiers Umfaltung – und trug vor ohne Zurückhaltung:

O Kadi Ramlas, der vereinigt
In seiner Hand hält Leid und Labe,
Dir klag' ich meines Mannes Frevel,
Der ganz versäumt den Dienst der Kaabe[537];
Der nie zur auferlegten Wallfahrt
Sich stellt mit Pilgersack und Stabe,
Noch seine Andacht pflichtgemäß
Verrichtet am Prophetengrabe:
Und dieses zwar, da den Gehorsam
Ich ihm noch nie gebrochen habe.
So heiß ihm denn, daß er erfülle,
Was ausspricht der Gesetzbuchstabe,
Wo nicht, daß er mich von sich lasse
Mit Wittum samt der Morgengabe.

Da sprach der Kadi: Du hörst, wes sie dich bezichtigt; – nimm dich zusammen, daß du nicht werdest berüchtigt. – Doch der Alte setzte sich zurecht – und schickte so seine Worte ins Gefecht:

Vernimm, o Richter, unsres Dings Entfaltung,
Und richte gnädig zwischen unsrer Spaltung.
Bei Gott, aus Haß nicht bin ich ihr entfremdet,
Aus Abgeneigtheit oder aus Erkaltung.
Allein aufs Haupt hat mir den Staub der Armut
Gesammelt des Geschicks feindsel'ge Waltung.
Und wie Korall' und Perl' an ihrem Halse,
Fehlt Salz und Schmalz in unserer Haushaltung.
Sonst war ich beigezählt den *Banu Odhra*[538],

Von deren Brunst in Brand gerät die Waldung;
Doch seit mein Wohlstand stumpf ward, mahnt zu strenger
Enthaltsamkeit die Pflicht der Selbsterhaltung,
Und unbesät lass' ich mein Land, weil Mittel
Mir fehlen zu des Anflugs Unterhaltung.

Doch das Weib rief mit erglühtem Angesicht: – O Bösewicht[539]! – so machst du Gottes Wort zunicht – und fürchtest seinen Segen als ein Strafgericht! – Und doch weißt du, daß, wo ein Häschen ist, – auch ein Gräschen ist, – daß die Luft Raum für jeden Odem hat – und daß jedes Handwerk einen goldenen Boden hat, – als nur deines, du Pfuscher, – du bunter Täuscher, du falscher Tuscher! – Der Richter sprach: Kein ehrliches Handwerk – ist ein Schandwerk: – wie steht es denn mit dem seinigen? – Da rief das Weib: Das will ich dir bescheinigen:

Ich bin die Tochter unbescholtner Eltern,
Der Tau des Himmels mög' ihr Grab erquicken!
In Zucht und Eingezogenheit erzogen,
Wuchs ich versteckt vor Sonn' und Mondes Blicken.
Mein Vater pflegte, wann die Freier kamen,
Sie alle mit dem Vorwand heimzuschicken,
Er hab's gelobt, sein Eidam solle werden
Nur, wer ein Handwerk wisse zu beschicken;
Bis dieser Lugschmied, dieser falsche Münzer,
Kam, mit des Truges Garn ihn zu bestricken,
Der im versammelten Familienrate
Beschwor, es sei sein Handwerk Perlen sticken.
Ein Perlensticker sei er und ein Sticker
(Hätt' er gemußt an seiner Lüg' ersticken!),
Der Gold auf Seide stick' und seine Arbeit
In ferne Gegend pflege zu verschicken,
Wo Leute von Geschmack darum sich rissen,
Mit ihrem Gold den Beutel ihm zu spicken.
Und als er mich nun heimgeführt, die Blume
Der Jugend mir durch Not und Gram zu knicken,
Sah ich aus dem zerrißnen Jungfraunschleier
Des Schicksals Wolken sich ob mir verdicken.

Er war ein Müßiggänger, Winkelschläfer,
Ein Tagdieb, einer von den faulen Stricken;
Der mein Vermögen niederschlang und schluckte,
Bis nichts mehr blieb zu schlecken und zu schlicken.
Als nun geblieben in des Hauses Kehricht
Kein Körnlein, das ein Hühnlein wollte picken,
Sprach ich zu ihm, aus seiner Trägheit Schlummer
Ihn rüttelnd: Auf! nicht Zeit mehr ist's zu nicken.
Nun hol' hervor dein Handwerk, unsres schadhaft
Gewordnen Glücksstands Blößen auszuflicken!
Er aber sprach, sein Handwerk sei verfallen,
Und niemand kaufe Perlen mehr um Wicken.
Herb sei's dem Manne von Verdienst, zu darben,
Doch nicht zu hadern sei mit den Geschicken.

Der Richter sprach: Wie wohl hast du gesprochen – und wie schwer hat er an dir verbrochen! – Oder (indem er sich wandte zu dem Alten) – was hast du ihr entgegenzuhalten? – Der Alte sprach:

Höre meine Kunde, sie ist staunenswert,
Kann zugleich mit Lust und Weh durchdringen.
Solch ein Mann bin ich, zu dessen Würdigkeit
Tadel nicht noch Zweifel sich erschwingen.
Von *Serug* geboren rühm' ich mich zu sein,
Und von *Ghassans* Kön'gen zu entspringen.
Mein Geschäft ist Wissenschaft und mein Beruf
Forschung; Ehre sei den edlen Dingen!
In die Meeresstrudel der Wohlredenheit
Tauch' ich, Perlenfüll' hervorzubringen.
Alle grünen Redezweige brech' ich ab,
Andre mögen dürre Reiser bringen.
Worte kommen mir zur Hand als Silber und
Werden Gold, wie sie hindurch mir gingen.
Und so melkte Wohlstand mir und Überfluß
Einst die Kunst herbei mit Wohlgelingen,
Und den Tritt von meiner Ferse ließ ich stolz
Auf des Ruhmes höchsten Scheiteln klingen.
Die Geschenke zogen in mein Haus, und nicht
Jedem gönnt' ich es, Geschenk zu bringen.

Aber jetzt ist Kunst von dem verschmäht, an dem
Ihrer Hoffnung letzte Blicke hingen;
Eine Leiche liegt sie im verlaßnen Haus,
Deren Anhauch fliehn auch die Geringen.
Unterging da die Besinnung mir im Gram,
Den die Nächte über mich verhingen.
Ausgegangen fand ich aus der leeren Hand
Alle Gulden samt den Silberlingen.
Mich zu betten, blieb der Pfühl des Mangels nur
Und der eigne Hunger zum Verschlingen.
Da verkauft' ich erst, was mein war, häufte dann
Schulden, bis sie übers Haupt mir gingen.
Meine hohlen Eingeweide schnürt' ich ein;
Und als sich die Flamme nicht ließ zwingen,
Griff ich meiner Frauen Eingebrachtes an,
Während mir die Augen übergingen.
Zürnt sie drum, daß sie mein Schicksal mit ergriff
Und zwei Herzen *einen* Streich empfingen,
Oder grollt sie in des Handwerks Anbetreff,
Daß ich nicht entsprochen den Bedingen?
Nein, bei jenem schwör' ich's, dessen Hause zu
Pilgernde Kamele sich beschwingen:
Frauen zu verhöhnen, ist nicht meine Art,
Noch mein Werk, zu legen Truges Schlingen;
Doch von Jugend auf nie anders lernt' ich als
Verse schreiben oder Lieder singen.
Solche Perlenohrgehänge sind mein Werk,
Nicht die Schnüre, die den Hals umringen.

Sprach's, und der Kadi, als er vernommen die Verse, – war Rührung von der Scheitel bis zur Ferse; – dann wandt' er sich vom edlen Stier zur jungen Färse, – sprechend: Es ist ausgemacht bei allen Kennern – und bekannt bei allen unterrichteten Männern, – daß in des Eigennutzes Brodem und des Geizes Dunst – verkommen ist auf der Welt die Achtung für Kunst – und verglommen für das Schöne die Liebesbrunst, – daß abgenommen hat nicht die Kunst ihrer Könner, – sondern die Gunst ihrer Gönner, – und das Verdienst muß dienen – und findet nichts zu verdienen. – Dein Mann aber hat bewiesen seinen Adel, – und es trifft nicht hin, sondern die Zeit der Tadel, – daß ohne Einfuhr ist sein Stadel. – Wenn leer ist sein Köcher und kalt seine Küche, – so ist doch sein Mund voll kräftiger Sprüche – und seines Geistes Garten voll guter Gerüche. – So mögest du denn ihn entschuldigen – und dich finden lassen unter den Geduldigen, – nicht unter den Begehrlichen, – ihren Gatten Beschwerlichen. – Geh und sei deines Mannes Hausehre – und ihn als Herrn im Haus ehre! – Sittsamkeit sei deine Zierde – und Enthaltsamkeit deine Begierde! – Und hast du an den Mann ein Anliegen, – so schmeichl' es ihm ab durch Anschmiegen – und meide das öffentliche Ankriegen. – Da schlug das Weib die Augen nieder beschämt, – und ihre Zunge war gelähmt. – Sie nahm den Schleier vor und weinte dahinter, – und der Alte stand daneben wie der Winter, – geschüttelt von des Kummers Frösten, – und suchte umsonst sie zu trösten. – Da gab ihnen der Kadi einige Gulden – und sprach: Nehmt und vertrauet auf Gottes Hulden – und erlasset einander eure Schulden! – Sie empfingen dankbar den Freudenschein – und gingen, verträglich wie Wasser und Wein. – Als sie nun waren aus der Augen Kreis, – sprach der Kadi noch viel zu ihrem Preis – und fragte: Ist keiner, der mehr von ihnen weiß? – Da sprach der oberste seiner dienstbaren Geister, – den die Gunst seines Herrn machte dreister: – Der Alte, der sich selbst den *Seruger* nannte, ist *Abu Seid,* der weltbekannte, – und des Weibes Klag' ist wohl ein Netz, das er spannte, – in welches die Großmut des Kadi rannte. – Da verdroß den Kadi, daß er gefoppt sich sah, – er sprach zum Berichtgeber: Geh und fah! – hole sie ein und bringe sie nah! – Da schoß dieser fort mit verhängten Zügeln – und kehrte drauf zurück mit hängenden Flügeln. – Der Kadi sprach: Nun, was hast du ausgespürt – und ausgeführt? – oder wie bist du an- und abgeführt? – Er sprach: Ich verfolgte sie durch Gassen und Straßen, – doch sie wollten sich nicht fassen lassen; – sie liefen, nicht einzuholen, – wie mit Flügeln an den Sohlen, – als hätten sie gestohlen, – oder gingen über Kohlen. – Und ich erreichte sie erst im freien Feld, – wo ihnen offen stand die weite Welt. – Da versucht' ich, sie zurückzulocken – mit Hoffnungsbrocken – und Verheißungsglocken, – doch der Alte sprach trocken und heiter: – Wer den Schlauch gefüllt hat, geht weiter. – Das Weib war schon geneigter, sich versuchen zu lassen, – sie sprach: Was sich darbietet, soll man fassen, – und „besser als der erste Gang ist der zweite", – hat *Chedasch* gesagt, als er freite.[540] – Doch da der Alte sah, wie es stand in ihrem Kopf, – faßte er sie beim Schopf – und sprach: Vernimm, du Tropf!

Willst du, daß dich niemals treff' ein Schade,
So mißbrauche nie des Himmels Gnade.
Zweimal erntet man nicht einen Acker,
Zweimal sitzt man nicht im selben Bade.
Wenn der Vogel sich im Dattelgarten
Satt gepickt, such' er die luft'gen Pfade,
Hüte sich, dahin zurückzukehren,
Ob der Hüter selbst dazu ihn lade.

Dann sprach er zu mir: Danke deinem Herrn für seine Güte – und vergib ihm, daß er dich umsonst bemühte; – doch, daß du ganz leer nicht gehst, so hüte – in deinem Geiste diese Verse und führe sie ihm zu Gemüte:

Gemach! und schicke nie der Wohltat auf dem Fuß
Die Übeltat nach; solches bringt nicht Frieden.
Wenn dir ein Teil des Deinigen entzogen wird,
So danke Gott, der dir viel mehr beschieden;
Und zürne nicht, wenn dich ein Flehender betrog;
So mancher log, der's nicht gebraucht hienieden.
Ist dir die Täuschung bitter? Denke, bittrer noch
War, die erfuhr der Scheich der *Escharíden*[541].

Da rief der Kadi: Bei Gott, er hat recht; – Herr, vergib deinem sündigen Knecht! – Jetzt hat er solch einen Vorsprung genommen, – daß mein Dank ihm nicht nach kann kommen; – doch erscheint er jemals wieder in diesen Talen, – so will ich ihm mit Gold seine Lehre bezahlen.

Neununddreißigste Makame[542]

Der Schulmeister von Hims

Hareth Ben Hammam erzählt:

Mich zog, ein Verlangen bergauf und talab – nach *Halab*[543], – und ich war damals munter und aufgeräumt, – wohlgesattelt und aufgezäumt, – rasch wie ein Vogel auf seinem Gefieder, – so ließ ich in den Lustgärten dort mich nieder, – in der Mitte von Wonnen und Freuden, – Bronnen und Gebäuden, – und begann die Tage zu vergeuden, – um meinen Wunsch zu letzen – und meinen Durst zu netzen. – Als nun des Herzens Begierde nachließ – und der Sturmwind des Genusses gemach blies, – schwang nach kurzer Rast – auf dem grünen Ast – der ungeduldige Rabe des Zuges – sich auf zur Lust des Weiterfluges, – und ich schritt mit Tagesanbruch zum Aufbruch, – zum Abzug mit gutem Anzug und Aufzug. – Ich war vom Übermute versucht, – mein Wanderschiff zu steuern in die Bucht – von Hims[544], das berühmt ist durch die Zucht – von Torheitsgewächs und Narrheitsfrucht. – Als ich nun abgestiegen vor ihren Toren – und mich umsah nach einer Probe von ihren Toren, – erblickte ich nebenaus auf einer Grüne – aufgeschlagen eine Lehrbühne – von einem Scheich, der, zu schließen nach seinen Schläfen, – über den Schaum hinaus war gelangt zu den Hefen, – umgeben von einem Rudel Knaben, – durcheinander wie Tauben und Raben, – wie kleine und große Buchstaben. – Ich nahte mich und führte im Schilde nichts Schlimms, – als nur die Absicht, zu erforschen die Weisheit von Hims; – er aber war keiner von den Gastverhöhnern – und erwiderte meinen Gruß mit einem schönern, – hieß mich niedersitzen in der Mitte der Heerrunde – und fuhr mit Würde fort in der Lehrstunde, – indem er deutete mit dem schwanken Stäbchen – nach einem schlanken Knäbchen, – rufend: Du Rehkälbchen, – du Seeschwälbchen, – auf! und zeige mir Glied für Glied – zwischen G und Ch den Unterschied[545]! – worauf jener anhob ohne Zaudern – und vortrug ohne Schaudern:

Zeichen sind des Korans Verse Gläubigen;
Doch was an dir ist, mußt du uns zeigen.
Teichen süßen Wassers fehlt's an Fischen nicht,
Guten Öfen fehlt es nie an Teigen.
Reichen dünken sich die Bettler gleich, wenn sie
Trunken sich die Hand gereicht zum Reigen.
Eichen haben feste Wurzeln tief im Grund,
Nur dem Schilfrohr ist das Schwanken eigen.

Der Lehrer sprach: Brav, mein Paviänchen, – mein Silberfasänchen und Goldhähnchen! – Ich finde keinen Unterschied zwischen deiner Eigenschaft – und einem Eichenschaft; – du versprichst zu werden kein schwacher Schwager, – sondern ein wacher Wager – und jacher Jager, – an den sich wagt kein Widersacher und Widersager. – Dann rief er: Maikätzchen, – Schreimätzchen! – und Antwort gab ihm ein Junge wie ein Schätzchen. – Der Lehrer sprach: Komm und entwickle mir gescheit – zwischen D und T den Unterscheid[546]. – Und heranstob jener wie ein Düftchen, – und anhob er wie ein Lüftchen:

Beiten ist ein Wort für weilen, alt und gut;
Wähle nach Gefallen zwischen beiden!
Leiten sollst du die Verirrten auf den Pfad
Und mitleidend trösten, die da leiden.
Weiten Ländern ziehet zu ein Stamm, wann eng
Werden für sein Vieh der Heimat Weiden.
Saitenspiel und Wein stell auf die Seit', und fromm
Kleide dich in Wolle[547], nicht in Seiden.

Der Lehrer sprach: Du Witzzunge, – du Blitzjunge! – ich sehe, daß du bist von den Gescheitern, – die unterscheiden zwischen Prügeln und Scheitern. – Dann rief er: Ringlöckchen, – Springböckchen, – mit dem Klingglöckchen! – und ihm gab Antwort ein Junge frisch wie ein Funke, – wie ein Vogel, der auffliegt vom Trunke. – Der Lehrer sprach: Du in der Wissenschaft kein Lai, – sondern ein Leu, – sage mir den Unterschied zwischen ei und eu![548] – Und jener räusperte sich gründlich – und äußerte sich bündig:

Eitern muß die Wund', in welcher steckt der Pfeil;
Herbes Gras gibt süße Milch in Eutern.
Leitern dienen zu besteigen hohen Baum,
Noten, dunkle Texte zu erläutern.
Heitern Sinnen ist die Schöpfung angenehm,
Und verdrießlich dumpfen Bärenhäutern.
Reitern muß der Bauersmann das Korn, der Fürst
Führt den Krieg mit Reitern oder Reutern.

Der Lehrer sprach: Trefflich, mein Lämmchen! – vortrefflich, mein Stämmchen! – übertrefflich, unübertrefflich, mein Flämmchen! – Dann rief er: Neuntöter! – Leuntöter! – Da stellte sich ein Knabe wie ein Baumschröter. – Der Lehrer sprach: Du, den ich mir erkür' und erkor, – dessen Verstand sprengt Tür und Tor, – sage mir den Unterschied von für und vor![549] – Worauf sich jener zurechtsetzte – und seine Zunge zum Gefecht wetzte:

Vorsprach' halt im Vorübergehn vorm Nachbarstor,
Fürsprache such im Himmel dir und im Palast.
Vorliebe für die eignen Kinder ziemt dem Mann,
Fürlieb mit dem ihm Vorgesetzten nimmt ein Gast.
Vorwitz ist lächerlich, wenn er für Witz sich hält;
Vorsicht und Fürsicht ist des Schiffes Steu'r und Mast:
Gott sieht für dich, wo du nicht siehst, und sieht vor dir;
Heil dir, daß du den Für- und Vorherseher hast.

Da rief der Lehrer: Heil dir, mein Stolz, – du grader Bolz – aus gutem Holz! – Du brauchst für deinen Mund keinen Vormund; – für dich geschart stehn Engel im Hintergrund und im Vorgrund; – ich fürchte nicht für dich, – denn vor dir fürchten die Furchtbaren sich. – Dann rief er: Bitterkorn, – Rittersporn! – Da erschien ein Knabe wie ein Gewitterzorn. – Der Lehrer sprach: Nun, du Weisheiteinschwärzer, – du Buchstabenausmerzer, – du Weinwässerer – und Sprachbesserer, – auf! und sprich deinen Grabspruch – über den Buchstab, der verwirkt hat den Stabbruch – und verdiente den Lebensabbruch und Abspruch! – Worauf jener bloßzog – und so gegen das S loszog[550]:

Ja, sieghoffnungtrunken schwör' ich Hilfgenoß
Mich zur Kriegfahn' aller Essverheerer.
Künftig sei mein Lebenslauf ein Lebenlauf,
Und ein Todstoß aller Essverehrer.
Nie mehr wandeln will ich zwischen Frühlingsau'n,
Die sind unrein, Frühlingsau'n sind hehrer.
Glücklos sei mein Glückslos, meine Liebesnot
Liebe Not, die ohne S ist schwerer.
Auch mein Blutsfreund mög ein Blutfreund sein, und mein
Glaubenslehrer sei ein Glaubenleerer.
Und zu essen gebe künftig niemand was
Mir und jedem edlen Essverzehrer.

Der Lehrer sprach: Wohl, mein Knappe! – nicht scheue dir dein Rappe! – Denn der Krieg ist schwer, – und der Sieg ist hehr. – Dann rief er: Nun, du Friedfertiger, – Blutwangiger, Milchbärtiger, – der du gerne dein Schulliedchen – machest zu einem Buhlliedchen, – sprich die Verse, deren jeder mit „getan" hebt an – und jeder ausgeht mit „getan!" – da erhob sich ein zierliches Sträubchen – wie ein girrendes Täubchen – oder wie ein tauiges Läubchen, und begann:

Wohlgetan[551] ist sie an jedem Glied des Leibs,
Deren Anblick mir im Auge wohlgetan.
Angetan hat sie mir's ganz, die ganz und gar
Ist mit dem Gewand der Anmut angetan.
Zugetan bin ich mit allen Sinnen ihr,
Die ein Ohr nie meinen Bitten aufgetan.
Abgetan hat sich der Hoffnung mein Gemüt,
Weil ihr Blick sich hat nach andern umgetan.
Ausgetan hab' ich aus meinem Herzen sie,
Weil sie heimlich einen andern eingetan.

Der Lehrer sprach: Tölpel! du hast wohlgetan, – du hast Würze an deinen Kohl getan. – Dann rief er: Tugendkämpfer, – Jugenddämpfer! – tue hervor mit Ruhe, – was du getan hast in deine Truhe![552] – Da kam ein Wichtchen – wie ein Irrlichtchen – und sprach mit verzogenem Gesichtchen:

Wenn du nicht der Gier die Augen zugetan,
O so ist's um deines Herzens Ruh' getan.
O wie lang' oft und wie langsam wird bereut
Manches, was da war in einem Nu getan.
Pilger, übel gehest du den weiten Weg,
Wo du nicht das Steinchen aus dem Schuh getan.
Wer beizeiten aufbricht, kehrt beizeiten ein;
Was einmal muß sein, wird nie zu fruh getan.
Seele, mach dich leicht! denn dort, wo jede trägt,
Nimmt dir keine andre ab, was du getan[553].

Der Lehrer sprach: Recht so, mein Lümmel, – kein Muff ist an deinem Kümmel. – Drauf rief er: Rohrdommel, – der Schultruppe Vortrommel! – Du Starkschäftiger! – Markkräftiger! – du Wohlrüstiger! – nicht Hohlbrüstiger! – Rühr dich und setze mir in Handlung – eines Zeitworts Selbstlautwandlung![554] – Da sprang ein Bürschchen – hervor wie ein Hirschchen – und begann, – ohne daß es sich besann:

Gelungen ist mir, was noch keinem je gelang;
Daß jedem Wünscher nun sein Wunsch gelinge!
Verdungen hatt' ich mich um Lohn, den ich bedang,
Allein die Liebste hielt nicht die Bedinge.
Gedrungen war ihr nicht ans Herz, was mich durchdrang;
Wer hofft, daß einen Stein ein Ach durchdringe?
Umschlungen war ich, ohne daß ich selbst umschlang;
Um meinen Geist war ihrer Locken Schlinge.
Erklungen war mein Sein von ihrer Stimme Klang
Und zitterte, daß es mit ihr verklinge.
Entsprungen ist, doch weiß ich nicht, wie es entsprang,
Mein Glück; wer weiß, wie Lieb' und Lenz entspringe?
Gerungen hab' ich lange, bis ich das errang,
Vor dem das Ringen nur mir scheint geringe.
Bezwungen hab' ich sie, von der mich sonst bezwang
Ein Blick; nicht fürcht' ich mehr, daß Gram mich zwinge.

Erzwungen hab' ich meines Wunsches Überschwang;
Zur Sonne trug den Adler seine Schwinge.

Der Lehrer sprach: Gut, mein Bengel, – mein Lilienstengel! – hoch hast du geschwungen deinen Schwengel. – Mein rühriges Püppchen, – rührendes Zuckerlippchen, – schön hast du eingerührt dein Süppchen.

Gesungen hast du nicht, wer ist es denn, der sang?
Mir war's, als ob aus dir die Liebe singe.

Dann rief er: Meister Klingklang! – Geistersingsang! – nun, ihr beiden – die ihr nicht seid zu scheiden, noch zu unterscheiden, – gleich aus *einem* Korn entsprungenen Zwillingshalmen, – oder aus *einem* Kern entschwungenen Zwillingspalmen, – singt eure doppelt geschlungenen Zwillingspsalmen, – deren Anfang ist wie ihr Ausgang – und ihr Anklang wie ihr Ausklang, – nur daß in denselben Tönen – sich andre Gedanken verschönen. – Da traten die zwei auf – und sangen frei auf, –

der eine:

Mein Eid ist pures Gold und gilt dir wenig;
Doch gültig meiner Lieb' ist selbst dein Meineid.
Mein Neid allein nicht ist des Mundes Lächeln,
Auf diese Knosp' empfindet selbst der Mai Neid.

Der andre:

Wo labend das Bewußtsein frohgenützten Tags
Zur Seite ruht, da machest du wohl Abend.
Soll Abend kühl erquicken, scheu nicht Mittagsglut!
Nach früher Müh' ist späte Ruh' so labend.

Der eine:

Mit der Nacht kam wie der Mond mein Liebster,
Weilte lächelnd bis nach Mitternacht.
Mitternacht war hell wie Tag; da tagt' es
Und mein Glück entfloh mir mit der Nacht.

Der andre:

Wohn im erwählten Friedensport,
Fern eitlem Glück wohn immer!
Wo immer dich der Neid erblickt,
Erblühe dir Wonn' immer!

Der Lehrer sprach: Heil euch, ihr Doppler! – mein Segen werde zuteil euch, ihr Koppler! – Zuerst, du Edeldreister, – Vielversprecher und Mehrleister, – merke das von deinem Lehrmeister:

Wenn du wirst das Frühlingsblühn der Au verstehn,
Wirst du wissen, wie die Toten auferstehn.

Dann du Mondreiner, – du Durchschienener und Durchscheiner – behüte das von deinem Wohlmeiner:

Wohin du rufst, gereut mich nie der Gang;
Wink, und ich bin bereit, als wie die Sonne
Auf deinen Wink, zu Auf- und Niedergang.

Dann ihr beiden selbander – und ihr alle miteinander – bwahret dies von eurem alten feueratmenden Salamander:

Ans Auge
Des Liebsten fest mit Blicken dich ansauge!
Zur Au
Des Paradieses blicke! der Erde Grund ist zu rauh.
Zu Rauch
Wird werden der Erde Schmelz und des Himmels
Azur auch.
Tu nimmer,
Was die meisten tun immer.
O nähre
Dich lieber ohn' Ähre als ohn' Ehre.
Ruh' mehr
Sollst du lieben, als Ruhm-Ehr'.
Der Reu schloß
Sein Herz und Haus, wer lebt geräuschlos.
O dem,
Der an tote Kohlen verschwendet seinen Odem!
Eh'r Geiz
Ist zu sättigen als Ehrgeiz.
Die Leidenschaft
Meide, die Leiden schafft.

Forsch, ob
Man dir kein Trugbild vorschob.
Dürst eher,
Als daß du werdest fremder Milde Türsteher.
Baumann
Gottes! pflanze des Glaubens Baum an!
Satan
Sät Unkraut; du, lege gute Saat an!
Wir sterben,
Und du wirst erben;
Erblassen
Wirst du dann auch und andern dein Erb' lassen.
Zum Essen
Wird Gott jedem sein Maß zumessen.
Frisch immer
Bet und arbeit im Frühschimmer!
Schau munter
Ins Morgenrot! bald geht der Lustschaum unter.
Bau munter
Dein Nest, o Vogel! bald geht der Lustbaum unter.

Doch was macht mich denn abwendig? – Zwei von der Schar sind noch rückständig. – Geschwind, mein Reitgäulchen, – mein Schreitsäulchen, – mein Streitmäulchen! – wickle mir ab dein breit Knäulchen! – sag her ohn' Anstand, – doch mit Anstand, – die Verse vom Anstand! – Da kam ein Range – wie eine Stange – und sprach mit Gesange:

An Stand ist sie ein Hirtenkind, doch eine Königin von Anstand.
Anstand es lange Zeit, bis ich eröffnet ihr, wie sie mir anstand.
Anstand sie mit Gespielen einst zum Tanz, da stand ich auf dem Anstand;
Anstand ich nicht, bot ihr die Hand, und ihre gab sie mir ohn' Anstand.

Der Lehrer sprach: Schön, du Buntscheckiger! – du Rundbäckiger! – dein Pfund besteht die Probe, – ich besiegle deinen Mund mit meinem Lobe. – Dann rief er: Nun, du Spitzfund! – du Witzmund, – du Blitzkund! – Flußader meiner Freude, – Schlußquader am Gebäude! – du Simpel, du Gimpel, du Gelbschnabel! – warst du bei der Sprachverwirrung von Babel? – so sag es unerblödlich, – was ist der Unterschied zwischen redlich, rätlich und rötlich? – Da reckte sich ein Männchen, – streckte sich um ein Spännchen, – steckte sich hin wie ein Tännchen, – erkeckte sich und leerte so sein Kännchen:

Redlich kommt von Reden her,
Doch im Handeln sei du redlich.
Rätlich ist von Rat genannt;
Toren raten, ist nicht rätlich.
Rötlich ist nicht weit vom rot;
Meines Meisters Bart ist rötlich.

Da rief der Lehrer: Wie ordentlich! – außerordentlich! – meisterhaft! – musterhaft! – du Flegel! – du triffst die Kegel nach der Regel, – ich streiche vor dir die Segel. – Du hast dem Werke die Kron' aufgesetzt – und deines Lehrers Augen mit Freudentränen genetzt. – Du lügst um zu leimen – und rügst um zu reimen; – du gehörst zu den Philologen, – die so heißen, weil viele logen. – Und so hab' ich nun dir und deinen Genossen – die Schreine mit den Perlen des Wissens erschlossen – und die Wolken mit dem Strome der Weisheit ergossen, – auf daß ihr, vom Himmel begnadet, – mit Lust darin gebadet, – des Staubes und Schmutzes der Unwissenheit euch entladet. – Ich habe nach dem Maße meiner Kräfte – euch poliert wie Lanzenschäfte – und wie Schwerter versehn mit dem Hefte, – daß ihr brauchbar seiet zu jedem Geschäfte. – Ihr habt die Blüten der Sitte gepflückt – und euch mit dem Schmuck der Bildung geschmückt; – das gedenket mir und vergesset es nie auf der Erde, – wie ich euer gedenken und nie vergessen werde, – und feste stehe in Unwandbarkeit – in euren Herzen gegen euren Lehrer die Dankbarkeit. – Jetzt singet, zu der Lehrstunde Schlusse, – die Vaterstadt an mit dem Gruße – des Liedes, das auf jedem Tone – zur Ehre von Hims trägt von H eine Krone! – Da verschlang sich der ganze Rudel – in einen Strudel, – und sie sangen mit feierlichem Gedudel:

Heil'ge, hohe Himmelsheimat, hehre Hims,
Heil! du hast den Herrn zum Huldverheißer.
Heitre Hügel, heimlich hohles Haingeheg!
Höhn' euch herb kein harscher Hauch noch heißer!
Holder Hirsche Herde hütet hier der Hirt,
Hoffnungshalm' erhabner Herrscherhäuser.
Heissa, hussa, hurra, hu, hihi, haha,
Halle hell, bis Herz und Hals ist heiser.

Dann stob der Schwarm auseinander, – und ich blieb mit dem Scheich selbander; – der zog aus seinem Gesicht hinweg eine Falte – und war Abu Seid, der Alte[555]. – Ich war verwundert und erstaunt, – er aber sprach munter und frohgelaunt: – Steck ein deines Schwertes Schärfen – und behalt für dich, was du mir vor willst werfen. – Denn vernimm – und denke von mir nicht schlimm:

So getan ist diese Zeit,
Daß die Weisheit büßt die Starrheit
Ihres Kopfes, wenn sie nicht
Gehn will in den Dienst der Narrheit.[556]

Übrigens was ist hehrer – als ein Lehrer[557], – der ein Vater ist, nicht des Fleisches und Geblütes, – sondern des Geistes und Gemütes? – und wo ist anmutiger ein Stand, als dessen, der steht – in der Mitte von der Jugend Rosenbeet, – dessen Anhauch den Greis erfrischt – und in seinen Frost sanfte Wärme mischt? – oder welcher Beruf – ist förderlicher zu des Ruhmes Behuf, – als der Weisheit Korn, das unvergängliche, – zu streun in das Land, das frischempfängliche? – daß es aufgeh' und Ernte trag' überschwengliche, – wenn die Jugend den Klang deiner Rede bewahrt in tiefern – Herzen, wie die Züge deiner Schrift auf Schiefern, – um sie der Nachwelt zu überliefern, – wann der Tod zerbrochen hat deines Mundes Kiefern! – Das schreib auf und leg es auf dein Gesims, – was ich zu dir gesprochen vor den Toren von Hims! – So sprach er und hielt sich das Ohr zu –

vor allem, was ich ihm schwor zu; – er wandte den Rücken und schritt mit Würde dem Tor zu, – wo ihm eilte der Bürger Chor zu, – und vor meinen Blicken fiel des Kummers Flor zu.

Vierzigste Makame[558]

Die Barbierstube

Hareth Ben Hammam erzählt:

Als ich war in *Hagraljemame,*[559] – sproßte mir des Übelbefindens Same, – so daß ich, um Luft zu schöpfen, – mich entschloß, zu schröpfen. – Mir ward ein alter Bader angezeigt, – der seine Arbeit machte reinlich und leicht; – ich schickte meinen Sklaven, ihn zu holen, – und saß auf der Erwartung Kohlen. – Der Sklave blieb so lang auf der Reis' aus, – daß ich dachte: Starb er oder nahm er Reißaus? – Dann, als er zurückkam leer und spät, – rief ich: Ei du unnützes Hausgerät! – du Feuerzeug, das versagt, – du Jagdhund, der nichts erjagt! – daß du wärest taub und blind! – bleibst du doch aus wie ein *Find*[560]. – Doch er versicherte: der Alte habe vor Arbeit zu keuchen, – er habe die beiden Hände voll, wie die Frau mit den zwei Butterschläuchen[561]. – Zum Bader zu gehn war nun freilich verdrießlich, – doch zu zaudern war mir unersprießlich; – da bedachte ich, daß es keine Schande bringt, – zu gehn, wohin einen die Notdurft dringt. – Und als ich nun betreten seine Werkstätte, – fand ich von Zuschauern eine Kette – rings um ihn her verdichtet; – und vor ihm stand aufgerichtet – ein Jüngling sehenswert, – wie ein poliertes Schwert; – der bot mit freiem Mienenspiele – sich der Schröpfkunst des Alten zum Ziele. – Doch dieser sprach: Du zeigest mir deine Scheitel, – aber nicht deinen Beutel; – du bietest mir deinen Nacken, – doch nichts von dem, wofür sich ein Künstler mag placken. – Ich gebe nicht den Augenschein für Dunst – und nicht auf Borg meine bare Kunst. – Rück heraus mit einem Scherfe, – und ich schröpfe dich nach der Schärfe; – doch willst du knickern mit deinem Gut, – so behalt es und dein dickes Blut. – Geh, und es bleibt geschworen: – ich lasse dich ungeschröpft, du lasse mich ungeschoren! – Der Jüngling sprach: Bei dem, der verboten, – auf *Mekkas* und *Medinas* heiligem Boden – Waffen zu tragen – und Wild zu jagen, – sowie er verboten hat, Lüge zu sagen! – ich bin hilfloser als ein Kind von zwei Tagen; – borge mir auf meines Aussehns Titel, – bis sich verbessern meines Ansehns Mittel. – Der Alte sprach: Weh dir! Versprechungen – sind keines klugen Mannes Bestechungen. – Ein Versprechen ist wie ein Baum, den man setzt; – was er einst trägt, wer weiß es jetzt? – die Fäulnis kann die Wurzel ergreifen, – eh' am Stamme die Datteln reifen. – Wer sagt mir, ob die Frucht von deinen Ästen – mich mager machen wird oder mästen? – und wer bürgt mir, wie du dich von mir schwenkest, – daß du deiner Verheißung denkest? – denn der Betrug – ist auf der Welt sichtbar genug, – unter den Pferden gleich dem Schecken, – den man überall kann entdecken. – Verhüt es Gott, daß du mich betörst! – geh, wo du die Wölfe heulen hörst. – Da rief der Jüngling, den die Scham – übernahm: – Bei Gott! sein Versprechen bricht – niemand als ein Wicht, – und zum unreinen Troge des Truges – senkt sich kein Vogel edleres Fluges. – Wenn du wüßtest, wer ich bin, – du schöbest nicht solche Schmach mir hin; – doch, was du nicht erkennest, steinigest du, – wo du anbeten solltest, verunreinigest du. – O! der Fremde und der Armut sei Fluch – und Segen sei dem Dichterspruch:

Der Fremde, selbst der reiche, geht im Elend,
Wie erst ein Fremder ohne Geld und Gut!
Doch das Geschick, mit Sorg' und Mangel quälend,
Kann nicht entwürdigen des Edlen Mut.
Der Moschus, sich mit Duldermut beseelend,
Zerreibst du ihn, entwickelt Düfteflut.
Prüf den Jakut, dem Feuer ihn vermählend;
Nur wenn er kalt bleibt, ist er ein Jakut[562].

Da rief der Alte: Schmach sei deiner Amme – und Spott deinem Stamme! – Bist du der Mann, dich zu brüsten – und mit Stolz dich zu entrüsten? – oder bist du nicht eine geschundene Haut, – ein an Regenmangel verschrumpftes Kraut? – Doch gesetzt, du wärest – der Mann, wie du mich lehrest; – wird deswegen von meinem Schröpfköpfen – einer dich hinterm Kopfe schröpfen? – Bei Gott, nein, und wäre *Abd-Menaf*[563] – deines Vaters geborner Sklav, – oder *Abd-Almedan*[563] – deines Oheims Untertan. – Hämmre nicht kaltes Eisen; – kaue nicht, was du nicht kannst beißen. – Und willst du dich rühmen, so rühme dich deines Guts, – nicht deines Bluts; – nicht mit deinem Herkommen prahle, – mit deinem Einkommen zahle. – Poche nicht auf Totenknochen, – sondern auf des lebendigen Herzens Pochen; – sei nicht stolz auf deine Innung, – sondern auf den Adel deiner Gesinnung. – Geh nicht deinem Hochmut nach, – denn er stürzt dich in die Grube der Schmach; – und folge nicht deinem Gelüste, – denn es führt dich in die Wüste. – Und wie herrlich sprach jener zu seinem Sohn:

Sei grad, o Sohn! Zum Zeltpfahl wird der grade Stamm;
Was krumm gewachsen, wird in Herdesbrand gebrannt.
Gib nicht der Lust nach, die erniedrigt; Mann ist, wer
Den Hunger stolz in der Entsagung Band gebannt.
Und dämpfe die Begier, die ins Verderben führt;
Der Strom geht unter, der zum Meeresrand gerannt.
Sei dem Verwandten hold, dem Armen mild; nicht irr
Noch leer soll gehn, wer sich zu deiner Wand gewandt.
Vergib, so viel du kannst, und gib, so viel du hast;
Vom Quell wird Naß auch undankbarem Sand gesandt.
Und schleuß den Mund der Klage; stark ist, wer sich nicht
Den Schmerz, vor dem des Herzens Blut gestand, gestand.

Da sprach der Jüngling zu den Zuschauern: – O Wunder zu schauen und zu schauern! – Nas' im Himmel und Steiß im Kot, – Worte des Lebens und bittrer Tod; – Tränen im Auge, weinzart, – und Gesinnungen steinhart! – Dann wandt' er sich zum Alten, mit scharfer Zunge, – mit des Zornes loderndem Schwunge, – und rief: O pfui dir, du Wortedrechsler, – du falscher Wechsler! – sprichst du wie ein Vater – und tust dabei wie ein Kater[564]? – Wenn so ungeschlacht – dich hat gemacht – der Segen deines Gewerbes, – so sag' ich: Gott verderb' es – und auf keinen Sohn vererb' es – und keinen Neider erwerb' es! – Mögest du so wenig zu schaben – und so viel zu feiern haben – als weiland der Bader von Sabat[565]! – Der Alte rief: Gott schlage für dein Schnattern – dir den Mund mit bösen Blattern – und lass' im Rücken – das Blut dir jücken, – daß du laufest zu einem Bader, schmutzig und schmierig, – trutzig und schwierig, – und dessen Schnepper – stumpf ist wie ein alter Klepper. – Als der Jüngling nun merkte, daß er ohne Vorteil die Fehde führe – und daß einen Stein keine Rede rühre, – steckte er ein sein Wort – und gedachte fort. – Doch der Alte, wie er ihn sah geschmeidigt – (als gereut' es ihn, daß er ihn beleidigt), – bot ihm an zur Versöhnung, – ihn zu schröpfen ohne Löhnung. – Aber des Jünglings Stolz sich steigerte, – seinen Nacken er verweigerte; – lieber wollt' er seine Krankheit behalten – und nur fort aus den Augen dem Alten. – Da begann zwischen beiden ein Ziehn und Sperren, – ein Fliehn und Zerren, – bis der Junge war erschöpft, – als hätt' ihn der Alte zu Tode geschröpft: – aufschrie er vor Entsetzen, – denn sein Mantel war in Fetzen; – er hing das Haupt zum Tod bekümmert, – sein Kleid und seine Ehre war zertrümmert. – Der Alte flehte ihn an in Demut – und suchte ihm zu stopfen die Schleusen der Wehmut; – doch seine Tränen quollen fort, – und seine Seufzer schwollen fort. – Der Alte sprach: Sei dir mein Haupt verfallen! – und möge jedes Leid dir vorüber wallen! – Willst du nicht einen Fehlgriff entschuldigen? – Weißt du nicht: Selig sind die Geduldigen, – die Langmütigen, – allzeit Gütigen, – niemals Wütigen? – Und er sang, um ihn zu begütigen:

Sei heller Born, wo dich umflackert greller Zorn,
Und lächle süß, wo man dir Bittres eingeschenkt.
Wer mit der Milde Flut schon hier die wilde Glut
Gedämpft, dem ist einst dort die Feuerpein
geschenkt.

Da sprach der Jüngling: Wenn du kenntest meinen Verdruß, – du entschuldigtest meiner Tränen Fluß; – doch das Kamel, das gesundgerückte, – weiß nicht, wie sich fühlt das wundgedrückte. – Darauf, als ob er sich stemmte – gegen das, was ihn beklemmte, – er sein Weinen dämmte – und seine Seufzer hemmte – und sprach zum Alten: Ich bin bereit; – womit flickest du mein zerrissenes Kleid? – Der Alte sprach: O Jammer und Not, – daß die Sorge fürs eigne Brot – mir nicht verstattet, der Schneider – zu werden fremder Kleider. – Ich muß deinetwegen – andrer Wolken Segen – anflehn um Gnadenregen. – Da durchwandelte er die gedrängten Reihn – und lud mit schallenden Melodein – zu der Wohltätigkeit Gaben ein:

Beim heil'gen Haus, aus des geweihtem Bronnen
Erschöpfte Pilger fromm Erquickung schöpfen!
Wär' eine Krume Brot noch meinen Taschen,
Ein Fleischgeruch geblieben meinen Töpfen;
Den Geist nie hätt' ich, der nach Ehre dürstet,
Erniedrigt zu den niedrigsten Geschöpfen:
Nie hätt' ich mich dazu herabgewürdigt,
Zur Fristung meines, andrer Blut zu schröpfen;
Noch sollte dieser edle Jüngling klagen,
Durch meine Schuld könn' er sein Kleid nicht knöpfen.
Allein des Schicksals Wirbelwinde kamen,
Den grünen Wipfel meines Glücks zu köpfen.
Bei dem, durch den die mannigfalt'gen Körner
Der Nahrung sind verteilt in allen Kröpfen!
Ist jemand hier, der uns aus seiner Fülle
Läßt schöpfen, eh die Lungen sich erschöpfen?

Hareth Ben Hammam erzählt: Ich war der erste, der sich ließ erweichen – und vom Mitleid beschleichen, – ihm zwei Dirhem darzureichen. – Er freute sich des Erstlinges seiner Ernte – und schloß vom Nächsten aufs Entfernte. – Und die Dirhems hörten nicht auf zu regnen, – in seinen Händen sich zu begegnen, – bis seine Armut bekam des Reichtums Geschmack – und Leibesfülle sein geschrumpfter Sack. – Da blüht' er hell vor Lust auf, – und vor Wonne ging ihm die Brust auf; – er sprach zum Jüngling: diese Ernt' ist aus deinem Samen, – komm und sag halbpart in Gottes Namen. – Da teilten sie geflissenhaft – alles unter sich gewissenhaft, – wie ein Vater teilt mit dem Sohne, –

Da schlägt des Buches Seiten einer um,
Den andern hörest du die Saiten[571] schlagen;
Der eine löst der Flasche Siegel hier,
Ein andrer dort entsiegelt Zweifelsfragen.
Der will im Geist die Fülle Gottes fassen,
Der hat am vollen Fasse sein Behagen.
Wie mancher Koranleser, Voranesser,
Verdirbt sich hier die Augen, dort den Magen!
Du bist geladen, Gast! An welchen Laden
Du pochen magst, du wirst dich nicht beklagen.
Hier kommst du wie gebeten zu Gebeten,
Und recht gelegen dort zu Gastgelagen!
Du magst nun Bücher oder Becher suchen,
Nach weisen Leuten oder Lauten fragen.

Als ich nun (sprach Abu Seid) so herumspazierte – und revierte, – Sehenswertes betrachtend – und Spähenswertes beachtend, – erblickte ich, da der Tag schon war an seiner Neige – und die Sonn' an ihrer Niedersteige, – eine Moschee, durch ihren Glanz berühmt – und durch ihrer Besucher reichen Kranz geblümt[572]; – und hörte, wie eben die Versammelten – durcheinander redeten und stammelten, – begriffen, zu der Wissenschaft Förderung, – in einer sprachlichen Erörterung[573]. – Da stand ich stille, – und es war mein Wille – nicht, zu profitieren von ihrem Grammatikum, – sondern von ihnen zu profitieren ein Viatikum[574]. – Doch es währte nicht länger, als man braucht, um brennende Kohlen – vom Nachbarshause zu holen;[575] – als das Gespräch unterbrochen ward, – weil der Gebetruf gesprochen ward,[576] – und dem Ruf auf dem Fuß nach – der Imam[577] folgte, der vortrat und den Gruß sprach. – Da bargen sich die Schneiden – des Wortes in die Scheiden, – und die von den Polstern der Sitzung[578] erhobenen Glieder – beugten sich auf den Teppichen der Andacht nieder.[579] – Ich vergaß auf eine Weile, im Werk der Erhebung – und Gottergebung, – die auf den Unterhalt gerichtete Bestrebung. – Als nun dem Gesetze genügt war, – der Frömmigkeit Acker gepflügt war, – und die Kette sich trennte, die von der Andacht gefügt war; – trat hervor aus der Menge ein wohlgestalter – Mann von mittlerem Alter, – der sich zeigte als des Wortes Walter – und der Wohlredenheit Entfalter, – sprechend: Ihr achtbaren – Nachbaren! – deren Näh' ich aus der Ferne kommend erwählt, – um euretwillen von meinem Ursprung losgezählt – und als fremder Zweig eurem Stamme vermählt;[580] – die ihr seid meine Kammer und mein Schrein, – wie sollt' euch meine Heimlichkeit verborgen sein? – Ihr wisset, daß Wahrheit ist der Schmuck der Vernünftigen – und daß die Schande dieser Welt ist leichter als die der künftigen; – dann: daß guter Rat ist eins der guten Werke – und Unterweisung eine Urkunde der Glaubensstärke; – daß der Fragende verdient Unterrichtung – und der Ratende übernimmt eine Verpflichtung[581]; – daß mein Freund ist, der mich schilt, – nicht der mir hält der Entschuldigung Schild; – und daß, wer mich recht liebt, – mich zurechtweist, nicht mir recht gibt. – Da sprachen die Versammelten: Trauter Genoß! – und vertrauter Herzenssproß! – Was ist das Geheimnis von deinen Rätselworten – und der Schlüssel zu deines Redegebäudes Pforten? – Sage, was du verlangest. – Denn bei dem, der uns gemacht zu deinen Brüdern – und unsre Lieb' und Treue zu deinen Hütern! – wir werden dir den Rat nicht abschlagen – und die Tat nicht absagen. – Er sprach: Gottes Güte mög es euch güten – und seine Hut euch behüten! – Ihr seid von denen, mit denen ohn' Ungemach – sich wohnen läßt unter *einem* Dach; – an denen kein Fehl ist – und vor denen kein Hehl ist. – So will ich euch entfalten, was mich engt, – und eurem Urteil vorhalten, was mich drängt und zwängt. – Wisset: daß einst in des Glückes Verkümmerung – und des Wohlstands Zertrümmerung – ich mit Gott gemacht einen Anschlag – und ihm gegeben des Gelübdes Handschlag, – nie starkes Getränk zu erhandeln, – noch mit Zechern zu wandeln, – noch mich mit Wein zu erfüllen – und mit Rausch zu verhüllen. – Dann verführte mich die Lust – und der Feind in der Brust, – mit Schlemmern zu verkehren – und Maße zu leeren, – die Würde zu verletzen – und den Gaumen zu netzen, – zu taumeln und den Tummler[582] zu tummeln; – und zu schwärmen mit den wilden Hummeln, – ohn' Erröten zu schlürfen den Roten, – mein Gelübde vergessend wie einen Toten. – Und so weit ging meine Vermessenheit – in des Teufels Besessenheit, – daß ich auch am Feiertag – im Schenkenfeuer lag – und in der Fastnacht – war vom Rausche festgemacht. – Doch nun bin ich in der Betrübnis – um das gebrochene Gelöbnis, – in der Reue Haft – durch den Sündensaft – am Herzen wund – um den verletzten Bund, – zerknirscht und ermangelnd des Trostes – über die Verschlingung des Mostes. – Nun, o mein Volk, welche Sühnung wisset ihr mir, die mich der Sünde fern – und wieder nahe bringe meinem Herrn? – Wie er nun so (sprach Abu Seid) den Knoten der Red' entschürzte – und sein Anliegen mit Seufzern würzte; – sprach die Seele zu mir: Abu Seid! – Hier ist Fangezeit; – halte Hand und Netz bereit! – Und als er geendet, sprang ich auf vom Sitz, – drang durch die Reihen wie ein Blitz – und trug vor:

O Frommer, dessen Edelmut
Weit übersteigt Gedanken,
Und der du suchest Rat, um zu
Bestehn vor Gottes Schranken!
Ich hab' ein Mittel gegen das,
Was dich an Gram macht kranken;
Du magst das Leid, das mich betraf,
Vernehmen und mir danken.
Die Männer von Serug, die fromm
An ihrem Glauben hangen,
Bin einer ich und wohnte dort
In hohen Wohlstands Prangen,
Geehrt, gehorcht, gewohnt, Befehl
Zu geben, nicht zu empfangen.
Mein Haus war ein Zusammenfluß
Der Gäst' aus allen Landen;
Wo offen weit die Tore stets
Und frei die Güter standen.
Einkauft' ich durch Freigebigkeit
Die Ehren, ab die Schanden
Und achtete Kleinode klein,
Die durch Verschwendung schwanden.
Nach meiner Halle steuerten
Die nächtlichen Verbannten;
Denn meine Feuer, wenn der Geiz

Die seinen löschte, brannten,
Gleich einem Leitstern, welchen sie
Als Truglicht nie erkannten.
Und also grünte lang mein Glück
Und blühten meine Flammen;
Bis Gott die Huld, die er ob mir
Entfaltet, schlug zusammen.
Da ließ aus einem Zwietrachtskorn
Er einen Kriegsbaum stammen,
Und Griechenheere kamen,[583] die
Im Blut der Gläub'gen schwammen,
Die unsre Stadt verwüsteten
Und raubten Kind und Ammen.
Geplündert ward mein Gut, und ich
Als Bettler ging von dannen,
Von Fremden jetzt gewinnend, was
Sie einst von mir gewannen.
Doch in der Armut Wirbeln, die
Mein ganzes Glück verschlangen,
Beklag' ich nichts wie den Verlust
Der schönsten meiner Spangen,
Der einz'gen Tochter[584], welche fiel
In Feindeshand gefangen.
Sie löst' ich gern mit meinem Blut,
Sie wollen's nicht empfangen;
Und was sie wollen, Gold und Gut,
Ist mir durch sie entgangen.
Nun weißt du, welchen Kummer Gott
Hat über mich verhangen;
Und wenn du heilen willst zugleich
Die Blässe meiner Wangen
Und deines durch der Sünde Schuld
Zerstörten Herzens Bangen;
So hilf mir, daß mein Kind befreit
Werd' aus der Haft der Schlangen.
Dein Sühngeld sei ihr Lösegeld[585],
Verachte nicht das Mahnen!
Zu Gottes Wohlgefallen kannst
Du so den Weg dir bahnen,
Verzeihung findend, daß du hast

Verlassen seine Fahnen,
Und machend, was du Böses hast
Getan, zum Ungetanen.
Daneben wirst du vor der Welt
Erhöht auf Ruhms Altanen,
Weil meines Dankes Größe wird
Entsprechen dem Empfahnen.

Abu Seid sprach: Als nun ausgebraust war mein Redeschwall – und jeder baute auf meiner Worte Wall, – trieb ihn die böse Lust zum guten Werke, – und der Sündenhang gab ihm zum Opfer Stärke. – Er zahlte mir eine Summ' aus auf dem Platz – und sicherte mir durch Verschreibung einen zweiten Satz. – Doch ich ging heim, – zufrieden mit dem aufgewandten Vogelleim, – und konnte nun, Dank meinem blauen Dampfe, – mir den Bauch füllen mit Pframpfe[586] – und, Preis meinen tönenden Glocken, – mir den Mund stopfen mit Brocken. – Da fragte ich (erzählt Hareth Ben Hammam): – Und empfindest du über deinen Betrug keine Scham? – Doch er sprach unbeklommen: – Ich fühle mich vielmehr in Freudigkeit entglommen, – daß ich ein frommes Werk gefördert zu meinem Frommen; – denn jenem ist die Sünd' abgenommen – und ich bin zu Gelde gekommen. – Dann sang er:

Diese Welt, die Mördergrube,
Voll von Löw- und Tigerkatzen,
Siehe, wie du ungezaust
Kommest zwischen durch die Tatzen.
Spähe, was du haschen mögest,
Merke, was du kannst erschwatzen;
Schatze! denn die Zeit ist stets
Auf der Lauer dich zu schatzen.
Hetze, statt gehetzt zu werden;
Welt ist all ein Wald für Hatzen.
In die Schlingen locke Schlangen,
Aus den Ritzen locke Ratzen!
Wenn der Falke dir entgangen,
Nimm fürlieb nur mit dem Spatzen;
Und erhältst du nicht den Taler,
So begnüg dich mit dem Batzen.

Zweiundvierzigste Makame[587]

Das Testament

Hareth Ben Hammam erzählt:

Ich hörte: Als Abu Seid nun hinaus war über die neunmal neun[588] – und dünner wurden die Mähnen dem alten Leun, – dachte er, in einem Anfall von Schwächlichkeit, – an des menschlichen Lebens Zerbrechlichkeit – und befand, es sei das best' am End' –, auch zu machen ein Testament. – So ließ er denn seinen Sohn vor sich kommen, – nachdem er seine Sinne zusammengenommen, – und sprach: Mein Söhnlein! ich werde nun bald ziehn mit den Schwalben – und mein Auge mit der schwarzen Schminke[589] des Todes salben. – Du aber warst durch Gottes Gnade meines Alters Stab – und wirst nach mir bleiben die Blum' auf meinem Grab. – Du warst mein Schildhalter und Handreicher – und bleibst mein Stammhalter und Nachfolger auf dem Throne der Landstreicher, – der fechtenden Sassansbrüder[590] Vorfechter – und ihrer Ehrenburg Torwächter, – der Leitstier ihrer vielzerstreuten Herde – und der Leitstern ihrer Wanderungen über die Erde. – Du bist nun zwar nicht der Tor, – den die Mahnung muß zupfen beim Ohr; – doch Gott hat gesagt: Mahn in alle Wege, denn du bist ein Mahner;[591] – und bahne die Stege, denn du bist der Bahner. – Und die Ermahnung ist der Gemütesfalten Plätt- und Glättstein – und der Geistesscharten Wetzstein. – So will ich denn um deines Besten willen – dir überliefern meinen letzten Willen – mit Lehren, dergleichen mich *Seth*[592] hinterließ, – und mit Segen, wie ihn nicht Jakob verhieß. – Und wie du in treuem Gedächtnis –wirst behüten mein Vermächtnis – und dich vor Übertretung hüten, – so behüten dich Gottes Güten, – daß grün sei dein Strauch – und voll dein Schlauch, – angenehm geachtet dein Hauch – und hochsteigend deines Feuers Rauch. – Doch wie du verschmähest meine Suren[593] – und nicht gehest auf meinen Spuren, – so sei leer deine Flasche – und löcherig deine Tasche – und wenig deiner Herdesasche[594]. – Mein Söhnlein! ich habe versucht meine Schwinge – und geprobt meine Klinge

– und mir geprüft die menschlichen Dinge, – habe schätzen lernen den Mann nach seinem Stadel[595], – nicht nach seinem Adel, – nach seinen Kasten und Kisten, – nicht nach seinen Ahnenlisten, – und befunden, daß es ankommt auf den Verstand, – nicht auf den Stand, – auf die Drittel[596] und die Mittel, – nicht auf den Kittel und den Titel. – Eingeteilt hat, – wer sich verstand auf Leute, – die Welt in die vier Stände: Der *Raufleute*[597], – der *Kaufleute*, *Schnaufleute* und *Laufleute*. – Die *Raufleute* sind die zum Leuteraufen – berufenen Kriegs- und Friedensbeamtenhaufen. – Doch ich fand, daß, wenn sie ihren Strauß gerauft, – sie selber werden ausgerauft. – Sie schweben auf den grünen Matten – als der Gnadensonne[598] Schatten, – die sich lassen von ihrem Blick regieren – und, wenn sie untergeht, sich in die Nacht verlieren. – Ich lernte: Was gefällt, das fällt, – und was angestellt wird, wird auch wieder abgestellt; – und es schreckt mich von der Süßigkeit der Angewöhnung – ab die Verdrüßlichkeit der Abgewöhnung[599]. – Die *Kaufleute* aber haben keine Ruhe der Gemüter, – sowie keine der Güter; – alle Stürme und Riffe – lauern auf ihre Schiffe, – und auf ihre Karawanenkameltriebe – alle Zöllner und Gaudiebe. – Wie schlimm ist, daß sie selber kein Teil haben – an den Schätzen, die sie für andre feil haben; – und wie übel, daß sie verkaufen müssen, – was andre erkaufen zu Genüssen. – Die *Schnaufleute* aber sind die Feldbauer, – denen wird Gottes Welt sauer, – und ihr Ruhm ist nicht weit erschollen, – weil sie haften an ihren Schollen, – wo sie kämpfen mit Schnecken – und Heuschrecken, – düngen mit ihrem Schweiß ihren Acker – und ernten ihren Fleiß für ihre Placker. – Die Armen gleichen den Lasttieren – und die Reichen den Masttieren, – die man aufspart zum Gastieren. – Endlich die *Laufleute* sind die Beispringer, – die Handlanger und Herbeibringer, – die da Künste treiben und Handwerke, – ernste Geschäfte und Tandwerke. – Von diesen allen fand ich kein ersprießliches, – unverdrießliches, nutznießliches, – kein gnügliches und vergnügliches, – überall fügliches, niemals trügliches, – als das Handwerk, das *Sassan* gegründet[600] – und zunftmäßig geründet, – seine Ordnung der Welt verkündet – und seine zerstreuten Glieder zu einem Leib verbündet, – als eine Genossenschaft freier, standgleicher, – unter sich verbandreicher Handreicher, – Landstreicher und Landschleicher. – Ich habe sie kennengelernt nach ihren Standesarten – und mich ausgezeichnet unter ihren Standarten – und habe gefunden, daß dieses das Handwerk ist, das überall geht, – die Mühle, die nie stille steht, – der Brunnen, welcher nie versiegt, – der Handel, der nie danieder liegt, – der in allen Nächten fliegende Leuchtwurm, – der von jedem Orte sichtbare Leuchtturm, – die Fackel der Leitung, die leuchtet den Blinden, – das Panier, zu dem sich die Lahmen finden. – Ihre Verbindung ist die weiteste – und ihr Stamm der ausgebreitetste, – überall gastend – und nirgends rastend, – bald nah, bald fern, – sie wandeln in den Lüften wie der Stern – und haben auf Erden keinen Herrn. – Sie fürchten nicht den Sultan, – doch nehmen sie seine Huld an; – sie fürchten nicht der Beamten Donner und Blitz, – denn sie haben keinen Sitz – und keinen Besitz als ihren Witz. – Sie sind es, die nirgends zu Hause sind, – weil sie überall beim Schmause sind, – sie, die ohne ein Körnlein zu streuen, – sich des täglichen Brotes erfreuen, – wie die Vögel, die in der Frühe hungrig aufstehn – und abends satt in die Wipfel hinaufgehn[601]. – Da sprach der Sohn: Mein Vater! – du hast gesprochen als ein treuer Berater, – doch hast du dich nur gefasset kurz; – mache länger der Rede Schurz, – mich unterrichtend, wie ich das Geschäfte soll fassen beim Schopf, – mich belehrend, wie man am Fische isset den Kopf.[602] – Er sprach: Das Hauptstück der Kunst ist Regsamkeit[603] – und Bewegsamkeit, – und ihre Hilfsmittel sind Durchtriebenheit und Abgeriebenheit, – behende Schmächtigkeit ohne Festigkeit, – kurze Bedächtigkeit und große Dreistigkeit, – dann ein quecksilbernes Gehirne – und eine eherne Stirne. – Denn wer sich scheut – ist nicht gescheit; – und wer nicht ist ruhlos und rastlos, – dessen Schiff ist mastlos, – dessen Baum astlos und bastlos. – Dein Rock soll heißen Gramlos – und dein Stock Schamlos – und dein Name Namlos. – Sei rascher als Wolkenzug – und überraschender als Heuschreckenflug, – muntrer als das Reh im Mondschein[604] – und lebhafter als die Eidechs' im Sonnschein. – Scheue nicht Mühe und Stäte – frühe oder späte! – denn schürst du dein Feuer, so wird es brennen, – rührst du dein Steuer, so wird dein Schifflein rennen, – und führst du in deine Scheuer, so wirst du haben auf deiner Tennen. – Du sollst deinen Eimer hängen in jeden Bronnen – und an jedem Zaun deine Wäsche sonnen; – jeden Strauch sollst du rütteln – und jeden Baum im Vorbeigehn schütteln, – dir Pfeifen schneiden aus jedem Rohre – und vorbeigehn keinem offnen Tore. – Denn am Stab unsres Ältesten Sassan stand geschrieben: „Wer langt, erlangt; – wer säumt, versäumt." – Und fliehe die Trägheit wie eine häßliche Schramme! – denn sie ist die Wurzel zu der Armut Stamme, – der Hilfsbedürftigkeit Mutterwamme, – der Ratlosigkeit Stillamme, – der Dämpfer der Geistesflamme; – jeder Funken erstickt in ihrem feuchten Schwamme, – und jeder, der wandelt auf ihrem Damme, – versinkt im Schlamme. – Drum plaudre nicht – und schlaudre nicht, – und zaudre nicht – und schaudre nicht! – Zage nicht, sondern wage! – frage nicht, sondern jage! – Denn der Zweifel erörtert nicht, – und die Bedenklichkeit fördert nicht. – Wer lange sinnt, beginnt nicht behende, – und wer nicht beginnt, gewinnt nicht das Ende. – Und das Sprichwort sagt: Wer wagt, macht Kehraus, – wer zagt, geht leer aus. – So sei nicht träge wie ein Faultier[605], sondern unermüdlich wie das Maultier, – kühn wie der Aar, – beredt wie der Star, – listig wie der Fuchs, – scharfsichtig wie der Luchs, – behend wie das Wiesel, – unverwüstlich wie der Kiesel, – gewandt wie die Schlange, – packend wie die Zange, – glatt wie der Aal – und fest wie der Stahl. – Sei nicht spröde – und nicht blöde! – denn Blödigkeit bleibt mager, – und Sprödigkeit hat ein kaltes Lager. – Sondern sei keck wie die Ziege, – unabweislich wie die Fliege, – unentfliehbar wie die Bremse, – unverfolgbar wie die Gemse – und unermüdbar wie die Ämse[606]; – habgierig wie der Geier, – hochfliegend wie der Reiher, – wanderlustig wie die Störche, – stets frohen Muts wie die Lerche, – wie der Hahn früh und spät auf der Wacht, – wie der Adler im Sonnenlicht und wie der Kauz in der Nacht. – Sei stets auf den Beinen wie ein Kreisel, – stets im Schwung wie eine Geißel, – stets mitten im Schwarm wie ein Weißel. – Sei in der Luft wie ein Pfeil – und in der Kluft wie ein Keil, – allwärts rund wie die Kugel, – stets auf dem Flug wie ein Vogel, –

und an jedem Flecke – in deinem Haus wie die Schnecke. – Wechsle Farben wie der Hals der Taube – und schillere wie die Traube, – und schlage deiner Rede bunten Reif – wie einen Pfauenschweif. – Lerne Worte schmücken – und Ohren entzücken – und Herzen berücken. – Scheue keine Lüge – und fürchte keine Rüge. – Richte dein Glockenspiel nach dem Wind – und dein Puppenspiel nach dem Kind. – Es gibt einen Brocken für jeden Köter – und für jeden Fisch einen Köder. – Lerne, wie man den Igel anfaßt, ohne sich zu stechen, – und das Siegel löst, ohne es zu zerbrechen, – wie man die Nessel angreift, ohne sich zu brennen, – und die Fessel abstreift, ohne sie zu trennen. – Halte den Aal nicht beim Schwanze – und nicht bei der Spitze der Lanze. – Eh du melkest, streichele; – und eh' du bittest, schmeichele. – Komm nicht nach dem Schmaus – und nicht, wann der Markt ist aus. – Sattle das Pferd, eh' du reitest, – und schnalle den Schuh, eh' du schreitest. – Schwimme nicht stroman; – fürchte dich vor keinem Strohmann. – Vortritt ist besser als Nachtritt, – Frühritt besser als Nachtritt. – Schaue nach dem Ziele – und scheue nicht die Schwiele. – Gehe nicht schräg – nach dem, was dir liegt auf dem geraden Weg; – aber wo es nicht geht auf dem graden, – da geh getrost auf den Seitenpfaden. – Denn nicht umgeht die gute Krümme, – aber krumm geht's dem Ungestüme. – Du sollst dich keinen vergeblichen Gang lassen reuen – und keinen zweiten scheuen; – denn nicht auf *einen* Hieb fällt ein Stamm, – und der Wolf holt auf einmal nur *ein* Lamm. – Darum nimm fürlieb wie ein Taubenkröpfchen, – das vom Platzregen nur schluckt ein Tröpfchen, – und sei begnügsam wie das Zeischen, – das sein Nest baut aus kleinen Reischen. – Nimm für Grünes das Fahle – und für Breites das Schmale; – nimm für Frisches das Schale – und für Neues das Kahle, – und danke dem Geber auch für eine Nußschale. – Auch laß dich Abschlagung nicht grämen – und Abweisung nicht lähmen; – gib die Hoffnung nicht auf, daß in Felsquadern – sich verbergen Quelladern, – und verzweifle, solang ein Weg dir frei stand, – nicht an Gottes Beistand! – „denn an Gottes Beistand verzweiflen allein die Ungläubigen“[607]. – Doch wo du zu wählen hast zwischen morgen und heut, – zwischen dem, was man verspricht, und dem, was man beut, – so wisse: besser ist jeder Handel bar; – denn Menschensinn und Geschick ist wandelbar. – Zwischen heut und morgen sind Grüfte – und zwischen Versprechen und Erfüllen Klüfte. – Du aber gehe nicht tiefer ins Wasser, als fester Sand ist, – und lange nicht höher, als deine Hand ist; – mische Wasser unter den Saft der Reben – und Sparen unter das Ausgeben: – und da, wo dir die Nahrung ausgeht, gehe geschwindest; – denn dein Vaterland ist da, wo du Weide findest. – Sei überall gewandt und verschlagen, – so kann es dir nichts verschlagen, – wohin dich die Winde verschlagen; – niemand wird dich verschlagen.

Hier nimm ein Testament, desgleichen
Sich nie ein Erbe durft' erfreuen;
Das, tadellos und mängelfrei,
Mag keines Richters Auge scheuen;
Gewürzt mit Sinnes Trefflichkeiten,
Ein lautrer Mischtrunk echter Treuen.
Lab dich daran und tu danach,
Um mein Gedächtnis zu erneuern;
Auf daß von dir die Welt einst sage:
Seht dieses Welflein jenes Leuen[608]!

Dann sprach er: Mein Söhnlein! hier ist mein Rat, – bei dir steht die Tat; – bist du gehorsam, wohl geschehe dir! – doch bist du ungehorsam, wehe dir! – Ich stelle dich mit dieser Kundschaft – unter Gottes Vormundschaft – und hoffe, du wirst nicht täuschen über meinem Grabe – die gute Meinung, die ich von dir habe. – Da sprach der Sohn: Mein Väterchen! nie sei abgebrochen dein Zelt, – noch von dir geräumt die Welt! – Aber deine Worte – sind mir Horte, – deine Sprüche – Wohlgerüche, – deine Reden – goldne Fäden. – Und sollte nach dir atmen diese Brust, – (nie müsse ich kosten deinen Verlust!) – so werde ich handeln nach deiner Handlungen Richtschnur – und wandeln auf deines Wandels Richtspur, – daß man sagen soll: O wie zeigt sich der Sauerteig im Brot! – wie kehrt das Morgenrot wieder im Abendrot! – Da freute sich Abu Seid, lächelte und sprach: – Seinem Vater zu gleichen ist keine

Schmach.[609] – Hareth Ben Hammam erzählt: Ich erfuhr, daß alle Kinder von Sassan, – als sie hörten dies Testament, es nahmen zum Maß an, – dessen Lehren sie über die Lehren Lokmans[610] schätzten – und neben die Mutter des Korans[611] setzten, – so daß sie noch jetzt es einprägen ihren Kindern, – es ihnen für nützlicher haltend als goldene Flindern.

Dreiundvierzigste Makame[612]

Basras Ruhm

Hareth Ben Hammam erzählt:

Mein Herz war eines Tags von Kummer befangen, – der mir widerschien von den Wangen; – und ich hatte gehört, daß so sehr nichts dient, den Geist zu erfrischen, – als in geistige Gesellschaft sich zu mischen: – darum sah ich, um meine Dumpfheit zu heilen, – kein Mittel, als zur Hauptmoschee von Basra zu eilen, – die damals von Kennern war allgemein besucht, – wie eine Perlenbucht, – oder wie ein Garten voll Blüt' und Frucht; – man hörte auf ihren Sitzen, zu denen man drängte, – und in ihrem Raum, den man verengte, – nichts als gebildeter Zungen Geflüster, – oder gelehrter Griffel Geknister[613]. – Dahin steuerte ich mit Macht – und hatte auf nichts andres acht. – Doch als ich nun eintrat in den äußern Rand – und im Vorhof stand, – zeigte sich mir ein Mann im zerfaserten Rocke, – sitzend auf einem Marmorblocke, – um ihn her ein Heer, – mehr als Sand am Meer, – ein Haufen gedichtet und geschichtet, – dessen Zahl nicht berechnet wird noch berichtet. – Da ließ ich mich es nicht verdrießen, – zu drängen durch die, die drängten und stießen, – bis ich ihm gegenüber hatte den Platz, – wo ich konnt' ins Auge fassen den Schatz. – Und siehe da! es war unser Held, – der Seruger, unvermummt und unverstellt; – der, als er im Kreis umhergeblickt – und einen Strahl des Auges auch zu meinem Orte geschickt, – sprach: O Volk von Basra! hüte Gott und weide euch! – wie schön steht der Frömmigkeit Geschmeide euch! – Wie frisch ist eures Geistes Duft – und wie süß eurer Heimat Luft! – Wie hoch ist eure Gesinnung – und wie edel eure Innung! – Euer Gebiet ist das glaubensreinste – und sittenfeinste, – an Umfang nicht das kleinste – und an Inhalt das ungemeinste; – wo der Tigris ist am breitesten – und die Landschaft am weitesten – und die Palme am höchsten – und Gottes Näh' am nächsten. – Es ist der Gipfel eures Ruhms, – zu schaun gegen die Türe des Heiligtums[614] – und gegen die Stelle hinzubeten, – wo Abraham getreten[615]. – Eure Stadt ist gesetzt zu des Islams Vorwalle – und zu des heiligen Hauses Vorhalle, – nicht auf des Heidentums Trümmer gegründet, – sondern neu am neuen Licht entzündet[616]. – Das ist ihrer Reinheit Stempel, – daß ihr nie flammte ein Feuertempel[617], – nie in ihr eine Glocke[618] getönt ward, – noch einem Götzenbilde gefrönt ward, – und zu keinem gebetet als mit warmer – Erhebung zum Allerbarmer[619]; – wo die Betörter sind voll Betender – und die Moscheen voll Betretender, – die Schulen voll Lehresuchender – und die Gräber[620] voll Besuchender; – wo die Denkmale sind und die geweihten Plätze, – und die Reichtümer und die Weisheitsschätze. – So ist eure Stadt gesegnet, – daß in ihr sich begegnet – des Meerschiffes Mast – mit der Landkarawane Rast, – der Löwe mit dem Seelöwen – und die Taube mit der Möwen[621]; – der Stier mit dem Stör, – der Luchs mit dem Lachs, – der Fischer mit dem Jäger, – der Kameltreiber mit dem Ruderschläger. – Und euer Zeichen ist die Flut im Walle – und die Ebb' im Falle[622]. – Über euern Preis sind uneins nicht zwei aus der ganzen Gemeinde, – und euren Wert leugnen selbst nicht die Feinde. – Euer Volk ist das friedfertigste, – dem Oberhaupte treu gewärtigste, – gegen Wohltaten dankbarste, – in Anhänglichkeit unwankbarste. – Euer *Frommer*[623] ist der frömmste der Erschaffenen, – der erste auf dem Wege zum Unerschaffenen; – und euer *Weiser*[624] ist der Weiser der Zeit – und Weisel der Wissenschaftlichkeit. – Von euch ist, der das Licht der Grammatik angezündet[625] – und der den Bau der Metrik gegründet[626]. – Und es ist keines Verdienstes Blume, – die nicht geblüht eurem Ruhme, – und kein Ehrenreis, – das nicht gesproßt zu eurem Preis. – Eure Gebetrufer[627] sind die zahlreichsten – und an Stimme den Engeln gleichsten – und eure Herzen die für die Andacht weichsten; – die ihr erfunden habt in eurer Stadt – das Nachbild der Feier von Arafat[628], – und im Ramadhan des Frühmarkts Beschickung – zu der Fastenden Erquickung[629]. – Bei euch, wann die Nacht kühl ist – und zum Schlaf einladend der Pfühl ist, – tönen Gebete, die den Schlafenden ermuntern – und den Wachenden lieblich wundern; – und nie blinkte des Morgens Zahn im Ost, – in der Hitze oder im Frost, – ohne daß eurer Frührufer Chor – in der Dämmrung säuselt empor, – wie das Gesäusel des Winds im Rohr[630]; – und das wird von Ohr zu Ohr gesagt, – was der Prophet (Heil über ihn) von euch zuvor gesagt[631], – daß euer Gesumm' in der Nachtscheide – sein werde, wie das Gesumme der Bienen auf der Heide. – O ewiger Preis eurer Stadt um das – Wort Mustafas[632], – womit der Erles'ne sie erlas, – und wenn von ihr kein Stein mehr steht, – der Wind ihre Spuren hat verweht – und von ihr nur die Sage geht. – Worauf er seinen Mund versiegelte – und sein Wort mit Schweigen verriegelte, – bis mit Blicken nach ihm ward gespäht – und er über die Verkürzung[633] ward geschmäht. – Da seufzte er auf wie ein zur Blutrach' Abgeführter, – oder ein von Löwenklauen Umschnürter, – dann sprach er: O Volk von Basra! eure Weise ist es beständig, – weise zu sein und in allem Guten beständig; – ich aber, wer mich kennt, der weiß, – niemand macht leicht das Schwarze weiß; – und wer mich nicht kennt, dem will ich mich schildern, – ohne zu übertreiben noch zu mildern. – Ich bin der, der südlich reiste – und nördlich kreiste, – der ostwärts irrte – und westwärts schwirrte; – der Wüsten durchstreifte – und Meere durchschweifte, – der Nächte durchritt – und Tage durchschritt. – In Serug war es – wo ich entsproß, – und auf dem Sattel wuchs ich groß; – dann stürzt' ich mich in Fährlichkeiten – und schürzte mich zu Beschwerlichkeiten, – brach in Schlachten der Lanze Schaft – und des ungebrochenen Rosses Kraft, – die widerspenstigen zähmt' ich – und die widerwärtigen lähmt' ich, – die gefrornen schmelzt' ich, – und die steinernen wälzt' ich. – Fraget nach mir den Auf- und Niedergang[634], – der Karawanen Hin- und Widergang, – Kameles Hufe und Rücken, – Steige, Tränken, Furten und Brücken, – Städter- und Wüstenbewohner, – Bettler und Throner, – Reiter und Freibeuter, – Meuter und Wegedeuter; – und erkundigt euch nach mir bei den Kundespürern – und bei den Nachtgesprächeführern[635], – daß ihr hört, wie manche Kluft ich durchkrochen – und wie manches Schloß durchbrochen, – wie manchen Riegel gesprengt, – wie manchen Flügel versengt, – wie manchen Strauß gekämpft, – wie manchen Stolz gedämpft, – wie manche List überlistet, – aus wie mancher Fahr mich gefristet; – wie manchen neuen Trug ich geschliffen, – und der Gelegenheit Schwert ergriffen, – Löwen entrissen den Raub, – Hochfliegende geworfen in den Staub, – Laurer entlockt der Lauer, – Schadenfrohe gebracht in Trauer, – Sturm und Wellen besprochen, – Schlangen den Giftzahn ausgebrochen – und harte Steine beschworen, – daß sie, zerberstend, Ströme von Milde geboren. – Doch das war, als die Zweige standen im Saft – und das Herz in Kraft, – und der Jugend Gewand war glänzender Taft. – Jetzt aber hat sich das Grade gekrümmet – und das Ungestüme gestümmet; – in der Nacht des Haares ist der Mond aufgegangen – und die Blüt' abgefallen von den Wangen; – die herbe Frucht ist gezeitigt, – der starre Sinn geschmeidigt; – und verleidet ist mir und leid, womit ich den Herrn beleidigt. – Mir bleibt nur der Reue Wässerung – und der Sünde Besserung, – deren Riß so weit ist, – daß der Abhilfe hohe Zeit ist. – Nun hab' ich gehört aus bewährtem Munde – und vernommen aus sicherer Kunde: – *Gott*, in dessen Hand ist der Welt Geschick, – *tut jeden Tag auf Basra einen Blick*[636]; – dann auch: *Aller andern Menschen Waffen ist Stahl und Eisen, – aber euer Waffen ist Gebet und Lobpreisen*[637]. – So hab' ich nun mein Tier durch den Ritt gemagert, – bis ich es hier bei euch gelagert; – was ich mir nicht rechne gegen euch zum Verdienst, – denn mein allein ist der Gewinst. – Ein Flehender steh' ich in eurer Mitte, – bittend, nicht um euer Geld, sondern um eure gültige Vorbitte, – nicht um euer Gerät, – sondern euer Gebet, – nicht um die Beisteuer eurer Güter, – sondern die Beihilfe eurer Gemüter. – So bittet Gott, den Höchsten, daß er mich zur Umkehr leite – und zur Heimkehr zu ihm bereite! – Denn er ist der Erhabne von Stufen, – der Hörer derer, die rufen; – er ist es, der die Reue nimmt an – und ab das Böse, das sein Diener getan. – Dann stimmte er an:

Gott bitt' ich um Verzeihung aller
Der Sünden, die ich je vollbracht.
O welches Meer des Irrtums hab' ich
Durchschifft in der Betörung Macht!
Wie hab' ich blindlings meinen Lüsten
Gehorcht am Tag und in der Nacht;
Gebiß und Zügel des Verbotes
Getrotzt und das Gebot verlacht;
Wie jedes Frevels Höh' erklommen,
Durchwühlt jedweder Bosheit Schacht!
O daß ich nicht geboren wäre,
Und meiner würde nicht gedacht!
Denn besser wäre Tod dem Sünder,
Als Gott beleid'gen mit Bedacht.
O Gott! Verzeihung! denn verzeihn
Kannst du auch dem, der's arg gemacht.

Der Berichter spricht: Die Gemeinde fing an, ihn zu unterstützen mit ihrem Gebet, – und er hielt die Augen gen Himmel gedreht, – bis ihm tränten die Augenlider – und ein Zittern ergriff seine Glieder; – da rief er laut: Gott ist groß! sichtbar ist das Zeichen der Erhörung, – und gehoben ist die Decke der Betörung; – o ihr Einwohner von Basra, seid gepriesen, – ihr habt einem Verirrten den Weg gewiesen. – Da blieb keiner im Volke, der nicht mit seiner Freude sich freute – und milde Gab' an ihn verstreute. – Er sammelte ihren Segen – und gab überschwenglichen Dank dagegen, – dann verließ er seinen Stand – und schritt abwärts gegen des Flusses Strand. – Doch ich folgt' ihm auf der Ferse, bis wo wir waren allein – und das Feld war von Spähern rein; – da sprach ich: Wie nachdrücklich hast du's gemacht! gib Belehrung, – was meinst du mit deiner Bekehrung? – Doch er sprach: Ich schwör' es beim Ergründer des Verdeckten, – dem Entsünder des Befleckten, – ja! mein Zustand ist wunderbar, – und das Gebet deines Volkes hat Kraft fürwahr. – Ich sprach: Aufschließe mir dieses, – Gott schließe dir auf die Pforten des Paradieses! – Er sprach: Bei deinem Vater! ich stand vor ihnen als Heuchler mit Lügendunst – und ging von ihnen als Bekehrter mit Reuebrunst. – Der Paradiesesbaum mit seinen Zweigen – ist dessen, dem ihre Herzen sich neigen, – aber die Qual wird versuchen – jener, dem sie fluchen! – Dann verabschiedet' er mich und ging – und ließ mich im Zweifel, der mich umfing. – Ich hörte nicht auf, mich in Gedanken zu versenken – und seinen wunderbaren Worten nachzudenken; – doch so oft ich dann nach Kunde von ihm fragte bei den Reitern – und Landdurchschreitern, – war ich wie einer, der ein stummes Tier befragt, – oder sein Wort einem tauben Steine sagt; – bis ich endlich nach langem Verzug – und vergeblichen Mühen genug – eine heimkehrende Karawane fand – und fragte: was gibt es Neues im Land? – Sie sprachen: Eine Neuigkeit, wunderbarer, – als was Sinbad berichtet, der Seefahrer[638]. – Da bat ich, meine Neugier zu heilen – und ihren Schatz mir mitzuteilen. – Sie erzählten, daß sie rastend in *Serug* gesäumt, – nachdem es die Heere der Ungläubigen wieder geräumt,[639] – und dort gesehen den Abu Seid, – der angezogen das wollene Kleid[640], – getreten in der Weltentsager Orden – und Imam[641] der Gemeinde geworden. – Ich sprach: Meint ihr den Helden der Makamen? – Sie sprachen: Der trägt jetzt eines Heiligen Namen. – Da ergriff mich die Neugierde, – zu sehn die neue Glaubenszierde, – und ohne eine Stunde zu versäumen – begann ich mein Tier zu zäumen; – dann ließ ich nicht nach mit Trott und Trab, – bis ich an seiner Moschee stieg ab. – Da hatte er eben die Gemeinde entlassen, – um sich in Andacht zu fassen; – und ich sah ihn in der Niedrigkeit Hülle, – in der Frömmigkeit Fülle – und trat zu ihm mit solchen heiligen Scheuen, – wie man in die Höhle träte zu einem Leuen. – Er war einer, den die Spuren der im Gebet verwachten – Nächte im Antlitz kenntlich machten.[642] – Und als er nun seinen Rosenkranz vollendet, – grüßt' er mich, den Betefinger[643] nach mir gewendet, – ohn' ein Wort zu sagen, – oder mich nach Altem noch Neuem zu fragen. – Dann wandte er sich zurücke – an seine Lesestücke[644] – und vertiefte sich ernstgelaunt, – doch ich blieb ob der Strenge seiner Andacht erstaunt, – im Herzen gerührt – vom Glücke derer, die Gott zum Glauben führt. – Und er ließ nicht nach mit Gebetübung und Kniebeugung, – mit Herzbetrübung und Demutsbezeugung, – bis die Reihe der Tagesgebete vollbracht war – und der Tag geworden zur

Nacht war. – Da führte er mich heim in seine Höhle[645] – und bewirtete mich mit seinem Brot und seinem Öle[646]. – Dann begab er sich an seine Betestelle, – daß er im Herzensgespräche sich seinem Gott geselle – bis zu der Morgenröte Glanz, – wann des Nachtwachers Verdienst wird ganz; – da beschloß er die Nachtwache mit dem Rosenkranz, – und dann aufs Lager der Erholung sich streckend, – sang er mit lauter Stimme sich erweckend[647]:

Laß deiner Freuden Aufenthalt,
Der ird'schen Lockungen Gewalt,
Die Lustgenossen mannigfalt
Gib auf und laß sie fahren.
Wein' um die Zeit, die dir verstrich,
Worin dein Schuldbuch füllte sich,
Als Taten du geflissentlich
Getan, die übel waren.
Wie manche Nacht hast du vollbracht,
Wo du zu Frevel nur gewacht,
Von bösen Lüsten angefacht,
Die Reue dir gebaren.
Wie manchen Schritt hast du getan
Mit Willen auf der Schande Bahn
Und der Gewissensbisse Zahn
Verlacht mit Spötterscharen.
Wie oft verbrochen hast du nicht
An deinem Herrn im Himmelslicht,
Wie oft entweiht sein Angesicht
Mit Sünden, offenbaren.
Und seinen Zorn und seine Huld
Verhöhnend, häuftest du die Schuld,
Warfst sein Gebot mit Ungeduld
Von dir gleich schlechten Waren.
Wie oft gesprochen hast du Lug,
Wie oft verübt List und Betrug,
Wie oft verletzt, was Pflicht und Fug
Geboten zu bewahren.
Nun kleide dich in Reuemut
Und weine lautre Ströme Blut,
Eh' du, verschlungen von der Glut,

Verlornen dich mußt paaren.
Demüt'ge dich vor deinem Herrn
Und deine Schuld gesteh ihm gern;
Beut Trotz der bösen Lust, und lern
Vor deinem Feind dich wahren.
Wie lange gehst du müßig so?
Des Lebens bester Teil entfloh,
Und trug dir ein nur Ach und O;
Willst du nicht endlich sparen?
Das Alter hat dich weiß bestaubt
Und deiner Scheitel Wald entlaubt;
Wem erst von Silber glänzt das Haupt,
Der liegt schon auf der Bahren.
Wohl, Seele! sieh nach einem Hort
Dich um, nach einem Zufluchtsort!
Was dich belästigt, wirf es fort,
Und schwimm aus den Gefahren.
Laß die Geschlechter, die voran
Gegangen sind, dich mahnen an
Den Schritt, den jeder noch getan,
Schwarz oder grau von Haaren.
Blick um nach einem Weggeleit,
Blick auf den Tod, er steht nicht weit
Dein Ort wird sein drei Ellen breit
Des Bloßen, Nackten, Baren.
O Haus, das eng behausende,
Herberg', unheimlich grausende,
Einkehr, zu welcher Tausende
Einander nachgefahren!
Nicht ist zu fürchten, daß dein Tor
Wird sprengen Weiser oder Tor,
Nicht wer die Bettlermütz' aufs Ohr
Gesetzt, noch wer Tiaren.
Dann das Gefild, das scheidende,
Wo Frevelnde und Leidende,
Geweidete und Weidende,
Sich vor dem Richter scharen.
Da wird der Preis fromm Lebender,
Vor ihrem Schöpfer Bebender,
Nach seinem Antlitz Strebender,

Sich glänzend offenbaren.
Da wird der ewige Verlust
All derer, die gefolgt der Lust
Und sich versenkt in Sündenwust,
Auch furchtbar stehn im klaren.
O du, auf den steht mein Vertraun,
Um meine Schuld empfind' ich Graun,
Wie ich mit Reu' muß rückwärts schaun
Nach den verlornen Jahren.
O nimm dich an des Knechts im Harm,
Und seiner Tränen dich erbarm,
Erbarmungsreicher! ich bin arm,
O laß mich Gnad' erfahren!

Und er ließ nicht nach, dieses herzutönen – und dazwischen oft und schwer zu stöhnen, – bis daß ich mein Weinen dem seinen vereinte, – jetzt weinend mit ihm, wie ich sonst über ihn[648] weinte. – Dann wusch er sich mit reinem Naß die Nachtwache ab,[649] – worauf er sich wieder in seine Moschee begab; – doch ich schritt ihm nach und betete gesellt – mit denen, die sich hinter ihn als ihren Vormann[650] gestellt. – Und als das Gebet zu End' war – und die Versammlung getrennt war, – begann er wieder[651] murmelnd die Lippen zu bewegen – und sein Heute nach dem Modell seines Gestern zu prägen, – ächzend und weinend lind, – wie Jakob um sein geliebtes Kind. – Da merkt' ich, daß er sei von den Auserwählten, – Weltlosgezählten – und Gottvermählten; – und ich erwägte, daß es mir zustand, – ihn allein zu lassen in seinem Zustand[652]. – Er aber, als ob er meine Gedanken gewahrte – und der Geist ihm mein Inneres offenbarte, – tat einen frommen Seufzer und sprach: – Was du vorhast, vertrau auf Gott und tu danach! – Da unterschrieb ich den Bericht meiner Späher[653] – und wußte, daß es noch gibt im Islam Seher. – Ich trat zum Abschied zu ihm heran – und sprach: Gib mir deinen Segen, frommer Mann! – Er sprach: Laß den Tod dir vor Augen stehn[654]; – wir werden uns hier nicht wiedersehn. – Da verließ ich ihn mit einem Tränenfluß – und Seufzererguß, – und das war unserer Bekanntschaft Schluß.

Schlußwort

1837

Glücklich ist nun durchgespielt das Possenspiel;
Ich bin dessen Diener, der mir nach es tut!
Schämen darf ich nicht mich, daß ich's schlecht gemacht,
Sondern, daß ich schlechtes Ding gemacht zu gut.[655]

ANHANG

Siebzehnte Makame [der Erstausgabe][656]

[Das Leichentuch]

Hareth Ben Hammam erzählt:

Ich fuhr einmal nach *Majjafarikin*[657] – und mir waren Gefährten nach Wunsch verliehn, – die aus ihrer Zwiesprach' alle Zwietracht bannten, – und gegeneinander keinen Rückhalt kannten; – mit ihnen schien mir selbst zu fasten ein Fest, – und unter ihrem Fluge vergaß ich mit Freuden mein Nest. – Als wir nun dort von den Sätteln stiegen, – und uns wollten in der Stadt verfliegen; – gelobten wir erst, uns nicht so zu zerstreuen, – daß wir nicht unser gedächten in Treuen, – sondern bestimmten für unsere Zunft – einen täglichen Ort der Zusammenkunft, – um uns mitzuteilen ungestört, – was wir Neues gesehn und gehört. – Als wir nun dort eines Tages saßen gereiht, – wie Perlen am Seidenfaden der Einigkeit; – kam ein Mann mit einer Zunge keck und helle, – wie eine Karawanenschelle, – der grüßte uns wie ein Beschwörer, – Beutelschneider und Leutebetörer; – dann trug er vor:

Mein Volk! in meinem Mund ist eine
Kunde,
Die jeden Mannes Mitgefühl muß
wecken.
In meiner Jugend Tagen kannt' ich
einen,
Gleich einem scharfen Schwerte, frischen, kecken,
Der auf die Wahlstatt trat mit Auftritt eines,
Den keine Hindernisse können schrekken,
Vor dessen Mut das Enge weit muß
werden,
Und jeder Widerstand die Waffen
strecken.

Nie fordert' er heraus zum Zwei-
kampf, ohne
Mit blut'gem Siegeskranz sich zu be-
decken;
Und nie berannt' er eine Festung,
ohne
Sein Siegeszeichen glorreich aufzu-
stecken.[658]
So war's, und oft wie ritterlich im
Frührot
Hat er getummelt Braune, Füchs' und
Schecken;
Wie manche Nacht – durch sich in Lieb'
ergangen
Im frischen Hain am stillen Fluten-
becken.
Allein die Zeit hat nicht versäumt
zu beugen
Den Stolz und abzustumpfen seine
Ecken;
Bis daß der Wechsellauf der Tag' und
Nächte
Zum Knabenspott gemacht den star-
ken Recken.
Sein Siechtum spottet jeder Zau-
berhülfe,
Und alle Kunst der Ärzte will nicht
flecken.
Selbst aufgegeben hat er sich, ent-
sagend
Der eitlen Lust, die Schönen noch zu
necken.
So liegt bei mir mein guter Freund
danieder;
Wo ist ein Mensch, der nicht den Tod
muß schmecken?
Und wo ist eine milde Hand, zum
Grabtuch
Mir beizusteuern für den armen
Gecken?

Dann ließ er Seufzer steigen und Tränen schwimmen, – und begann eine Totenklag' anzustimmen. – Als er sein Herz nun abgefrischt, – und seinen feuchten Schmerz abgewischt; – sprach er: o ihr Schutzgeister der Beirätigkeit, – ihr Musterbilder der Mildtätigkeit! – die ihr dem Schöpfenden eueren Quell nie wehrt, – und dem Erschöpften stets Erquickung gewährt; – bei Gott, mein Bericht – ist kein Gedicht, – die Hand kann beweisen, was die Zunge spricht. – Und wäre mein Stab nicht zerbrochen, – so hätt' ich euch nicht angesprochen. – Doch wie soll einer fliegen, wenn der Fittig schlapp ist, – oder wie reiten, wenn lahm der Rapp' ist? – *Hareth Ben Hammam* erzählt: Da bedachten wir uns, was wir sprechen wollten, – und besprachen uns, was mir machen sollten; – doch er argwöhnte, daß wir ihn hießen gehn, – oder wollten die Beweise sehn, – und brach aus: O ihr täuschenden Wasserscheine! – ihr für Geld angesehenen Kieselsteine! – was sind das für Bedenken, – die euch beschimpfen und mich kränken? – Fordert man denn von euch Leib und Leben? – oder sollt ihr nur einen Lappen geben? – Begehrt man ein Stück von euren Herzen? – oder bloß Stückchen von euren Erzen? – Mutet man euch zu, mit Gold und Seiden – das heilige Haus in Mekka zu bekleiden?[659] – oder spricht man für einen toten Mann – um ein Totenhemd euch an? – Als die Gesellschaft nun seine Herbheit schmeckte, – und sie seine Derbheit schreckte; – warfen sie ihm zu mit vollen Händen, – daß er es ließe beim Tröpflein bewenden, – ohne den Platzregen nachzusenden. – Ich aber saß bisher abgewandt, – so daß der Forderer mir im Rücken stand. – Als die andern sich abgefunden nun, – und es an mir war nachzutun; – streifte ich meinen Ring vom Finger, – und wandte mich um nach dem Dringer. – Und siehe da, es war unser Greis, – von Serug das edle Reis; – da erkannte ich gleich, es sei ein frischer Lug von seinen Lügen, – ein Fischerzug von seinen Zügen. – Doch ich legte das Geheimnis still in seine Falten,[660] – und ließ, ohne zu deuten auf der Zähne Spalten, – jeden das Roß für so alt als er mochte halten. – Ich warf ihm den Ring zu und sprach im scherzenden Ton: – da bezahle die Klagefrauen davon. – Er sprach: O Dank dem edlen Gemüte! – wie schön steht der Baum deiner Huld in

Blüte! – Dann segelte er fort und steuerte, – als ob Jugend ihn neu befeuerte; – mich aber triebs den toten Mann zu sehn, – der ihn so nah schien anzugehn. – Ich spannte meine Sennen, – und ließ mein Rößlein rennen; – und auf eines Pfeilschusses Weite – war ich fliegend an seiner Seite. – Ich hielt ihn beim Kragen, – und hemmt' ihn im Jagen, – rufend: du kommst nicht aus meinem Bann, – du deutest mir dann, – was es ist mit dem toten Mann? – Da stand er mit schlotternden Beinen, – und deutete auf seinen – Ich rief: Gott verdamme – den toten Mann sammt seinem Stamme! – Wie verstehst du Lumpen aufzustutzen – und einen Quark herauszuputzen, – jeden Wurm als Köder zu benutzen. – Dann kehrt' ich zur Gesellschaft mit der Kunde – vom Befunde, – indem ich überlieferte ohne Unterschleif, – und berichtete ohne Umschweif. – Da lachten sie, was man nur lachen kann, – und wünschten die ewige Ruhe dem toten Mann.[661]

Der Rätselmann

Abfälle von Hariris Rätselmakamen

Da runzelte der Rätselmann die Brauen
Und sprach das Rätsel vom Grauen:
Wenn das des Morgens angeglommen,
Wird das der Nächte dir benommen;
Doch das des Lebensabends siehst du,
Wenn das ist auf dein Haar gekommen.

Drauf blickte er kraus
Und sprach das Rätsel vom Strauß:
Einen sah ich wie den Wind
Rennen durch die Wüsten;
Einen seh' ich an der Brust
Sich des Liebchens brüsten;
Einen werd' ich keck bestehn,
Wen danach wird lüsten.

Nun gab er seinem Geistesspiegel die Glätte
Und sprach das Rätsel vom Bette:
Es ist, worin das Wasser fließt,
Es ist, worauf die Blume sprießt;
Es ist, worauf bei Tag und Nacht
Der müde Mensch die Ruh' genießt;
Und gleichnisweise nennst du so
Auch das, was dich im Tod umschließt.

Dann sprach er mit sanftem Laute
Das Rätsel der Laute:
Eine Mutter, die man benennt
Nicht anders als ihre Söhne;
In einfacher Zahl ein Instrument,
Und in vielfacher Töne.

Dann lacht' er mehr als einmal
Und rätselte über ein Mal:
Es wird ein Mal gegessen,
Es wird ein Mal gebaut,
Es wird ein Mal im Antlitz
Des Liebchens gern geschaut;
Was ist's? Ich hab' es dreimal
Genannt in einem Laut.

Da begann er, in die Hände zu klopfen
Und rätselte vom Pfropfen:
Wenn du den ziehst, wird der Most
Dir entgegen schäumen;
Wenn du das tust, reift dir einst
Edles Obst an Bäumen.

Wieder ließ er seine Funken stieben
Und sprach das Rätsel von Sieben:
Korn wird in ihnen rein gemacht,
Und *eines* gibt mit ihnen *acht*;
Doch wer mit ihnen Wasser schöpft,
Der hat Erstaunliches vollbracht.

Weiter drehte sein Rad der Töpfer
  Und sprach vom Schöpfer:
    Die Schöpfung hat nur einen,
    Doch jeder Schöpfbrunn' seinen.

Wieder spornt' er seinen Gaul
  Und sprach das Rätsel vom Maul:
    Renn' es mit dir oder red' es,
    Halte du im Zaume beedes!

Dann wandt' er seinen Redezauber
  An das Rätselwort Tauber:
    Welcher Vogel ist es, den, so laut er girrt,
    Doch ein Gleichgenannter schwerlich hören wird?

Dann spann er weiter den Faden
  Und sprach das Rätsel Geladen:
    Ein – hast du dir manchen Gast,
    Auf – hast du dir manche Last;
    Sag, was hinter beide – – paßt!

Noch hatt' er an Rätseln keinen Mangel
  Und sprach das von der Angel:
    Was bewegt man, um Fische zu fangen,
    Und in die Stube zu gelangen?

Doch seine Hörer erbaut' er
  Nun mit dem Rätsel von lauter:
    Klar und hell als Wein und Quell,
    Als ein Ton ist's mehr denn hell.

Nun zog er aus seinem Plunder
  Auch noch das Rätsel Wunder:
    Was geschlechtlos in Staunen setzt,
    Ist als Mann am Leib verletzt.

Nun sprach er geschwinde
  Das Rätsel über die Winde:
    Eine nennt im Garten sich
    Wie am Himmel die vielen,

Nickt und neigt sich, wenn mit ihr
Die Gleichgenannten spielen.

Dann sprach er als ein Philosoph
Das Rätsel vom Hof:
In ihm gebellt wird und gekaudert,
An ihm Langweiliges geplaudert;
Darum vor ihm wie auf dem Lande
So in der Stadt ich stets geschaudert.
Ich seh' ihn selbst am Mond nicht gerne,
Weil dann der Regen niemals zaudert.

Dann sprach er ohn' Ermatten
Das galante Rätsel vom Schatten:
Sag, wie heißt, den nie das Licht
Deiner Schönheit kannte?
Unterm Laube, das ihn gibt,
Sitzt der Gleichgenannte,
Der dazu geworden, seit
Ihn dein Blick verbannte.

Dann rupft' er aus seinem Felde noch eine Ähre
Und sprach das Rätsel von der Mä(h)re:
Angehört, ist's lieb und wert,
Angesehn, ein schlechtes Pferd.

Nun lächelt' er schlau
Und sprach das Rätsel von Tau und T(h)au:
Aus drei Teilen ist's geflochten,
Ist es stark, so hält es.
Doch es kommt ein Hauch dazwischen,
Und vom Himmel fällt es.

Dann sprach er wie zum Hohn
Das Rätsel von Ton und Thon:
Mit drei Lauten schreibt man es,
Daß ein Laut es werde;
Schieb einen vierten stummen ein,
So wird's zu stummer Erde.

Nun kam an die Reih'
Das Rätsel Weih:
Sie ist eine Feier,
Er ist ein Geier,
Und noch ein er,
So wird's ein Weiher.

Nun piept er wie ein Zeisig
Das Rätsel Reisig:
Bist du's, so magst du zum Kampfe reiten;
Hast du's, so kannst du ein Feuer bereiten.

Dann bracht' er dar
Das Rätsel vom Star:
Man läßt ihn sprechen,
Man läßt ihn stechen;
Es ist ein Vogel
Und ein Gebrechen.

Dann gab er zu lesen
Das Rätsel vom Verwesen:
Es ist mehr als Veralten
Und so viel als Verwalten;
Es erhält uns die Güter
Und zerstört die Gestalten.

Wie konnt' er Schöners bringen nur
Als jetzt das Rätsel von der Schnur:
Sie hält fest zusammen,
Was sie hält umwunden,
Und durch ihre Dehnung
Wird das Maß gefunden;
Neugebornes Leben
Ist an sie gebunden;
An ihr hangen Meeres-
Töchterchen, die runden;
Mit dem Vater ist sie
Durch den Sohn verbunden.

Nun taucht' aus seiner Weisheit Meer als Insel
Das Rätsel vom Pinsel:
In geschickter Künstlerhand
Macht er schöne bunte Sachen;
Als ein ungeschickter Mensch
Läßt er alles mit sich machen.

Nun warf er unter die horchende Schar
Das Rätsel Bar:
Am Haupt ist's ohne Hut,
Am Fuß ist's ohne Schuhe,
Besonders ist es gut
Am Geld in deiner Truhe.

Nun fragt er umher, wer riete
Das Rätsel von der Niete:
Sie stammt aus Erdenschacht
Und aus des Glückes Topf;
Wer etwas will befestigen,
Der schlägt sie auf den Kopf;
Doch wer sie zieht, gewinnt nichts
Und bleibt ein armer Tropf.

Nun kam durch ihn ans Leben
Das Rätsel von vergeben:
Die Karten sind's, das Spiel gilt nicht;
Die Schuld ist's, weg ist ihr Gewicht;
Das Amt ist es, und wer sich drum
Bewirbt, ist sein Bemühn es nicht?

Nun, ohne sich zu bedenken,
Sprach er das Rätsel vom Schenken:
Fürsten, die es sonst getan,
Sind nun längst gestorben;
Tut es ein gemeiner Mann,
Ist er dran verdorben;
Nur der Weinwirt, der es tut,
Hat dadurch erworben.

Dann sprach er mit Feier
  Das Wort des Rätsels Freier:
    Einer ist es, der kein Knecht ist
    Und es nie will sein auf Erden;
    Einer ist es, der kein Mann ist
    Und es eben wünscht zu werden.

Dann tat er, als blickt er
  Nach Schönen, und sein Spruch war ein Geschickter:
    Einer ist es, der gesandt ist,
    Einer ist es, der gewandt ist;
    Meiner Liebsten Blick ist beides,
    Der von ihr zu mir gerannt ist
    So verstohlen, daß es keinem
    Auf der Welt als mir bekannt ist.

Dann macht' er sich den Spaß
  Und sprach das Rätsel vom Paß:
    Das Gebirg hat einen,
    Wo hindurch ich muß,
    Und mein Pferd geht seinen
    Mit geduldigem Fuß.
    Willst du sehen meinen?
    Wächter, Gott zum Gruß!
    Anders hab' ich keinen
    Als der mir am Schluß
    Langer Dienstespeinen
    Ohne Lohngenuß
    Ward zum Lauf vom feinen
    Liebchen voll Verdruß.

Dann trug er vor im hohen Chor
  Das Rätsel Tor:
    Als der Weise saß beim Wein,
    Rief er: Knabe, höre!
    Das hier darf nicht offen sein,
    Daß uns der nicht störe,
    Der ein Weiser glaubt zu sein,
    Wenn er sieht, ich töre.
    Schließ es, daß nicht er herein

Dring' in unsre Chöre,
Und sein Blick den Sonnenschein
Meiner Lust umflöre,
Da ich heute dir allein
Und dem Wein gehöre.

Dann gab er zu als schmalen Streif
Das Rätsel Reif:
Der vom Himmel fällt,
Der die Fässer hält,
Wenn die Traub' es ist,
Die die Fässer schwellt.

Dann sprach er kecker
Das Rätsel Lecker:
Wer es ist, der ißt
Gern das, was es ist.
Nennt mir's, wenn ihr's wißt.

Dann bracht' er im einfachen Kleide
Das Rätsel von der Weide:
Sie trägt ein bittres Laub,
Sie trägt viel süße Kräuter;
Auf ihr geht, unter ihr,
Die Kuh mit vollem Euter.

Dann trieb er mit Hast
Auf die Weide das Rätsel Mast:
Sie machet feist
Nur solche meist,
Die speisen, bis
Man sie verspeist.
Er wuchs und stand
Auf Bergen dreist,
Auf Wassern steht
Er jetzt und reist.
Du magst mir sagen,
Wie er heißt,
Wenn sie dir nicht
Benahm den Geist.

Dann fiel unterm übrigen Hagel
  Auch das Rätsel vom Nagel:
    Gleichen Stamms mit Schwert und Lanze,
    Gleicher Art mit Klau' und Horn,
    Ist geschmiedet, ist gewachsen,
    Wie am Rosenzweig der Dorn,
    Wie der Sporn am Reiterfuße,
    Wie am Hahnenfuß der Sporn;
    Seine Spitze hat er unten,
    Seine Schärfe hat er vorn;
    Kluge treffen auf den Kopf ihn,
    Mädchen brauchen ihn im Zorn,
    Und der Trinker prüft an ihm
    Den geleerten Nektarborn.

Dann quoll aus seinem vollen Born
  Das Rätsel vom Sporn:
    Den sich der Ritter
    Legt bei zum Ruhme,
    Gehört 'nem Vogel
    Zum Eigentume
    Und wächst im Garten
    Als eine Blume.

Dann drückt' er aus seinem Schwamm
  Auch das Rätsel vom Kamm:
    Einen trägt das Bergeshaupt
    Auf der höchsten Scheitel;
    Mädchen als wie Vögel sind
    Auf den ihren eitel;
    Und dem Hitz'gen vor der Stirn
    Schwillt er wie ein Beutel.

Er war noch nicht am Ziel,
  Da er sprach das Rätsel vom Kiel:
    Sieh, welch ein Dreister
    Und Weitgereister!
    Mit Vögeln fliegt er,
    Mit Schiffen kreist er;
    Sodann beschreibend

Die Welt dir weist er,
Wenn auf den Blättern
Ihn lenkt ein Meister.
Den Westen kennt er,
Den Osten preist er;
Mit Süd umglüht er,
Mit Nord umeist er.
Bald rührt und schmelzt er,
Bald scherzt und beißt er;
Mit Wundern spielt er,
Mit Rätseln speist er.
Er schafft Gestalten
Und wecket Geister;
Wenn eure wach sind,
So sagt, wie heißt er?

Hier ward er unterbrochen –
Von Klatschen oder Pochen? –
Sonst hätt' er Jahr und Wochen
In Rätseln fortgesprochen.

Der Schulmeister von Hims

Der Schulmeister von Hims:
Nun du mein Schwatze-Schwätzerich
Reim uns auf Katze Kätzerich!

Ritze Ratze Rätzerich
Lag im Loche kauernd,
Kitze Katze Kätzerich
Saß vorm Loche lauernd.

Ritze Ratze Rätzerich
Hatte Langeweile,
Kitze Katze Kätzerich
Dacht es hat nicht Eile.

Ritze Ratze Rätzerich
Wollte gehn und naschen,
Kitze Katze Kätzerich
War nicht faul zu haschen.

Ritze Ratze Rätzerich
War im Nu zerrissen,
Kitze Katze Kätzerich
Starb am letzten Bissen.

Zween, die du sich sagen,
Nennens Bruderschaft
Sind es zwo, so heißen
Sie es Schwesternschaft
Wenn es aber zwei sind
Sie und er, wer schafft
Rat hier? Ist das Bruder-
Oder Schwesternschaft?
Bruderschwesterschaft ists
Kürzer Brusterschaft.

Halbwild von der hohen Rhön
Nennt man in Franken Rhönhasen
Die jetzt sind auf des Ruhmes Höhn
Nannte man weiland Bönhasen.

Blocksberg, deutscher Musenberg!
Helikon ist nur ein Hügel,
Den zu Fuß erklimmt ein Zwerg,
Doch bei dir da braucht man Flügel,
Braucht man zarte Flügelein
Oder derbe Flegeleien
Keine Regelklügeleien,
Keine Klügelregeleien.

Der Schulmeister von Hims fragt: „Was reimt auf
Durst und Hunger?“
Zwar auf Durst
Reimt nur Wurst
Und auf Hunger nur Unger.
Doch die Wurst paßt

Nur zum Hunger,
Und zum Durst paßt
Nur der Unger
Hab ich zusammen nun Hunger und Durst,
So paßt mir zusammen Unger und Wurst.

Ein kunstreiches Minnelied
Meister Konrad's von Würzburg
aus der Schule des Schulmeisters von Hims
im hohen Ton I A O:

Nie wie sie
Hat noch eine
Mir gefallen,
Die alleine
Mir von allen
Hohe frohe Lust verlieh wie nie.

Ja da sah
Ich der Güte
Himmel offen,
Und in Blüte
Stand mein Hoffen,
Meines Herzen Wunsch geschah da ja.

O wo floh
Hin das Schöne,
Das ich meine
Drum ich stöhne,
Drum ich weine!
Wo o wird mir's wieder so, o wo?

Schwarzaugigster,
Nichtstaugigster
Von allen, die nichts taugen,
Sag mir dein Liedlein von den blauen Augen!

Aus hundert blauen Augen schaut
Vergißmeinnicht mich an;
Ein andres Auge welches blaut,
Hat es mir angetan.

Aus weitem blauem Auge schaut
Der Sonne Blick mich an;
Ein andres Auge welches blaut,
Hat es mir angetan.

Vergißmeinnicht und Himmel schaut
Daraus mich immer an;
Kein andres Auge welches blaut,
Hat es mir angetan.

Zeig wie man oe ae e wol
Reimen kann, doch nicht reimen soll.

Der Schüler:
Wenn du gläubig es getan,
Dann ist dein Gebet erhört.
Streichle nicht den reichen Mann,
Noch den Hund, wenn er sich härt.
Nicht zu ernten brauchst du dann,
Wenn im Sturm dein Feld verheert,
Nirgends ist man angetan
Besser als am eignen Herd.
Nun, mein Plotter
Lustig, reim uns auf deine Mutter!

Mutter hat mich lang genug bemuttert,
Mich mit bestem Futter aufgefüttert,
Auch mit Butter mild, wenn sie gebuttert.
Unterm Schlucken hab ich Dank gestottert,
Und mein Herz vor Wonne war durchschottert,

Oder soll ich sagen war durchschuttert?
Wenn mich jetzt der leere Magen schlottert,
Oder soll ich wieder sagen schluttert?
Denk ich, daß ich längst nun bin entmuttert.
„War geschlaucht und geschluttert,
War gekaudert (?) und gefuttert!
Der Mund, der so hurtig plaudert und bluttert,
Sei stets dir bebuttert!
Von mir bevatert, bist du unentmuttert."

Aufgabe:
Was zu machen mit Rübe, Reb' und Rabe.

Zur Rübe sprach die Rebe:
Hinweg von mir dich hebe!
Für Menschen koch ich Wein,
Du mästest Rind und Schwein.

Zur Rebe sprach die Rübe:
Daß es dich nicht betrübe!
Das kluge Menschentier
Kocht Zucker selbst aus mir.

Da sprach Schiedsrichter Rabe:
Bei meinem Richterstabe
Schwör ich, daß ich nicht weiß,
Wem hier gebührt der Preis.

Dort aber kommt ein Bube;
Ob der nun nach der Rübe,
Ob nach der Traube langt,
Von ihm den Preis empfangt!

Aufgegebene Endreime
dem seligen Schmidt von Waneufer
oder dem Schulmeister von Hims-Erneste-Hemse.

Mag auf hohen Alpen gehn die Gemse,
Wo sie nicht verfolgt der Niedrung Bremse!
Mag Berlin in aller Wonne baden,
Wo die Spree ausdünstet statt der Themse!
Mir genügt mein stilles Dorf, wo niemals
Trifft mein Ohr der Schienenfahrt Gebremse;
Wo die Dirn im Feld, vom Mähen rastend,
Ihren Strohhut schmückt mit Mohn und Bremse,
Und betroffen aufspringt, weil sie achtlos
Niedersaß am Hügelbau der Ämse.

Nun du gespaßiges Wimmerchen,
Du witziges Berlinerchen,

Lustiges Kapuzinerchen,
Sag mir deinen Reim auf Dienerchen!
Sie neigte sich und sagte Dienerchen;
Da sagt' ich: Närrchen,
Nicht die Närrchen, das Närrchen muß man sagen.
Sie sagte: Wie, Närrchen?
Dort Närrchen, hie Närrchen,
Zwienärrchen laß uns sagen.

Nun du ruppiger Schäfer,
Du struppiger Siebenschläfer,
Du puppiger schuppiger Maienkäfer,
Sag mir die rechte Bedeutung von Aefer.
Da wo gegen Süden sich des Goldbergs Halde neigt,
Ists schon geworden äfer,

Und seinem Grab dem aufgelockerten entsteigt
Der erste Maienkäfer
Geweckt vom Blick der Sonn' aus seinem Baumloch schleicht
Hervor der Siebenschläfer;
Und seinen Schwegl stimmt, der seit dem Herbste schweigt,
Zum Frühlingswind der Schäfer.

Verwünschter Kegel,
Das ist gegen die Regel,
Du hast vorweg genommen den Schwegel,
Den sollt' erst erklären der nächste Flegel.

Grammatische Reime
für den Schulmeister von Hims:

Wenn vom Himmel Sonnschein kommt und règen,
Werden gleich sich tausend Reime régen;
Neues Leben wird auf allen wègen,
In der Luft sich wie im Staub bewègen:
Tausend Reime sind in mir gelègen,
Die ich noch zutage möchte légen,
Und ein Umstand nur macht mich verlègen,
Ob sie ein Verleger wird verlégen?

Reimspiel zum Schulmeister von Hims:

Alle Plag und Nagegeister
Nagen an mir mit Plagen,
Alle Zag und Klagegeister
Klagen in mir mit Zagen.

Nur die klagenden Zagegeister
Mußt du brav bemeistern,
Und die nagenden Plagegeister
Wirst du leicht entgeistern.

Nachwort

„Womit unwissentlich sie allerorten spielen,
komm, und geflissentlich laß uns mit Worten spielen!"

Diese anmutigen Verse Friedrich Rückerts aus seiner *Weisheit des Brahmanen* könnten Motto sein für die Makamen des Ḥarīrī, die gebildeten Arabern seit ihrem Entstehen unmittelbar nach 1101 als *das* Meisterwerk arabischer künstlerischer Prosa gelten, fast mehr noch aber Leitwort für Rückkerts kongeniale Nachbildung dieses Sprachkunstwerks, *Die Verwandlungen des Abu Seid von Serug.*

Ḥarīrī, das ist der „Seidenhändler", oder genauer Abū Muḥammad al-Qāsim Ibn ᶜAlī al-Ḥarīrī, wurde als Sohn eines wohlhabenden Seidenhändlers und Landbesitzers 1054 bei Basra im Irak geboren. Er genoß eine hervorragende Ausbildung in der arabischen Literatursprache, hielt sich auch längere Zeit bei den Beduinen auf, die jahrhundertelang als Autorität für diese Sprache galten, wahrten sie sie doch dank ihres – im Gegensatz zur städtischen Bevölkerung – von Fremdkontakten weitgehend unberührten Nomadendaseins. Rückerts 23., Ḥarīrīs 27. Makame nimmt darauf Bezug. Ḥarīrī war längere Zeit Chef des Nachrichtendienstes in Basra. Das bedeutete, daß er dem Hof in Bagdad über besondere Vorkommnisse, über Besucher, auch über das Verhalten höfischer Beamter in seiner Heimatstadt zu berichten hatte. Es war eine Vertrauensposition, die ihm jedenfalls die Muße ließ, oder in der er sich die Muße nahm, seinen literarischen Neigungen nachzugehen. Basra zehrte damals noch von dem Glanz, den es in den ersten Jahrhunderten des Islams ausgestrahlt hatte – Ḥarīrī besingt ihn in seiner letzten Makame, der 43. bei Rückert. Zu Lebzeiten Ḥarīrīs dürfte Basra, wenn auch von der Metropole Bagdad an Bedeutung überflügelt, immer noch drei- bis vierhunderttausend Einwohner gehabt haben.

Über die Entstehung der Haririschen Makamen gibt es eine hübsche Anekdote. Ḥarīrī habe eines Tages in der Moschee der Banu Ḥarām in Basra im Kreise angesehener Bürger gesessen, als ein alter Mann, reisemüde und schäbig gekleidet, eintrat. Auf die Frage, wer er sei und woher er komme, antwortete er, seine Kunya – das ist sein Ehren- oder Beiname

– sei Abu Seid (Abū Zaid) und er käme von Serudsch (Surūğ), einer Stadt im nördlichen Mesopotamien (heute Sürüc in der südlichen Türkei, nahe der Grenze zu Syrien). Er habe dann ebenso redegewandt wie herzergreifend geschildert, wie seine Heimatstadt von den Griechen eingenommen und er aus ihr vertrieben wurde, während seine Tochter in Gefangenschaft geriet. Beeindruckt von diesem Erlebnis, habe Ḥarīrī am selben Abend seine erste Makame, die Ḥarāmiyya, begonnen, das ist die 48. in seinem Makamenwerk, Rückerts 41., *Das Lösegeld.* Tatsächlich ist hier, wie schon Rückert feststellte, „die Einkleidung etwas abweichend, darin daß hier Hareth Ben Hamman nur erzählt, was ihm Abu Seid erzählte, nicht diesen selbst, wie sonst, handelnd auftreten läßt". So mag dies doch auf einer wahren Begebenheit beruhen, nicht nur erfunden worden sein, weil gebildete Araber durch die Jahrhunderte von Literatur verlangten, sie sollte Abbild der Wirklichkeit sein, Authentisches darstellen. Reine Ätiologie dürfte aber die Ausschmückung dieser Anekdote sein, die sich bei anderen arabischen Autoren findet. Ḥarīrī habe nämlich von diesem seinem Erlebnis anderen erzählt, und jeder habe von einem Mann zu berichten gewußt, der mit ebensoviel Wortgewandtheit wie Verstellung einer Schar von Zuhörern das Geld aus der Tasche zu ziehen verstanden habe. Amüsiert habe man festgestellt, daß es sich wohl jedesmal um denselben Schalksnarren gehandelt haben müsse, auch wenn er immer wieder in anderer Gestalt, mit anderen Gaunerstückchen operiert habe.

Daß Ḥarīrī ein Auftragswerk vorlegt, gibt er im Vorwort ebenso zu erkennen, wie daß er einen Vorgänger hatte. Hier unterstellt er sich ihm, dem literatischen Kanon folgend, in Bescheidenheit. Fast zum Ende seines Werks vergleicht er sich selbst mit einem starken Regenguß, den Vorgänger mit einem schwachen Tröpfeln – Regen, Wasser generell hat in Trockenzonen eine positive Konnotation, ist im Arabischen Bild für Fruchtbarkeit, reiche Fülle. Auch in den Reimprosapassagen zum Ausklang – Rückert hat daraus ein Gedichtchen mehr nach seinen eigenen Empfindungen und seinem Gusto gemacht – deutet Ḥarīrī noch einmal an, daß er seine Makamen nicht aus freien Stücken

verfaßte: „Die letzte meiner Makamen ist dies, – zu denen ich mich verleiten ließ – und die ich diktierte, weil der Zwang es mich hieß. – So bleibt mir nur, sie zu bieten dar – und auf dem Markt der Kritik sie zu preisen als War'."
Darüber, wer Ḥarīrī den Anstoß zu seinen Makamen gab, gehen die arabischen Quellen auseinander. Sie nennen zwei Männer, die später Wesire des Abbasidenkalifen al-Mustaršid waren: Ibn Ṣadaqa, der damals vorübergehend in Basra im Ruhestand lebte, oder Anūširwān Ibn Ḫālid, der von vielen Dichtern der Zeit gepriesen wurde und vielleicht schon deswegen als Initiator ins Gespräch kam. Wesir von al-Mustaršid wurde er erst 1132, also zehn Jahre nach Ḥarīrīs Tod.
Der Vorgänger, den Ḥarīrī mit Namen nennt, al-Hamaḏānī, mit dem Beinamen Badīᶜ az-Zamān „Das Wunder der Zeit" (968–1008), gilt als Begründer der literarischen Gattung der Makame. Die Erklärung, die Rückert im Vorwort zur ersten Ausgabe seiner Übertragung zum Terminus Makame (Maqāma) gibt, kann man heute, da weit mehr Texte aus der älteren arabischen Literatur erschlossen sind, so erweitern: Oft, aus der literarischen Gattung erschlossen, mit „Bettleransprache" übersetzt, ist er abgeleitet von der arabischen Wurzel q-w-m, die die Bedeutung „stehen, sich erheben", auch, als Hilfsverb, „sich anschicken, etwas zu tun" hat. Der Plural Makāmāt (Maqāmāt), der stets als Titel der Makamensammlungen erscheint, kann zum Singular makām (maqām) „Situation, Zustand", in der älteren Dichtung auch „Schlacht", ebenso gehören wie zum Singular makāma (maqāma) „Schlacht, Kampfhandlung". Maqam bezeichnete später auch, in den Salons der Gebildeten, die Themen (Topoi), über die man disputierte, wie es „Predigt", „erbauliche Ansprache" an ein illustres Publikum meinte. Vielleicht hatte al-Hamaḏānī eben diese schillernde Vieldeutigkeit des Wortes im Sinn, als er es zum Titel des von ihm neu geschaffenen Genres wählte. Auch Hamaḏānīs Abū l-Fatḥ al-Iskandarī ist ein gebildeter Vagabund, der immer wieder an anderer Stelle und in anderer Verkleidung dem Erzähler seiner Abenteuer, ᶜĪsā Ibn Hišām, begegnet. Dabei sind die Gaunerstückchen des Abū l-Fatḥ manchmal recht derb. Ḥarīrī hat für seinen Abu Seid insgesamt feinere ersonnen.

Schelme sind sie alle beide zu einer Zeit, in der Bildung, vor allem in der höfischen Gesellschaft, durchaus Ansehen genoß, jedoch keine feste Anstellung mit geregeltem Einkommen garantierte, war sie doch relativ weit verbreitet. Wie wir hier sehen, konnte sie dem, der sie mit Raffinesse einzusetzen wußte, die milden Gaben Bessergestellter einbringen, das anerkennende Schmunzeln derer, die auf eine solche Form des Broterwerbs nicht angewiesen waren und sich nolens volens prellen ließen. Der Erzähler, der mit dem Autor zu verschmelzen scheint, ist auch die moralische Instanz, die dem Vaganten immer wieder Rügen erteilt für seine Betrügereien.

Den gebildeten Bettler, dessen schäbiges Äußere seinem Verstand, seinem Wortwitz, seiner sprachlichen Bildung widerspricht, gibt es auch in der arabischen Anekdotenliteratur. In des Bagdader Richters at-Tanūḫī (gest. 994) Anekdotensammlung al-Faraǧ baᶜd aš-šidda „Freud nach Leid" etwa, die vermutlich vor al-Hamaḏānīs Makamen bei gebildeten Irakern zirkulierte, steht eine längere Anekdote, deren „Held" ein verarmter Kanzleischreiber ist, der, seinem Äußeren nach ein Bettler, einem Wesir geistvolle Belehrungen erteilt. Er bezeichnet sich zunächst als „Weber", später, nachdem er seine Kenntnisse an den Tag gelegt hat, als „Weber von Worten". Schon der Basrische Autor Ǧāḥiẓ (gest. 869) bringt in seinem „Buch der Geizigen" eine Liste des Argots der Bettler seiner Zeit für ihre vielfältigen Täuschungsmanöver. Der arabische Autor Baihaqī nimmt sie zu Beginn des 10. Jahrhunderts mit Erweiterungen in sein „Buch der guten und schlechten Eigenschaften" auf. In der Mitte des 10. Jahrhunderts vergnügten sich Abū Dulaf al-Ḫazraǧī, Höfling und Globetrotter, und der Wesir Ibn ᶜAbbād, Literat und Mäzen, mit Unterhaltungen im Jargon der Gaukler und Gauner, der für ihre Umgebung eine unverständliche Geheimsprache war. Abū Dulaf verfaßte ein langes Gedicht auf die bettelnden Gauner, die fahrenden Gesellen, die Banū Sāsān. Al-Hamaḏānī und nach ihm, perfekter, al-Ḥarīrī haben ihnen eine Makame gewidmet.

Schon vor 850 gab es Anekdoten, die um kunstvolle Reimprosa – in Dialogen wie in erzählenden Passagen – herumgesponnen wirken. Um 900 wurde gereimte Prosa bei der

Bagdader höfischen Gesellschaft Mode. Sie war bald so beliebt, daß man dem eben genannten Wesir Ibn ᶜAbbād nachsagte, er habe auf einer Reise statt eines guten Quartiers ein miserables bezogen, nur um im Kopf eines Briefes Tageszeit und Ort aufeinander reimend angeben zu können: Min Noubehār fī niṣf an-nahār „Aus Noubehār am Mittag". Einem Besucher dieses Wesirs soll es von dessen Reimereien so übel geworden sein, daß man ihn mit Rosenwasser wieder zu sich bringen mußte. Meisterwerke kunstvoller Sprachgestaltung, zu denen das Arabische reiche Möglichkeiten bietet, waren Schreiben der höfischen Kanzleien ebenso wie Reden und Predigten. Schon die altarabischen Wahrsager kleideten ihre Worte der Wirksamkeit wegen in Reimprosa, und der Koran hat sie durchgängig. Erkennen läßt das nur die deutsche Übertragung von Friedrich Rükkert. Alle anderen Übersetzungen des Korans ins Deutsche haben der korrekten Wiedergabe des Wortsinns mehr Wert beigemessen als der sprachlichen Schönheit. Deren Original gilt dem Araber als unnachahmliches Wunder. In Poesie, die strengen metrischen und Reimzwängen unterliegt – jedes Gedicht hat einen durchgehenden Reim und ein durchgehendes Metrum –, haben Araber schon seit vorislamischer Zeit ihren Stolz gesetzt. So wechseln in den Makamen Reimprosa und Poesie einander ab, wobei Ḥarīrī, sowohl in der Zahl der Gedichte, als auch in der durchgängigen Verwendung von Reimprosa den Hamaḏānī übertrifft. Jedem, der kunstvolles Arabisch zu goutieren weiß, sind Ḥarīrīs von Wortwitz sprühende Makamen, in denen zeitbezogene Spötteleien und ein für den arabisch-islamischen Kulturkreis dieser Zeit typisches Bildungsgut sich in sprachspielerischen Arabesken musterreich verranken, eine wahre Freude.

Die sprachlich-stilistische Kunstfertigkeit ist so ausgefeilt, die Anspielungen auf Gestalten und Begebnisse, deren Kenntnis damals zum Bildungsgut einer höfisch-städtischen Elite gehörte, sind so vielfältig, daß das Werk ohne Kommentare für das eine wie das andere bald nicht mehr verstanden wurde. Und doch ist nicht nur l'art pour l'art, was Ḥarīrī seinen Lesern bietet, auch wenn das bunte Feuerwerk der Reimspielereien den Inhalt zunächst blaß erscheinen lassen mag. Leitmotivisch ziehen sich durch Ḥarīrīs wie vorher schon durch al-Hamaḏānīs Makamen die Worte zamān „Zeit“ und dahr „Schicksal“. Beide werden verklagt. In der 48. Makame, Rückerts 41., wird das Fazit gezogen, daß man einer Welt, die den (klugen und gebildeten) Menschen um seinen berechtigten Lebensanspruch auf Glück betrügt, nur mit Betrug begegnen könne. Rückert überträgt:

„Diese Welt, die Mördergrube,
Voll von Löw- und Tigerkatzen.
Siehe, wie du ungezaust
Kommest zwischen durch die Tatzen.
Spähe, was du haschen mögest,
Merke, was du kannst erschwatzen.“

Weniger poetisch, aber dem Original näher:

„Mit Betrug nur sollst du leben,
Denn die Söhne dieser Zeit
Sind doch alle wilde Löwen,
Dich zu zerreißen stets bereit.
Stich den Kanal der Täuschung an,
Soll sich dein Mühlrad drehn zu deiner Freud!“

Aufschlußreich als Zeitbild ist die Makame *Über die beiden Gulden* ebenso wie die, die Rückert *Das Testament* genannt hat. Die eine, weil sie die ambivalenten Gefühle zum Geld und seiner Macht zum Ausdruck bringt – Rückert hat die Lob- wie die Schmähkasside auf den Dinār mit ebensoviel Einfühlungsvermögen wie poetischen Fähigkeiten nachgestaltet. Die andere, weil sie die Ethik der Banū Sāsān, der fahrenden Leute, preist: Lebens- oder eher Überlebensstrategie von Menschen ohne eigenen Besitz und ohne Beruf. Menschen, die voll spöttelndem Stolz ihre Tätigkeit, oder besser ihr Tun, über die des Establishments stellen, der sozialen Gruppen, die im Arabischen, schon weil sie aufeinander reimen, als die wesentlichen aufgeführt werden: Imāra „Fürstenstand“, tiǧāra „Kaufmannsstand“, zirāᶜa „Bauernstand“, ṣināᶜa „Handwerkerstand“ – Rückert hat hier um der ästhetischen Äquivalenz willen Reimgirlanden um die

Begriffe „Raufleute“, „Kaufleute“, „Schnaufleute“, „Laufleute“ geflochten und diese auf seine Zeit bezogen, den Originaltext erweiternd, paraphrasiert.

> „Mit Lug und Trug erreichte ich,
> Was Schwerter nie erlangen.
> So manchen Graus durchlebte ich,
> Vor dem selbst Löwen bangen.
> So manchen Mord verübte ich,
> An solchen, die im Reichtum prangen.
> So manchen Weg durcheilte ich,
> Von Sünd und Schuld umfangen.
> Auf Gottes Güt’ doch hoffe ich,
> Nach ihr steht mein Verlangen“,

brüstet sich Abu Seid am Ende der 29. Makame. Rückert hat das in seiner 23. wiederum spielerischer und sozial weniger subversiv umgesetzt (s. S. 281). Nicht immer spielt der Held sein Täuschungsspiel allein. Öfter hilft ihm sein Sohn, meist als sein Gegenspieler. Deutlich etwa in der dimjatischen Makame – Rückert hat sie *Die Morgenrast* genannt. Hier vertreten Vater und Sohn gegensätzliche moralisch-ethische Standpunkte: Der Sohn gibt sich als Verfechter jugendlicher oder auch frommer Ideale. Aus dem Vater spricht der Pragmatismus des Lebens- und Welterfahrenen. Rückert hat beides gekonnt und variierend erweiternd ins Deutsche umgesetzt, dabei gelegentlich das Arabische übertreffend. Etwa in dem Wortspiel „Lieber ungerächt als ungerecht, – lieber dem Feind erlegen, als ihn erlegen“, das der Vater ins Gegenteil verkehrt: „Lieber ungerecht als ungerächt – besser schinden als geschunden“. Schon die folgende Makame bestreitet, daß Abu Seid einen Sohn hat, wie, daß er überhaupt verheiratet war. Rückert hat deswegen die Reihenfolge dieser beiden Makamen vertauscht, weil er den Sohn, der später noch öfter auftritt, für real hält. Um das Spielerische des Originals zu bewahren, haben wir dessen Reihenfolge vorgezogen. In den ausführlichen Anmerkungen zur Erstausgabe der Makamen weist Rückert im übrigen darauf hin, daß er alle Stellen des Originals ausgelassen oder im Deutschen verändert hat, in denen Abu Seid mit Klagen über seine hungernde Kinderschar Mitleidsmünzen der Zuhörer herausschlägt und sie dann verpraßt. Der Moralist Rückert, damals schon in materiellen Nöten wegen seiner wachsenden Familie, sagt zur 10. Makame: „Diese unbequeme Kinderbrut, die noch einigemal auf ähnliche Weise vorkommt, haben wir uns überall ganz vom Halse geschafft. ... Etwas anderes ists, wo er Kinder zu seinen Lügen als Rührungsmittel braucht, da haben wir sie ihm gerne gelassen."

Als zänkische Gegenspielerin des Helden erscheint auch seine Frau, tatsächlich ist sie ebenfalls Kumpanin der List. Besonders beim gaunerhaften Paarspiel ist das Opfer nicht ein anonymes Publikum, als dessen Sprecher oder Vermittler der Erzähler al-Hareth (al-Ḥāriṯ) erscheint, sondern meist ein Vertreter obrigkeitlicher Macht, „ein Löw' in seiner Höhl'" der Kadi etwa, der in der arabischen Literatur gern verspottet wird, auch der Walī, der „Landpfleger".

Die Betrügereien unseres Helden sind so eng mit seinen rhetorischen Künsten verflochten, daß es schwerfällt, sie auseinanderzuhalten. Trotzdem heißt es auf dem Titelblatt einer Kairoer Ḥarīrī-Ausgabe aus dem Jahr 1908, Ḥarīrī habe jede sechste Makame eines Zehnerblocks als „literarisch besonders ausgefeilt" (adabiyya) gestaltet. Das wären also *Die Bittschrift, Die Unterhaltung in der Moschee, Der Bettelbrief, Die zehn Reisenden* und *Der Schulmeister von Hims.* Tatsächlich enthalten sie alle besondere rhetorische oder stilistische Kunststücke. Die Leningrader Arabistin A. A. Dolinina bezeichnet in einer strukturalistischen Untersuchung der Makamen des Ḥarīrī fünfzehn von fünfzig als „rhetorische", das heißt als solche, bei denen das oder die Schelmenstücke aus rein rhetorischen Elementen bestehen, eingesetzt in ein Minimum an Handlung. Die fünfunddreißig übrigen verweben die Wortkunst mit mehr Handlung. Die oben genannte Kairoer Ausgabe nennt jede fünfte und jede zehnte Makame eines Zehnerblocks – mit Ausnahme sicher der fünfzigsten „komisch" oder „komödiantisch" (hazliyya). Das wären Rückerts *Der gefundene Sohn, Das Eidformular, Dattel und Rahm, Die mayyafarikinische,* die er nur in seine Erstausgabe aufgenommen hat, wir führen sie im Anhang unter dem Titel *Das Leichentuch* auf, *Der Deckmantel,*

Die Bettlerhochzeit, Die Nonne, Die Ehescheidung, Der Perlenstikker (in die Rückert Ḥarīrīs 9. Makame teilweise „eingelegt" hat). Hier kulminiert also für den arabischen Leser die Komik.

Auf Abu Seids Wandlung zum reuigen Sünder und frommen Asketen führt Ḥarīrī bewußt hin, nicht nur durch den moralisierenden Erzähler: Die 1., 11., 21., 31. und die 41. Makame (die 9., 17., 25., 34. bei Rückert) enthalten Buß- und Strafpredigten (zuhdiyya), nach denen Abu Seid freilich stets sein Doppelspiel zu erkennen gibt. Rückert hat die 1. Makame ausgelassen und das in einer Anmerkung zur ersten Ausgabe, 1826, damit begründet, sie sei „gleichsam ein Anfang vor dem Anfang". Doch hat er in seine Übertragung der 21. Makame des Originals (in seiner Erstausgabe die 18., in der zweiten und allen späteren die 17.) nach eigenen Worten „allerlei Brauchbares (aus ihr) eingelegt". In dieser 1. Makame, „der Sanaanischen" – nach Sanaa, der Hauptstadt des heutigen Nordjemen – erzählt al-Hareth, daß er einen Prediger traf, der vor einer Menschenmenge gegen die Freude an irdischen Genüssen wetterte und sich dann mit den Almosen, die er bei seinen Zuhörern einsammelte, zurückzog. Al-Hareth folgte ihm und beobachtete, wie er sich mit einem jungen Gefährten bei feinem Weißbrot, Lammbraten und Wein gütlich tat. Zur Rede gestellt, gibt der Alte, nachdem sein Zorn verflogen ist, in einem Gedicht – gewissermaßen als Motto – sein Lebenskonzept und dessen Gründe:

„Meiner Predigt Worte knüpft' ich zum Netz,
Has' und Häsin als Beute zu zähmen.
Schicksalhaft lernt' ich, mit freundlichem Trug
Des Löwen Höhle zur Zuflucht zu nehmen.
Ich spür' vor ihm weder furchtsame Scheu,
Noch Gliederzittern mich Kecken lähmen.
Gerecht nur wär des Schicksals Macht,
Ließ es das Unrecht nicht die Zügel nehmen."

Der junge Gefährte nennt dann dem Hareth den Namen des Alten: Abu Seid.

Der Andalusier aš-Šarīšī, der um 1200 drei Kommentare zu

den Makamen des Ḥarīrī schrieb, erklärt im umfangreichsten, Abu Seid sei die Verkörperung des Menschen, nach anderen die des Schicksals, der Zeit schlechthin. Die Namen al-Hareth (al-Ḫāriṯ) und al-Hammām habe Ḥarīrī gewählt, weil sie in einem Ausspruch vorkämen, der auf den Propheten Muḥammad zurückgeführt wird. Dort hieße es, sie gehörten zu den passendsten Namen, denn jeder Mensch kümmere sich um seinen Lebensunterhalt (ḥ-r-ṯ „pflügen", dann auch „seinen Lebensunterhalt erwerben"), und jeder Mensch sorge sich um seine Angelegenheiten (h-m-m „sich um etwas sorgen"). Die Bedeutung der meisten arabischen Personennamen ist bis heute klar erkennbar. Vorderorientalische Literaturen, im politischen Despotismus erwachsen, haben eine Vorliebe für Anspielungen, für Symbolik, für Hintergründiges.

Die Gesellschaft, die am Double-talk des Abu Seid, in virtuose Reime gefaßt, ihre Freude hatte, übte sicher auf ihre Weise das, was Rückert treffend und mit Lokalkolorit als „Chamäleonisieren" übersetzt. Ihr war vollendete Sprachbeherrschung soviel mehr als die rechte Gläubigkeit, daß in der zweiten Hälfte des 10. Jahrhunderts in Bagdad einem Mann der Diwan (hier ist die Verwaltungseinrichtung gemeint) für Staatsdokumente und zwei weitere Diwane übertragen wurden, der sich zur sabischen Religion, nicht zum Islam bekannte. Aber er galt als der glänzendste Stilist seiner Zeit.

Was war das für eine Zeit, die ihre Freude an listigen bis boshaften Maskeraden, an kunstvollen bis gekünstelten Spiegelfechtereien hatte? Es war eine Zeit, in der nominell die Herrschaft noch bei der Abbasidendynastie in Bagdad lag. Doch hatte ein Prozeß des Machtzerfalls, des Aufblühens regionaler Dynastien, zunächst im Westen, seit Beginn des 10. Jahrhunderts auch im Osten des islamischen Reiches eingesetzt. Dessen Größe wird durch die wechselnden Aufenthaltsorte unseres Abu Seid deutlich. Aufenthaltsorte, die freilich – bis auf die Makame, die Rückert *Basras Ruhm* genannt hat – meist nur Kulissen sind, ohne chronologische oder regionale Spezifika. Häufig, darauf verweist schon Rückert, sind sie in Wort- und/oder Reimspiele verwoben, scheinen um dieser willen gewählt.

Von 945 bis 1055 herrschten unter der nominellen Oberherrschaft des Kalifen tatsächlich die Bujiden, eine Dynastie iranischer Herkunft, in Bagdad. Sie wurden abgelöst von den Seldschuken, einer Dynastie türkischen Ursprungs. Es war eine Zeit, in der soziale Gruppen und Cliquen sich gegenseitig Macht und Einfluß streitig zu machen suchten. Doch war sie kulturellem Leben durchaus nicht abträglich, denn viele der lokalen Fürsten gründeten oder erweiterten Bibliotheken und Lehranstalten, förderten Gelehrte und Dichter. Im selben Jahr wie Ḥarīrī starb der persische Dichter und Gelehrte Omar Chayyām (ᶜUmar Ḫayyām), bekannt durch seine Vierzeiler, die zum Genuß im Heute und im Diesseits aufrufen, weil man nicht weiß, was das Schicksal für den morgigen Tag bereithält und das Leben unwiderbringlich ist. Es war eine Zeit, in der die arabische Geschichtsschreibung Hervorragendes leistete.
Bezeichnend für die soziokulturellen Verhältnisse ist etwa, daß der schon genannte Abū Dulaf al-Ḫazraǧī in seinem Gedicht auf die bettelnden Gauner seiner Zeit zu ihnen neben Astrologen, Traumdeutern, Amuletthherstellern und -verkäufern, Schlangen-, Löwen-, Rattenbändigern, Affenführern, Quacksalbern, Leuten, die körperliche und geistige Gebrechen vortäuschen oder mit Predigten und Klageliedern die religiösen Gefühle ihrer Zeitgenossen ausnutzen, auch alle Dichter der Erde zählt und schließlich den damaligen Kalifen al-Muṭīᶜ (946–974), der seinen Statthalter, den Bujiden Muᶜizz ad-Daula (945–967), um Brot anbettele. Tatsächlich hatte der ihn zum Kalifen gemacht. Ibn al-Faqīh, ein Geograph persischer Herkunft, zitiert schon zu Beginn des 9. Jahrhunderts am Anfang seines „Buchs der Länder" folgende soziale Werteskala: 1. „Köpfe, von der Gunst des Schicksals erhoben", 2. „Schultern, durch Verwaltung mächtig gemacht", 3. „Hinterteile, denen Vermögen zu Ansehen verhalf", 4. „Gebildete und Literaten, ihnen angegliedert durch ihre Bildung und guten Sitten". Das übrige Volk bestände aus Raubtieren, die plündern, wenn sie hungrig, schlafen, wenn sie satt sind. Ein sozialer Korpus also, oder eher ein Torso, bestehend aus Kalifen- oder Emirsköpfen, vom Schicksal inthronisiert, Wesirsschultern, stark durch (kluge bis intrigante) Verwaltung, Geldärschen und

einem Rankenwerk von Literatur- und Bildungsbeflissenen. Zur Bekräftigung führt derselbe Autor den Bericht eines abbasidischen Höflings an, der, um stets in Gunst zu stehen, den jeweiligen Kalifen, je nach dessen Neigungen, mit Predigten oder Sendschreiben, mit unterhaltsamen Berichten und Geschichten oder mit Gedichten bediente. Als der Bildungsasket Hārūn ar-Rašīd (786–809, der erst durch die Geschichten aus 1001 Nacht zum idealen Herrscher wurde) die Macht antrat, habe er das alles vergessen, als hätte er es nie auswendig gelernt. Kunst also ging nach der Gunst der Mächtigen, wie hätte sie sonst zu Brot kommen sollen? Und den Mächtigen waren Kunst und Gelehrsamkeit mehr als schmückende Schnörkel, dienten sie doch oft dem Ansehen, der Machtstabilisierung.

In jener Zeit wurden wissenschaftliche wie künstlerische Werke entweder nach Diktat mitgeschrieben oder handschriftlich kopiert. Geschah das zu Lebzeiten des Autors, erbat sich der Kopist dessen Autorisierung. Ḥarīrī konnte sich damit brüsten, schon zu seinen Lebzeiten 700 Kopien seiner Makamen autorisiert zu haben. Wohl erhoben sich auch kritische Stimmen gegen sie. Der Historiker Faḫrī etwa, der um 1300 starb, bezichtigte sie zersetzender Moral. Doch wahrten sie ihre Beliebtheit bei gebildeten Arabern durch die Jahrhunderte. Schon im frühen 12. Jahrhundert gehörten sie zum Bildungsrepertoire der Intellektuellen im maurischen Spanien. Daß der spanische Schelmenroman des siècle d'or von ihnen Anregungen erhielt, ist heute unbestritten.

Aus der arabischen Literatur gingen die Makamen auch in die persische und die syrische über. Ein jüdischer Poet in Spanien, Juda Ben Salomo al-Harisi, der ebenso gut Arabisch wie Hebräisch konnte, übersetzte sie, nachdem sich vorher schon andere weniger erfolgreich an ihnen versucht hatten, 1205 ins Hebräische. Während oder nach einer Reise durch Syrien und Palästina 1218–1220 verfaßte er selbst fünfzig Makamen unter dem Titel „Tahkemoni". Sie zeugen, wie manche seiner Gedichte, davon, daß er sich etwa mit der Klage über die verräterische Zeit dem Abu Seid verwandt fühlte. Das „Tahkemoni" wurde 1540 und später noch öfter in Constantinopel gedruckt, erschien 1729

in Amsterdam, 1845 in Wien und Berlin. Heinrich Heine, stolz auf die jüdische Kultur und Literatur, preist den Harisi in den „Hebräischen Melodien" des „Romanzero" (1851), daß er „als französ'scher Witzbold – den Hariri überwitzelt – im Gebiete der Makame – und ein Voltairianer war – schon sechshundert Jahr vor Voltair'". Ḥarīrīs Makamen waren also zu dieser Zeit der französischen wie der deutschen Bildungswelt geläufiger als die des Harisi.
Die wissenschaftliche Edition der Makamen des Ḥarīrī in Frankreich durch de Sacy regte den syrischen Christen Naṣīf al-Yāziǧī (1800–1871) zu Glossen an, die später in Leipzig publiziert wurden. Er feilte aber auch über Jahre an einem eigenen Makamenwerk mit dem Titel Maǧmaᶜ al-baḥrain „Der Zusammenfluß der beiden Meere" (1850) nach einem Koranwort. Sein Makamenwerk steht formal ganz in der Tradition des Ḥarīrī. Er versah es mit einem gelehrten Apparat zur Erklärung damals nicht mehr geläufigen Wortguts. Im Zuge des aufblühenden arabischen Nationalismus wollte er seinen Landsleuten ihre große kulturelle Vergangenheit, den Reichtum der arabischen Sprache bewußtmachen.
Zu Beginn des 20. Jahrhunderts schrieb der Ägypter Muḥammad al-Muwailiḥī (1868–1930), anknüpfend an die sprachlich schlichteren Makamen des Hamaḏānī, seinen Ḥadīṯ ᶜĪsā Ibn Hišām „Die Gespräche des ᶜĪsā Ibn Hišām". Daß er die Figur des Erzählers von Hamaḏānī übernahm, trug ihm bei verständnislosen Landsleuten den Vorwurf des Plagiats ein. Doch Muwailiḥī hatte anderes im Sinn. Er läßt einen fünfzig Jahre zuvor verstorbenen Kriegsminister aus dem Grabe auferstehen, ruft damit zugleich ein anderes Werk der älteren arabischen Literatur, „Das Sendschreiben der Verzeihung" des Abū l-ᶜAlā' al-Maᶜarrī (973–1054), ins Bewußtsein. Der Kriegsminister erlebt das Kairo der Jahrhundertwende vor allem mit seinen Schattenseiten, kommentiert es mit Verwunderung.
Muwailiḥī wollte kritisches Zeitbewußtsein schaffen, wollte gleichzeitig der damals drohenden kulturellen Überfremdung entgegentreten, indem er eine autochthone Literaturgattung wiederbelebte, sie den Imitationen oder Adaptionen europäischer Erzählungen und Romane gegenüber-

stellte, deren Entstehung durch das seit den achtziger Jahren florierende Zeitungswesen begünstigt wurde. Der zeitkritische Inhalt war ihm wichtiger als Wortspiele und Sprachdidaktik. So beginnt er zwar – wie Hamaḏānī – seine Kapitel in Reimprosa, fährt dann aber in einem schlichteren Stil fort, verzichtet auch weitgehend auf Poesie. Muwailiḥīs Makamen erlebten mehrere Auflagen und fanden Nachahmer. Doch setzten sich nach dem ersten Weltkrieg in der modernen arabischen Prosaliteratur die aus Europa übernommenen Gattungen des Romans, der Novelle und der Kurzgeschichte durch.

Die Makamen des Ḥarīrī waren eins der ersten Werke der arabischen Literatur, für das sich die junge europäische Arabistik interessierte. Der Niederländer Jacobus Golius (1596–1667), der seit 1624 eine Professur für Arabisch in Leiden innehatte, nahm in die 1656 von ihm besorgte Neuauflage der arabischen Grammatik seines Lehrers Erpenius Ḥarīrīs 1. Makame auf. Nach der in Leiden befindlichen Ḥarīrī-Handschrift edierte der Niederländer Albert Schultens (1686–1750) 1731 die ersten drei Makamen mit lateinischem Glossar und Verweisungen aufs Hebräische. 1740 ließ er Makame drei bis sechs folgen. Johann Jacob Reiske (1716–1774), der erste bedeutende deutsche Orientalist, edierte 1737 in Leipzig Ḥarīrīs 26. Makame mit den Scholien und einer lateinischen Prosaübersetzung. Später bezeichnete er sie allerdings als „elende Schülerprobe".

Zu Beginn des 19. Jahrhunderts erfolgten kurz hintereinander drei Gesamtausgaben der Makamen des Ḥarīrī. Das im Jahr 1800 von der britischen Kolonialverwaltung zur Ausbildung für seine in Indien tätigen Kolonialbeamten gegründete Fort William, das sich um Textausgaben damals in Europa bekannter Werke der arabischen und persischen Literatur verdient machte, gab sie 1809 und 1812 in zwei Bänden heraus. Die Ausgabe beruht auf acht Handschriften und wurde von einheimischen Sprachgelehrten des Forts besorgt. Das Vorwort verfaßte der Engländer Mathew Lumsden. 1814 erschien eine persische Übersetzung des Werks. Da die Drucke des Fort William in Europa auf Grund der Kontinentalsperre nicht erhältlich waren, veröffentlichte der französische Orientalist Caussin de Parceval

d. Ä. (1759–1835) vier Jahre später in Paris eine weitere Ausgabe. Die erste europäische Ausgabe mit ausgewählten Erläuterungen arabischer Kommentare publizierte der bereits genannte französische Orientalist Silvestre de Sacy (1758–1838) im Jahr 1822 in Paris. Er versah sie mit einem angesichts des damaligen Stands der arabischen Lexikographie sehr nützlichen Index der Wortwurzeln, mit einem Vorwort in Arabisch und Angaben zu Ḥarīrī aus einem namhaften arabischen biographischen Lexikon.

Diese Ausgabe war es, die Friedrich Rückert, stöhnend über ihren Preis, denn er war damals ohne feste Anstellung, erwarb, und, wie er ehrlich eingestand, „nicht ohne Anstrengung" zwei volle Jahre lang durcharbeitete.

Friedrich Rückert, am 16. 5. 1788 in Schweinfurt, „der lieben Stadt mit dem garstigen Namen", als Sohn eines Juristen geboren, hatte das Jurastudium, das er 1805 auf Wunsch seines Vaters begonnen hatte, bald abgebrochen. Er studierte dann in Würzburg und Heidelberg. Einer seiner Lehrer in Heidelberg war Johann Heinrich Voß (1751 bis 1826), der der Tausendundeine-Nacht-Fassung des Franzosen Galland eine der deutschen Aufklärung angemessene deutsche Form gegeben, auch die Ilias und die Odyssee ins Deutsche übertragen hat. Rückert hörte bei ihm griechische Mythologie. 1811 verteidigte er in Jena mit Bravour seine *Dissertation philologico-philosophica de idea philologiae,* also seine *Philologisch-philosophische Dissertation über die Idee der (klassischen) Philologie.* In ihr rühmt er die deutsche Sprache als ideales Medium für Übersetzungen. Er gab in Jena einen Kurs über Mythologie, doch schon vom Frühjahr 1811 an pflegte er ausschließlich seine poetischen Neigungen. Seinen *Sonetten auf eine Verstorbene,* Liebesgedichten auf den Tod eines jungen Mädchens, das er sehr geliebt hatte, folgten leidenschaftliche Liebesgedichte auf *Amaryllis* (die Gastwirtschaftstochter Marie Elisabeth Genuß in Barnachgrund), und 1814, nach den Freiheitskriegen, seine *Geharnischten Sonette:*

> „Was schreibest, Dichter, du? 'In Glutbuchstaben
> Einschreib' ich mein' und meines Volkes Schande,
> Das seine Freiheit nicht darf denken wollen!'"

Ein Angebot, Lehrer in Hanau zu werden, nahm er nicht wahr. Seine politische Lyrik brachte ihm im Dezember 1815 die Stelle eines Mitredakteurs des Cotta'schen „Morgenblattes für gebildete Stände" ein, die er jedoch zwei Jahre später wieder aufgab, um zu Fuß durch Frankreich und Italien zu wandern. Auf der Rückreise lernte er in Wien den österreichischen Orientalisten Joseph von Hammer (1774–1856) kennen (der sich ab 1835 Hammer-Purgstall nannte). Hammer hatte 1818 eine „Geschichte der schönen Redekünste Persiens mit einer Blüthenlese aus zweyhundert persischen Dichtern" veröffentlicht. Seine Übersetzung des Diwans des großen Persers Ḥāfiẓ (gest. 1390) hatte Goethe den Anstoß zu seinem „West-östlichen Diwan" gegeben. Rückert – immerhin schon dreißigjährig – wurde Hammers Schüler im Arabischen, wobei ihm das Hebräische, mit dem er Jahre zuvor in Würzburg begonnen hatte, gute Dienste tat. Bei Hammer lernte Rückert auch die Anfangsgründe des Persischen und Türkischen. In den folgenden Jahren widmete er sich ganz orientalischen Studien. 1820 veröffentlichte er *Ghaselen nach Dschelaleddin Rumi,* dem persischen Mystiker (gest. 1273). Rückert führte damit das Ghasel in die deutsche Literatur ein. Inspiriert von persischer Poesie und voller Begeisterung für Goethes „West-östlichen Diwan", den er damals erst vom Hörensagen kannte, verfaßte er seine „Östlichen Rosen". (1821), „nicht Übersetzungen zu nennen, und auch nicht Nachbildungen". Jahre später, 1837, setzte er ihnen als Motto voran:

„Die Lust am schnöden Dienst der Zeit ging mir verloren,
Nicht dieser Törin wollt ich dienen mehr zum Toren.
Ich brach die Kett' und nahm zum Morgenland die Flucht;
Dort hab' ich Ähnliches, als Goethe fand, gesucht.
In Schiras' Rosenhain, umsäuselt von Zypressen,
Hab' ich bei Lieb' und Wein in Gott die Zeit vergessen."

Geistige Flucht in eine erträumte Romantik des Orients also aus Unzufriedenheit über die Zeitverhältnisse?
1820 hatte Rückert in Coburg Louise Wiethaus-Fischer kennengelernt. Er nahm sie zur Frau und war ihr ein Leben lang in herzlicher Liebe zugetan. Ihr widmete er alle seine späteren Liebesgedichte, von denen vor allem der *Liebesfrühling* sich beim deutschen Bürgertum des 19. Jahrhunderts großer Beliebtheit erfreute. 1823 kam ihr erster Sohn zur Welt, und bis 1830 wurden dem Ehepaar Rückert vier weitere Söhne und eine Tochter geboren. Rückert hatte zu jener Zeit Einkünfte nur durch seine Gedichte und durch seine Mitarbeit am Nürnberger „Frauentaschenbuch“. In der Hoffnung auf einen Lehrstuhl für Orientalistik betrieb er seine orientalistischen Studien intensiv weiter. Die schon erwähnte Übersetzung des Koran – in der er sich auf dessen poetischere Teile konzentrierte und die erst nach seinem Tode erschien – beschäftigte ihn ebenso wie seit 1824 die der Makamen des Ḥarīrī. Deren ersten Teil konnte er 1826 bei Cotta publizieren. Er brachte ihm die hohe Anerkennung des französischen Herausgebers Silvestre de Sacy ein: „Da wird nun jemand, der Deutsch kann, nicht mehr Arabisch zu lernen brauchen, um sich eine rechte Vorstellung von dem zu machen, was es in dieser Art an orientalischen Werken gibt“, schrieb er ihm am 6. 3. 1827.
Am 3. 10. 1826 wurde Rückert trotz energisch geäußerter Bedenken eines Bayerischen Ministerialdirektors gegen „Schöngeister und linguistische Dilettanten“ zum ordentlichen Professor für orientalische Sprachen an der Universität Erlangen berufen, wo man allerdings von ihm eher Vorlesungen über Hebräisch, Syrisch und Chaldäisch für angehende Theologen als solche über Persisch und Arabisch erwartete. Seine Besoldung, zu der auch Naturalien gehörten, war so gering, daß er ab und an Zuschüsse, vor allem zum Kauf der teuren orientalischen Bücher, beantragen mußte. Rückerts erste öffentliche Vorlesung in Erlangen hatte die arabische Metrik und Lieder aus der altarabischen Gedichtsammlung al-Ḥamāsa zum Inhalt. Während seiner Erlanger Lehrtätigkeit vertrat Rückert die orientalischen Sprachen in einer Breite, die damals an deutschen Universitäten nicht üblich war und die auch heute kaum von einem Wissen-

schaftler allein bewältigt werden könnte. Er kündigte Sanskrit, Syrisch, Persisch, Hebräisch, Türkisch, Armenisch, Tamil an. Im Lauf seines Lebens beschäftigte sich Rückert mit etwa fünfzig Sprachen. Er arbeitete sich auch in damals in Europa fast unbekannte Idiome wie Hawaiisch, Malaiisch und Tatarisch ein. Seine außergewöhnliche Sprachbegabung verband er mit einer romantischen Neigung, Sprachen zu vergleichen, und dem Interesse an fremden Literaturen, vor allem an Poesie:

„Die Poesie in allen ihren Zungen
Ist dem Geweihten eine Sprache nur,
Die Sprache, die im Paradies erklungen,
Eh sie verwildert auf der wilden Flur",

beginnt er seine *Ermutigung zur Übersetzung der Hamasa* (1828). Nach einer dreimonatigen Beschäftigung mit dem Sanskrit, einer der schwierigsten indogermanischen Sprachen, las er mit Studenten einen Teil des indischen Epos Mahabhārata, „Nal und Damajanti", gedruckt mit dem Untertitel „Die Geschichte treuer Gattenliebe" 1828. Er übertrug *Sanskritische Liebesliedchen aus Amaru-Satakam* (1831), das Gitagovinda von Jayadeva, das die Liebe des Gottes Krischna zu Radha besingt und als das „Hohelied der Hindus" gilt, 1837. *Rostem und Suhrab,* ein Stück aus dem „persischen Nationalepos", dem Schahname, mit dem Motiv des Hildebrandlieds, folgte 1838. In seinen *Sieben Büchern Morgenländischer Sagen und Geschichten* (1837) und der Sammlung *Erbauliches und Beschauliches aus dem Morgenlande* (1837/38) formte er seine Lesefrüchte aus älterer arabischer Poesie und Prosa und persischer Lyrik zu poetischen Sinnsprüchen, Balladen und Gedichten um. Er übertrug in mehreren Kollegs hebräische Propheten des Alten Testaments in poetisches Deutsch (gedruckt 1831). Nach der lateinischen Übersetzung von Julius Mohl übertrug er das „Chinesische Liederbuch" Schi-king. Unter seinen eigenen Werken aus diesen überaus fruchtbaren Erlanger Jahren zwischen 1826 und 1841 sind vor allem die rührenden *Kindertotenlieder* (1833) auf eine kleine Tochter und einen kleinen Sohn zu nennen, die kurz hintereinander an Scharlach starben. *Die*

Weisheit des Brahmamen (1836–1839) enthält in 2826 Gedichten und Sinnsprüchen in Alexandrinern Rückerts Lebens- und Religionsphilosophie jener Zeit, angeregt vor allem von antikem, indischem aber auch Schellingschem und Goetheschem Denken. Immer wieder spürt man hier auch den Einfluß orientalischer Mystik:

„Ich höre dich in mir, und in dir fühl ich mich,
Und alles sieht mein Aug' in dir, in allem dich."

Deutlich wird aber auch Rückerts religiöse Toleranz:

„Du bist in Gottes Ratsversammlung nicht gesessen,
Als er den Plan der Welt nach seinem Maß gemessen;
Nun tust du doch, als sei dir vorgelegt der Plan,
Und deinen Maßstab legst du unbekümmert an.
Nur zu! Es ist darauf der Großplan angelegt,
Daß jedes kleinste Maß paßt, das man angelegt,
Daß jeder deutet sich die Welt in seinem Sinn,
Und jeder deutet recht; soviel ist Sinn darin."

In Erlangen, einer kleinen Universitätsstadt, protestantischer Enklave im katholischen Bayern, herrschte damals ein streng protestantischer Geist. Rückert hatte schon seit längerem Beziehungen zur Berliner Universität angeknüpft. Die Berufung dorthin im Frühjahr 1841 brachte ihm zunächst die langersehnte und für seine große Familie dringend notwendige materielle Besserstellung. Doch wurde Berlin für den Ruhe und Zurückgezogenheit liebenden Dichter-Gelehrten nicht die Erfüllung, die er sich erhofft hatte. Obwohl ihm gestattet wurde, nur im Wintersemester Kollegs zu halten, sehnte er sich in die Einsamkeit des Gutes Neuses zurück, das er einige Jahre zuvor gekauft hatte, seine Frau hatte dort ihre Kindheit verbracht. Hinzu kam, daß seine Familie nur die ersten beiden Berliner Winter mit ihm verbrachte. Mißvergnügt sprach er von seiner „Winter-Witwer-Wirtschaft" und obwohl er in Berlin einige begabte und interessierte Schüler hatte, die später namhafte Orientalisten wurden, bat er im Herbst 1848 darum, von seinen

Vorlesungen entbunden zu werden. Im Frühjahr 1849 wurde Rückert, knapp 61 Jahre alt, in den Ruhestand versetzt. Während Rückerts Berliner Zeit wurden einige seiner bedeutendsten Übersetzungen aus dem Arabischen gedruckt, nämlich 1843 die Gedichte des altarabischen Dichters Imra' al-Qais „Amrilkais, der Dichter und König", mit denen er schon in Erlangen begonnen hatte. 1846 publizierte er seine Übersetzung der „Ḥamāsa", eine Anthologie altarabischer Gedichte, zusammengestellt von Abū Tammām (gest. 846). Die letzten achtzehn Jahre seines Lebens verbrachte Rückert in Neuses, kommentierte die politischen Ereignisse in Deutschland als Anhänger eines noch zu errichtenden „volklichen, deutschen Preußen", von dem er die Einigung Deutschlands erwartete, aber auch die Entwicklungen in der Welt, in Gedichten:

„Täglich lesen die Zeitung und täglich darüber mich ärgern,
war mein Wochengeschäft winternde Monate lang ..."

In genauer, wenn auch nicht pedantischer Zeiteinteilung widmete er sich seinen orientalistischen Studien ebenso wie seinen poetischen Übersetzungen und schrieb philologische Werke, die, wie manche seiner Übersetzungen, noch der Veröffentlichung harren. So übertrug er den Bustān des Persers Saʿdī (gest. 1292), der erst postum, 1882, publiziert wurde, übertrug Kālidāsas kunstvolles Drama Sakuntalā aus dem Sanskrit (1854), Oden des Horaz, Werke des Euripides und Theokrit aus dem Griechischen.
Nach dem Tod seiner geliebten Frau Louise am 26. 6. 1857 zog sich Rückert noch mehr in seine innere Welt zurück. Doch verging kein Tag, an dem er nicht ein Gedicht schrieb. Freilich sprechen die Gedichte seiner späteren Jahre von zunehmender Düsterkeit, auch einer gewissen Verbitterung über mangelnde Anerkennung. So schrieb er 1859 in sein „Poetisches Tagebuch", das die letzten sechzehn Jahre seines Lebens begleitete:

„Wie Araber zu Zeiten fasten,
Und wie zu anderen Zeiten gasten;

Wie sie durch dürre Wüsten wandern
Und an begrünten Quellen rasten;
Wie sie auf freiem Rosse reiten,
Und dienstbar das Kamel belasten:
All' das hab' ich aus der Hamasa
Geschöpft und ihren Scholiasten,
Und hab' es übers Meer gesteuert
In einem Schiff mit stolzen Masten:
Den Kranz des Ruhms, hoch aufgehangen,
Vermag kein Stümper anzutasten:
Lobt niemand mich, lob ich mich selber,
Und leg es schweigend in den Kasten."

Am 31. 1. 1866 starb Friedrich Rückert im Alter von 78 Jahren.

Rückerts *Verwandlungen des Abu Seid von Serug*, die er selbst als „freie Nachbildung" der Makamen des Ḥarīrī bezeichnete, sind eine Meisterleistung dichterischer Nach- und Neuschöpfung. Sie erscheint um so glänzender, bedenkt man den damaligen Stand der arabischen Studien in Deutschland, in Europa generell. Erst 1810 hatte de Sacy ein Lehrbuch des Arabischen herausgegeben, das wissenschaftlichen Anforderungen wirklich genügte. Das einzige Lexikon, das Rückert zur Verfügung stand – neben den arabischen Erklärungen, die S. de Sacy aus arabischen Kommentaren in seine Textausgabe aufgenommen hat –, war das Lexikon Arabico–latinum des Niederländers Jacobus Golius aus dem Jahr 1653, das er sich abgeschrieben hatte.

Zu jener Zeit gab es noch keine Festlegungen für eine wissenschaftliche Umschrift des Arabischen. So bevorzugt Rükkert, der nie ein arabisches Land besucht hatte, und wie viele bedeutende Orientalisten bis in dieses Jahrhundert das Arabische phonetisch nicht richtig sprechen konnte, eine Wiedergabe, die jedenfalls der Aussprache vieler arabischer Buchstaben im Deutschen nahekommt. Daß er sich hier vorwiegend am Ägyptisch-Arabischen orientierte, wird am Namen des Geburtsortes von Abu Seid als Serug deutlich – im ostarabischen Raum sagt man Serudsch. Daß es sich auf ug im Deutschen recht gut reimen läßt, zeigt das lange Gedicht in der Makame *Die Bettlerhochzeit.* Auch daß ihm die Aussprache des arabischen Buchstaben, auf den der Name des Erzählers endet, als dem englischen stimmlosen th entsprechend, nicht geläufig war, ist zu erkennen: Er reimt zum Beispiel auf Hareth „bewahret“.

Wie nun hat Rückert dieses nach der altarabischen Dichtung wohl schwierigste Kunstwerk der arabischen Literatur nachgebildet? Um das dem, der das Arabische nicht kennt, einigermaßen klar zu machen, bedarf es zunächst einiger Erklärungen zum Arabischen als semitischer Sprache: Im Arabischen bestehen die meisten Wörter aus einem Grundbestand von drei Wurzelkonsonanten, an denen die Grundbedeutung eines Wortes hängt. Durch unterschiedliche Vokalisierung, für die aber nur die drei Vokale a, i, u in kurzer oder langer Qualität zur Verfügung stehen, durch Prä-, In- und Suffixe nach bestimmten Wortmustern, wird diese Grundbedeutung abgewandelt. Die feststehenden Wortmuster vor allem und bestimmte, ebenfalls feststehende Endungen machen das Reimen im Arabischen außerordentlich leicht. Wortspiele, in denen die Wurzelkonsonanten vertauscht werden – so daß sich neue Bedeutungen ergeben – ebenso wie verschiedene Ableitungen einer Wurzel oder identische Wortmuster verschiedener Wurzeln waren durch die Jahrhunderte beliebte Stilmittel; Stilmittel, von denen es nicht eines im Deutschen gibt.

Hier seien relativ beliebige Passagen aus dem Original zunächst mit einer wörtlichen Übersetzung, dann mit der Rükkertschen freien Nachbildung vorgestellt:

wa-ah̲ad̲nā na^{c}tad̲iru ilaihi ^{c}tid̲āra l-akyāsi
wa-na^{c}riḍu ^{c}alaihi rtiḍā^{c}a l-ka'si

wörtlich:

„Wir begannen uns bei ihm zu entschuldigen mit der Entschuldigung der Geldbeutel – und boten ihm die Begütigung des Bechers.“

Rückert überträgt:

„Wir reichten ihm zur Versöhnung ob unserer Verhöhnung die Schale – und räumten für unseren Vorwitz ihm den Vorsitz beim Mahle.“ Er setzt also – die Bedeutung variierend, paraphrasierend und erklärend – die arabischen Ableitungen identischer oder ähnlicher Wurzeln, die in jedem

Satzglied als Stilmittel Verwendung finden, in Binnenreime um:
na^{c}taḏiru i^{c}tiḏāra (Wurzel ^{c}-ḏ-r)
na^{c}riḍu irtiḍā^{c}a (Wurzeln ^{c}-r-ḍ und r-ḍ-^{c})
Oder:
Fa-qāla uqsimu bi-s-samari wa-l-qamari – wa-zuhri wa-zahari – innahū lan yasturanī illā man ṭāba ḥīmuhū – wa-uš-riba mā'a l-murū'ati adīmuhū.
wörtlich:
„Ich schwöre bei der Nachtunterhaltung und dem Mond – beim Planeten Venus und den Blumen – schützen wird mich nur, wes Sinn edel – und wes Antlitz das Wasser männlichen Edelmuts zu trinken erhielt."
Rückert erweitert den Schwur durch Fremdwörter voll ausgefallener Reime, benutzt wieder Binnenreime und jongliert im folgenden mit Verben und ihren verschiedenen Vorsilben:
„Beim Feuerschürer des Firmaments – beim Steuerführer des Regiments – dem Erleuchter des Orients – und Befeuchter des Okzidents! – Des Menschen Seelengröße – ist, daß er zudecke die Blöße – und nicht aufdecke das Böse."
Ein letztes Beispiel schließlich aus einem im Original sehr kunstvollen Gebet, im Arabischen aus kurzen Satzgliedern mit Binnenreimen und Spielereien mit einander ähnlichen Wortwurzeln bestehend:
Wa-a^{c}iḏnī min nazaġāti š-šayāṭīna – wa-nazawāti s-salāṭīna – wa-i^{c}nāti l-bāġīna – wa-mu^{c}ānati ṭ-ṭāġīna – wa-mu^{c}ādāti l-^{c}ādīna – wa-^{c}udwāni l-mu^{c}ādīna – wa-ġalabi l-ġālibīna – wa-salabi s-sālibīna – wa-ḥiyali l-muḥtālīna – wa-ġiyali l-muġtālīna.
Wörtlich:
„Schütze mich vor den Einflüsterungen der Satane – und den Launen der Sultane – vor den Zwängen der Unterdrükker – und den Nöten, die Tyrannen bringen, – vor den Feindseligkeiten der Angreifer – und der Aggression der Feinde, – vor dem Besiegtwerden durch die Sieger – und dem Ausgeraubtwerden durch die Räuber, – vor den Listen der Arglistigen – und den Morden der Meuchelmörder!"
Rückert übersetzt, wiederum den Inhalt durch Wortspiele

variierend, die Reimkaskaden erweiternd: „Dann, o Gott, behüte mich vor Berückung der Satane – und vor Bedrükkung der Sultane! – vor dem Besuch der Versucher – und vor dem Gesuch der Besucher! – Beschirme mich vor den Haufen, – die da rauben und raufen, – die da schnauben und schnaufen! – Rette mich vor dem Verrat des Raters – und vor dem Rat des Verräters! – Bewahre mich vor der Gemeinschaft der Feinde – und vor der Feindschaft der Gemeinde! – vor dem Zwist der Zwistigen – und vor der List der Listigen! – vor der Hoffart der Hoffärtigen – und der Gegenwart der Widerwärtigen! – vor der Übermacht der Mächtigen – und vor dem Trachten der Niederträchtigen!“

Über Wort- und Reimspiele hinaus enthält das arabische Original literarische Finessen, die es wohl in keiner anderen Sprache gibt oder die doch so mit der Originalsprache und/oder dem arabisch-islamischen Kulturkreis verbunden sind, daß sie kaum nachbildbar scheinen: religiös-rechtliche oder grammatische Scherzrätsel, die wiederum auf Reimtändeleien basieren, etwa in der 15., 24. und 32. Makame des Originals, Rückerts 13., 19., 26. Von Palindromen, Umkehrsprüchen, hier beginnend mit zwei Wörtern bis zu einem Gedicht von fünfzehn Zeilen, lebt die 16. Makame, Rückerts *Die Unterhaltung in der Moschee.* Hier spielt die Eigenart der arabischen Schrift eine Rolle, die nur Konsonanten, drei lange Vokale und die Grundposition der Diphthonge durch die Langvokale bezeichnet. Die Buchstaben werden also, wird der Text von hinten gelesen, anders zusammengezogen und vokalisiert. Mehrere Makamen beruhen auf graphischen Spielereien, die nur möglich sind, weil die arabische Schrift Buchstaben mit diakritischen Punkten und solche ohne Punkte hat. Die Schulmeistermakame enthält ein wahres Raritätenkabinett an Blödelversen dieser Art. Da gibt es Gedichte – in der von Rückert nicht übertragenen 28. Makame des Originals auch eine ganze Reimpredigt – aus Wörtern ohne Punkte (arabisch: ᶜawāṭil „Frauen ohne Schmuck“ – der Kommentar gibt an, daß sich Araberinnen früher mit Punkttätowierungen das Gesicht verziert hätten). Gedichte aus lauter Wörtern mit punktierten Buchstaben (arabisch: ᶜarā'is „Bräute“) sind besonders schwierig, denn der (nicht punktierte) arabische Artikel al- läßt sich kaum umgehen. Es gibt Gedichte, in denen in jedem Wort ein punktierter und ein unpunktierter Buchstabe einander abwechseln (arabisch raqṭā' „schwarzweiß gefleckt"), und schließlich solche, in denen abwechselnd ein Wort mit punktierten und eins mit unpunktierten Buchstaben steht (arabisch h̲aifā' „ein blaues und ein braunes Auge habend"). In den sogenannten „Zwillingsversen" bilden jeweils zwei Wörter ein Paar, die unpunktiert dasselbe Aussehen haben, sich aber durch die diakritischen Punkte unterscheiden. Ḥariri nimmt in der 46. Makame also nicht nur den Schulmeister als Spezies, sondern auch solche poetischen Kuriosa aufs Korn. Auf Sprachscherzen basierende Rätselspiele dienen gebildeten Arabern bis heute zur Unterhaltung. Rückert hat in solchen Fällen Sprachspielereien des Deutschen eigenschöpferisch auf den Inhalt der jeweiligen Makame hin zugeschnitten, oft niedlicher, braver als das manchmal recht boshafte Original. Er hat selbst, vor allem in der Schulmeistermakame, Reimspiele erdacht. In seinen Anmerkungen zur Erstausgabe (also bis zu seiner 23. Makame) hat er zu solchen Lösungen Stellung genommen. Wir haben in den Anmerkungen zu dieser Neuausgabe auf Unterschiede zwischen dem Original und Rückerts Nachschöpfung hingewiesen.

Manches bleibt unübersetzbar, etwa das reizvolle Spiel mit Metonymen in der 19. Makame, Rückerts *Der Krankenbesuch*. Hier gibt Abu Seid seinem jungen Gefährten den Auftrag, den Tisch zu einem Gastmahl einzudecken. Von der Umschreibung für Tisch über die leckeren Gerichte bis zum die Mahlzeit beschließenden duftenden Weihrauch wird jeder Begriff im Arabischen mit einer Kunya, einer Zusammensetzung mit Abū „Vater" oder Umm „Mutter", benannt, und der Scharfsinn des Gefährten – wie des Lesers – besteht darin, zu erkennen, worum es sich handeln muß, von Abū ᶜAmra „Der Vater des Lebens" für „Hunger", über Abū Ǧāmiᶜ „Der Vater des Umfassenden" für „Tisch", über Abū Ḥabīb „Der Vater des Lieblings" für „Ziegenböckchen", Abū ᶜAun „Der Vater der Hilfe" für „Salz", Umm Ǧābir „Die Mutter des Einrenkenden" für Ḥarīṣa, ein Gericht aus Fleisch und Grütze, bis zur Nachspeise aus Mehl und Honig „Abū l-ᶜAlā' „Der Vater des hohen Rangs" und Abū Sarw „Der Vater des Edelmuts" für den Weihrauch. Andere, formal weniger verspielte „Personifizierungen" von Gegenständen, wie in der Makame *Zahnstocher und Seife* oder *Nadel und Kamm* waren leichter umsetzbar, und Rückert hat sie oft noch zusätzlich spielerisch verziert.

Ein in der arabischen Literatur bis in die Gegenwart beliebtes Stilmittel, das Einweben von Koranzitaten in den Text – hier wie anderswo, auch so, daß es auf uns parodistisch wirkt –, kann dem nichtarabischen Leser nur durch Anmerkungen verdeutlicht werden. Rückert kam hier zugute, daß er schon geraume Zeit an seiner Koranübertragung formte, aus der er vor allem in die umfangreichen Anmerkungen zur Erstausgabe mehreres einfließen ließ.

Wenn Rückerts deutsche Reimkaskaden nicht ohne Komik sind: Er hat selbst mit Recht darauf verwiesen, daß auch das Original witzig ist. Freilich werden im gelungenen Bemühen um die adäquate Nachschöpfung der sprachlichen Kunstfertigkeit die oft sehr harten sozialen Aussagen des Originals so phantasiereich verputzt, daß sie weniger greifbar erscheinen. Das mag einmal daran liegen, daß ein derart luftig kunstvolles Reimgewirk im Deutschen ungewohnt bis ungewöhnlich ist. Es wird seine Ursache aber auch im damaligen Deutschland haben: Die Zeit der Restauration nach den Freiheitskriegen, in der die Karlsbader Beschlüsse von 1819 den Universitäten aller deutschen Kleinstaaten bis 1848 eine strenge Zensur auferlegten. Die Zeit des deutschen Biedermeier, die bemüht war, soziale Gegensätze zu harmonisieren. Rückert, der einerseits in seiner *Weisheit des Brahmanen* feststellt:

> „Das Böse ist nicht aus der Welt hinauszulügen,
> Und das Bewußtsein läßt sich nicht um es betrügen",

fordert doch andererseits:

> „Geordnet ist die Welt, du ordne dich ihr ein;
> Das wird am Göttlichen dein rechter Anteil sein."

So flicht er auch in die Anmerkungen zur Erstausgabe des Abu Seid hin und wieder moralisierende Exkurse ein. Der

– dem Kanon der arabischen Literatur folgende – Spott auf den Lehrer (weil sich sein Verstand sehr bald dem der Kinder angleiche), in dem die Schulmeistermakame endet, wird bei Rückert zu einem Lobpreis auf diesen Beruf.

Sexuelle Zweideutigkeiten, an denen das arabische Mittelalter, oft in aller Derbheit, seine Freude hatte, oder gereimte Schimpfwortsalven zwischen zerstrittenen Ehegatten, wie sie schon die ältere arabische Literatur überliefert, hat Rükkert in ein, seinen gebildeten Zeitgenossen erträgliches, seinem eigenen Ruf nicht abträgliches, Maß an Dezentheit gekleidet. Der moralische Verweis am Schluß der 17. Makame der Erstausgabe stammt von Rückert: „Wie verstehst du Lumpen auszustutzen, – und einen Quark herauszuputzen, – jeden Wurm als Köder zu benutzen." Das Original hat hier: „Verdammter Kerl, was läßt dich spielen mit unserm Verstand – und Gaben fordern mit list'gem Vorwand!"

Rückert hat von den fünfzig Makamen des Originals vierundvierzig übertragen. Auch über die 32. des Originals, seine *Die Gesetzfragen,* hatte er zunächst „das Todesurteil gefällt". In seiner Nachschöpfung fehlen die Makamen

1. „Die Sanaanische": eine Bußpredigt und das Lebenskonzept des Abu Seid, s. S. 289.

9. „Die Alexandrinische": ein Streit zwischen Abu Seid und seiner Frau vor dem Kadi. Rückert hat ihn größerenteils frei variiert in seine 38., die 45. des Originals, die eine ähnliche Thematik hat, eingefügt.

17. „Die Krebsgängerische": sie basiert auf einem Palindrom, nämlich hundert gereimten Sprichwörtern, die so aneinandergereiht sind, daß sie, wenn man sie, beim letzten Wort beginnend, von hinten liest, eine scherzhafte bis freche Anti-Ethik ergeben.

22. „Die Euphrat-Makame": Sie enthält eine Art Rangstreit darüber, was nützlicher und verdienstvoller sei, ein literarisches Essay abzufassen oder eine Rechnung aufzusetzen. Es ist sicher eine ironisierende Hommage des Literaten Ḥarīrī an den Geist seiner Zeit, wenn die Rechnung schließlich den Sieg davon trägt. Rückert, dem Humor durchaus nicht abzusprechen ist, mag für diese Ironie das Verständnis gefehlt haben.

28. „Die Samarkander" zeigt Abu Seid in einer Moschee,

mit einer gereimten Bußpredigt aus Wörtern ohne diakritische Punkte. Beim anschließenden Weintrinken sagt er fröhliche Verse daher, deren frivole Quintessenz etwa so lautet:

„Dein Dreh sei, dich zu drehn
Mit der Zeit, wie sie sich auch wende!
Es hat ohnehin all dein Drehn,
Jeder Dreh sehr bald schon ein Ende!"

33. „Die Tifliser": Hier weckt Abu Seid das Mitleid einer Menschenmenge, weil er vorgibt, eine Gesichtslähmung zu haben, also offenbar Grimassen schneidet, und klagt, ihm sei es früher besser gegangen, doch jetzt müßten seine Kinder hungern.
Rückert hat also Makamen, die die Grundthematik variieren, mit anderen verwoben, so die erste mit der 21., die 9. mit der 45. Kulturgeschichtlich interessant sind die 17. und die 22., aber nur in einer textnahen Übersetzung, und damit ginge der sprachspielerische Witz des Originals verloren.
Seine ersten vierundzwanzig Makamennachbildungen konnte Rückert 1826 bei Cotta publizieren. Die umfangreichen Anmerkungen zu dieser Ausgabe zeigen, wie sehr ihm daran lag, im deutschen Sprachraum Kenntnisse über den Orient zu verbreiten. Sie sprechen aber – wie auch die Tabelle seiner Umschrift der arabischen Buchstaben „für den arabisch-gelehrten Leser" – ebenfalls von seinem orientalistischen Ehrgeiz. Diese Noten hatte er, zusammen mit der latinisierten, äußerst schwierigen, Makame *Die Gesetzfragen* über den Grafen Platen (1796–1835) an die beiden Fakultäten der Universität Erlangen gesandt, an deren wissenschaftlicher Anerkennung ihm lag, die theologische und die philosophische. Diese Erstausgabe der Makamen war es, die, wenn auch nach einigem Hin und Her, entscheidend zu seiner Berufung auf den vakanten Lehrstuhl für Orientalistik in Erlangen beitrug. Sie fand in der Fachwelt, wie Rezensionen, etwa die des oben genannten französischen Orientalisten S. de Sacy, zeigen, viel Beifall. Allerdings war es um ihren Absatz so schlecht bestellt, daß der Verleger Johann Friedrich von Cotta trotz Rückerts Insistieren jahre-

lang nicht bereit war, ihm den zweiten Teil abzunehmen. Daran mag auch das „unzierliche“ Äußere des Buches schuld gehabt haben. Rückert sah den Grund darin, daß Cotta im „Morgenblatt für gebildete Stände“ Vorabdrucke ohne Einleitung und Kommentare publiziert hatte, die abschreckend gewirkt hätten. Erst J. Georg Cotta, der Sohn, druckte schließlich 1837 den zweiten Teil gemeinsam mit einer überarbeiteten Fassung des ersten, nicht ohne darauf zu verweisen, daß von den 1000 Exemplaren der Erstausgabe noch über 700 „vorräthig“ waren.

Diese zweite Ausgabe hat Rückert stärker auf den Laien zugeschnitten. Er hat die Umschrifttabelle, der er, wie er schon im Vorwort der Erstausgabe gesteht, nicht konsequent gefolgt ist, weggelassen, hat die Erläuterungen zur Übersetzung ebenso wie viele Anekdoten und Gedichte aus den Scholien, auch Koransuren herausgenommen. Die 17. Makame der Erstausgabe fehlt hier als zu „unanständig“. Sicher um sie dem deutschen Leser näher zu bringen, gab er den Makamen Titel. So erinnern sie an die damals aufblühenden Novellen. Daß diese Ausgabe trotz Rückerts erneuter Skepsis das Gefallen des damaligen Lesepublikums fand, zeigt die Tatsache, daß sie noch zu Rückerts Lebzeiten zwei Nachauflagen erfuhr, 1844 und 1864, denen bald weitere folgten (1875, 1876, 1878–1882). Rückert allerdings hatte, sein Schlußgedichtchen läßt das erkennen, die Geschichte so satt, daß er schon 1837 nicht einmal mehr Korrekturen lesen mochte und den Verlag dafür auf seinen Freund Gustav Schwab (1792–1850) verwies. Dieser nahm sich auch der Auflage von 1844 an, überarbeitete Anmerkungen, gelegentlich auch Verse.

Wir folgen hier im wesentlichen der zweiten Ausgabe von 1837, haben aber Rückerts 3. und 4. Makame auf die Reihenfolge des Originals umgestellt. Zur Abrundung des Bildes vom Original und als hübsches Zeugnis Rückertscher Übertragungskunst führen wir, in einer wenigen prüden Zeit, die 17. Makame der Erstausgabe im Anhang auf. Welche Freude Rückert, dem *Rätselmann*, die Rätsel des Originals um Homonyme bereiteten – auch im Biedermeier waren Rätsel Gesellschaftsspiele –, zeigen die „Abfälle“ zu den Rätselmakamen im Anhang.

Rückerts Anmerkungen zur zweiten Ausgabe haben wir gelegentlich ergänzt, haben seine Umschrift, wo sie von der wissenschaftlichen und/oder der arabischen Aussprache stärker abweicht, leicht korrigiert, beziehungsweise in Klammern die wissenschaftliche Transkription eingefügt.

Für die mühevolle Abschrift des Manuskripts mit der Umstellung auf Dudenschreibung (Rückert-Typisches wurde gelassen, das betrifft oft auch die Interpunktion) danke ich Frau Ingrid Borngräber, Berlin. Ebenfalls herzlich gedankt sei an dieser Stelle Frau Dr. Antje Weigert vom Reclam-Verlag, die diese Neuausgabe anläßlich des 200. Geburtstages von Friedrich Rückert am 16. Mai 1988 anregte und sich sehr für das Projekt engagiert hat.

Halle, Mai 1988 *Wiebke Walther*

Anmerkungen

(Zusätze der Herausgeberin zu Rückerts Anmerkungen stehen in eckigen Klammern)

Hariris Vorwort

1 [Badī^{c} az-Zamān] d. i. das neue Wunder der Zeit, ein Ehrenbeiname des folgenden.
2 Der Dichter Abulfadhl Ahmed, Hamadani, d. i. aus der Stadt Hamadan [Abū l-Faḍl Aḥmad al-Hamaḏānī], gestorben ungefähr hundert Jahre eher als Hariri, der Vorgänger Hariris und Erfinder oder erster Ausbilder dieser Dichtungsart.
3 [Abū l-Fatḥ al-Iskandarī], der Held der Hamadanischen Makamen, wie Abu Seid [Abū Zaid] der Haririschen.
4 [^{c}Īsā Ibn Hišām], der Erzähler der Geschichten, wie bei Hariri der Hareth Ben Hammam [Ḥāriṯ Ibn Hammām]. Man sieht hieraus, wie der äußere Zuschnitt beider Werke vollkommen derselbe ist.
5 Es soll der Wesir eines abbasidischen Kalifen gewesen sein [wahrscheinlich Ibn Ṣadaqa, der Wesir des Kalifen al-Mustaršid. Arabische Quellen nennen auch Anūširwān Ibn Ḫālid, doch wurde der erst nach Ḥarīrīs Tod Wesir von al-Mustaršid.].
6 [Im arabischen Original „fünfzig".]
7 Der Name eines berühmten Redners. [Qudāma Ibn Ǧa^{c}far, geb. um 873/74, gest. zw. 939 und 948, Bagdader Literat, der für seine Wortgewandtheit sprichwörtlich wurde.]
8 [Su^{c}dā], ein weiblicher Name, die Geliebte.
9 Ein Sprichwort, das folgende Erklärung hat: Ein Feldaraber fand einen Widder in der Wüste, den nahm er und hatte Lust, ihn zu schlachten; aber er hatte kein Messer bei sich. Da wühlte der Widder, sich sträubend, mit seinen Füßen den Boden auf, und es kam ein Messer hervor, damit schlachtete ihn der Araber.

Erste Makame

10 [1. Makame = Ḥarīrī 2 al-Ḥulwāniyya „die hulwanitische".]
11 [Stadt im mittelalterlichen Irak, zwischen Bagdad und Hamadan.]
12 Sassan der ältere, der Ahnherr Sassans des jüngeren und somit der vierten persischen Dynastie, der Sassaniden, ist in der

Volkssage zum Stammvater und Oberhaupt der Bettler und Landstreicher geworden, die davon Sassans Kinder heißen, weil er, in der Jugend von seinem Vater Bahman (aus der zweiten persischen Dynastie, der Keianier) verstoßen, in die Gebirge zu den Kurden ging und mit einem Anhang von heimatlosem Gesindel, das sich um ihn versammelte, ein unstetes abenteuerliches Leben führte.

13 Eine Stadt in Syrien, von der ein volksberühmtes arabisches Königsgeschlecht den Namen trägt, das daselbst über vierhundert Jahre bis zum Anfang des Islams regierte. [Tatsächlich waren die Ghassaniden eine christliche Fürstendynastie südarabischer Herkunft, die vom 6. bis zum beginnenden 7. Jahrhundert im Gebiet des heutigen Syrien einen Pufferstaat zu Byzanz bildete.]

14 Basra.

15 Diwan, Gedichtsammlung.

16 Ein älterer arabischer Dichter, geboren 206 der Hedschra, der, wie es scheint, durch einen weichlichen, mehr persischen als arabischen Geschmack und besonders durch blumige, weitgesuchte Schönheitsvergleichungen (erotische Kenningar) berühmt war, welche Liebhaberei hier Hariri gelinde verspottet. [Gemeint ist al-Walīd Abū ᶜUbaid al-Buḥturī, gest. 897, bekannt durch seine Gedichtsammlung al-Ḥamāsa „Die Tapferkeit".]

17 Distichon, Vers.

18 [Sure 49:12.]

19 Dem Auge.

20 Die Wange.

21 Die Fingerspitze.

22 Der Zahnspitze.

23 [Ein Vers des syrischen Dichters Abū l-Wā'wā' ad-Dimašqī, gest. nach 980, der zu jener Zeit recht populär war.]

24 Zähnen.

25 Fingerspitzen.

26 Des Haares.

27 Des Angesichts.

28 Des Wuchses.

Zweite Makame

29 [2. Makame = Ḥarīrī 3 ad-Dīnāriyya „die dinarische" (von „Dinar" = Goldmünze).]

30 Ein arabischer Stammname, dessen sich hier Abu Seid gele-

gentlich bedient. [Qaila soll die Tochter des Ghassanidenfürsten al-Arqam gewesen sein. Auf sie führen sich die medinensischen Stämme al-Aus und al-Ḫazraǧ zurück.]

31 Der Koran sagt bei der Gelegenheit einer Aufmahnung zum heiligen Kampfe: *Doch wer hinkt, für den ist's keine Sünde* (nämlich vom Kampfe zu Haus zu bleiben). [Sure 24:61.]

Dritte Makame

32 [3. Makame = Ḥarīrī 4 ad-Dimyaṭiyya „die dimyatische".]

33 [Stadt in Unterägypten, an der Mündung des rechten Nilarms (auch Damiette).]

34 Die hier geschilderte Art zu reisen, ist eine sehr gewöhnliche, nämlich die Nacht durch bis gegen Tagesanbruch, wo dann auf kurze Zeit gerastet wird.

35 Die Fasten des Monats Ramadhan endigen sich, wie sie anfangen, mit der Sichtbarwerdung des neuen Mondes. Dieses neue Licht, das die Fasten bricht und das Fest bringt, wird aufs begierigste erspäht und von den zuerst Entdeckenden mit größtem Jubel verkündigt; wie sich denken läßt, da dadurch achtundzwanzig sehr streng gehaltene Fasttage beschlossen werden, die, zumal wenn der Monat Ramadhan, auf seinem Kreislaufe durchs Sonnenjahr, gerade in die heiße Jahreszeit fällt, durch die völlige Enthaltung von Trank und Speise, den langen Tag, da nur eine kurze Nacht zur Erquickung bleibt, höchst lästig werden müssen. Kein Wunder also, wenn dieses neue Licht für einen moslemischen Dichter noch einen ganz andern Zauber hat, als für uns, die wir nur seine natürliche Schönheit bewundern, aber keine so wichtigen Epochen an dasselbe knüpfen. Jenes sehnsuchtsvolle ihm Entgegenharren und seine wunschbefriedigende Erscheinung sind daher die Lieblingsbilder, besonders der Erotiker. Hier aber ist Abu Seid der ersehnte Geliebte.

36 Worte aus einer in Medina gegebenen Sure des Korans [Sure 33:53], wodurch sich der Prophet sehr ungezwungen gegen die Lästigkeit der bei ihm speisenden Gäste zu verwahren sucht.

Vierte Makame

37 [4. Makame = Ḥarīrī 5 al-Kūfiyya „die kufische".]

38 [Stadt im Irak, südlich von Bagdad, am Euphrat.]

39 Der *Mustanbih*, d. i. der zum Bellen reizt, ist der verirrte Nachtreisende, der sich bequemt, wie ein Hund zu bellen, damit ihm die Hunde des Stammes antworten, dessen Sitz er in der Nähe vermutet, und ihm so durch ihren Laut zum Führer dahin dienen.

40 D. i. er macht blicken, zeigt die Zähne beim Lachen, arabisch *istarra*.

41 Abraham, der Patriarch. Er gilt als der Begründer ältester Gesittung und Einsetzer der Opfergebräuche in Mekka, veranlaßt durch sein beabsichtigtes Opfer Ismaels, den, als ihren Ahnherrn, die Araber billig an Isaaks Stelle setzen. [Vgl. Sure 2:124ff.]

42 Ein Einkehrort auf dem Wege [von Bagdad] nach Mekka.

43 Arabisch Barra, d. i. pietas.

44 Nämlich den Zunamen *Abu Seid*, d. i. Vater des Seid.

45 Eine Anweisung auf einen Wechsler.

46 Der Dunst der Wüste, Luftspiegelung, Wasserschein.

47 Ein berühmter Schriftsteller, Dichter und Erzähler, der eine glänzende Rolle am Hofe des Kalifen Harun ar-Raschid gespielt, und auf den sich die spätern vorzugsweise als auf einen Gewährsmann arabischer Stammsagen berufen. [Abū Saᶜīd ᶜAbd al-Malik Ibn Quraib al-Aṣmaᶜī, gest. 828, bekannter arabischer Philologe.]

Fünfte Makame

48 [5. Makame = Ḥarīrī 6 al-Maraġiyya „die maraghische".]

49 [Marāgheh, ehemalige Hauptstadt von Azerbeidschan, südlich von Täbris, im heutigen Iran.]

50 [Saḥbān findet sich hier nicht im arabischen Text, erscheint aber an anderer Stelle in Hariris Makamen. Rückert hat ihn wohl auch des Reimes wegen hierher plaziert.]

51 [Im Arabischen ist das geforderte und erbrachte Wortkunstwerk eine Reimprosapassage, in der ein Wort aus Buchstaben mit diakritischen Punkten auf ein Wort ohne solche folgt. Rükkert hat das im Deutschen durch eine sinngemäß ähnliche, aber umfangreichere Passage ohne den Buchstaben r ästhetisch äquivalent wiedergegeben.]

52 Dieser Ton, den Abu Seid öfter und nie, ohne zu rühren, anstimmt, ist gleichsam der zurückgedrängte reine Grundton seines Innern, der von Zeit zu Zeit aus den moralischen Dissonanzen hervorbricht und sie in sich aufzulösen strebt. Ohne diese einzige Wahrheit in seinem aus Lug und Trug gewebten

Leben könnte er gar keine poetische Person vorstellen. Diese elegische Klage um ein verlorenes Jugendparadies und diese Sehnsucht nach einem teueren Vaterland sind nicht erdichtet. Man fühlt das überall, wo dieser Ton anhebt, aber vollständigen Aufschluß darüber gibt der Dichter, sehr kunstgerecht, erst in der ehevorletzten Makame. Man kann sagen: Dieses gute Härchen am grauen Sünderkopf ist es, woran der Himmel ihn hält, um ihn zuletzt aus der Irre zur Heimat zurückzuführen.

53 Vgl. Anm. 13 zu Makame 1.

Sechste Makame

54 [6. Makame = Ḥarīrī 7 al-Barqa^{c}īdiyya „die barqa^{c}idische]

55 Hauptstadt und Provinz von Mawera'ilnehr oder Transoxanien.

56 Hauptstadt des Negerlandes Sudan.

57 Ein Ort oberhalb Mosul. [Erst hier beginnt der arabische Text. Die Passage davor hat Rückert im Geist des Originals ebenso erdichtet, wie er die nun folgenden Reimglieder bis zum Erscheinen von Abu Seid und der Alten hübsch und reichlich ausgeschmückt und vermehrt hat.]

58 Da die Araber bekanntlich Mondjahre haben, so kann jeder Monat wechselnd in jede Jahreszeit fallen. Über den Fastenmonat Ramadhan siehe dritte Makame, Note 35.

59 Überstrenge Muselmanen sollen sich auch daraus ein Gewissen machen, in den Fasten den Geruch der Blumen einzuziehen, gleichsam als sei diese Erquickung ein feineres Nahrungsmittel.

60 In den Moscheen dürfen gewöhnlich keine Frauen erscheinen; nur die alten sind ausgenommen. Sonst beten die Frauen zu Hause. [Im frühen Islam haben Frauen am Gebet in der Moschee sogar in stockdunkler Nacht teilgenommen, doch stets gesondert von den Männern. Schon vom 9. Jahrhundert an hat man sie am Moscheebesuch mehr und mehr gehindert.]

61 Nach der Überlieferung: Es wird ausgerufen werden am Tag der Auferstehung: Es sollen aufstehen die Zornbeladenen Gottes des Höchsten! und es werden aufstehen die Bettler des Mesgid (der Moschee). – Aber Almosen zu *geben* in den Moscheen ist nicht verboten.

62 D. i. zwischen dem Erzähler und Abu Seid sind Reihen von betend Liegenden, über die jener schreiten müßte, um zu diesem zu gelangen, was unanständig und vom Religionsgesetz

gemißbilligt ist. Mohammed sagt, zufolge der Überlieferung: Wer auf die Nacken der Leute tritt beim Freitagsgottesdienst, der macht sich eine Brücke zur Hölle.

63 [Im Arabischen sind Zahnstocher und Seife nur poetisch und in Reimen paraphrasiert. Rückert hat daraus ein Rätselspiel gemacht, hat außerdem die Metaphern erweitert.]

Siebente Makame

64 [7. Makame = Ḥarīrī 8 al-Maᶜarriyya „die maᶜarrische".]

65 [Kleinstadt in Nordsyrien.]

66 Es verdient bemerkt zu werden, daß Hariri hier und in ähnlichen Fällen gerade da mit den Versen anhebt, wo die Poesie des Gegenstandes zu Ende geht, gleichsam, um durch die neue und höhere Form der Darstellung einen neuen und höhern Schwung zu geben. Ohne diesen Kunstgriff würde die folgende Auflösung des Rätselstreites höchst langweilig geworden sein, statt daß sie uns jetzt durch das komische Pathos, womit die Bettlerlumpen aufgestutzt werden, gar anmutig vorkommt.

67 Statt des *Kammes* ist im Original ein Gegenstand, dem die erforderliche doppelsinnige Beschreibung auf eine für uns anschauliche Weise nicht abzugewinnen war, nämlich der *Augensalbestift, Mil* genannt, d. i. dasjenige Instrument, womit die im Orient gebräuchliche schwarze Schminke an die Wimpern und Augenränder gebracht wird; ein ebenso notwendiges Toilettenstück jener Gegenden, als der Kamm bei uns. Der Kamm ist nun freilich nicht ganz im Kostüm, wenigstens der Männer, die dort glatt geschoren sind und nichts zu kämmen haben. Doch bliebe auch bei diesen etwa noch eine Zuflucht für den Kamm, der Bart. Aber unser Kamm gehört einem jungen Bürschchen zu, und diese tragen dort allerdings auch langes Haar, wie die Mädchen; zumal die von der Klasse der verrufenen Lieblinge halten ganz besonders auf diese weibliche Zierde.

68 Nichts ist häufiger bei unserm Dichter als Beteuerungen bei irgendeinem einzelnen Gegenstand, der mit Gebräuchen der Wallfahrt oder mit den heiligen Wallfahrtsorten in Verbindung steht. Freilich ist der Mißbrauch des Heiligen überhaupt zu Schwüren und Bekräftigungen, oft bei den unwürdigsten Anlässen, im arabischen Sprachgebrauch aufs Äußerste getrieben und obgleich vom Gesetz gemißbilligt, doch um so unvertilglicher, da der Koran selbst sich dieser Sünde in hohem

Grade schuldig macht. Besonders die letzten kleineren Suren, die eigentlich poetischen, sind ganz voll davon; Gott selbst oder sein Prophet, die beide nicht immer leicht voneinander zu unterscheiden sind, schwören da immerfort, oft wirklich bei recht seltsamen Dingen. Daß aber diese Schwörlust sich besonders an die Wallfahrt hält, ist natürlich, da in der farblosen, durch keine Mannigfaltigkeit bunter Feste unterbrochenen Einförmigkeit des mohammedanischen Religionslebens diese Wallfahrt allein, aber auch um so bedeutender, als Jahresepoche im ganzen, wie als Lebensepoche für den einzelnen, hervortritt. Jeder, den nicht Unvermögen oder sein Geschäft verhindert, ist gehalten, einmal in seinem Leben die heilige Reise zu tun. Auch die verheirateten Frauen sollen es, und ihre Männer dürfen es ihnen nicht wehren. Wer selbst nicht kommen kann, muß einen Stellvertreter schicken, und ein solcher muß auch für jeden Gestorbenen, der diese Pflicht solange verschoben, bis er sie nicht mehr erfüllen konnte, von dem Erben bestellt werden. Die Reise aber mehr als einmal zu machen, ist verdienstlich. Denkt man nun dazu den ungeheuren Umfang des vom Islam beherrschten Ländergebietes, die umständliche Art zu reisen, mit Karawanen, die pomphaften Anstalten, die zu diesem Zwecke die Regierungen machen, und die mannigfaltigen Privatinteressen, die sich in dieses große öffentliche verflechten, die Benutzung der solennen Gelegenheit zu Handelschaft, Geschäftsreisen und müßiger Landstreicherei; so wird man die Versicherung gültiger Zeugen nicht unglaublich finden, daß vier Monate lang im Jahr, zwei vor und zwei nach dem Besuche der heiligen Örter, die ganze mohammedanische Welt durch dieses große Institut in Bewegung gesetzt sei. Was nun, bei dem Besuch dieser heiligen Örter selbst, der einzelne Pilger sowohl, als die Gemeinschaft derselben, alles zu tun und zu beobachten hat, ist ein so wohl geordnetes, vielgegliedertes System von eigentümlichen, auffallenden, auch sinnreichen Gebräuchen, die selbst auf den unbeteiligten fremden Betrachter einen starken Eindruck zu machen nicht verfehlen. Wieviel lebhafter werden sie die Einbildungskraft des einheimischen Dichters beschäftigen.

Die Anhöhe *Mina* (*Chaif* selbst heißt Anhöhe; andere sagen Tal. Beides widerspricht sich nicht, sondern gehört zusammen. Die Scholien erklären es: Was abwärts vom Berg und aufwärts steigt vom Tal oder Flußbett.) und unser Ausdruck: *Anhöhe Chaif Mina* enthält eine unschädliche Tautologie. Diese Anhöhe *Mina*, unweit *Mekka*, worauf ein Bethaus oder *Mesgid* errichtet ist, nimmt auf der Wallfahrtsszene eine Hauptstelle ein. Hier wird der Teufel gesteinigt, das Opfer geschlachtet und zuletzt das Haar geschoren, das während der Wallfahrt hat wachsen müssen. Doch wir haben es hier nur mit dem ersten Gebrauch zu tun. Nachdem das Pilgerheer zwei Tage vor dem Opferfeste feierlich aus Mekka ausgezogen ist, die erste folgende Nacht schon in *Mina* zugebracht hat, sodann, nach dem Betstand auf *Arafat*, die zweite Nacht in *Muzdalifa*, zieht es am dritten Tag, am ersten selbst des Festes, wieder nach *Mina*, und hier dann, beim Weggehen von der Station, ist es, wo jeder Pilger gegen eine Stelle hin, die *Gamrat al-ʿaqaba*, d. i. der kleine Kiesel des beschwerlichen Aufstieges, heißt, sieben Steine wirft mit den Worten: Im Namen Gottes! Gott ist groß! Zum Verdruß des Teufels und seiner Engel! usw. Dieser Gebrauch ist eingesetzt zum Gedächtnis an den Stifter der Wallfahrt, Abraham, der, als er über diese Örter ging, um seinen Sohn zu opfern, den Teufel, der ihm eingab, Gott nicht zu gehorchen, mit Steinwürfen abtrieb. Die Steine aber, die der Pilger wirft, sollen nicht größer als eine Bohne sein, um durch das schwache Geschoß mehr Verachtung gegen den Feind zu bezeigen und auch um den Schaden zu verhüten, der bei der großen Menge der Pilgrime entstehen könnte. Man legt den Stein auf die innere Fläche des Daumens und schleudert ihn mit dem kleinen Finger. Man darf statt der Steine nichts andres werfen, nicht etwa goldene oder silberne Münzen, um nicht die Gläubigen zu versuchen, sie aufzulesen. Nach diesem Steinwerfen kann der Pilger sein Opfer schlachten, sich scheren lassen, und nach Mekka zurückkehren, um dort andre Gebräuche zu verrichten. Aber am folgenden Tage, dem zweiten des Festes, muß er wieder nach *Mina* gehen und, wann sich die Sonne geneigt hat, das Steinwerfen erneuern, und zwar muß er dann dreimal sieben Steine werfen, je sieben an jeder der drei Stellen, die den gemeinschaftlichen Namen *Gamra* führen, zuletzt bei der Hauptstelle *Gamrat al-ʿaqaba*. Am dritten Tage wird dies wiederholt, und ebenso am vierten, dem letzten des Festes, nur diesmal früher, eh' der Tag sich neigt. An diesen vier Tagen wirft also jeder Pilgrim siebzig Steine, nämlich sieben am ersten Tag, und an jedem folgenden einundzwanzig. Man glaubt, daß alle Steinchen, die ein Gläubiger, der seine Wallfahrt würdig vollbringt, geworfen hat, sogleich von Engeln aufgehoben werden; und ohne dieses beständige Wunder wäre auf den *Gamrats* gar nicht mehr fortzukommen, vor der Menge von Steinen, von den Pilgern seit so vielen Jahrhunderten dahin geworfen.

69 Ein Goldstück.
70 Das Junge vom Löwen (sonst auch vom Hunde).

Achte Makame

71 [8. Makame = Ḥarīrī 10 ar-Raḥbiyya „die rahbitische".]
72 [Kleine Stadt in Syrien, am rechten Ufer des Euphrat, heute Mayadin.]
73 Statthalter, Oberamtmann.
74 Das Silber des Kinnes ist dessen jugendliche Glätte, und die Schwärze, womit es geschlagen werden soll, der gefürchtete Bart.
75 [Miṯqāl, Gewicht für Edelmetalle, Juwelen, auch Drogen, später, auch hier, synonym für Dinar gebraucht.]
76 Der Mann des Auges, bei uns die Pupille, das Kindchen des Auges.
77 Sprichwörtlich der Wolf, der den von seinen Brüdern verkauften Joseph zerrissen haben sollte.
78 [Ist mein Geschäftspartner.]
79 Der Wolfschweif heißt der den Himmel überfahrende erste falbe Morgenschimmer, der wieder verschwindet und eine tiefere Finsternis hinterläßt, aus welcher dann erst der zweite, oder der *wahrhafte Morgen* hervorgeht, im Gegensatz zu welchem jener erste Schimmer auch der *lügende Morgen* heißt.
80 Der *Brief* des Mutalammis ist, wie man ohne Not und Note errät, ein *Uriasbrief.* Die Geschichte davon ist zu weitläufig.
81 Das Martyrtum des *Hussain,* des jüngeren Sohnes des *Ali* und der *Fatima,* der tragische Tod des Verdurstens, den er mit seinen Waffengefährten bei Kerbela gefunden, steht zwar, wie wir eben hier ein Beispiel sehen, auch bei den Sunniten in gutem Andenken, doch lange nicht in so lebhaftem wie bei den Schiiten, die diesem ihrem Lieblingsheiligen ein jährliches Totenfest feiern, das mit seinen öffentlichen Wehklagen und ekstatischen Ausbrüchen der Trauer, mit der mimisch-dramatischen Darstellung des Kampfes, Leidens und Todes, im offnen Widerstreit mit dem Geiste des Islams, einem heidnischen Mysterium viel ähnlicher sieht. [Gemeint ist der 10. Muḥarram, der ᶜAšūrā'-Tag, an dem die Schi'iten mit Trauerprozessionen und Passionsspielen des Todes Hussains in der Schlacht bei Kerbela im Jahr 680 gedenken.]
82 Geschichte des Sprichworts: *Er kommt nach Hause mit den Schuhen des Honein:*
„*Honein* war der Name eines Schusters; zu dem kam ein Araber

aus der Wüste, um von ihm ein Paar Schuhe zu kaufen. Doch sie wurden über den Handel uneins; der Araber schimpfte den Honein und kaufte die Schuhe nicht. Als er nun wieder heimreiten wollte, lief Honein ihm voraus auf den Weg, warf einen Schuh hin, ging dann eine weite Strecke und warf den andern Schuh hin; worauf er sich an der Stelle hinter einem Strauch verbarg. Als nun der Araber an dem ersten Schuh vorüberkam, sprach er: Wie sieht doch dieser Schuh den Schuhen des Honein gleich! Wäre sein Kamerad auch dabei, so höbe ich ihn auf. So ritt er weiter und kam zu der Stelle, wo der andre Schuh lag. Da bereute er's, daß er den ersten nicht aufgehoben; ließ sein Pferd bei dem zweiten stehen und kehrte um, den ersten zu holen. Doch Honein kam hervor und ritt auf dem Tiere des Arabers davon; und als dieser zurückkam, sah er den Schuh, aber sein Tier nicht. Er nahm denn das Paar Schuhe und ging zu Fuß nach Hause. Da fragte man ihn: Was bringst du heim von deiner Reise? Er sprach: *Die Schuhe des Honein*; und das ward zum Sprichwort."

Neunte Makame

83 [9. Makame = Ḥarīrī 11 as-Sawiyya „die sawische".]
84 Eine Stadt [im Iran zwischen Rayy und Hamadan].
85 Der Prophet sprach: Die Herzen rosten wie das Eisen. Man fragte ihn: Und womit kann man sie scheuern? Er sprach: Mit dem Lesen des Korans und dem Besuch der Gräber.
86 Die *Klagefrauen* gehören nicht zu den gesetzlichen Stücken eines moslemischen Leichenbegängnisses. Diese Stücke sind die Leichenwaschung und Anlegung der Leichentücher; das Leichengebet vor dem Wegtragen der Leiche, gehalten unter dem Vorstand des Kadi oder des Imam; sodann das eilfertige Begräbnis. Und zwar eilfertig in doppelter Rücksicht, erstens ohne Aufschub der Zeit, am Sterbetag selbst, zweitens mit Davontragung des Toten in schnellem Schritt. Zufolge der Überlieferung: Beeilet euren Toten! denn wenn er zum Heil ist, so bringt ihn dazu; und wenn zum Bösen, fort mit ihm zu den Genossen des Feuers! Oder auch so: Wenn er zum Heil ist, so befördert ihr ihn, und wenn zum Bösen, so schaffet ihr ihn euch vom Nacken. – Ja, man soll nicht einmal Tränen vergießen, noch Seufzen und Wehklagen hören lassen, geschweige denn, nach heidnischer Sitte, sich das Gesicht zerschlagen oder die Kleider zerreißen. Und eine Frau darf überhaupt nicht in der Begleitung sein. – Aber die Klagefrauen, die lange

vor dem Islam in Arabien da waren, haben sich durch seine Strenge nicht so ganz ausrotten lassen, daß sie nicht wenigstens als poetisches Bild fortlebten. Es ist mit dem verbotenen Weinen wie mit dem verbotenen Wein, den sich auch die Poesie nicht hat nehmen lassen können.

87 Ein eigener Glaubensartikel befiehlt dem Moslem, die Wirklichkeit (nicht Bildlichkeit) der *Grabespein* zu glauben, d. i. des peinlichen Verhörs, das die beiden Engel *Munkir* und *Nakir* mit allen Gestorbenen, ohne Unterschied, unmittelbar nach dem Tod anstellen. Doch der fromme Gläubige kommt dabei ziemlich leicht durch: die beiden Engel gehen in sein Grab und fragen ihn, wer sein Herr sei, welches seine Religion, und wer sein Prophet? und er hat nur zu antworten: Gott ist mein Herr, der Islam meine Religion, und Mohammed ist mein Prophet.

88 Die Brücke *Sirat* [Ṣirāṭ], feiner als ein Haar und schärfer als ein Schwert, worüber man zum jüngsten Gericht geht.

89 [Dieses ironische Gedichtchen auf pfäffische Doppelzüngigkeit stammt von Rückert. Bei Ḥarīrī weist Abu Seid den Tadel von al-Hareth mit einem Vers des Inhalts zurück, heute betrüge doch jeder. Sein Widerpart bezeichnet ihn daraufhin unter anderem als „Fürst der Höllenbande und Lastkamel der Schande". Dann gehen beide in verschiedene Himmelsrichtungen davon.]

Zehnte Makame

90 [10. Makame = Ḥarīrī 12 ad-Dimašqiyya „die damaszenische".]

91 Die Provinz, wozu des Dichters Vaterstadt Basra gehört.

92 [al-Ġūṭa, die Oase, in der Damaskus liegt, bewässert durch ein vom Flüßchen Barada abgezweigtes Kanalsystem], als eine der reizendsten Gegenden berühmt und den vier irdischen Paradiesen zugezählt. Die drei übrigen sind *Schib* von *Bawwan* [in Khuzistan im Iran], *Ubulle* von *Basra* und *Soghd* von *Samarkand.*

93 Der Name eines Tors von Damaskus.

94 Eine Art von Rosenkranz oder Betschnur, gewöhnlich mit 99 Kügelchen, nach der Zahl der Eigenschaften oder Namen Gottes, führen nicht nur die Derwische nach Regeln ihrer Orden, sondern auch gemeine und vornehme Leute, Männer und Frauen, zur Andacht oder zum Schmuck, und zu einer Art von Zeitvertreib. Die Kügelchen sind oft aus heiliger Erde oder

heiligem Holz, von Mekka, Medina oder Jerusalem. Die Schiiten haben auch welche von dem mit Martyrblut geweihten Boden Kerbelas, die zu Meschhed Hussain [Todesstätte Hussains] verfertigt werden.
Vgl. Anm. 81 zu Makame 8.

95 [Laut Kommentar Name einer berühmten Wüste zwischen Syrien und dem Irak.]

96 Das Eingangskapitel des Korans, oder Fatiha [die Eröffnungssure, auch Umm al-kitāb, „die Mutter (der Ursprung) des Buches" genannt].

97 Ein Ort, der durch seinen Wein berühmt ist, am Ausgang der Wüste, durch die das Geleite ging [kleine Stadt am rechten Ufer des Euphrat, heute im westlichen Irak].

98 Violine.

Elfte Makame

99 [11. Makame = Ḥarīrī 13 al-Baġdādiyya „die bagdadische".]

100 Zu seiner Hälfte, dem Mittag gelangte.

101 und 102 Zwei Reihen von Sachreimen, statt der sonstigen Klangreime, im Prinzip zu vergleichen mit der *Sestine*.
Vgl. Anm. 143 zu Makame 15 und Anm. 218 zu Makame 21.

103 Sprichwörtlich, für: zur Unzeit oder in der Not soll man sich nicht zieren oder schämen.

104 Bottich oder Bütte.

105 In der Mitternacht.

106 Die hungrigen und von Gott gespeisten Raben kennt der Araber so gut wie wir. Er hat aber dazu folgende Mythe: Wenn der junge Rabe, der *Na'ab*, d. i. der Kreischer, heißt, aus dem Ei kriecht und ihn seine Eltern sehen wie ein Fleisch (d. i. nackt und unbefiedert), so fliehen sie vor ihm aus Furcht, denn der Rabe ist der vorsichtigste Vogel. Da sendet nun Gott dem Jungen die Fliege, die stürzt auf ihn, öffnet ihm den Mund und kriecht hinein, daß er sie verschlucke. Und in diesem Zustand bleibt er vierzig Tage [im arabischen Original sieben], bis ihm die Federn wachsen und er schwarz wird, dann kehren die Alten zu ihm zurück. – Sie haben sich also nur vor ihm gefürchtet, weil er nicht schwarz war wie sie.

107 *Elchansa* [al-Ḫansā'], d. i. die Stumpfnasige, eine Dichterin aus den letzten Zeiten des Heidentums, die noch den Islam erlebte, berühmt durch ihre zahlreichen Trauergedichte auf den Tod ihres Bruders *Sachr*, der an einer im Kampf empfangenen Wunde starb. Eine Probe von ihr:

Mich mahnt die Sonne, wann sie steigt, an Sacher,
An Sacher mich, wann sie den Abend rötet.
Und wären viele nicht um mich, die weinen
Um Brüder auch, so hätt' ich mich getötet.
Sie weinen nicht wie ich um solchen Bruder,
Doch fühl' ich mich durch ihren Schmerz getröstet.

Damit wir hier bei Sonnenauf- und -untergang nicht etwas zu Empfindsames denken, mahnen uns die Scholien, daß die Dichterin sich deswegen ihres Bruders besonders am Morgen und Abend erinnere, weil jener die Zeit des Streif- und Raubzuges, dieser der Gastbewirtung sei. Sie sieht also ihren Helden im Doppellichte der arabischen Stammtugenden.

Zwölfte Makame

108 [12. Makame = Ḥarīrī 14 al-Makkiyya „die mekkanische".]

109 [Madīnat as-Salām], d. i. Stadt des Friedens oder Heils, ein Ehrenname *Bagdads*, die arabische Übersetzung des persischen Namens Bagdad, der Garten der Gerechtigkeit oder des Heils bedeutet.

110 Vom Chamäleon wird gesagt, daß es beständig, mit der Sonne sich herumdrehend, ihr Licht mit seinem Auge auffange, das gleichwohl immer kalt bleibt, nach dem Sprichwort: Kälter als das Auge des Chamäleons. Daß es also hier glüht, kann die äußerste Sonnenhitze bezeichnen. Eigentlich steht aber im Text: Die Mittagsglut hatte das Auge des Chamäleons blind gemacht.

111 Nach unsrer Art: ohne Schloß.

112 Wir hätten hier dem Leser gar leicht mit einer Anzahl sich reimender Originalgerichte, die der Text darbietet, aufwarten können, als da sind: *Asiden, Schebiden, Theriden, Nebiden* und *Kadiden*; doch sie würden ihm, auch mit aller Zutat von Noten, ungenießbar geblieben sein, und er wird sich dafür mit unsern Surrogaten begnügen, mit dem, was sie *brieten*, mit dem, was sie *sieden*, und mit den provinziellen *Schnieden*, statt Schnittchen oder Schnitzeln. [Für den an arabischen Gerichten Interessierten: ᶜAṣīda = „dicker Brei aus Mehl und geklärter Butter", Šahīda = „Gericht aus Fleisch und Weizengrütze", Ṯarīda = „Gericht aus eingeweichtem Brot, Fleisch und Brühe", Nahīda = dem Kommentar zufolge „Koloquintenkörner gar und fest gekocht und mit etwas Mehl bestreut", Qadīda = „getrocknete Fleischstreifen"; insgesamt also eher „Hausmannskost", hier um des Reimes willen aneinandergereiht.]

113 Lobgedichte.

114 *Orkob* [ᶜUrqūb] war ein Mann, der nicht hielt, was er versprach, und versprach, was er nicht halten wollte.

115 Die Anspielung auf den Patriarchen ist für uns deutlich genug: Es ist kein Wunsch mehr in der Seele Jakobs, nachdem er seinen geliebten Sohn wiedergefunden.

Dreizehnte Makame

116 [13. Makame = Ḥarīrī 15 al-Faraḍiyya, von arabisch farḍ „der nach dem islamischen Recht Verwandten unterschiedlicher Grade zustehende Erbschaftspflichtteil"].

117 Das Nacht- oder Mondscheingespräch, *Samar*, ist ein Hauptstück des geselligen Lebens der Araber, insbesondere der Zeltbewohner. Mit seiner stillen Gleichförmigkeit muß es ihnen die ganze Mannigfaltigkeit von lauten Vergnügungen ersetzen, die in unsern Städten die Nacht zum Tage machen. Aus der eigensten Natur des Bodens hervorgegangen, – indem die am Tage in der Wüste Weidenden, oder auf dem Raubzuge Begriffenen sich am Abend und im Mondschein um ihre Zelte sammeln und die Hitze des Klimas, die einen Teil des Tages zu verschlafen einlädt, dafür einen Teil der Nacht zu durchwachen auffordert – geht diese volkstümliche Sitte aus dem Naturstand in den Kulturstand, aus den Zelten in die Städte und aus dem arabischen Heidentum ungestört in den Islam herüber, von dessen Strenge sogar, die andre Volksgebräuche so feindlich angreift, sie gleichsam erst ihre Hauptnahrung erhält. Denn das Verbot von Wein und Spiel, Musik und Tanz läßt der Geselligkeit nichts als das Gespräch, das sie denn ganz besonders hegen und pflegen muß, um sich daran für alles andre schadlos zu halten. Da der Stoff dieses Gespräches schon in der ursprünglichen Wüste nur ein sehr beschränkter ist und dieses immer mehr wird, je mehr die eigenen Volks- und Stammesinteressen erlöschen, so gewinnt beizeiten die Form die Oberhand; die Sprache fängt an über sich selbst zu sprechen, und für Spiel, Schauspiel und Saitenspiel stellt sich das Wortspiel ein. – Auch in unsern Makamen sehen wir einigemal ganze Nächte so hinweg geplaudert, und hier ist es, wo Abu Seid, als Repräsentant arabischer Bildung, die Unerschöpflichkeit seines Sprachwitzes aufwendet, um irgendeine Kleinigkeit durch seinen Vortrag zum Gegenstand lebhafter Teilnahme zu machen.

118 [Riḍwān], der Hüter des Paradieses.

119 Augen.
120 Eine italienische *Ricotta*, oder süßer Käse.
121 Sprichwörtlich: das hastig-irre Umherfahren der Eidechse ist auch uns in die Augen fallend.
122 Sprichwörtlich arabisch für Hunger.
123 Fetwa, die gutachtliche Entscheidung des Mufti in vorgelegten Rechtsfällen.
124 [Sure 33:53.]
125 *Schwächer als das Haus der Spinne* [Sure 29:40]. Scholien: „Einige behaupten, diese Übertreibung trete dem Koran zu nahe, der sagt: Das schwächste der Häuser ist das Haus der Spinne: woraus folge, daß kein andres Haus schwächer sein könne, Hariri aber mache dieses zu einem schwächern. Doch man darf ihm das nicht zur Sünde anrechnen; denn durch die Übertreibungen in Versen und Prosa ist keine Wahrheit gemeint, und nur derjenige sündigt, der so etwas glaubt."
126 D. i. ehe sie als Säugamme auf eine unedle Art sich ernährt. Ein Sprichwort.
127 Sure 13, 14.
128 [Weiße Hand = wohltätige, vornehme Hand.] *Weiße*, nicht etwa *weise*, wie der Freund, der mir die Druckfehler des Buches wegschaffen sollte, hier allzu *weise* für seinen Stand (er ist hoffentlich bald Rittmeister) und aus zu geringer Achtung für die *weißen* Glückshände der Schönen, korrigierte.
129 Zu sagen: *der Morgen niest*, möchte in unsern abstrakten Sprachen kaum anders erträglich sein, als nur in einer solchen Verbindung wie hier, in der schwankenden Haltung der Rede zwischen Ernst und Scherz, wo dann jeder Leser, nach den Schranken seiner Vorstellungen, sich den Ausdruck, ohne weitere Störung, mehr oder minder lächerlich vorkommen lassen darf. Aber im Arabischen ist er aufrichtig objektiv gemeint, und gewiß liegt ihm ein tiefes Naturgefühl zugrunde, das allein den gärenden Prozeß und die erheiternde Explosion des Niesens so auf den Kampf in der Atmosphäre und den hervorbrechenden Sonnenstrahl anwenden konnte. – In der parsischen Religion wird das Niesen ausdrücklich als ein Sieg des Lichts über die Finsternis bezeichnet.
130 Der Gebetsrufer, Mu'aḏḏin.

Vierzehnte Makame

131 [14. Makame = Ḥarīrī 16 al-Maġribiyya „die maghrebinische".]

132 Das Abendgebet, nach Sonnenuntergang.

133 Der Westen oder das Abendland, gemeiniglich das westliche Nordafrika.

134 Treuer übersetzt, aber weniger anschaulich, wäre: Als ich nun seinem (des Abendgebetes) Gesetzlichem genügt, – und sein Freiwilliges hinzugefügt.
Jede der täglichen fünf Andachten (morgens, mittags, nachmittags, abends und in der Nacht) besteht aus gewissen Zyklen zeremoniöser Verrichtungen, wo zwischen Aufrechtstehen, Vorwärtsbeugen, Niederwerfen aufs Angesicht und knieendem Sitzen die vorschriftsmäßigen Gebete hergesagt werden. Ein solcher Zyklus heißt Rak'a. Jede der fünf Andachten erfordert ihre eigene Anzahl von Rak'ats, zu deren einigen die Verbindlichkeit sich auf göttlichen Befehl gründet, zu den andern auf einer löblichen Nachahmung des Propheten beruht. Das Abendgebet nun enthält drei Rak'ats von der ersten Art und zwei von der letzten. Das also ist in der obigen Stelle mit dem Gesetzlichen und dem Freiwilligen gemeint.

135 *Tofeil* [eigentlich Ṭufailī] ist die arabische Personifizierung des ungebetenen Gastes oder Schmarotzers.

136 [Im arabischen Original geht es hier um Umkehrsprüche ähnlich dem deutschen „Ein Neger mit Gazelle zagt im Regen nie". Allerdings sind die Sprüche nur im unvokalisiert geschriebenen, also nicht im gesprochenen Text umkehrbar. Jeder, der an die Reihe kommt, soll „der Kette eine Perle hinzufügen", das heißt, sein Spruch soll jeweils um ein Wort länger sein als der seines Vorgängers. Begonnen wird mit einem Spruch aus drei Wörtern.]

137 Der Bischof *Quss* ist aus der vorislamischen Zeit als unübertroffenes Muster von Weisheit und Beredsamkeit bei den Arabern im Andenken geblieben. – [Quṣṣ Ibn Sāᶜida, eine legendäre Gestalt, wurde sprichwörtlich als größter Redner aller arabischen Stämme. Im arabischen Text steht hier aber Iyās Ibn Muᶜāwiya, ein für seine Hellsichtigkeit, seinen Scharfsinn berühmter Richter von Basra. Rückert hat aus Reimgründen Quṣṣ gewählt, der an anderer Stelle in Ḥarīrīs Makamen erscheint.] Vom *Bakel* ist nicht viel mehr zu sagen, als was sein Zuname, der Stammler, besagt. Es scheint, daß er eine ganz ausnehmende Faulheit, mehr als Schwerfälligkeit, der Sprachwerkzeuge gehabt und sich in allen Fällen am liebsten ganz ohne den lästigen Gebrauch der Worte beholfen habe. Er kaufte einst auf dem Markte eine lebendige junge Gazelle um elf Drachmen. Als er sie nun nach Hause tragen wollte, begegnete er Leuten, die da fragten, wieviel sie koste. Da reckte er,

statt der Antwort, die zehn Finger seiner Hände aus und als den Elfer die Zunge aus dem Munde. Aber über diesem rednerischen Gebärdespiel ging ihm der Arm los, worunter er das Tier hielt, und es entwischte. [Bāqil wird erst im übernächsten Gedicht genannt, in dem es heißt, bei dieser Schar redegewandter Leute würde auch ein Saḥbān zum Bāqil.]

138 Über *Sahban* siehe den Eingang der fünften Makame [Anm. 50].

139 Aus den Scholien: *Farazdaq*, der Dichter, gab seiner Gattin *Nawar* die Ehescheidung, die sie verlangte. Dann reute es ihn, und er sang:

Mich reut es, wie den *Kussa'i* es reute,
Als früh von mir geschieden war Nawar.
Sie war mein Paradies, und ich verließ es,
Wie Adam, als er ausgetrieben war.
Ich war, wie wer mit Fleiß das Aug' sich ausriß;
Da tagt' es, und ihm war der Tag nicht klar.

Kussa'i weidete seine Kamele in einem grasreichen Tale; da sah er auf einem Felsen ein Nebastämmchen, das gefiel ihm besonders, und er sprach: Das soll ein Bogen werden. Drauf besuchte er es oft und hütete es, bis es groß und stark genug war, dann schnitt er es ab und trocknete es; worauf er den Bogen schnitzte und sang:

O Herr, laß den Bogen recht mich schnitzen,
Denn er ist die Wonne des Schützen
Und soll meinem Weib und meinen Kindern nützen.

Dann nahm er die Abfälle des Holzes und schnitzte fünf Pfeile daraus, drehte sie in den Händen um und sang:

Beim Herrn! so schöne Pfeile gab es nimmer,
Sie erfreun dem Schützen die Finger.
Nun freut euch der Atzung, meine Kinder,
Wenn mich das Mißgeschick nicht hindert.

Drauf ging er hinaus zu einer Jagdhütte an den Ort, wo die Waldesel zur Tränke kamen, und stellte sich da nachts auf die Lauer. Da kam ein Rudel, und er schoß ein Füllen, so daß der Pfeil mitten hindurch fuhr und drauf an dem Gestein Funken schlug. Da glaubte er, er habe gefehlt, und sang:

Ich flüchte zu Gott, dem Überwinder,
Gegen das Unglück, das mich hindert.
Sah ich nicht den Pfeil, wie er flog dahinter
Und Funken schlug wie goldne Flinder?
Heut verdirbt die Hoffnung meiner Kinder.

So stand er, bis ein zweiter Rudel kam; da schoß er ein Füllen, und der Pfeil fuhr hindurch wie das erste Mal. Er sang:

Gott verdamme den Unglücksschuß!
Ich flüchte zu Gott vor dem Verdruß.
Schieß' ich Pfeile, daß ich Steine treffen muß?
Hilft denn kein Rat gegen Schicksalsbeschluß?

So stand er, bis ein dritter Rudel kam; er schoß ein Füllen, und der Pfeil fuhr durch wie das zweite Mal. Da sang er:

Was denkt mein Pfeil, Feuer zu schlagen am Stein?
Ich dachte diesmal zu treffen fein.
Er konnte das Füllen treffen und traf den Stein.
Meine Hoffnung soll betrogen sein.

So stand er, bis ein vierter Rudel kam; da schoß er und traf wie das dritte Mal. Er sang:

Mein Unglück hat kein Ende heute,
Fleiß und Mühe bringt mir keine Freude.
Ich bringe nach Hause keine Beute,
Getäuscht ist die Hoffnung meiner Leute.

Da kam noch ein fünfter Rudel; er schoß ein Füllen, und es war wie das vierte Mal; er sang:

Soll ich wohl nach fünfen, ich weiß die Zahl,
Meinen Bogen spannen noch einmal?
Gott schände sein Schneidiges und sein Straffes zumal!
Er soll mir nicht gesund bleiben all!
Denn ich erlebe von ihm nur Qual.

Da nahm er seinen Bogen, schlug ihn gegen einen Stein und zerbrach ihn. Dann übernachtete er; und als es tagte, sah er, und siehe, da lagen die Waldesel um ihn hergestreckt und seine Pfeile vom Blut befleckt. Da reute ihn der zerbrochene Bogen, er biß sich den Daumen ab und sang:

Mich reut eine Reue, die ist nicht schwach;
Gäbe mir meine Seele nach,
Abriss' ich meine Fünfe der Reihe nach.
Denn meine Torheit liegt am Tag,
Als ich meinen Bogen zerbrach.

[Diese Passage mit den reizvollen Anekdoten um den Dichter al-Farazdaq, gest. 728 oder 730 in Basra, seine Frau Nawār und den Dichter al-Kusaʿī hat Rückert hier hinzugefügt, sie erscheint am Schluß von Ḥarīrīs 9. Makame und in den Scholien zu dieser Stelle.]

Fünfzehnte Makame

140 [15. Makame = Ḥarīrī 18 as-Sinǧariyya „die sinǧaritische".]
141 Syrien.
142 Bagdad am Tigris, vgl. Anm. 109 zu Makame 12.
143 Des Stammes *Banu Numeir.* Vgl. Anm. 101/102 zu Makame 11.
144 [Sinǧar, Stadt im nördlichen Irak, nahe Mossul.]
145 Z. B. die Suppe.
146 Z. B. der Braten.
147 [Im arabischen Text steht nur „weil Glas ein Verräter ist", dann folgt „und ich habe mich vor Jahren vermessen".]
148 Der Zauberbronnen zu Babel, mit dem die dunkle Tiefe des Auges schön verglichen wird, ist der, worin die beiden gefallenen Engel Harut und Marut wohnen und diejenigen, die sie dort befragen, Zauberei lehren. [Wörtlich: „und zur Wahrheit die Zauberei von Babel". Der Kommentar begründet das damit, daß Babylon das Zentrum der Zauberei sei und in ihm Harut und Marut wohnten (nach Sure 2:96). Der märchenhafte Zauberbronnen stammt also von Rückert.]
149 Zwei musikalische Instrumente. [Im arabischen Text ist von den Flöten der Familie Davids die Rede, auch von einem für sein schönes Flötenspiel bekannten Jüngling am Hof des Abbasidenkalifen al-Mutawakkil.]
150 Anahid oder Sore, der weibliche Genius des Abendsterns. [Wieder ein Vergleich von Rückert. Der arabische Text nennt zwei berühmte Sänger der Abbasidenzeit.]
151 Die Zähne.
152 Die Augenbrauen.
153 Mohammed.
154 Gegen Abū Lahab, Mohammeds heftigsten Widersacher und

nächsten Verwandten (er war sein väterlicher Oheim, einer von den zwölf Söhnen des ʿAbd al-Muṭṭalib), und gegen dessen Weib, Mohammeds Verleumderin, ist eine eigene von den letzten kleinen Suren des Korans [Sure 111] gerichtet; sie lautet:

Verdorben Abulehebs Hand, und er verdorben!
Nicht hilft ihm sein Gut und was er erworben.
Hinab in die Flamme des Feuers geht sein Stolz,
Und sein Weib ihm nach mit dem Holz,
Einen Strick von Palmenbast um den Hals.

Sie trägt hier das Holzbündel, um die Hölle für ihren Mann zu heizen, weil sie dessen Haß gegen Mohammed gehetzt, oder auch: sie trägt ein Bündel Dörner, weil sie ein solches einst nächtlicher Weile dem Propheten soll in den Weg gelegt haben.

155 Sure 60, 13.
156 Sure 21, 38.
157 [Im Original zehn Silberschalen.]
158 [Sure 2:213.]

Sechzehnte Makame

159 [16. Makame = Ḥarīrī 19 an-Naṣībiyya, „die nassibinische".]
160 [Alte Stadt in Nordsyrien, heute Nusaybin an der syrisch-türkischen Grenze.]
161 Kamelin, d. i. eine von der edelsten Rasse.
162 Lanze, d. i. eine vom besten Meister.
163 Land.
164 Reittier.
165 Die Mutter Nacht gebiert den Tag.
166 [Gemeint ist Kulaib Ibn Rabīʿa, Oberhaupt der Banū Taġlib, eines Beduinenstammes in frühislamischer Zeit, der als Tyrann galt, weil er Jagd- und Weidegründe anderer zu seinen Schutzgebieten erklärte. Die arabischen Quellen führen unterschiedliche Anekdoten dafür an, daß er von seinem Schwager ermordet wurde. Das jedenfalls gilt als Ursache für den langen Krieg zwischen den beiden Schwesterstämmen Taġlib und Bakr.]
167 [Die beiden letzten Zeilen hat Rückert dazugedichtet.]
168 Man hat mehrere Überlieferungen vom Propheten, daß er den Gläubigen empfohlen habe, am Mittag zu schlafen, nämlich

um dafür nachts im Gebete wachen zu können. Eine solche lautet: Nehmet für das Aufstehen in der Nacht den Schlaf am Mittag zu Hilfe, und nehmet für das Fasten am Tage das Frühstück vor Tags zu Hilfe, und nehmet für den Frost des Winters zu Hilfe das Essen von Datteln und Rosinen. Eine andre: Haltet Mittagsschlaf, denn der Satan hält keinen Mittagsschlaf.

169 [Im Arabischen folgen lauter Speisen, deren Benennungen eine Kunya bilden, d. h. zusammengesetzt sind mit Abū „Vater" oder Umm „Mutter", etwa Abū Nu[c]aim „Der Vater des kleinen Glücks" d. i. eine Brotsorte aus feinstem Mehl, Umm al-Farağ „Die Mutter der Freude" d. i. ein Gericht aus Zucker, Reis und Fleisch, Abū Razīn „Der Vater des Ruhigen" d. i. eine geleeartige (vermutlich vibrierende) Süßspeise.]

170 Waschbecken und Gießkanne, die am Ende der Mahlzeit herumgeboten werden, heißen *Elmurgifan*, die beiden Rumormacher, weil sie gleichsam durch ihr Klappern das Signal zum Aufbruch geben.

171 [Ein heißer Wüstenwind.]

Siebzehnte Makame

172 [17. Makame = Ḥarīrī 21 ar-Rāziyya „die aus Rayy".]

173 [Rayy, Stadt im Iran.]

174 Ein berühmter Prediger, geboren im Jahre 300 und gestorben 387 der Hedschra. – Einst ward zu ihm gesagt: O Scheich, du ladest die Menschen ein zu Lustentäußerung und Weltentsagung, und kleidest dich dabei in die schönsten Gewande und issest die besten Speisen. Wie reimt sich das? Er antwortete: Alles, was dich vertragen läßt mit Gott, das tue. Wenn du dich gut stehest mit Gott bei Anlegung weicher Kleider und Genießung wohlschmeckender Speisen, so schadet es dir nichts. [D. i. Muḥammad Ibn Aḥmad Ibn Ismā[c]īl Ibn [c]Īsā Abū l-Ḥusain, Ibn Sam[c]ūn genannt nach einer Kurzform des Namens seines Großvaters Ismā[c]īl.]

175 Das *Emporschauen* der zum jüngsten Gericht Kommenden ist ein oft wiederholter Zug im Koran.

176 Der jüngste Tag heißt im Koran schlechtweg die Anklopferin, *Elkaria* [al-Qāri[c]a].

177 Nach verschiedenen Koranstellen.

178 Auf Erden.

179 Jenseits.

180 [Im Arabischen gibt sich Abu Seid durch einen Vers zu erkennen.]

181 [^{c}Amr Ibn ^{c}Ubaid Ibn ^{c}Uṯmān], gestorben im Jahr der Hedschra 144/761, ein berühmter Sittenprediger, der zu Basra gelebt, wo er anfangs den Hassan hörte, den wir an einem andern Ort werden kennenlernen. Einst begegnete ihm al-Manṣūr, der Kalife, und sagte zu ihm: O Abu Othman, predige mir! Da sprach er: Die Herrschaft, die jetzt in deiner Hand ist, wenn sie Bestand gehabt hätte in der Hand andrer, die vor dir gewesen sind, so wäre sie nicht zu dir gelangt. Darum verwarne ich dich einer Nacht, die entbunden wird eines Tages, der keine Nacht nach sich hat.
Drauf als al-Manṣūr seinen Tod erfuhr, sprach er: Nun ist auf Erden niemand übrig, vor dem man sich schämen müsse. Und er besuchte sein Grab zu *Murran* und begrüßte ihn mit der Totenklage:

O Gottes Segen über dir, dem Ruhenden
Im Grabe, welches ich besucht zu Morran;
Ein Grab, umfassend einen Gläub'gen, Fürchtenden,
Der, Gott getreu, gerichtet nach dem Koran.
Fürwahr, wenn einen Frommen ließe das Geschick,
Gelassen hätt' es uns den Abu Othman.

182 [Fuḍail Ibn Iyād, gest. 803], ein berühmter Heiliger von Chorasan, oder von Samarkand, war ein Straßenräuber gewesen, der sein Handwerk zwischen Ebiwerd und Serchas trieb. Die erste Veranlassung zu seiner Bekehrung war, daß er bei einem Nachtbesuch, den er einem Mädchen machen wollte, eben als er die Wand erstieg, die Stimme von jemand hörte, der aus dem Koran las: Ist es nicht Zeit für die da glauben, daß ihre Herzen sich demütigen der Erinnerung Gottes? (Sure 57, 15.) Wie er dieses hörte, rief er aus: Jawohl, Herr, es ist Zeit! und kehrte um. Und es führte ihn die Nacht zu einer wüsten Stätte, um da zu bleiben. Da war ein Reisetrupp angelangt, und einer davon sprach zum andern: Wir wollen weiterziehen! Doch ein andrer sprach: Nein, nicht eher, als bis es Tag wird; denn Fudhail ist auf dem Weg und wird uns überfallen. – Da dachte ich nach, spricht Fudhail, und sagte zu mir selbst: Ich renne durch die Nacht umher auf Verbrechen, und Leute von den Gläubigen hier fürchten sich vor mir. Ich sehe, daß Gott aus keiner andern Ursache mich zu ihnen geführt hat, als um mich abzuschrecken. Mein Gott, ich bekehre mich zu dir, und meine Buße soll sein beständiger Aufenthalt bei deinem heiligen Hause zu Mekka. Und dieses führte er aus. [Der Vergleich mit Fuḍail und die dazugehörige Anekdote ist von Rückert hier nach der 1. Makame eingefügt worden.]

Achtzehnte Makame

183 [18. Makame = Ḥarīrī 23 aš-Šiʿriyya, abgeleitet von arabisch šiʿr „Gedicht", also „die dichterische".]

184 Ruha, eine Stadt in Mesopotamien. [Das griechische Edessa, heute Urfa in der südlichen Türkei.]

185 Suheil, ein südlicher großer Stern (der Kanopus), Suha ein sehr kleiner, nördlicher Stern (im großen Bären).

186 Dem Kalifen.

187 Man sagt: Treuer, oder worthaltender, als Samau'al. Diesem Samau'al Ibn ʿĀdiyā', dem Juden, hatte Emru'ulkais Ben Hagr [Imra'al-Qais Ibn Ḥağar, ein vorislamischer Dichter aus dem Stamm der Kinda], als er zum griechischen Kaiser ziehen wollte, Panzer in Verwahrung gegeben. Als nun Emru'ulkais gestorben war, überzog einer von den syrischen Königen den Samau'al mit Krieg; dieser hielt sich in seinem festen Schlosse, doch jener fing einen Sohn von ihm, der mit seiner Amme aus der Festung gegangen war, dann schrie er dem Samau'al. Der erschien auf den Mauern, und jener sprach zu ihm: Dieser dein Sohn ist in meinen Händen; und du weißt, daß Emru'ulkais mein Vetter und Stammgenosse war und ich das beste Recht auf seine Erbschaft habe. Lieferst du mir nun die Panzer aus; wo nicht, so schlachte ich deinen Sohn. Da sprach jener: Gib mir eine Frist! Und er gab ihm eine. Da versammelte er sein Hausgesinde und seine Weiber und fragte sie um Rat; und alle rieten ihm, die Panzer auszuliefern und seinen Sohn zu retten. Als es nun Morgen ward, erschien er auf der Mauer und sprach zu jenem: Die Panzer auszuliefern finde ich keinen Weg; ich bin nicht der Mann, eine Zusage zu brechen. Tue du, was du willst! Wahrlich, die Treulosigkeit ist ein Halsband, das sich nicht abnutzt (immer drückt); und dieser mein Sohn hat Brüder. Da schlachtete der König seinen Sohn, daß er zusah, und zog ab unverrichteter Sache. Als nun die Tage des großen Marktes kamen, stellte sich Samau'al daselbst mit den Panzern ein und überlieferte sie den Erben Emru'ulkais'. Dabei sprach er:

Bewahrt hab' ich des kendischen Mannes Panzer;
Denn wenn das Volk sie bricht, wahr' ich die Treue.
Gebaut hat Adija ein festes Schloß mir,
Wo ich mich wehre, ob ein Feind mir dräue.

Neunzehnte Makame

188 [19. Makame = Ḥarīrī 24 al-Qaṭīᶜiyya „die qaṭīᶜische“, auch an-naḥwiyya „die grammatische“.]

189 [Qaṭīᶜat ar-Rabīᶜ Stadtviertel in Bagdad.]

190 Die beiden Trinkgenossen des Gadhime [Ǧaḏīma], ein Bild der Eintracht und Unzertrennlichkeit. Gadhimet Elebresch [Ǧaḏīmat al-Abraš], der König von Hira [in vorislamischer Zeit im südlichen Irak], verschmähte aus Stolz jede Trinkgenossenschaft und pflegte zu sagen: Ich bin zu groß, um andre Trinkgenossen zu haben als die Ferkadan [al-Farqadān] (die beiden Kälber, zwei Sterne im kleinen Bären). So trank er denn eine Schale, und zwei Schalen goß er jenen beiden aus. Dies währte so, bis sein Schwestersohn (und künftiger Nachfolger), Amru Ben Adi [ᶜAmr Ibn ᶜAdī], genannt der Träger der Halskette, verlorenging (ihn hatten die Dschinnen entführt) und die beiden Männer Malik und Akil [Malik und ᶜAqīl] ihn wiederfanden. Als sie ihn nun zu dem König brachten, stellte er ihnen freie Wahl der Belohnung; und sie wählten seine Trinkgenossenschaft, solange er und sie leben würden. Es wird gesagt, daß sie seine Gesellschaft vierzig Jahre lang teilten, bis der Tod sie schied. Andre setzen hinzu: Sie waren so unerschöpflich an Unterhaltung, daß sie in der langen Zeit nie eine Geschichte wiederholten.
Die Dichter berufen sich auf diese Namen, wenn sie den Unbestand aller irdischen Verbindungen beklagen. Denn auch diese vierzigjährigen Trinkgenossen des Gadhime wurden zuletzt vom Tode getrennt, und nur jene beiden verabschiedeten, die Ferkadan am Himmel, sind noch beisammen; wo sie es denn jedem neuen Gadhime erlauben, der ihnen eine Schale zutrinken will; denn sie sind ihrer Sache gewiß, jeden Trinkgenossen niederzutrinken.

191 Der Wein, genannt *Kumeit*, das kastanienrote Roß, der Fuchs. Im Texte führt er noch das Beiwort *Schemus* [aš-Šamūs], der Bäumende oder Abwerfende. – Ein lustiger Geselle mit einer Brausche am Kopf ward gefragt, woher er diese habe? Er versetzte: der Fuchs ist mit mir durchgegangen. Darauf ward ihm gesagt: Du hättest den Schimmel dazu spannen sollen. Der Schimmel ist natürlich das Wasser.

192 *Teschmit* oder *Teßmit* heißt: einen beim Niesen begrüßen. Die Überlieferungen vom Propheten sagen: Wer niest oder räuspert und sagt: Lob sei Gott in jedem Zustand! dadurch werden abgewendet siebzig Übel, deren das geringste der Aussatz ist. (Solche unverhältnismäßige Prämien, auf kleinliche Zere-

monien gesetzt, sind ein stehender Artikel der Überlieferungen.) Ferner: Wenn einer von euch niest, sage er: Gott sei Lob! und wer ihn beglückwünscht, der sage: Dein erbarme sich Gott! und jener erwidere: Gott lenke euch und bestelle wohl euer Herz! (Scholien S. 217.) Es ist also noch eine Umständlichkeit mehr, als bei uns, und eine nicht so leicht abzuschaffende, weil dort der Religionsstifter selbst sich damit befaßt hat, dergleichen Gebräuche zu heiligen: [Tašmīt oder tasmīt, die hübsche Wendung wie die erklärende Anmerkung hat Rückert aus der 22. Makame Ḥarīrīs, die er nicht übertragen hat, hierher gesetzt. Im Original ist hier nur davon die Rede, daß die Gesellschaft über den ungebetenen Gast nicht froh ist, bis er sein Lied vorträgt.]

193 Ein Name für die Geliebte.

194 [Im arabischen Original, in dem es um die richtige Deklination eines Nomens geht, beruft sich Abu Seid auf den berühmten arabischen Grammatiker Sībawaih, der im 8. Jahrhundert eine umfangreiche Grammatik verfaßte. Aus ihr werden im Anhang zur Makame die Streitereien über grammatische Spitzfindigkeiten er- und geklärt.]

195 [In der deutschen Umsetzung dieser unübersetzbaren Grammatikrätsel hat Rückert eine Meisterleistung vollbracht. Er konnte sie nicht übernehmen, hat sich aber von ihnen inspirieren lassen. Zum Beispiel wird in Rätsel 2 gereimt nach einem Wort gefragt, das entweder ein „energischer Singular" oder ein „untrennbarer Plural" ist, wobei die beiden Adjektive auch Spezialtermini der arabischen Deklinationslehre sind. Die Antwort ist das Wort für „Hosen", sarāwīl. In Rätsel 3 geht es um ein h als Endung für bestimmte Pluralformen, usw.]

196 Wir fügen hier die Auflösung unsrer zwölf Rätsel bei, so wie Hariri die Erklärung der seinigen auch in einem Anhang zur Makame gibt.

1. Der Morgen.
2. Die Trümmer, als Plural vom Singular: das Trumm; als weiblicher Singular aber macht es den neuen Plural: die Trümmern.
3. Spital, Hospital.
4. Rasen, Wasen. Gipfel, Wipfel.
5. Lazur, Azur.
6. Die Feige, die Ohrfeige; feige, das Adjektiv.
7. Mandel.
8. Mager, hager.
9. Kosten, Unkosten.
10. (Fuß-)Tapfe oder Stapfe.

11. Hahn, Huhn.
12. Mahlzeit, Frauenzimmer.

197 Das Ergrauen der Haare ist ein Morgengrauen, das die Nacht des Sinnenrausches vertreibt und die Tagesklarheit der Besinnung herbeiführt.

198 Vgl. Anm. 13 zu Makame 1.

Zwanzigste Makame

199 [20. Makame = Ḥarīrī 25 al-Karağiyya „die karagische".]

200 Zwischen *Aserbeidschan* und *Hamadan* (alte Stadt südöstlich von Hamadan].

201 [Rückert hat die Passage sprachspielerisch erweitert.]

202 Die Spindel spinnt immer Kleider und hat immer selber keines, weil man ihr alle, die sie sich anlegt, wieder abnimmt um für andre welche daraus zu machen. Diesen Gedanken wird man in der 35. Makame als Rätsel verarbeitet wiederfinden.

203 [Das arabische Original, ein Zweizeiler des Dichters Abū l-Ḥasan Muḥammad Ibn ᶜAbdallāh Ibn Muḥammad al-Hāšimī, bekannt als Ibn Sukkara, gest. 995 in Bagdad, der berühmt war für seinen Geist und seinen Witz, enthält im zweiten Halbvers sieben mit dem Buchstaben k beginnende Dinge, die man, oder besser „Mann", im Winter brauche.]

Einundzwanzigste Makame

204 [21. Makame = Ḥarīrī 26 ar-Raqṭā' „die gefleckte", eigentlich von einem schwarz-weiß gefleckten Schaf, dann von einem Gedicht oder einem Essay, einer Risāla, voller Wörter, in denen jeweils auf einen Buchstaben mit einem Punkt einer ohne einen Punkt folgt. Diverse arabische Buchstaben unterscheiden sich nur durch Punkte über oder unter dem Grundzeichen voneinander.]

205 Eine Landschaft zwischen Basra und Persien; ihr wird der Zucker und das Fieber sprichwörtlich zugeschrieben. [al-Ahvaz, heute im südlichen Iran, nahe der irakischen Grenze.]

206 D. i. nachdem ich den Raum von zwei Tagreisen in zwei Nachtfahrten zurückgelegt.

207 Sure 20, 9. Desgleichen 27, 6.

208 Sure 4, 48. Wenn ihr gegrüßt werdet mit einem Gruße, so grüßet mit einem schönern, oder gebet denselben zurück. – Ein solcher schönerer Gruß ist, nach den Auslegern, daß man z. B.

auf die Worte: Friede sei über dir! dieselben erwidere und hinzusetze: Und die Gnade Gottes samt seinem Segen.

209 [Bezirk in Khorasan.]

210 [In den ersten Jahrhunderten des Islams blühende Stadt in Khuzistan, heute Ruinenstätte. Im Original folgt auf „mein Gang nach Sus": „und der Reichtum, den ich gewann, – stammt von einem Brief, den ich ersann. – Da beschwor ich ihn mit Entzücken – ..." Die Passage dazwischen, das beziehungsreiche Wortspiel mit „Geist" und „Geistern", das im Arabischen unmöglich ist, stammt von Rückert.]

211 Dschinnen, Geister.

212 Der Rabe gilt, wie anderwärts, für einen Unglücksboten, insonderheit der bei den Dichtern berühmte Rabe des Abschieds oder des Aufbruchs. Dieses soll ursprünglich derjenige sein, der, wenn die Zeltbewohner nach einem andern Weideplatz aufbrechen, auf die verlassene Wohnstelle niederfällt, um zu suchen und zu scharren. Sie halten ihn deswegen für eine üble Vorbedeutung, weil er ihre Wohnungen nicht besucht, außer wenn sie dieselben verlassen haben. Gleich als ob sein Zuspruch an ihrem Aufbruch schuld sei, da umgekehrt dieser nur jenen veranlaßt. Doch vielleicht glaubte man, daß er den bevorstehenden Aufbruch wittere und die ihm bald anheimfallende Wohnstätte umkreise und umkreische. Wodurch er dann bei den Dichtern zum Herold des Abschieds und der Trennung überhaupt geworden. So sagt *Elhareti* [al-Ḥāriṯī].

213 Die Schuhe des Honein, vgl. Anm. 82 zu Makame 8.

214 *Elferag bade-lschiddet* [al-Faraǧ ba^c^d aš-šidda], d. i. die Erheiterung (Erweiterung) nach der Bedrängnis, ist der Titel eines Buches voll unterhaltender Geschichten, in vierundzwanzig Kapiteln, verfaßt von Abu Ali Elmohsin Ben Ali Eltenuchi [Abū ^c^Alī al-Muḥassin at-Tanūḫī, gest. 994]; wonach dann Meda'ini ein ähnliches mit gleichem Namen geschrieben. [Von Rückert nach einem Fehler der Scholien übernommen. Al-Madā'inī starb vermutlich 843. Seine wesentlich kürzere Sammlung mit dem Titel al-Faraǧ ba^c^d aš-šidda war eine Quelle für Tanūḫī.]

215 Der Poesie und Redekunst.

216 Belfern, bellen.

217 [Im Arabischen folgen Lobesworte in Reimprosa und Poesie auf den „Befehlshaber (Walī) von Tus" nach dem „gefleckten" Muster (siehe Anm. 204). Rückert hat statt dessen gereimte Wortgirlanden in Prosa und Poesie mit den Begriffen „stumm", „taub", „blind" und „lahm" geflochten.

218 Vergleiche über die Sachreime Anm. 101 und 102 zu Makame 11.

219 Vergleiche über die Sachreime Anm. 101 und 102 zu Makame 11.

220 [Das folgende hat Rückert hinzugefügt. Es stammt, mit den erklärenden Anmerkungen, größtenteils vom Beginn der 22. Makame des Originals, der Furātiyya, „der Euphrat-Makame".]

221 Hatem Ta'i [Hātim aṭ-Ṭā'ī], der Freigebige.

222 Kaab Ben Mame [Ka^{c}b Ibn Māma] war ein Mann vom Stamme Banu Ejad ben Ma'add [Banū Iyād Ibn Ma^{c}add]. Einst reiste er mit einer Truppe, worunter sich ein Mann vom Stamme Nemir Ben Kaßet [an-Namir Ibn Qāsiṭ] befand, in einem heißen Monate; sie verloren den Weg und teilten ihr Wasser nach dem Kiesel. Dieses war nämlich eine Gewohnheit der durch die Wüste Reisenden, wenn das Wasser, das sie mit sich führten, auszugehen anfing; dann warf man einen Kiesel in das große Trinkgefäß und goß so viel Wasser darüber, daß es gerade den Kiesel bedeckte, so bekam jeder das gleiche Maß zu trinken. Als nun das Gefäß in der Reihe an Kaab kam, blickte der Mann von Nemir mit geschärften Blicken auf ihn; da dachte er ihm seinen Trunk zu und sprach zum Tränkenden: Tränke deinen Bruder, den von Nemir! So trank der von Nemir den Anteil Kaabs an diesem Tag. Und als sie am folgenden Tag wieder Rast hielten und den Rest ihres Wassers nach dem Kiesel teilten, blickte der von Nemir wie gestern, und Kaab sprach auch wie gestern. Dann brachen die Leute auf und sprachen: Brich auf, o Kaab! Doch er hatte keine Kraft mehr, sich aufzumachen. Und sie waren schon in die Nähe eines Wassers gekommen, da sprachen sie zu ihm: Steig ein zum Wasser, o Kaab! denn du bist ein Einsteiger. Doch er war zu schwach, um zu antworten. Da sie nun sein Leben aufgaben, deckten sie ein Tuch über ihn, um die wilden Tiere von ihm abzuwehren, daß sie ihn fräßen, und ließen ihn an seinem Orte, da verkam er. – Drauf sprach sein Vater *Mame* über ihn die Totenklage:

Von allen Marktgehern war kein beßrer Tränker im Durst
Mit Wasser und Weine, der im Kühlgefäße geruht,
Als *Mames Sohn Kaab.* Als dann verlegen war das Geschick,
Wie es ihn sollt' anders fahn, als mit verlechzender Glut.
Am Wasser war Kaab, man sprach: Steig ein zum Schöpfen, o Kaab,
Du bist der Einsteiger! Doch er stieg nicht ein zu der Flut.

223 Über ihn ist das Sprichwort geblieben: Nicht übel dran ist, wer mit *Kaka* [Qā^{c}qā^{c} Ibn Šaur] umgeht. Denn wenn jemand sich zur Unterredung zu ihm setzte, und er merkte dessen Absicht auf ihn, so gab er ihm einen Anteil von seinem Gute, leistete ihm Beistand gegen seinen Feind und vertrat ihn in seiner Angelegenheit. Dann kam er des andern Morgens zu dem Mann und dankte ihm (statt sich danken zu lassen). Auf ihn hat man die Verse gemacht:

Mir ward der Umgang auch von Kaka Iben Schaur;
Nicht übel dran ist, wer mit Kaka umgeht,
Der lächelnd zeigt die Zähne, wo man Gutes spricht,
Und, wo man Böses sagt, sich finster umdreht.

224 Vier edle Brüder, von denen die beiden ältesten die Wesirstelle beim abbasidischen Kalifen Moktadir-billah [al-Muqtadir billāh, regierte 908–932] bekleideten.

225 Der Name des Euphrats, auch überhaupt bedeutend: süßes Wasser.

Zweiundzwanzigste Makame

226 [22. Makame = Ḥarīrī 27 al-Badawiyya „die beduinische", auch al-wabariyya, von ahl al-wabar „die Leute des Kamel-/Ziegenfells". Rückert hat das mit „welche wohnen unter den Häuten" übersetzt.]

227 Zelten von Fellen.

228 Deswegen haben arabische Grammatiker und Lexikographen, oft aus entfernten Gegenden gebürtig, sich längere Zeit unter den Beduinen aufgehalten, um die Reinheit der Sprache aus der Quelle zu schöpfen und das dem Hirtenmund Abgelauschte in ihre gelehrten Werke niederzulegen, wo es dann zur Sprachautorität geworden ist.

229 Zwischen das Schienbein und das Reittier.

230 [Maǧnūn und Lailā sind das berühmteste Liebespaar der vorderorientalischen Literaturen, doch hat Rückert sie hier, parallel zum folgenden Liebespaar, eingefügt.]

231 Ein bekannter Liebesdichter [Ġailān Ibn ^{c}Uqba war der Name des mehr unter seinem Beinamen D̲ū r-Rumma bekannten Dichters (gest. vermutlich 735/36). Seine Liebe zu Mayya, die in fast allen seinen Gedichten erscheint, wurde später zu einer der romantischen Liebesgeschichten aus dem Beduinenmilieu.]

232 und 233 Sprichwörtlich.

234 [Ausladender Baum oder Strauch, der oft als Schattenspender in der altarabischen Poesie erscheint.]
235 So heißt im Fränkischen eine lästige Art von Hausgrillen.
236 [Qusair] war Freigelassener des Gadhimet Elebresch [Ǧaḏīmat al-Abraš], des Königs von Irak, von welchem in Makame 19, Note 190 geredet ist. Als Gadhime von der Königin Zabba [Zabbā'], um die er geworben hatte, getötet worden war, verabredete sich Kussair, zur Rache seines Herrn, mit dessen Schwestersohn und Erben Amru [[c]Amr]; er schnitt sich die Nase ab und ging zur Zabba, da er sagte, Amr habe ihn so verstümmelt, weil er ihn im Verdacht habe, den Gadhime aus Arglist zu dem Zuge zur Zabba, wobei er seinen Tod fand, verleitet zu haben. Er machte sein Glück bei ihr mit diesem Vorgeben, und sie schickte ihn mehrfach auf Handelsreisen nach Irak, von wo er ihr Kostbarkeiten zurückbrachte; bis er zuletzt bewaffnete Männer in Kisten in ihr Schloß führte, die herausstiegen und sie töteten. [az-Zabbā' ist der arabische Name für die palmyrenische Königin Zenobia, an die sich manche Sagen knüpfen.]
237 Aschab [Aš[c]ab, 8. Jahrhundert], ein Mann von Medina, dessen Begehrlichkeit zum Sprichwort ward.
238 Sprichwörtlich: Es waren zwei Männer, so und so von Namen und Stamm, die ausgingen in die Wüste, das Laub des Gerberbaumes zu sammeln, und nicht wiederkamen.

Dreiundzwanzigste Makame

239 [23. Makame = Ḥarīrī 29 al-Wāsiṭiyya „die wāsiṭische".]
240 [Früher bedeutende Stadt im Irak, auf halber Strecke zwischen Kufa und Basra gelegen.]
241 Nämlich aus den gehörten Worten: Geh mit dem Vollmondrundlichen usw. hatte er geschlossen, daß *zweie* fortgehen würden.
242 *Kuchen* [im Original „Brotfladen"] und *Feuerstein* sind die Auflösungen der beiden vorhergehenden Rätsel. Vergleiche *Zahnstocher* und *Seife* am Ende der sechsten Makame, und *Nadel* und *Kamm* in der siebenten.
243 Serkā [az-Zarqā'], die blauäugige, war ein Weib vom Stamme Gedis [Ǧadīs] in Jemame [Yamāma, Zentralarabien], die sah einen Gegenstand in der Entfernung von drei Tagreisen. Hassan, der Sohn des Tobba [Tubba[c]] von Himjar, führte einst gegen Gedis ein Heer, und als sie von Jemame noch drei Nachtreisen entfernt waren, stieg Serkā auf einen Wachtturm, Hund

genannt, und schaute nach dem Heere. Dieses hatte aber Befehl, daß ein jeder Mann Baumzweige tragen sollte, darunter sich zu verbergen, um die Serkā zu täuschen. Da rief sie:

O Volk! es kommen euch die Bäume fürwahr,
Oder es kommt euch der Feind von Himjar.

Doch sie glaubten ihr nicht; da sprach sie:

Ich schwör' es bei Gott, die Bäume kommen gegangen,
Oder Ḥimjar hat sich mit etwas behangen.

Doch sie glaubten ihr nichts und merkten nichts, bis Hassan sie überfiel und ausrottete und die Serkā gefangennahm, der er die Augen ausstach. – Der Birnamwald im Macbeth ist uns bekannt genug, weniger vielleicht die deutsche Volkssage vom König Grünewald, mit dem Reime:

König, gib dich gefangen!
Der grüne Wald kommt gegangen.
[Serkā erscheint hier nicht im Original. Da folgt Abu Seid dem jungen Mann, um zu sehen, „ob sein Prophezeiungspfeil das Ziel getroffen hatte".]

244 [Ibrāhīm Ibn Adham, einer der bedeutendsten Mystiker des 8. Jahrhunderts, wurde später sprichwörtlich für seine Askese.]

245 [Ǧabala Ibn Aiham, der letzte König der Ghassanidendynastie, der noch den Islam erlebte. An ihn knüpften sich später viele Anekdoten, sei es, daß er das islamische Gleichheitsideal ablehnte, sei es, daß er zum Christentum übertrat, nachdem er vorher den Islam angenommen hatte, und an den prächtigen byzantinischen Hof ging, der ihn an seinen verlorenen Rang erinnerte.]

246 [Scheibenförmiges Gerät zur Beobachtung der Gestirne und für astronomische Messungen, von den Arabern an Europa überliefert.]

247 Sinai, Parodie von Sure 52,1.

248 Das Schuldbuch, das der Richter beim jüngsten Gericht aufschlägt.

249 D. i. über ihn sei Frieden.

250 Zwei Götter der heidnischen Araber, deren im Koran erwähnt ist. [Sure 71:23, Wudd war ein Götze der Banū Kalb, Suwāᶜ wurde von den Banū Huḏail angebetet.]

251 Ein Weib Mohammeds. [Umm Salama, war bekannt für ihren

Stolz, aus dem angesehenen Stamm der Maẖzūm, erhielt also vermutlich ein hohes Brautgeld.]

252 [Die gesamte Rede, angefangen bei „Gelobt sei Gott, der Gelobte", besteht im Arabischen aus Buchstaben, die keine Punkte haben.]

253 Zu Eintracht und zu Söhnen ist eine Einsegnungs- oder Beglückwünschungsformel bei Verlobungen. Man sagt auch: zu Eintracht und Bestand in Geschlechtern, zu Söhnen, nicht zu Töchtern.

254 Der Sterne.

255 Zwischen Wasit und Basra, das ausgetretene Wasser von Euphrat und Tigris.

256 Parodie von Sure 19:32.

257 Hier stellt sich der Seruger dar als derzeitiger Oberhirt und König des Volks der Landstreicher, der Kinder Sassans, von denen in Makame 1, Note 12 die Rede war und in der folgenden Makame 24 weiter die Rede sein wird. [Im Original beschimpft Abu Seid in diesem Gedicht die Leute, die er geprellt hat, als treulos, hartherzig und geizig gegenüber Gästen, doch nur aus seiner eigenen Erfahrung. Er rühmt sich auch, daß er mit seiner List mehr erreicht hätte als andere mit Schwertern, doch von den Banu Sassan ist hier nicht die Rede.]

258 Eine Stadt in Chusistan [unweit von Wāsiṭ].

Vierundzwanzigste Makame

259 [24. Makame = Ḥarīrī 30 aṣ-Ṣūriyya „die surische".]

260 Bagdad, erbaut von Elmansur, dem zweiten Kalifen vom Hause Abbas. [Der Abbaside al-Manṣūr, regierte 754–775, gründete Bagdad im Jahr 762.]

261 [Das antike] Tyrus, [Inselstadt an der libanesischen Küste, arabisch Ṣūr].

262 Kairo in Ägypten. Die gute Strecke von Bagdad hervor bis Tyrus, und von da hinab bis Kairo, ist nur ein Spaziergang für die arabische Wanderlust des Erzählers.

263 Er sehnt sich nach einer Gelegenheit, sein Geld auszugeben. Nicht bloß in Freigebigkeit, sondern geradezu in Verschwendung, setzen die alten Gedichte den höchsten Ruhm eines edlen Arabers.

264 Er macht die Reise auf des Schusters Rappen; dann aber in der Stadt hält er sich ein stattliches Reitpferd, auf dem er sich sogleich uns zeigen wird.

265 Der Morgenwein oder Frühtrunk ist ein stehender Artikel bei

den Dichtern, von welchem aber nur ein Sinnverwirrter, kein besonnener Moslem, anders als bildlich oder gleichnisweise Gebrauch macht.

266 Die Formel: wir sind Gottes, und wir werden zu ihm zurückkehren, wird von dem Moslem in jeder Not und in jeder Verlegenheit angewandt, um seine Fassung und Ergebung auszudrücken. [Häufige Redewendung im Arabischen, aber hier nicht im Original.]

267 [Mā' as-Samā'] *Himmelswasser* ist der, höchste Schönheit bezeichnende, Zuname der Mutter des älteren Mundher [Mundir], Königs von Hira; aber auch ein Ehrenname des Amir Ben Haritha Mozeikija [ᶜĀmir Ibn Ḥāriṯa Muzaiqiyā'], der nach der Sage aus Jemen nach Syrien einwanderte und jenen Namen sich verdiente, weil er in Zeiten der Dürre und des Mangels seinem Volke durch Reichtum und Freigebigkeit den Regen ersetzte, und von ihm wurden dann Söhne des Himmelswassers, seine Nachkommen, die syrischen Könige von Ghassan genannt.

268 Die Braut selbst ist nicht darunter, die, der Sitte gemäß, weder bei dieser Verhandlung über sie noch bei dem folgenden Schmause zum Vorschein kommt.

269 Über Sassan, den Fürsten und Stammherrn der Landstreicher, siehe Makame 1, Note 12 und Makame 23, Note 257. – Hier sehen wir nun den glänzenden Verein dieser weltbürgerlichen Freileute, unter ihrem derzeitigen Oberhaupt oder Scheich bei einer feierlichen Gelegenheit versammelt, und zwar in *Kairo*, wo, nach den Reisebeschreibern, die Diebe wirklich ihren eigenen Vorsteher haben, an den man sich um Zurückgabe des Gestohlenen wenden kann; eine Einrichtung, die aber nicht von islamitischer Barbarei, sondern von altägyptischer Kasteneinteilung herzuleiten sein möchte, denn Diodor (I, 91) berichtet schon dasselbe.

270 Die gesetzlich bestimmte Abgabe jedes Moslems von seinem Vermögen zum Besten der Armen, deren sich der Koran überall aufs nachdrücklichste gegen die Reichen annimmt; woraus denn hier unsre Leute ihr eigenes Rechtsprinzip ableiten. Die ganze obige Rede aber ist ein Gewebe von Anspielungen auf – oder Anwendungen von – Stellen des Korans und der Überlieferung.

271 *Die Leute des Soffas* [ahl aṣ-ṣuffa, werden in Sure 2:267 ff. der öffentlichen Wohltätigkeit empfohlen] sind die armen und verbindungslosen Fremdlinge, die sich in den ersten Zeiten des Islams an Mohammed in Medina anschlossen, und denen er ihren Unterhalt zukommen ließ, zum Teil aus dem vorerwähn-

ten Almosenzehnten und den eingehenden Geschenken, zum Teil dadurch, daß er mehr oder weniger von ihnen seinen einzelnen reicheren Gefährten wechselweise auf die Verpflegung für einen Tag zuwies. Sie haben ihre Namen vom *Soffa*, einem Gerüst oder Flechtwerk aus Palmzweigen, das der Prophet in der Moschee ihnen zur Wohn- und Schlafstelle einrichtete.

272 Ein Koranausdruck zur bildlichen Bezeichnung der innigsten Lebensgemeinschaft zwischen beiden Gatten [Sure 49:13].

273 Der Koranspruch: und wenn ihr fürchtet einen Mangel, so wird euch Gott versorgen mit seiner Gnadenfülle, steht Sure 9, 28, doch ohne Bezug auf Ehe und Ehesegen, vielmehr in Bezug auf ein eben ergangenes göttliches Gebot, die Ungläubigen künftig vom Besuche der Kaaba auszuschließen, wodurch die Vorteile, die aus deren bisherigem Verkehr für die Stadt Mekka entsprangen, verlorengingen. Aber Sure 24, 32 steht: Lasset heiraten die Ledigen unter euch, und die Frommen von euren Knechten und Mägden; wenn sie arm sind, wird sie Gott versorgen mit seiner Gnadenfülle. Und an einer andern Stelle: Tötet eure Kinder nicht (der Gebrauch der heidnischen Araber) aus Furcht der Armut; wir werden euch ernähren und sie. [Sure 6:151.]

274 Die Verstreuung von Münzen, Flittern, etwa auch Süßigkeiten, ein gewöhnlicher Gebrauch bei Hochzeits- und andern Festen.

275 Selsebil [Salsabīl], eine der Quellen des Paradieses.

276 *Olug* [ʿUlūǧ], Barbaren, hier die Griechen. Die Eroberung von Abu Seids Vaterstadt, Serug, durch die Griechen, bildet die historische Grundlage des Romans. Durch jene Eroberung ist er aus blühendem Wohlstand vertrieben und zu dem unsteten Wanderleben gezwungen, dessen einzelne Szenen nun die Makamen schildern; aber die Erinnerung an seinen ursprünglichen Zustand begleitet ihn durch alle seine Verwandlungen und bricht hier und dort, oft mitten aus der possenhaftesten oder unwürdigsten Vermummung, in einem Liede, wie das obige, rührend hervor. Ein andermal aber (Makame 42) sehen wir ihn diese seine wahre Geschichte selbst, mit Verleugnung seines Gefühls, als eine Lüge benutzen. [Serug wurde im Jahr 1100 von den Kreuzfahrern eingenommen.]

277 Vgl. Anm. 212 zu Makame 21.

Fünfundzwanzigste Makame

278 [25. Makame = Ḥarīrī 31 ar-Ramliyya „die ramlitische".]
279 Das Buch, d. i. der Koran, muß sich häufig als Orakel brauchen lassen.
280 Syrien.
281 [Ramla, Stadt in Palästina, nordwestlich von Jerusalem.]
282 Die Mutter der Städte, d. i. Hauptstadt, eine Bezeichnung von Mekka, dem jährlichen Sammelplatze der moslemischen Welt.
283 Der *Kaaba*, dem eigentlichen Ziele der Wallfahrt, einem uralten, oft erneuerten, einfachen und kleinen Hause, das aber jetzt von großen und prächtigen Höfen, Hallen, Moscheen und andern Gebäuden umringt ist. Den Ursprung der Kaaba rückt die gläubige Phantasie bis zu Adam hinauf. Adam, aus dem Paradies vertrieben und hundert Jahre von Eva getrennt, findet sie in dieser Gegend wieder, und nach Kains Brudermord, der auch hieher fällt, baut Seth diesen Sühnungstempel, den dann bei der Sündflut die Engel in den Himmel und von da wieder zur Erde bringen, wo darauf Abraham und Ismael ihn neu einweihen.
284 Eine Stelle in der Kaaba, wo Abraham beim Beten gestanden.
285 Als Almosen.
286 Der *Sammelort* bezeichnet den Ort Musdelife [Muzdalifa], wo die zerstreut ankommenden Reisenden sich versammeln, um, aus dem Stande der Reise in den der Wallfahrt, *Ihram*, übergehend, die lange Reihe der Gebräuche und Besuche gemeinschaftlich anzutreten.
287 *Hatim* [Ḥaṭīm], eine Mauer an der Westseite der Kaaba; bei ihr sollen die heidnischen Araber geschworen haben, daß sie den Meineidigen zerschmettern möge; denn *Hatim* bedeutet zerschmetternd oder zerschmettert. *Hotam*, von derselben Wurzel, eine koranische Benennung der Hölle, oder einer eigenen Zerschmetterungsanstalt in derselben. [Wörtlich: „vergeß ich durch ḥaṭīm ḥuṭām. Ḥuṭām bedeutet im Koran, Sure 39:22, 56:65, 57:20, „brüchiges Zeug, wertloser, weltlicher Plunder".]
288 [Ǧuḥfa], ein Ort zwischen Medina und Mekka, der Vereinigungspunkt für die aus Syrien kommenden Pilger; dergleichen Vereinigungspunkte mehrere, für die aus den verschiedenen Richtungen herankommenden Haufen, an den Grenzen des heiligen Gebietes umher liegen, von welchem aus sie dann erst geordnet sich nach jenem allgemeinen Sammelort von Note 286 begeben.

289 Dieses ist nicht buchstäblich, von völliger Nacktheit, zu verstehen. Zwar die Araber in der Unwissenheit, d. i. vor Mohammed, sollen die Kaaba wirklich nackt umwandelt haben, weil sie die Kleider für ein Zeichen des Abfalls von Gott ansahen. Dieses hat nun Mohammed (Sure 7:27) umgedichtet: der Teufel nahm den ersten Eltern ihre Kleider, daß sie ihre Blöße sähen; welche Kleider dann nach den Auslegern entweder in Licht oder einer lichtähnlichen paradiesischen Hülle, oder auch in den langen Haaren bestanden. Gleichwohl hat jene heidnische Nacktheit, nur in einer anständigen Milderung, sich auch im Islam als gesetzlicher Wallfahrtsgebrauch erhalten. Der Wallfahrer nämlich soll zu Fuße gehen, mit bloßen Füßen und bloßem Haupte, um den bloßen Leib ein einfaches grobes Wollenzeug geschlagen; doch alles dieses nur im Stande der Wallfahrt selbst, nicht auf der Reise dazu, die er ordentlich bekleidet und beritten – Fahren ist unbekannt – machen darf. Aber besonders Andächtige machen die ganze Reise zum *Ihram,* oder Stand der Wallfahrt, *im Ihram,* denn ebenso heißt auch jener ausgezeichnete halbnackte Aufzug. Und weil dieser gewissermaßen die ursprüngliche Nacktheit symbolisch darstellt, so wird er selbst Nacktheit, und ein so angetaner Pilger ein Nackter genannt. Als solcher erscheint hier der fromme Eiferer, um den Wallfahrern eine Bußpredigt zu halten.

290 Die Abwerfung des dem freien Geiste durch die Laster angelegten Zaumes.

291 Die Anordnung des Opferfestes, des Schlußsteines der Wallfahrtsgebräuche.

292 Ein heiliger Brunnen in Mekka, aus dem kein Pilger zu schöpfen unterläßt; er ist für die verdürstende Hagar entquollen.

293 Der schwarze Stein, ein Bätyl [Meteorit], vom Heidentum dem Islam vermacht und von diesem zum Andenken aufbewahrt, ist in die äußere Wand der Kaaba in Mannshöhe eingefügt, wo ihn jeder das heilige Haus umwandelnde Pilger küßt. Er ist im Himmel schneeweiß gewesen und durch den Sündenhauch der Menschen kohlschwarz geworden. [Der schwarze Stein könnte aus Lava oder Basaltgestein bestehen. Analysen liegen bis heute nicht vor.]

294 Der Berg Arafat, auf welchem an einem eigenen Tage ein besonders feierlicher Wallgang und Betstand ist. Hier haben sich Adam und Eva wiedergefunden und erkannt (siehe Note 283).

295 Habil und Kabil sind Abel und Kain. Da wo Abel opferte und zum Opfer fiel, am Orte Mina, werden jetzt von den Wallfah-

rern die Opfertiere geschlachtet. [Ebenso wie der Kuß auf den schwarzen Stein nicht im Original. Das reiht in Prosareimen mit schmückenden Wortspielen Stationen der Pilgerfahrt aneinander. Rückert gibt das gekonnt, aber verändert wieder.]

296 Im *Ihram* (siehe Note 289) muß man Nägel und Haare wachsen lassen.

297 Ein Hügel bei Mina (Note 295), wo wieder ein besonderer Andachtsort ist. Siehe darüber Anm. 68 zu Makame 7.

298 Die Kamelsänfte, ein bedeckter Sitzkasten auf dem Rücken des Kamels.

299 Z. B. Handelsvorteil. Seit den ältesten Zeiten waren die Wallfahrer nach Mekka zugleich Kauffahrer. So haben bei uns die Messen in den Kirchen denen auf den Märkten ihre Entstehung und selbst den Namen gegeben.

300 Das Spähen nach dem regenverheißenden Blitze ist für das müßige Hirtenvolk in seinem immer durstigen Land eine Hauptbeschäftigung, welche die alten Gedichte mit besonderer Vorliebe und zuweilen mit einer für uns sehr langweiligen Ausführlichkeit schildern. Davon ist dann in die poetische Sprache, unter vielen andern vom Blitze hergenommenen Bildern, auch das bei Hariri besonders häufige vom täuschenden Blitz gekommen.

301 Der fromme Pilgersmann rühmt sich der Demut seines Zufußgehens gegen die reitenden Gesellen (vgl. Anm. 289).

Sechsundzwanzigste Makame

302 [26. Makame = Ḥarīrī 32 aṭ-Ṭaibiyya „die medinensische", auch al-Ḥarbiyya, nach den im Text genannten Banū Ḥarb, siehe Anm. 307.]

303 Vgl. Anm. 293 zu Makame 25.

304 Ein Ehrenname von *Medina*, bedeutend: die gute, liebliche.

305 [Die Banū Šaiba sind bis heute die Hüter der Kaᶜba.]

306 Nach der Überlieferung des Propheten: Wer wallfahrtet (nach Mekka) und mich (mein Grab in Medina) nicht besucht, der beleidigt mich.

307 Ein kriegerischer Stamm, damals zwischen Mekka und Medina wohnend. [Wortspiel zwischen Banū Ḥarb und ḥarb „Krieg".]

308 [al-Qafḍāʾ „den Turban schräg über das linke Ohr setzen".]

309 [aṣ-Ṣammāʾ mehrere Erklärungen der Scholien, etwa „sich so in sein Gewand hüllen, daß die linke Seite über die rechte geschlagen wird", oder „sich so in ein einziges Stück Stoff hül-

len, daß eine Seite von unten über beide Schultern geschlagen wird und eine Öffnung bleibt".]

310 [al-Qurfuṣā' „auf dem Boden hocken, die Oberschenkel an den Bauch gepreßt und die Arme um die Beine gelegt".]

311 Des Himmels.

312 [Rückert hat die folgenden Doppeldeutigkeiten, die häufig eher Zweideutigkeiten sind, öfter umgedeutet, z. B. heißt die erste Frage: „Was ist mit dem, der die Waschung ausführt – und dann den Rücken seiner Sandale berührt?" Antwort: „Seine Tat hat seine Waschung abrogiert." Auflösung: naʿl „Sandale" und „Gattin" (als Teil eines Paares). Oder: „Darf ein Student Koranexemplare tragen? – Nein, auch darf man den Umhang nicht um sie schlagen." Auflösung: Das arabische Wort für „Student" dāris heißt im älteren Sprachgebrauch auch „menstrua".]

313 Zur gesetzlichen Abwaschung beim Gebete. Über die verschiedenen Arten von teilweiser und ganzer Abwaschung des Leibes hat der Moslem die genauesten und kleinlichsten Vorschriften zu kennen und sorgfältig zu beobachten; sonst verunreinigt er sich, statt sich zu reinigen, und muß von vorn anfangen. – Ein Springwasser machen, sein Wasser abschlagen.

314 Der Drache, im Arabischen (wie in der Schweiz) ein Bergstrom.

315 Die Elle, der Ellenbogen, der mit abgewaschen werden muß.

316 Die Scheibe, die Kniescheibe.

317 Der Schlüssel, das Schlüsselbein.

318 Das Blatt, das Schulterblatt.

319 Die Bache, das Mutterschwein.

320 Häkse, Kniebug.

321 Elfen, arabische Feldgeister, *Ghol's* [Ġūl].

322 Geruchlos.

323 Mädchen, kleine Maden.

324 Einem Wasserjungferchen.

325 Der Koller, das Wams. Der Imam darf in jedem Gewande, auch einem kriegerischen, der Gemeinde vorbeten.

326 Laden, einladen, aufs Gericht, auf Gastbewirtung.

327 In sie zu dringen, die Gerichte zu verkosten.

328 Ein Geschwür.

329 Einen Ungerächten.

330 Verdammen, Umdämmen.

331 Gehorsam, Gefängnis.

332 Hadern, Lumpen.

333 Unbefangen, unumfangen von Gewand.
334 Der Schluß, das Festansitzen zu Pferde.
335 Über das Nachtgespräch siehe Anm. 117 zu Makame 13.
336 Abdrehn, abwenden.
337 [Pupill = Mündel.]
338 Vormund, Vordermund.
339 [Drossel = Luftröhre.]
340 Zimmermann oder Holzhauer, ein Specht.
341 Maus, Muskel.
342 Knöchel, Würfel.
343 Färse, Kuh.
344 Das Becken des Leibes.
345 Neffen mundartlich: Blattläuse und ähnliches Geschmeiß.
346 Enkel, Biegung des Fußes.
347 Ein Bein des zum Essen vorgesetzten Fleisches.
348 Gewächse dieses Namens.
349 Der Rocken oder Roggen, die Getreideart.
350 Waschen, schwatzen.
351 Krätze, Korb.
352 Der Rüster, der (sich) zum Kriege rüstet.
353 Fechten, betteln gehn.
354 Mandeln, Garbenhaufen.
355 Gelte, 1. das Melkgefäß, 2. die gelte oder unträchtige.
356 Die Weide, der Weidenbaum. Betzchen (Lämmchen) und Kätzchen, die männlichen Blüten verschiedener Bäume.
357 Tannenkuh, Tannenzapfen.
358 Milchdieb, Schmetterling.
359 Stielt, mit einem Stiel versieht.
360 Raupet, die Raupen abliest.
361 Der Volksstamm.
362 Horde, Hürde.
363 Bauer, Käfig.
364 Leib, Brotlaib.
365 Platz, Fladen, Kuchen.
366 Schilling und Stüber, Püffe und Knüffe.
367 Eine feile Person.
368 Ausschänden, Verweis geben.
369 Die Gift, Mitgift.
370 Anführen, überlisten.
371 Quartier, Pardon.
372 Der Zelt, Gang des Pferdes (Zelter) zwischen Schritt und Trab.
373 Zithern, die Zither spielen.
374 Den Rücken auskehren, ausklopfen.

375 Der von andern Bediente.
376 Verdoppeln, mit Doppeln, Würfeln, verspielen.
377 Das Vorgesetzte, der Vorsatz.
378 Es ist ein kleiner Überschuß über das gesetzmäßige Gesetzfragenhundert vorhanden, damit der geschmackvolle Leser nach eignem Geschmacke soviel der geschmacklosen ausschließe und so das reine Hundert erhalte.
379 Kibla, der Richtungspunkt des Betenden, nach Mekka und Kaaba hin.
380 [Im Original spricht Hareth den Abu Seid noch einmal an. Der rezitiert ein langes Gedicht über seine Fähigkeit, sich jeder Situation und Person anzupassen und verdammt die Zeiten, die ihn dazu zwingen. Dann ziehen beide gemeinsam nach Medina. Darauf „syrt" Abu Seid oder „westelt", Hareth „irakt" oder „östelt".]

Siebenundzwanzigste Makame

381 [27. Makame = Ḥarīrī 34 az-Zabīdiyya „die zabidische".]
382 [Stadt im Nordjemen, nahe der Küste des Roten Meeres.]
383 [Das heißt mit Silber- und Goldmünzen, mit Dirhams und Dinaren, versehen.]
384 [Die Krone von Chosrau Ibn Anūširwān, dem Sassanidenherrscher (531–579).]
385 *Leden* (in vergröberter Aussprache *Letten*) mundartlich für *Ton*, lateinisch lutum, arabische Wurzel lat.
386 [Anspielung auf eine bekannte Anekdote, in der ein Mann vom Stamm Tamīm dem König, der ihm sein edles Reitpferd abkaufen will, mit folgenden Versen antwortet:
„Nein, Herr, Sihab ist kostbar uns und teuer,
wird nicht verkauft, noch je verliehen.
Wir schätzen, ehren, lieben sie,
ob unsre Kinder auch vor Hunger schrieen."
387 Anspielung auf ein Gedicht der Hamasa, das den angegebenen Inhalt hat.
388 [Rückert hat hier verdichtet. Im Original begütigt Abu Seid den Hareth mit einem Gedicht des Inhalts, daß ja schon Jakobs Söhne vor ihm so gehandelt hätten, und spottet in Reimen, er solle weniger um sein verlorenes Geld als um seinen geschwundenen Verstand jammern. Beide setzen dann die Reise zusammen fort.]

Achtundzwanzigste Makame

389 [28. Makame = Ḥarīrī 35 aš-Šīrāziyya „die schirasische".]
390 [Große Stadt im Iran, berühmt für ihren Wein.]
391 [Im Original lassen sich die Angesprochenen schon durch das Gedicht erweichen.]
392 [Rückert hat mit „Nonne" das arabische Wort bikr „Jungfrau" wiedergegeben. Im Gedicht steht ein Wortspiel mit bikrun bint al-karami und al-bikru min banāt al-kirāmi „eine Jungtraube, Tochter des Weinstocks" und „die Jungfrau, eine Tochter angesehener Leute".]

Neunundzwanzigste Makame

393 [29. Makame = Ḥarīrī 36 al-Malṭiyya „die malatisische".]
394 [Malatiya in der östlichen Türkei.]
395 [Wasserdicht.]
396 [Im Original „wie das Chamäleon am Zweige".]
397 Erklärung der Rätselworte

Frage: Wie sagt man mit einem Worte:	Antwort:
1. Löwen-Maul	Leumund (Leu-Mund).
2. Gleich dem Klang	Widerhall (wie der Hall).
3. Adler-Kühnheit	Armut (Aar-Mut).
4. Herbei Metall	Kommerz (Komm Erz).
5. Halt ein, Immchen	Rubinchen (ruh, Bienchen).
6. Zweimal rein	Purpur (pur pur).
7. Nackt, bloß	Barbar (bar bar).
8. Klinge, Frühlingsmond	Schalmei (schall Mai).
9. Klare Sänger	Hellebarden (helle Barden).
10. Feld-Narren	Autoren (Au-Toren).
11. Ohne Trage	sonderbare (sonder Bahre).
12. Ei, nach Haus	Oheim (o heim).
13. Bejahrt, Vorfahr	Altan (alt Ahn).
14. Muhme wohlbetagt	Basalt (Bas' alt).
15. Feuchte schicke	Tausende (Tau sende).
16. Wählte jeden	Koralle (kor alle).
17. Schafräuber, komm geschwind	Wolf eile (Wohlfeilheit).
18. Gram ach nimmer	Harmonie (Harm o nie).
19. Freunde, wirket	Brüderschaft (Brüder schafft).
20. Niederwärts zuletzt	abendlich (ab endlich).

[Rückert folgt den Originalrätseln jeweils in den schmeichelnden Anreden der beiden ersten Zeilen eines Gedichtchens und im generellen Muster. Im Original wird im Rätsel jeweils ein arabischer Begriff mit zwei oder mehr Wörtern umschrieben. Das angegebene Lösungswort muß unabhängig von seiner Bedeutung und seiner Vokalisierung in zwei Wörter zerlegt werden, die dann die Lösung bieten, also erst auf den zweiten Blick. Zum Beispiel wird nach einer Entsprechung für tanāwal alfa dīnārin „nimm tausend Dinar" gefragt. Antwort ist hādiya „Geschenk", zerlegt zu hā! „Nimm!" und diya „Blutgeld, Sühnegeld" (das jemand zu zahlen hat, der einen anderen umgebracht hat und das zu dieser Zeit einer Goldmenge im Wert von 1000 Dinar entsprach). Dahinter steckt also die boshafte Aufforderung: „Laß dir einen nahen Verwandten totschlagen!" (um zu Geld zu kommen).]

Dreißigste Makame

398 [30. Makame = Ḥarīrī 37 aṣ-Ṣaᶜdiyya „die ṣaᶜditische".]

399 *Elsada,* eine Hauptstadt in *Jemen,* 60 Parasangen von *Sana.* [Ṣaᶜda, früher blühende Handelsstadt, heute Sadah im Norden der Jemenitischen Arabischen Republik.]

400 Tamim [Tamīm], ein edler und um seinen Edelmut gepriesener Volksstamm.

401 Den Freund nicht so oft zu besuchen, ist eine den Arabern sehr geläufige Klugheitsmaxime.

402 *Selmanu beitihi* [Salmān baitihī], der Selman seines Hauses, eine sprichwörtliche Bezeichnung für vertrautester Freund. [Nach einem bekannten angeblichen Ausspruch Muḥammads: Salmān minnā naḥnu ahl al-bait „Salman gehört zu uns, den Angehörigen des Hauses Muḥammads".] Selman, der Perser, von Ramhormus [in Khuzistan], kam zu Mohammed und bekehrte sich zum Islam, im ersten Jahre der Hedschra. In der Überlieferung heißt es: Der Prophet sprach: Ich bin der Vorgänger der Araber zum Paradies, und Selman der Vorgänger der Perser. Desgleichen: Gott geruht bei Selmans Geruhn und zürnt bei seinem Zürnen. Und wieder: Das Paradies ist sehnsüchtiger nach Selman als Selman nach dem Paradies. – Er starb in Madain [al-Madā'in, das alte Ktesiphon, im heutigen Irak], im Jahr 36 der Hedschra.

403 [Im Original nur: „Ich erlebte die Streitereien – verfeindeter Parteien."]

404 Prüfend, ob, wo und wie für ihn hier ein Geschäft zu machen sei.

405 Den Befehl, statt ihm zu gehorchen.
406 Der Amtsgehilfen und Gerichtsdiener, die den Kadi umgeben.
407 Das kühle Auge ist eine Bezeichnung für Lust, Befriedigung, Wohlbehagen; sein Gegensatz ist das heiße Auge, das von Krankheit oder Begierde entzündete.
408 Mangel an Leibesfrucht.
409 Das Herz ist ein wilder oder freier Vogel, dem man Körner streut, um ihn zu kirren oder zu fangen.
410 In der Mitte zwischen Erhöhung und Erniedrigung.
411 Die Pupille des Auges. [Lehnübersetzung aus dem Arabischen, aber hier nicht im Original.]
412 Kannst du leugnen, daß sie von dir sind?
413 *Keiß Ailan* [Qais ᶜAilān], der Stammgegensatz zu Tamim (vgl. Anm. 400). Beide Stämme sind meist miteinander in Streit und Feindseligkeit. Das Sprichwort sagt also: Auf beiden Achseln tragen.
414 Chamäleonisiert.
415 Nämlich Speise einem Gaste.
416 Vgl. Anm. 400.
417 Ein Berg bei Medina.

Einunddreißigste Makame

418 [31. Makame = Ḥarīrī 38 al-Marwiyya „die merwische".]
419 Scharid, ein Landflüchtiger, nennt man ein Wort oder Lied, das schnell von Mund zu Mund, von Ort zu Ort läuft.
420 [Stadt in Khorasan.]
421 Statthalter.
422 Kumme, Kumpe, Gumpe: Schale, Schöpfgefäß.
423 Das Lob des Edlen ist im Munde der Reiter und Reisenden zum Volkslied Scharid (s. Anm. 419) geworden.
424 D. i. zu allernächst, sprichwörtlich, von der Stelle, die der Beschneider bei seiner feierlichen Operation einnimmt.
425 [Im Original folgen noch Prosareime zum Lob der Bildung und dessen, der sich um sie bemüht, und über Abu Seids Fortgang.]

Zweiunddreißigste Makame

426 [32. Makame = Ḥarīrī 39 al-ᶜUmāniyya „die omanische".]
427 *Sohar*, eine Handelsstadt auf der Küste von *Oman* [Ṣuḥār].

428 Ein Zeichen der Leitung und Zurechtweisung.
429 [Wörtliche Übersetzung aus dem Arabischen für „Vagabund, Wanderer".]
430 Dessen Nähe nicht belästigt.
431 Die Verse des Korans werden Zeichen genannt.
432 Nämlich das Schiff oder die Arche Noahs; ein bewunderter Koranvers [Sure 11:41]. Auf solche Weise werden allerlei Fetzen dieses Buches, die man mehr oder minder passend anwendet und deutet, mit buntem Redeprunk verbrämt und schriftlich oder mündlich als Bann- und Schutzformeln gebracht. Unser Mann aber führt hier diese geistliche Posse, die zwar die müßigen Hörer erbaut, aber dann bei eintretender Gefahr gar nicht weiter in Betrachtung kommt, er führt sie nur wie zu einer eigenen Unterhaltung auf, gleichsam als eine Übung in seiner Kunst, oder als Vorspiel zu dem wichtigeren Beschwörungsakt, der weiterhin den eigentlichen Inhalt dieser Makame ausmacht.
433 Eine Nachäffung des im Koran in mannigfaltigen Wendungen Wiederholten: daß der Prophet seine Schuldigkeit getan habe, die ihm anvertraute Sendung oder Mahnung zu überliefern, und für deren Nichtannahme nicht verantwortlich sei.
434 [Meerschaum, ein Verwitterungsprodukt von Serpentin, weiße, poröse, auf dem Wasser schwimmende Gebilde, die es, den Scholien zufolge, im „jemenitischen Meer" gibt, und die Gebärenden umgehängt werden, da sie als wehenlindernd und geburtserleichternd gelten. Im Original ist der Safran in reinem Rosenwasser aufgelöst worden, um zur „Safrantinte" zu werden.]
435 Zwei fromme Wundermänner. [Uwais al-Qaranī war ein berühmter Asket aus Kufa, der in der Schlacht von Siffin 657 fiel; Dubais Ibn Ṣadaqa Ibn Mazyad al-Asadī war zu Lebzeiten Ḥarīrīs Emir in der irakischen Stadt Hilla und soll ihm ein Ehrengewand und kostbare Geschenke gesandt haben, als er hörte, daß er ihn in einer Makame erwähnt hätte (die Scholien).]
436 Niedriges über Hohes, Gemeines über Edles.

Dreiunddreißigste Makame

437 [33. Makame = Ḥarīrī 40 at-Tabrīziyya „die täbrizische"; Rükkert hat die derben Beschimpfungen, nicht nur auf sexuellem Gebiet, die Abu Seid und seine Frau hier aufeinander einprasseln lassen, gemildert.]
438 [Imker.]

439 Geschichtlich-sprichwörtlich. Aber im Texte steht hier *Sedschahi*, die liederliche Lügenprophetin, die zu ihrem Genossen in der folgenden Note gehört. Sie reimt im Arabischen, wozu sie im Deutschen nicht taugte. Ich weiß nicht, wo ich ihre Stellvertreterin, die Umm Sader [Umm Ṣādir], hergenommen habe, doch wird sie wohl irgendwo im Hariri selbst stekken. [Saǧāḥ trat als Wahrsagerin und Gegenprophetin kurz nach Muḥammads Tod in der Yamāma in Zentralarabien auf, sie soll sich mit dem nachfolgend genannten Musailima zusammengetan haben. Nach dessen Tod verlieren sich ihre Spuren.]

440 Sprichwörtlich. Dieser Abu Thumame [Abū Ṯumāma] ist der geschichtlich bekannte *Musailima*, der Gegenprophet in Jemame, der dem neugepflanzten Islam viel zu schaffen machte. [Und deswegen in der islamischen Historiographie als „Lügenprophet" erscheint. Er fiel mit zahlreichen seiner Anhänger in einer Schlacht gegen die Muslims 633.]

441 [Für die Bitterkeit seiner Früchte bekanntes Kürbisgewächs.]

442 [Riǧla], eine Pflanze, die auch *Hamka* [al-ḥamqā'], die dumme, heißt, weil sie so nah an den Rand der Flüsse sich stellt, daß sie der Strom mit fortreißt.

443 [Diǧla], der arabische Name des Tigris.

444 [Die für ihre Schönheit bekannte Frau des Sassanidenkönigs Chosrau Anūširwān (590–628). Der Perser Niẓāmī, gest. 1209, und nach ihm andere, haben sie in ihren Epen verherrlicht.]

445 Die Gemahlin des Kalifen Harun ar-Raschid, die jedermann aus Tausendundeine Nacht kennt, nur dort viersilbig, statt dreisilbig, mit *eï* statt *ei* geschrieben, was die deutschen Übersetzer den französischen nicht hätten nachtun sollen. Die letzteren haben einen guten Grund zu dieser Schreibung, weil ihr *ei* nicht wie unsres und das arabische klingt. [Zubaida, 762–831, war bekannt für ihre Prunksucht wie dafür, daß sie Dichter und Gelehrte förderte, öffentliche Bauten finanzierte.]

446 *Bilkis*, die Königin von Saba. [Im Original: „Bilqīs mit ihrem Thron". Der Kommentar begründet das mit dem reichen Juwelenschmuck des Throns.]

447 *Buran* ist doppelt vorhanden, einmal eine Tochter des *Chosru Perwis* [Chosrau Parwīz], die nach ihres Vaters Tode etwas über ein Jahr regierte, sodann die hier gemeinte, deren Vermählung mit dem Kalifen Almamun [al-Ma'mūn, regierte 813–833] eine Erzählung von Tausendundeine Nacht ausmacht [in der Übersetzung von Habicht/Hagen/Schall], wo

aber die Beschreibung der Pracht und des Reichtums bei der Hochzeit, was eigentlich der historische Kern ist, ziemlich undeutlich ausgefallen. Sie saß dabei auf einem sagenhaft berühmt gewordenen, von Goldfäden gewebten Teppich, worüber ihre Großmutter Perlen aus goldenen Schüsseln ausgoß. Seltsamerweise hat man dort aus des Kalifen verwunderndem Ausruf: „*Katalanillah*" [qatalanī 'llāh], d. i. „Gott verdamme mich!" einen Poeten *Katel-Allah* [Qātil Allāh] gemacht.

448 Zabba [az-Zabbā'], die kriegerische Königin von Mesopotamien, von der in Makame 22, Anm. 236, schon beiläufig die Rede war. Ihren Namen hat sie selbst von ihren langen Haaren, oder diese in der Sage von ihrem Namen.

449 *Zerka*, die Fern- und Scharfsehende, Makame 23, Anm. 243 [hier nicht im Original].

450 *Rabiat*, die Tochter Ismaels aus Basra, die berühmteste aller durch Frömmigkeit berühmten Frauen. Glaubwürdige Zeugen sagen, daß sie in einem Tag und einer Nacht 1000 Rak'ats gebetet, und als man sie fragte: Warum tust du das? sprach sie: Nicht als gutes Werk um der Belohnung willen, sondern daß es den Propheten Gottes freue, am Tage der Auferstehung, daß er spreche zu den andern Propheten: Sehet hier ein Weib von meinem Volke! Sie pflegte auch zu sagen: Ich hörte nie den Gebetrufer, ohne daß ich an den Herold des jüngsten Gerichtes dachte, und sah nie einen Heuschreckenzug, ohne daß ich an die Auferstehung (das dortige Gedräng und Gewimmel der Scharen) dachte. [Rābiᶜa al-ᶜAdawiyya, gest. 801, war die erste Mystikerin im Islam.]

451 [Hindaf gilt als Mutter aller arabischen Stämme.]

452 Von *Chansa* siehe Makame 11, Anm. 107.

453 *Madir* [Mādir] war ein Mann, der seine Brunnentränke mit Unrat verschmierte, damit kein andrer seine Kamele mit dem Reste des Wassers tränken möchte.

454 *Kaschir* [Qāšir] war ein Beschäler, der keine Stute besprang, ohne daß diese davon starb. Man sagt auch, damit sei ein unfruchtbares Jahr gemeint, so benannt von *Kaschar*, schälen, weil es den Erdboden von Pflanzen schält.

455 *Safir* [Ṣāfir], d. h. der Pieper, ein Vogel, der sich nachts an einen Ast mit den Füßen, den Kopf unterwärts, anhängt und so die ganze Nacht durch piepet, um nicht einzuschlafen, aus Furcht vor Raubvögeln und Tieren. – Aber wird er nicht gerade diese herbeipiepen?

456 Ein mythischer Mann von besonderer Flüchtigkeit, oder auch ein Floh; *Tamir Ben Tamir* [Ṭāmir Ibn Ṭāmir] bedeutet Hupfer oder Hupfersohn.

457 [Abū Dulāma, gest. 786], Hofpoet und lustiger Rat des Kalifen *Almansur* [al-Manṣūr, regierte 754-775]. Er ritt ein Maultier, das war blind, lahm, stöckig, schlug vorn und hinten aus, biß die Leute, ließ sich nicht zäumen noch beschlagen; wenn es pißte, nahm es den Schwanz zwischen die Beine und spritzte dann damit die Leute. Wenn es Abu Dulame ritt, liefen die Jungen ihm nach und lachten ihn aus. Er ritt es aber im feierlichen Aufzuge des Kalifen und der Großen, um sie lachen zu machen; er dichtete auf dasselbe auch eine Kasside, worin er dessen Fehler aufzählte.

458 [Ḥasan von Basra, gest. 728, wurde berühmt wegen seiner asketischen Frömmigkeit, seiner Rednergabe, Gelehrsamkeit und mutigen Aufrichtigkeit in politischen Fragen.]

459 [Quṣṣ Ibn Sāʿida, vgl. Anm. 137 zu Makame 14.]

460 [Abū ʿAmrʿĀmir Ibn Šarāḥīl aš-Šaʿbī, berühmter Überlieferer von Aussprüchen Muḥammads, starb zu Beginn des 8. Jahrhunderts.]

461 [al-Ḫalīl Ibn Aḥmad, bedeutender arabischer Grammatiker und Lexikograph des 8. Jahrhunderts, ordnete die komplizierten arabischen Metren zu einem System, das nach ihm das Ḫalīlsche genannt wird.]

462 [al-Ġarīr, gest. 728, bekannter Dichter am Hof der Umayyaden in Damaskus, berühmt für seine Lob-, Schmäh- und Liebesgedichte.]

463 [ʿAbd al-Ḥamīd Ibn Yaḥyā Ibn Saʿīd, Sekretär am Umayyadenhof im 8. Jahrhundert, gilt als Begründer der arabischen Epistolographie.]

464 [Abū ʿAmr Rabbān Ibn al-ʿAlā', gest. um 770, berühmter Koranleser aus Basra, auf ihn geht eine der sieben kanonischen Lesarten des Korans zurück.]

465 [Ibn Quraib al-Aṣmaʿī, gest. 828 in Basra, vgl. Anm. 47 zu Makame 4; auf ihn werden viele Anekdoten über die Beduinen zurückgeführt.]

466 Der Fürst der Gläubigen, der Kalife [Amīr al-Mu'minīn].

467 *Eblis*, diabolus, Teufel [nicht im Original].

468 Ohne vorhergegangene Abwaschung ist das gesetzliche Gebet des Moslems ungültig. [Im Original „Als wollt er zwei Rakʿas nach Westen verrichten" – also in die falsche Richtung, das Gebet muß in Richtung auf die Kaʿba nach Mekka verrichtet werden.]

469 [Im Original zahlt der „Türsteher"/Kammerherr die beiden Dinare aus, um weitere Schimpfreden zu verhindern; sagt Abu Seid und seiner Frau, sie seien listiger als alle Menschen und Geister/Dschinnen zusammen. Sie bezeichnen ihn als einen

musterhaften Türsteher, und „nehmen die beiden Goldstücklein – und entfachen im Herzen des Kadis zweifache Höllenpein".]

Vierunddreißigste Makame

470 [34. Makame = Ḥarīrī 41 al-Tinnīsiyya „die tinnisische".]
471 [Früher für ihre Wohlhabenheit bekannte Stadt in Unter-] Ägypten, [unweit Dimyat an einem vom Nil gespeisten Binnensee].
472 Das heilige Haus, die *Kaaba.*
473 Vgl. Anm. 293 zu Makame 25.

Fünfunddreißigste Makame

474 [35. Makame = Ḥarīrī 42 an-Naǧrāniyya „die naǧranische".]
475 [Banū ᶜUḏra], ein arabischer Volksstamm, der, wenn man den Sagen glaubt, aus lauter auf den Tod Verliebten bestanden haben muß. Seine Jünglinge starben ganz gewöhnlich an Liebesverzehrung, und darum ist er wohl ausgestorben. [Heines Vers „Und mein Stamm sind jene Asra, welche sterben, wenn sie lieben" aus dem „Romanzero" meint sie.]
476 [al-Muhallab Ibn Abī Ṣufra, gest. 702, war ein bekannter Feldherr der frühen Umayyadenzeit. Seinen Söhnen sagte man ebenfalls große Tapferkeit nach.]
477 [Naǧrān, Landschaft und Stadt im nördlichen Jemen.]
478 Eine Leinwand, in der Höhe des Daches über den offenen Raum des Hauses ausgespannt, die, an einem Seil gezogen, sich durch die ganze Länge des Raumes hin und wieder bewegt, um Kühlung zu verbreiten, insbesondere wenn man die Mittagsruhe halten oder auch zu Nacht schlafen will. Sie wird natürlich nur in der heißen Jahreszeit gebraucht und dann mit Wasser benetzt, auch wohl mit Rosenwasser besprengt. [Im Irak.]
479 Ein Seil von Palmbast, das man gebraucht, um die Palme zur Ernte der Datteln zu ersteigen.
480 Ein feiner metallener Stift, womit man die schwarze Schminke oder Salbe ans Auge bringt, die nicht nur den Glanz des Auges erhöht, sondern auch die Sehkraft stärkt, insbesondere aber im Alter den grauen Wimperhaaren ein jugendliches Ansehen geben mag.
481 [Von hier an hat Rückert das Original variiert. Das hat an die-

ser Stelle das Gedicht über das Schöpfrad. Anstelle des nächsten Gedichts über den Schatten hat es Rätselverse über einen Kühlkrug, den man damals in den heißen Bagdader Sommern gern verwendete, aus Ton mit Bast umkleidet, mit einer Silberschnepfe. Vorgekühlte Getränke behielten in ihm längere Zeit ihre Temperatur. Statt des Gedichts über die Zähne folgt eins über die Fingernägel. Das Gedicht über die Spindel stammt von Rückert, es fehlt im Original. Das hat an dieser Stelle eins über das Zünglein an der Waage, das aber im Arabischen ganz anders lautet, denn dieses Zünglein heißt hier ṭayyār „Flieger".]

482 Nämlich Feuer.

483 [Naǧd, Hochland im Innern der Arabischen Halbinsel.]

Sechsunddreißigste Makame

484 [36. Makame = Ḥarīrī 43 al-Bakriyya „die bakritische" (nach einem Beduinenstamm) oder al-Badawiyya „die beduinische". Diese Makame ist voller Sprichwörter und Redensarten aus dem Beduinenmilieu.]

485 Der nächtliche Schatten.

486 Sprichwörter.

487 [Wādī, das parallel zur südarabischen Küste verläuft und die Höhenzüge, die es mit Wasser speisen.]

488 Das wunden oder räudigen Kamelen aufgelegt wird.

489 Nach dem Sprichwort: die Verzweiflung (Aufgebung der Hoffnung) ist eine der beiden Ruhen. – Die andre bessere ist die Erlangung des Wunsches.

490 [Yabrīn, Oasenstadt in Innerarabien.]

491 [Im Original ʿišrīn „zwanzig", als Reim zu „Jebrin".]

492 Das wird sprichwörtlich *Vogelruhe* genannt.

493 Nämlich 99 oder 100.

494 Ein Hauptspruch der Überlieferung, der gleichwohl nicht allgemein gilt.

495 [Heute nicht mehr angebaute Getreideart.]

496 [Ton, Lehm.]

497 Ein im Koran gepriesener Weiser, auch der Äsop des Morgenlandes [Sure 31 heißt nach ihm Luqmān].

498 Ein Sprichwort, dessen Geschichte folgende ist: „Dem Omar Ben Amru Ben Odes [ʿUmar Ibn ʿAmr Ibn Udais] war als Weib untergeben Nachtenus, die Tochter des Lakit Ben Zerare [Laqīt Ibn Zurāra]; er aber war hochbejahrt, und sie war ihm untreu; da gab er ihr die Scheidung. Darauf heiratete sie ein jun-

ger Mann von schönem Ansehn. Als sie nun in den Winter kamen (und Mangel litten), sandten sie an den Omar, ihn um Milch anzusprechen. Da sagte er zuerst jenes Wort, das zum Sprichwort ward: Dir ist im Sommer die Milch ausgegangen, d. i. damals, wo ich dich verstieß, hast du das verscherzt, was du jetzt wünschest. Doch als der Bote diese Antwort brachte, schlang sie die Hände um den Nacken ihres Mannes und rief: Dies und Molkentrank ist besser." (Die Scholien.)

Siebenunddreißigste Makame

499 [37. Makame = Ḥarīrī 44 aš-Šatawiyya „die winterliche", auch al-luġziyya „die Rätselmakame".]
500 Das Feuer.
501 Schar, Pflugschar.
502 D. i. eh er einen halben Morgen Landes umgepflügt, war es Abend.
503 Ich schlucke, ich habe den Schlucken.
504 Feigen, die Früchte.
505 Er lud, er belud, mit den zum Gastgebot herbeizuschaffenden Bedürfnissen.
506 Wellen, Reisholz.
507 Die Rose, der Rotlauf.
508 Die Scheibe, die Kniescheibe, die rechte, die des rechten Fußes. Von einem Schützen die Scheibe, d. i. die Scheibe eines Schützen.
509 Das Netz des Unterleibs.
510 Wein und Wasser. Vgl. Anm. 191 zu Makame 19.
511 Ich säume mein Tier, ich lege ihm den Saum, den Saumsattel oder die Saumlast auf. Ich säume, ich ziehe nähend einen Saum.
512 Der Hahn.
513 Der Mond.
514 Die Sonne.
515 Die Matte, die Wiese, der Rasen.
516 Ein Schlauch aus der Haut eines Schafes, zur Aufbewahrung von Kamelmilch.
517 Der Hirsch. Gewichte, Geweihe.
518 Bienenstock, Bienen, Wachs.
519 Die Spinne.
520 Die Krebse.
521 Der Schatten.
522 Der ab- und zunehmende Mond.

523 Donner und Blitz und Wolken.
524 Eine Palme.
525 Die Kerze.
526 Geizen, den Geiz, d. i. den Auswuchs der Bäume abbrechen.
527 Liedern, Leder zubereiten, gerben.
528 Das Zeltchen, ein Konfekt, Küchelchen.
529 Der Weberbaum und das Weberschiff.
530 Das Schiff.
531 Mehl und Tau, Mehltau [Rückert hat sich von den doppeldeutigen Rätseln des Originals insofern anregen lassen, als auch hier zunächst Nahrungsmittel verschiedener Art verrätselt werden, mußte aber im Deutschen natürlich andere Begriffe wählen und um sie Verse ranken.]
532 [Ein besonders edles Kamel.]
533 [Von Saᶜīd Ibn al-ᶜĀṣ, einem Gefährten Muḥammads, dem dieser als jungem Burschen ein Gewand geschenkt haben soll.]
534 [Abū Aẖzam (Achsem) aṭ-Ṭā'ī soll ein Vorfahr des für seine Freigebigkeit sprichwörtlich gewordenen Ḥātim (Hatem) aṭ-Ṭā'ī gewesen sein.]

Achtunddreißigste Makame

535 [38. Makame = Ḥarīrī 45 ar-Ramliyya „die ramlitische".]
536 [Ramla, Umayyadenresidenz in Syrien; heute in Israel, südöstlich von Tel Aviv, vgl. Anm. 281.]
537 [Anspielung auf den ehelichen Beischlaf.]
538 Vgl. Anm. 475 zu Makame 35.
539 [Das folgende mit den Gedichten der Frau und des Serugers bis „Da schlug das Weib die Augen nieder beschämt" hat Rükkert aus der 9. Makame des Originals hier eingefügt. Im Original der 45. Makame erteilt der Richter der Frau einen Verweis, wenn ihr Mann recht habe, so hielte ihn sein leerer Magen von der Erfüllung seiner ehelichen Pflichten – die im Islam der Mann der Frau gegenüber hat – ab.]
540 Das Sprichwort heißt eigentlich: die Wiederkehr ist geehrter; und seine Geschichte ist folgende: „Der, von dem sich das Sprichwort herschreibt, ist *Chedasch Ben Habis* [Ḫidāš Ibn Ḥabis], der Tamimer, der zuerst um ein Mädchen vom Stamme der *Banu Duhl* [Banū Ḏuhl] gefreit, dann um eines vom Stamme der *Banu Sedus* [Banū Sadūs], namens *Rebab* (Ribāb], die er eine Zeitlang liebte; dann kam er und warb um sie. Doch ihre Eltern weigerten sich wegen ihrer vorzüglichen

Schönheit und wiesen den *Chedasch* ab. Da ließ er von ihr eine Zeitlang, dann kam er in einer Nacht geritten und sang:

Ach, daß ich wüßte, o *Rebab,* wann endlich
Mir werden soll Gelingen oder Heil?
Lang hast du mich gekränkt und weggestoßen,
Doch du allein bist mein erwähltes Teil. –
Die Seele schelte Gott, die strebt nach Gute
Und beut den unbefleckten Adel feil,
Die nimmt den reichen Knecht und läßt den Mann stehn,
Wie keiner einem Mädchen ward zuteil.

Rebab aber kannte ihn an der Stimme, horchte ihm zu und merkte seinen Gesang. Dann sandte sie zu dem Reitertrupp, unter welchem *Chedasch* sich befand, und ließ ihnen sagen: Machet diese Nacht Halt bei uns! Und sie machten Halt. Sie aber sandte an *Chedasch*: Ich habe dein Anliegen verstanden: komm morgen früh zu meinem Vater und wirb. Dann ging sie zu ihrer Mutter und sprach: Mütterchen! soll ich heiraten, außer wen ich liebe, oder anhängen, außer wem ich will? Sie sprach: Nein! doch wozu ist das? Sie sprach: So verheirate mich an *Chedasch.* Sie sprach: Und was bringt dich dazu bei der Geringheit seines Gutes? Das Mädchen sprach: Wenn Gut sammelt ein Mann von schlechtem Tun, Schmach sei dem Gute! Da benachrichtigte die Mutter den Vater davon, und er sprach: Haben wir ihn nicht abgewiesen? Was fällt ihm Neues ein? Als sie nun morgens beisammen waren, kam *Chedasch* frühe zu ihnen, grüßte sie und sprach: Die Wiederkehr ist geehrter, der Mann ist belehrter und die Tränke bewährter." (Die Scholien.) [Die Anspielung auf Chedasch und die Erklärung dazu in der Anmerkung hat Rückert von anderer Stelle hierher übernommen. Im Original sagt die Frau: „Besser ist es umzukehren, – Feigheit wird uns entehren."]

541 D. i. *Abu Musa Abdallah Eleschari* [Abū Mūsā ᶜAbdallāh al-Ašᶜarī], der aus der Geschichte bekannte Anhänger *Alis,* der, nach der Schlacht von *Siffin,* einer der beiden Schiedsrichter zwischen *Ali* und *Moawia* war; der andre, für *Moawia,* war *Amru Ben Elas* [ᶜAmr Ibn al-ᶜĀṣ]. Und jener ließ sich von diesem betören durch den Vorschlag, beide Gegenherrscher der Würde zu entkleiden und dann zu neuer Wahl zu schreiten. Das tat nun zuerst *Abu Musa* mit *Ali,* aber *Amru* tat es ihm nicht nach mit *Moawia,* sondern bestätigte diesen in der Würde. [Anspielung auf einen bei den Muslims bekannten Machtkampf aus der frühen Geschichte des Islams: In der

Schlacht von Siffin am mittleren Euphrat im Jahr 657 kämpften der Kalife ᶜAlī, Vetter und Schwiegersohn Muḥammads, und der damalige Gouverneur von Syrien, Muᶜāwiya, gegeneinander. ᶜAmr Ibn al-ᶜĀṣ überlistete zunächst ᶜAlī, als die Schlacht sich zu dessen Gunsten wendete. Es kam zu einem Schiedsgericht, in dem ᶜAmr dann den Schiedsrichter ᶜAlīs, den genannten Abū Mūsā al-Ašᶜarī täuschte, so daß er 658 Muᶜāwiya zum Kalifen ausrufen konnte. Dieser trat das Amt nach der Ermordung ᶜAlīs 661 an.]

Neununddreißigste Makame

542 [39. Makame = Ḥarīrī 46 al-Ḥalabiyya „die aleppinische".]
543 Aleppo.
544 [Das alte] Emessa, die uns wohlbekannte Stadt in Syrien, von der wir eben hier erfahren, daß sie ein arabisches Schilda, Schöppenstedt oder dergleichen vorstellt. [Hims gilt auch heute noch als das syrische Schilda.]
545 [Im Original trägt der Schüler ein Gedicht vor, dessen Wörter aus Buchstaben ohne diakritische Punkte bestehen.]
546 [Im Original sind die Reimprosapassagen zwischen den Gedichtchen knapper. Rückert hat sprachspielerisch erweitert. Das folgende Gedicht besteht aus Wörtern, die aus lauter Buchstaben mit diakritischen Punkten gebildet sind.]
547 Wie ein Sufi [ein Mystiker, der sich in wollene Gewänder hüllt, von arabisch ṣūf „Wolle"].
548 [Hier folgt im Original ein Gedicht, in dem Wörter aus Buchstaben mit diakritischen Punkten und solche ohne diakritische Punkte einander abwechseln.]
549 [Im Original folgt ein Gedicht mit „Zwillingswörtern", d. h. in dem in einem Halbvers von insgesamt vier Wörtern jeweils zwei aufeinanderfolgende Wörter sich im Schriftbild gleich sind und sich nur durch die diakritischen Punkte voneinander unterscheiden.]
550 [Im Original ein Zweizeiler, bei dem jeweils das erste und das letzte Wort der aus zwei Halbversen bestehenden Zeilen im Schriftbild, nicht in der Bedeutung, identisch sind. Gegen Ende dieser Makame stellt Rückert aus eigener Schöpferkraft mehrere Beispiele für solche Verse im Deutschen vor, siehe unten.]
551 [Hier folgt schon ein solch „gleichseitiges" Gedicht. Im Original steht ein Gedicht oder eher ein Merkvers, in dem besonders viele Wörter mit stimmlosem s (sīn) vorkommen.]

552 [Im Original ein Merkvers mit Wörtern, in denen das emphatische ṣ (ṣād) vorkommt, einer der für das Arabische typischen Buchstaben.]

553 Nach dem im Koran immer wiederkehrenden Spruche: An jenem Tage wird keine Lastträgerin (schuldbeladne Seele) die Last der andern tragen.

554 [Im Original ein Merkvers mit Wörtern, die hier mit stimmlosem s geschrieben sind, die aber auch mit emphatischem ṣ geschrieben werden können. Es folgen Merkverse über Verben, deren letzter Radikal schwach ist, das heißt deren richtige Konjugation oft Schwierigkeiten bereitet, ferner ein langes Merkgedicht voller Wörter mit dem emphatischen Buchstaben ẓ (ẓā'), damit die Schüler lernen, es vom emphatischen ḍ (ḍād) zu unterscheiden.]

555 [Erst hier folgt Rückert wieder, wenn auch in recht freier Nachbildung, dem Original.]

556 [Im Original noch:
Den Dummen nur hat das Schicksal erwählt,
zu legen in seine Sümpfe das Geld."]

557 [Im Original folgt auf den Preis des Lehrens und den, der es ausübt, der Bezug auf „Torheitsgewächs und Narrheitsfrucht" des Anfangs, für die der Lehrer in der arabisch-islamischen Kulturgeschichte als typisch gilt:
„Man gehorcht seinem Befehle, – umgibt mit Ansehen seine Seele; – seine Schüler sind eine Herde brav – fast so wie auf der Weide die Schaf'. – Er herrscht gleich einem Emir, – ordnet an wie ein Wesir, – regiert einem Gouverneure gleich, – einem mächtigen Königtum ähnelt sein Reich. – Doch binnen kurzem wird seicht sein Verstand, – wird er für seine Verblödung bekannt, – vollbringt er nur noch kindischen Tand – und schwätzt wie der Dümmste im ganzen Land. – Ich sagte: Du bist ein Sohn dieser Zeit, – weißt bestens in ihr bescheid, – bist stets zu treffendem Spottspiel bereit, – zu Gebote steht dir kluge Beredsamkeit."]

Vierzigste Makame

558 [40. Makame = Ḥarīrī 47 al-Ḥağriyya „die ḥağritische".]

559 [Ḥağr al-Yamāma, früher Messestadt in der Jamāma, einer Landschaft in Zentralarabien, am Südostabhang des Jabal Tuwayq.]

560 Den Knecht *Find* [wörtlich „maulā", d. i. ein dem Stamm oder der Familie Affiliierter] schickte seine Hausfrau, um aus ei-

nem Nachbarhause Feuer zu holen: er fand auf dem Weg einen Trupp Leute, die nach Ägypten gingen; er ging mit ihnen und blieb ein Jahr daselbst. Dann kehrte er zurück und holte das Feuer; doch er stolperte im Laufen, daß ihm die Kohlen entfielen; da rief er. Verflucht sei die Eile! und das ward zum Sprichwort.“ (Die Scholien.)

561 „Ein Weib vom Stamme *Teim-Allah Ben Thaalaba* [Taimallāh Ibn Ṯaᶜlaba], die den Markt von *Okath* [ᶜUkaẓ, eine Oase unweit von Mekka] besuchte, mit zwei Schläuchen voll Schmalz. Und *Chawwat Ben Dschobeir Alansari* [H̱awwāt Ibn Ǧubair al-Anṣārī] nahm sie beiseite, um mit ihr zu handeln. Er öffnete den einen Schlauch und versuchte ihn, gab ihn ihr zurück, und sie hielt ihn mit der einen Hand; dann öffnete er den andern Schlauch und versuchte ihn ebenfalls, gab ihn ihr zurück, und sie hielt ihn mit der andern Hand. Dann überwältigte er sie und lag bei ihr, und sie konnte sich seiner nicht erwehren, weil sie mit jeder Hand einen Schlauch zu halten hatte, daß ihr Schmalz nicht ausliefe. Und als er von ihr aufstand, sprach sie: Übel bekomm’ es dir! Und ihre Geschichte ward zum Sprichwort.“ (Die Scholien.)

562 Der Jakut, ein Edelstein, dessen Probe darin bestehen soll, daß ihn keine Glut erhitzt. Das Wort ist eins mit dem griechischen Hyakinthos.

563 Zwei altberühmte arabische Stammnamen. Abd Menaf ist der wahre Vater der Fürsten; von ihm stammen 1. Mohammed, 2. Ali und die Aliden, die jetzt von der ganzen Bevölkerung ein Fünfzehntel ausmachen, 3. die Omejaden, 4. die Abbassiden.

564 Auch im Arabischen findet sich die Sage, daß der Kater seine eignen Jungen fresse.

565 „Dieser trieb sein Handwerk in den Gassen von Medain [al-Madā’in, das alte Ktesiphon-Seleukija, im heutigen Irak]. Wenn Soldaten bei ihm vorbeikamen, die soeben ins Feld zogen, schröpfte er sie für einen Pfennig auf Borg, bis sie wieder heimkämen. Dabei vergingen oft Wochen, daß niemand zu ihm kam. Dann ließ er seine Mutter herausgehen und schröpfte sie, daß die Leute sehen möchten, es fehle ihm nicht an Kundschaft; und das trieb er so lange, bis sie an Erschöpfung starb.“ (Die Scholien.)

566 *Iskenderi* ist jener Held der Makamen des *Hamadani*, die den Makamen des *Hariri* zum Vorbild gedient (siehe Hariris Vorwort, Anm. 3). Hariri gibt also hier zu verstehen, wie sehr er glaubt, den Hamadani an Erfindung und Kunst übertroffen zu haben.

Einundvierzigste Makame

567 41. Makame = Ḥarīrī 48 al-Ḥarāmiyya „die haramitische", nach der Moschee der Banū Ḥarām in Basra, in der Hariri dem Vorbild für seinen Abu Seid begegnet sein soll, und dem Stadtviertel gleichen Namens.] Diese Makame ist die Mutter aller übrigen, dem Dichter aus einem äußern Anlaß entstanden, da er wirklich in der Hauptmoschee seiner Vaterstadt eine ähnliche Person, wie Abu Seid, eine ähnliche Geschichte, wie die den Inhalt dieser Makame ausmacht, erzählen hörte und sie darstellte, wohl ohne damals noch den in ihr liegenden Lebenskeim zu der reichen Schöpfung, die sein befruchtender Geist daraus hervorrufen sollte, zu kennen. Die Einkleidung ist auch etwas abweichend, darin, daß hier *Hareth Ben Hammam* (d. i. unser Dichter) nur erzählt, was ihm *Abu Seid* erzählte, nicht diesen selbst, wie sonst, handelnd auftreten läßt.

568 Die Vaterstadt des Dichters, deren Verherrlichung, ein Nebenzweck des Kunstwerks, hier in der ehvorletzten Makame eingeleitet, in der letzten aber vollständig ausgeführt wird.

569 Der Hahn.

570 Ein Stadtviertel von Basra, wo bei der Anlegung der Stadt unter dem Kalifen Omar (vgl. Anm. 616 zu Makame 43) sich der arabische Stamm der Banu Haram [Banū Ḥarām] ansiedelte; das Viertel, worin Hariri selbst wohnte, der davon den Zunamen Harami führt.

571 Musik ist, nicht weniger als der Wein, eine unerlaubte weltliche Lust.

572 und 573 Die Moschee ist der Versammlungsort für die gebildete Gesellschaft, die sich dort in der Zwischenzeit der Gebetstunden unterhält. Einen Hauptgegenstand der Unterhaltung macht, für Araber überhaupt, Sprache und Grammatik aus, besonders aber für die Bewohner von Basra, den Hauptsitz grammatischer Gelehrsamkeit.

574 [Wegzehrung, Zehrgeld.]

575 Bei einer solchen Gelegenheit geht man schnell, damit die Kohlen nicht unterwegs verlöschen; und die *Eile des Feuerholenden* ist im Arabischen sprichwörtlich.

576 Der Ruf des Mueddhins (Muezzins) von der Höhe der Moschee, wodurch er die eingetretene Gebetstunde, fünfmal des Tags, anzeigt.

577 Der öffentliche Vorbeter oder Leiter der gemeinschaftlichen Andachtsübungen.

578 Wo sie, sich unterhaltend, gesessen hatten.

579 Jeder Moslem führt einen Teppich mit sich, um die zum feier-

lichen Gebete gehörigen Knieungen und Niederwerfungen darauf zu verrichten.

580 Der Sprechende ist ein Eingewanderter.

581 Nämlich die Verpflichtung, nach bestem Wissen und Gewissen zu raten.

582 Großer Becher.

583 Vgl. Anm. 276 zu Makame 24.

584 Die einzige Tochter mag in dieser „Wahrheit und Dichtung" auf die Seite der letztern gehören und eine Umbildung des wirklich vorhandenen einzigen Sohnes (siehe die nächste Makame) sein. Eine wehrlose Jungfrau in der Gefangenschaft ist rührender als ein rüstiger Jüngling.

585 In Gefangenschaft, besonders der Ungläubigen, Gefallene loskaufen, ist das größte der verdienstlichen Werke eines Moslems.

586 Dicker Mehlbrei und dergleichen. [Im Original ṯarīda „Gericht aus Fleisch, Brühe und Brot".]

Zweiundvierzigste Makame

587 [42. Makame = Ḥarīrī 49 as-Sāsāniyya „die sāsānische", nach den Banū Sāsān.]

588 Im Texte hat er noch einige Jahre mehr, denn es steht dort das Kunstwort *Alkabdha* [al-Qabḍa], in der Fingerrechnung eine Einbiegung der Finger, die 93 bedeutet.

589 Die schwarze Schminke [al-kuḥl], das gewöhnliche Augenschönheitsmittel.

590 Vgl. Anm. 269 zu Makame 24.

591 Worte des Korans, von Gott an Mohammed gerichtet.

592 Das Testament von *Seth*, Adams Sohn, der als allgemeiner Stammvater der Menschen und zugleich als erster Gründer des Islams und der Kaaba betrachtet wird (siehe Makame 25, Anm. 283), ist im Morgenlande nicht bloß mythisch und sprichwörtlich berühmt, sondern der Geschichtschreiber Elmokanna führt es wörtlich an; es enthält allgemeine Lehren der Gottseligkeit in ziemlich koranmäßigem Tone. Es wird wohl durch die Patriarchen-Geschlechtsfolge, über die Flut hin und weiter, mündlich überliefert worden sein; oder warum nicht auch schriftlich? da ja derselbe Seth schon 50 Blätter voll Offenbarungen von Gott empfangen haben soll.

593 Suren heißen die Kapitel des Korans.

594 *Reich an Asche* ist eine sprichwörtliche Bezeichnung für reich überhaupt, weil der Reiche gastfrei ist oder sein soll, für die Gästebewirtung aber der Aschenhaufen des Herdes zeugt.

595 Nach seiner (vollen) Scheune, seinem wirklichen Gehalt und wahren Vermögen.
596 Drittelstücke, wie Dreier, für Geld überhaupt.
597 [Von Rückert des Reimspiels wegen gewählt und dann reimend, paraphrasierend und zeitbezogen erklärt. Das Original hat al-Imāra „die Emirs(Fürsten)-herrschaft", at-Tiǧāra „der Handel", az-Zirāᶜa „die Landwirtschaft", aṣ-Ṣināᶜa „das Handwerk", und die Scholien geben an, der Abbasidenkalif al-Ma'mūn (regierte 813–833) habe gesagt, die Welt bestehe aus diesen vier Bereichen.]
598 Des obersten Herrschers.
599 Die Entwöhnung des Säuglings ist ein häufiges Bild für die Schmerzlichkeit der Entsagung, besonders bei den erotischen Dichtern.
600 Vgl. Anm. 269 zu Makame 24.
601 Ein Wort Mohammeds, augenscheinlich nach dem Evangelium.
602 Im Arabischen: Wie oder von wo man das Schulterstück am Kamel isset, d. i. wie man ein schweres, kitzliges Geschäft angreift.
603 [Von Rückert sehr frei übersetzt, wörtlicher: „Seine Pforte ist Vagabundieren zu jeder Zeit, – sein Gewand ist rührige Regsamkeit, – seine Leuchte geriebne Gerissenheit, – seine Waffe derbe Dreistigkeit."]
604 Dem Reh schreibt das arabische Sprichwort eine besondere Munterkeit beim Mondschein zu, ein lustiges Hüpfen und Tanzen, worin es sich oft so sehr vergißt, daß es den Raubtieren zur Beute wird; daher ein zweites Sprichwort: Betörter (oder unvorsichtiger) als das Reh im Mondschein.
605 [Im Arabischen folgen hier Vergleiche mit Tieren, die alle mit der Kunya, das heißt Namensbildungen mit Abū „Vater" oder Umm „Mutter", hier aber nur mit Abū, benannt werden: „Sei ein Frühaufsteher wie Abū Zāǧir" (d. i. der Vater des Scheltenden, der Rabe), „so mutig wie Abū l-Ḥāriṯ" (d. i. der Vater des Pflügers, der Löwe) …
Rückert hat die Tiervergleiche erheblich erweitert anstelle der im Arabischen noch folgenden acht Vergleiche mit für bestimmte Eigenschaften bekannten Persönlichkeiten der islamischen Geschichte und Literaturgeschichte.]
606 Ameise.
607 Worte des Korans (Sure 12:87].
608 D. i. wie herrlich artet er seinem Vater nach. Welflein, Löwenjunges.
609 Ein Sprichwort.

610 Des, unter uns nur als Fabeldichter bekannten, *Lokmans* [Luqmān] Weisheitslehren und Ermahnungen an seinen Sohn sind im Koran (Sure 31) vorgetragen, und eben daraus sind im obigen Testament mehrere Stellen angewandt, oder umgewandt.

611 So wird die erste Sure des Korans genannt, weil man sie als Inbegriff und Wurzel des ganzen Buchs betrachtet. Sie enthält gleichsam einen schwachen Nachklang des Vaterunsers und wird auf ähnliche Art als Gebet gebraucht.

Dreiundvierzigste Makame

612 [43. Makame = Ḥarīrī 50 al-Baṣriyya „die baṣrische".]

613 Die Moschee, als Versammlungsort der Gelehrten und Gebildeten, wie oben Makame 41, Anm. 572 und 573. Es wird daselbst nicht bloß gesprochen, sondern auch geschrieben, schon deswegen, weil so manche Spiele des Sprachwitzes, die einen Hauptgegenstand der Unterhaltung ausmachen, fast mehr für das Auge als für das Ohr da sind, wie z. B. Zeilen, die man buchstaben- oder wörterweise rückwärts lesen kann, Verse aus lauter punktierten oder lauter unpunktierten Buchstaben, oder aus einer regelmäßigen Abwechslung von beiden zusammengesetzt und andre Künsteleien mehr, wovon die Anmerkungen zum deutschen Hariri die Proben geben.

614 Alle Mosleme richten sich im Gebete gegen die Kaaba, welche Richtung die *Kibla* [Qibla] heißt und in den Moscheen durch eine Blende in der Wand bezeichnet ist. Diese Richtung ist natürlich von den verschiedenen Himmelsgegenden her eine verschiedene. Von Basra ist die Richtung westlich gegen die Ostseite der Kaaba, wo diese ihren Eingang hat und wo auch

615 der Betort Abrahams sich befindet.

616 Hariri läßt es seiner Vaterstadt zum Vorzug anrechnen, daß sie eine neue, erst im Islam erbaute sei. Der Kalif Omar [ᶜUmar I., regierte 634–644] hat sie, in einiger Entfernung vom Meerbusen, als eine Vormauer gegen das persische Reich gegründet.

617 Der persischen Feueranbeter.

618 Der Christen.

619 Der Hauptname Gottes im Koran.

620 Hier sind die andächtig verehrten Gräber eines *Talha, Zubeir, Abu Bekr, Anas Ben Malik* und andrer ersten Anhänger des Islams. Überhaupt aber ist, die Gräber zu besuchen, eine gewöhnliche Andachtsverrichtung der Mosleme. [Ṭalḥa Ibn

ᶜUbaidallāh, gest. 656, und Zubair Ibn al-ᶜAwwām, gest. 656, gehörten zu den zehn Gefährten Muhammads, denen er das Paradies verheißen haben soll; Abū Bakr war der Vater von ᶜĀ'iša, der Lieblingsfrau Muhammads, und einer seiner frühesten Anhänger. Er wurde nach seinem Tod der erste Kalif, regierte 632–634: Anas Ibn Malik war ebenfalls ein sehr angesehener Gefährte Muhammads, außerdem, da ihn seine Mutter als Diener zu Muhammad gab, als er nach eigenen Angaben elf Jahre alt war, ein bedeutender Überlieferer von Aussprüchen Muhammads und Berichten über ihn. Er starb in Basra hochbetagt im Jahr 710. Die Folien nennen hier noch Ibn Sīrīn, der 728 in Basra starb und nicht nur als Traditionarier und Jurist, sondern vor allem als der erste Traumdeuter im Islam bekannt wurde.]

621 Im Arabischen: *der Fisch mit der Eidechse*; die, nach dem Sprichwort, nie zu Wasser geht.

622 Basra, obgleich in beträchtlicher Entfernung vom Meer, hat Ebbe und Flut.

623 *Hassan von Basra* [vgl. Anm. 458 zu Makame 33].

624 *Abu Obeida* [Abu ᶜUbaida, 728–824/25, verfaßte eine Anzahl philologischer Abhandlungen in der Tradition der Schule von Basra, aber auch Schriften zur frühislamischen Geschichte und Stammestradition].

625 *Abu-l-Aswad* soll die erste arabische Grammatik geschrieben haben. Nachher ist Basra der Sitz der einen von beiden grammatischen Schulen, in welche sich die ganze arabische Gelehrtenwelt teilt; der Sitz der andern ist Kufa. [Daß Abū l-Aswad ad-Du'alī, gest. 689, die erste arabische Grammatik geschrieben und die Vokalisierung des Korans erfunden haben soll, wurde ihm von den Philologen der Basrischen Schule nachgesagt, wohl um deren Ruhm zu erhöhen. Tatsächlich war er Kadi, dann Sekretär des Gouverneurs ᶜAbdallāh Ibn ᶜAbbās und später selbst Gouverneur in Basra.]

626 [Vgl. Anm. 461 zu Makame 33.]

627 Die Mueddhins (Muezzins), die von den Türmen der Moscheen die fünf Tagesstunden des Gebetes ausrufen.

628 Den Gebetstand auf dem Berg Arafat bei Mekka während der Wallfahrt (s. Makame 25, Anm. 294) feiern die nicht auf der Wallfahrt Begriffenen daheim in ihren Städten durch besondere Gebete in den Moscheen, durch Flurumgänge usw., welchen Gebrauch Ibn Abbaṣ in Basra zuerst soll aufgebracht haben. [ᶜAbdallāh Ibn al-ᶜAbbās, gest. 688, gilt als einer der größten Gelehrten des frühen Islams, als Vertreter der Koranexegese. Genoß außerdem als Vorfahr der späteren Dynastie

der Abbasiden in der arabischen Historiographie entsprechendes Ansehen.]

629 Den Monat Ramadhan hindurch muß bekanntlich von Sonnenaufgang bis -untergang in höchster Strenge gefastet werden. Dieses zu erleichtern, hält (oder hielt) man in Basra in der Frühe, d. h. vor Sonnenaufgang, einen Markt mit Lebensmitteln, zur Stärkung und Vorbereitung auf den Fasttag.

630 [Im Original brausen die morgendlichen Gebetsrufe über Basra wie tosende Stürme übers Meer.]

631 Der Prophet hat, laut der Überlieferung, vorausgesagt: Es wird einst eine Stadt sein, namens Basra, die wird die geradeste Kibla (s. Anm. 614) haben und die meisten Gebetrufer; von ihren Einwohnern wird Gott abwenden alles, was sie verdrießt. Und der Kalif Omar (er selbst der Gründer von Basra, siehe Anm. 616), als er einst mit einem Kriegsheere vor die Stadt kam, sprach bei der Musterung: Ihr kommt hier zu Leuten, deren Korangesumme ist wie das Gesumme der Bienen auf der Heide; beleidigt sie nicht mit der Erzählung weltlicher Kunden, sondern preiset den Koran und führet Überlieferungsworte vom Propheten an.

632 *Mustafa*, ein Ehrenname Mohammeds, bedeutet Auserwählter.

633 Verkürzung seiner Rede oder Verkürzung der hörbegierigen Zuhörer.

634 Der Sonne.

635 Das Nachtgespräch ist eine ordentliche Nationalanstalt der Araber, die einen Teil des heißen Tages verschlafen und dafür einen Teil der kühlen Nächte verplaudern.

636 Ein Wort Mohammeds (das zur Voraussagung von Anm. 631 zu gehören scheint): Gott der Höchste tut an jedem Tag zwei Blicke, einen Blick auf die Bewohner der Erde vom Aufgang bis zum Niedergang und einen Blick auf *Basra*.

637 Ein ähnliches Wort der Überlieferung.

638 Die Abenteuer Sindbads, des Seefahrers, sind uns aus Tausendundeine Nacht bekannt. [Im Original „seltsamer als die Geschichte von al-ᶜAnqā (dem Phönix) und wundersamer als der Scharfblick von Zarqā'“ (vgl. Anm. 243 zu Makame 23).]

639 Dieses ist derselbe historische Stützpunkt, auf welchen oben (Makame 24, Anm. 276 und Makame 41, Anm. 583/584) aufmerksam gemacht worden ist. Dort ist Abu Seids Vaterstadt, Serug, von den Griechen erobert, hier nun wieder geräumt.

640 Das gewöhnliche Gewand der Asketen und der Sufis.

641 Vgl. Anm. 577 zu Makame 41.

642 Koran, Sure 48, 29.

643 Zeigefinger.

644 Aus dem Koran.
645 Zelle, die sich dergleichen Leute neben der Moschee bauen.
646 Die Nahrung der Frommen und Büßer.
647 Man bemerke, daß der fromme Mann gar nicht schläft, sondern zwischen der Nachtwache im Gebet und dem neuen Andachtstagewerke sich nur, vor Sonnenaufgang, eine kurze Ausruhe vergönnt, diese selbst aber zu einem geistlichen Liede benutzt.
648 Über seine Gottlosigkeit und die mir gespielten Streiche.
649 [Hier liegt ein falsches Textverständnis vor. Im Original steht: „Dann macht er sich auf, in die Moschee zu gehen, – mit der Waschung seiner nächtlichen Andacht versehen." Die stundenlange intensive Nachtandacht (ohne Schlaf und körperliche Verunreinigung) läutert den Menschen so, daß die sonst übliche Waschung vor dem Gebet überflüssig wird.]
650 D. i. *Imam*, dem Vorbeter der Gemeinde, der vor ihr steht, ihr den Rücken, das Gesicht aber der Kibla (Anm. 614) zugewendet, indes die Gemeinde seine Bewegungen nachmacht.
651 Seine Privatandacht.
652 Zustand heißt in der Sprache der Beschaulichkeit vorzugsweise der Zustand der Erhebung oder Versenkung der Seele in Gott.
653 D. i. überzeugte mich von der Wahrheit der durch die Reisenden erhaltenen Nachrichten, daß er ein gottbegabter Wundertäter geworden.
654 Memento mori! ist sein Ordensgruß.
655 [Hier spricht mehr Rückert als Ḥarīrī, vgl. das Nachwort.]

Siebzehnte Makame [der Erstausgabe]

656 [Ḥarīrī 20 „die Mayyafarikinische".]
657 [Mayyafarikin, Stadt nordöstlich von Diyarbekr, war früher Etappe auf dem Weg zwischen Armenien und dem nördlichen Mesopotamien, heute Silwan in der Osttürkei.]
658 Auch in einem solchen Gedichte darf sich der Araber Anspielungen auf den Koran erlauben. Hariri sagt:
Und nie strebte er empor, zu eröffnen (zu erobern) ein schwerzubezwingendes, festverschlossenes von Pforten, unzugängliches, gefürchtetes, ohne daß, wie er darnach aufstrebte, gerufen ward: [naṣrun mina 'llāhi wa-fatḥun qarīb] d. i. Beistand von Gott, und nahe Eröffnung, oder geschwinder Sieg. Diese Worte sind aus Sure 61,13.
Es ist seltsam, daß eine prosaische Stelle, ohne alle Veränderung oder Umstellung der Worte, gerade einen Vers füllt, und

dessen Reim gibt; und ich zweifle nicht, unser Dichter hat beides, Versmaß und Reim seines Gedichtes, nach der zum Text gewählten Schriftstelle eingerichtet.

659 Das heilige Haus oder die *Ka'be*, dieser Mittelpunkt der moslemischen Gottesverehrung, ist zwar in ihrem Umkreis mit den prächtigsten und weitläufigsten Hallen und Tempeln umgeben, doch an sich selbst ein ziemlich unbedeutendes Gebäude, von nicht mehr als etwa zwei und zwanzig Ellen Höhe, zwanzig Länge und achtzehn Breite. Diese kunstlose Masse, die sich in ihren Dimensionen nicht viel von der Gestalt eines Würfels, wovon sie den Namen hat, entfernt, erhält ihren Hauptschmuck durch eine jährlich erneute Bekleidung von *außen* mit einem kostbaren, golddurchwirkten Seidenstoff. Schon vor dem Islam sollen Könige von Jemen dergleichen hingestiftet haben. Hernach waren besonders die Chalifen vom Hause 'Abbas verschwenderisch mit dieser Ausstattung. Da wurde die Ka'be sogar dreimal im Jahre neu bekleidet, jedesmal mit einem Goldstoff von anderem Farbengrund. Später stritt Ägypten mit Arabien um diese Ehre, und behauptete sie, von wo sie dann zuletzt, mit dem Besitz des Landes und der Übertragung der Chalifenwürde, auf die Osmanen überging. Doch hat Ägypten auch jetzt noch das Vorrecht, den Stoff zu liefern, der in Kahira [Kairo] im alten Herrscherpalast verfertigt, jährlich mit der dortigen Pilgerkarawane nach Mekka gebracht wird.
Am Opferfeste nun wird mit größter Feierlichkeit dem alten Hause sein neues Kleid von schwarzem Seidenzeug angelegt, und darüber ein Gürtel, der es gleichsam zusammenhält, worein mit Goldfaden Koranstellen gewebt sind. Die abgenommene alte Decke wird von den Dienern der Ka'be stückweise an die Pilger verkauft. Einmal in sieben Jahren, im Jahr der großen Wallfahrt, wo das Opferfest auf einen Freitag fällt, gehört der alte Gürtel dem Oberherrn. Diese geheiligten Tücher schmücken dann die Mausoleen der Herrscher oder der Glieder der herrschenden Familie. Die Moskeen aber haben eins oder zwei solcher Stücke, nur zum Herleihen bei Leichenbegängnissen, um den Sarg, besonders von Frauen und Kindern, damit zu behängen.

660 Wie man ein voneinander geschlagenes Tuch wieder in seine Brüche zusammen legt.

661 [Der Verweis für das, was Abu Seid als Vorwand für seine Bettelei nimmt, stammt von Rückert. Er übertrifft aber auch die Schelmenhaftigkeit des Originals, denn da heißt es zum Schluß: „Da lachten sie, was man nur lachen kann – und verfluchten den toten Mann."]

AUSWAHLBIBLIOGRAPHIE

Beeston, A. F. L.: The genesis of the Maqāmāt genre, in: Journal of Arabic Literature 2/1971, 1–12.

Bobzin, H. (Hg.): Friedrich Rückert an der Universität Erlangen 1826–1841. Katalog. Erlangen 1988 (Schriften der Universitätsbibliothek Erlangen, Bd. 19).

Borisov, V. M., Dolinina, A. A.: Vorwort zu: Abu Muchammed al'-Kasim al'-Chariri: Makamy. (Übersetzung von 40 Makamen ins Russische durch V. M. Borisov, A. A. Dolinina, V. N. Kirpičenko). Moskau 1978.

–: Vorwort zur russischen Übersetzung aller Makamen von Ḥarīrī. Moskau 1987.

Bosworth, C. E.: The medieval Islamic underworld. The Banū Sāsān in Arabic society and literature. Vol. 1, 2. Leiden 1976.

Dolinina, A. A.: „Adab niščich" po makamam al'-Chamadani i al'-Chariri, in: Vostokovedenie 12, Filologičeskie issledovanija. Leningrad 1986, 126–33.

–: und Z. M. Auėzova: Nekotorye problemy izučenija žanra makamy. (Manuskript, ungedruckt, 1987).

–: Realizacija kanona v sjužetach i kompozicii makam al'-Chariri, in: Problemy arabskoj kul'tury, pamjati akademika I. Ju. Kračkovskogo. Moskau 1987, 30–37.

Erdmann, J. (Hg.): Friedrich Rückert 1788–1866. Dichter und Gelehrter. Katalog der Ausstellung. Coburg 1988.

Groß, E. und E. Hertzer (Hg.): Rückerts Werke. Auswahl in 8 Teilen. Berlin, Leipzig o. J. (Hempels Klassikerausgaben).

Grunebaum, G. E. v.: Der Islam im Mittelalter, Zürich, Stuttgart 1963.

Hamaḏānī, al-: Al-Maqāmāt. Lucknow 1283.

Ḥarīrī, al-: Kitāb al-Maqāmāt. Beirut 1886.

Ibn al-Faqīh: Kitāb al-buldān. Leiden 1885, 1f. (Bibliotheca Geographorum Arabicorum, ed. M. J. de Goeje, T. 5).

Mez. A.: Die Renaissance des Islams. Heidelberg 1922.

Mattock, J. N.: The early history of the Maqāma, in: Journal of Arabic Literature 15/1984, 1–18.

Prang, H.: Friedrich Rückert. Geist und Form der Sprache. Schweinfurt, Wiesbaden 1963.

Rescher, O.: Die Maqamen des Hamaḏānī. Aus dem Arab. übersetzt. Leonberg 1913. (Beiträge zur Maqamen-Literatur, Bd. 5).

Rotter, G.: Vernunft ist nichts als Narretei. Die Maqamen des Hamaḏānī aus dem Arab. übersetzt. Tübingen 1981.

Rückert. F.: Die Verwandlungen des Ebu Seid von Serug oder die

Maka'men des Hari'ri in freier Nachbildung. 1. Theil. Stuttgart, Tübingen 1826.
–: Die Verwandlungen des Abu Seid von Serug oder die Makamen des Hariri in freier Nachbildung. 2. vervollst. Auflage. Stuttgart, Tübingen 1837.
Sacy, S. de: Les Séances de Hariri publiées en Arabe avec un commentaire choisi. Paris 1822.
Šarīšī, aš-: Šarḥ al-maqāmāt al-ḥarīriyya. Būlāq 1300.
Schimmel, A.: Friedrich Rückert. Lebensbild und Einführung in sein Werk. Freiburg i. Br. 1987. (Herder-Bücherei 1371).
– (Hg.): Die Verwandlungen des Abu Seid von Serug oder die Makamen des Hariri in freier Nachbildung von Friedrich Rückert. Stuttgart 1966. (Teilausgabe).
Ṯaᶜālibī, aṯ-: Yatīmat ad-dahr. Ǧ. 3. Dimašq o. J.
Yāziǧī, Naṣīf al-: Kitāb maǧmaᶜ al-baḥrain. Beirut 1856.

ZUR AUSSPRACHE DER ARABISCHEN NAMEN UND BEGRIFFE

Striche über den Vokalen a, i, u bezeichnen die Länge. Der letzte lange Vokal im Wortinnern trägt den Ton, also: al-Ḥarírī, al-Hamaḏánī.

’ fester Stimmabsatz vor einem Vokal, wie in „ab’arbeiten; Stimm’absatz“.

^{c} im Rachen gebildeter stimmhafter Reibelaut.

ḏ wie englisches stimmhaftes th, etwa in „that, this“.

ḍ emphatisches d.

ǧ dsch.

ġ Zäpfchen-r.

h konsonantisches h, auch am Silben- und Wortende, nie Dehnungs-h.

ḥ gepreßter Flüsterlaut, im Rachen gebildetes h, nie Dehnungs-h.

ẖ wie ch im deutschen „Bach, Buch“.

q am hinteren Gaumen gebildetes k, nie wie qu im deutschen „Quelle“.

r Zungen-r.

s stimmloses s wie im deutschen „Wissen“.

š sch.

ṣ emphatisches s.

ṯ wie englisches stimmloses th, etwa in „thanks, thought“.

ṭ emphatisches t.

w wie englisches w, etwa in „word“.

z stimmhaftes s wie im deutschen „Rose“.

ẓ emphatisches stimmhaftes s.

Die emphatischen Konsonanten werden gebildet, indem der hintere Zungenrücken leicht an den weichen Gaumen gehoben wird.

Inhalt

Universal Bibliothek BELLETRISTIK

MIGUEL DE UNAMUNO
Novellen und Erzählungen

Aus dem Spanischen übertragen.
Ausgewählt und mit einem Nachwort von R. Schlesier.
Band 1235. Broschur 1,50 M

Miguel de Unamuno (1864–1936) ist als spanischer Schriftsteller und Philosoph von Rang in die neuere europäische Kulturgeschichte eingegangen. Führender Vertreter der berühmten Generation von 1898, ist für ihn der Zusammenbruch des spanischen Kolonialreiches ein Fanal zur Neubesinnung. Als Erzähler fesseln ihn die Gegensätze im Menschen, die Widersprüche zwischen dem, was er ist, und dem, was er sein will, die großen Leidenschaften, die sein Handeln bestimmen.

Universal Bibliothek

BELLETRISTIK

CYPRIAN EKWENSI
Den Frieden überleben

Aus dem Englischen von G. Böhnke.
Nachwort von R. Arnold
Band 1244. Broschur 2,– M

Cyprian Ekwensi (geb. 1921) darf als Nigerias meistgelesener Autor gelten. „Den Frieden überleben" (1976), sein bester Roman, ging aus dem Krieg um Biafra hervor, der Ekwensi als einen Ibo direkt betraf. Aber nicht Kampfgeschehen rückt er uns nahe, sondern das Elend nach der Apokalypse. Hat Machtgelüst sich blutig ausgetobt, bleibt der Mensch zurück – auf sich geworfen im Ringen ums Überleben.

Universal Bibliothek BELLETRISTIK

MEJA MWANGI
Wie ein Aas für Hunde

Aus dem Englischen übertragen und mit einer Nachbemerkung von G. Böhnke
Band 1114 (Sonderreihe) · Broschur 1,50 M

Meja Mwangi (geb. 1948) zählt zu den populärsten Autoren Kenias. Seine Romane zeigen Techniken in der Tradition der europäischen Realisten auf, aber atmosphärisch sind sie verwurzelt in den Bildern, Geräuschen und Gerüchen seiner Heimat. Hier gestaltet Mwangi im Rahmen einer spannungsgeladenen Konfrontation zwischen einer Gruppe Mau-Mau-Kämpfern auf verlorenem Posten im Urwald und einem britischen Captain mit seinen Leuten ein Stück militärischer und geistiger Auseinandersetzung mit dem Kolonialismus. Der Roman wurde 1974 mit dem Kenyatta Award ausgezeichnet.

Universal Bibliothek KUNSTWISSENSCHAFTEN

GERHARD KUBIK
Zum Verstehen afrikanischer Musik

Ausgewählte Aufsätze

Herausgegeben von E. Stockmann.
Mit 60 Fotos sowie Notenbeispielen, Zeichnungen und graphischen Darstellungen.
Band 1251 (Sonderreihe). Broschur 5,50 M

Der Wiener Musikforscher und Ethnologe G. Kubik (geb. 1934) unternahm seit 1959 ausgedehnte Reisen zu Studien der Musik-/Tanzkultur in bisher 15 afrikanischen Staaten. Er gilt international als einer der führenden Musikafrikanisten unserer Tage. Aus der großen Zahl seiner in verschiedenen Sprachen veröffentlichten Arbeiten wurden hier acht Aufsätze ausgewählt, die z. T. überraschend neuartige Aufschlüsse über Klangbild, Tonsysteme, Instrumentarium, Spielpraxis, Rhythmik, Terminologie, aber auch Beziehungen zum Jazz u. a. geben. Durch die Verbindung von exakt-wissenschaftlicher Betrachtung und lebendiger Schilderung des eigenen Lernens bei afrikanischen Musikern sowie durch die zahlreichen, z. T. farbigen Fotos geht von dem Buch eine eigenartige Faszination aus.